若錢還不夠你活
就別再繼續忘情

無所事事,人就會做壞事!

成功學鼻祖塞謬爾·斯邁爾斯談工作的價值

目錄

CONTENTS

第一章
影響你一生的性格

播種一種行動　收穫一種習慣
播種一種習慣　收穫一種性格

—— 佚名

到來的　不管是富貴還是貧乏
到來的　不管是善良還是邪惡
年輕人和老年人　請各安本分
堅強的意志　最受人崇敬
請將誠實置放在心靈
不管你是失去了還是贏得了獎牌
只要你已盡心盡力
不管你是失敗還是成功
只要你問心無愧
感謝上帝　你是紳士

—— 薩克雷

　　人的一生，大部分時間都在工作。對普通人而言，工作是他們最普通的生存狀態。人之為人，都應當樂意並有能力去工作。誠實勞動的人認為要生存就必須工作；其實，對於一切生存著的和處於各種社會關係中的人來說，都是如此。

　　當別人辛勤勞動的時候，怎麼會有人遊手好閒呢？那他怎麼能保住自己的社會地位、贏得榮譽並承擔責任呢？工作是最好的老師，它迫使每個人和其他人以及現實的社會打交道。如果我們研究名人傳記就會發現：那些最偉大的人，都是在工作中最勤奮刻苦的人；都是在科學研究中孜孜不倦的人；都是在自己的工作職位上頑強奮鬥的人。實際上，人類的知識、才幹和社會的進步、文明，都源自人的體力和腦力勞動。

事實上，勞動就是為了取得勞動價值所付出的代價。不付出勞動，就一事無成。偉人之所以能脫穎而出，就在於他們孜孜不倦和吃苦耐勞的精神。他們當中或許有一些天才，這些人比別人反應迅速、思維敏捷，可是，他們也承受著長期勞動的艱辛。勞動，未必是一件痛苦的事，帶著希望去工作是一種快樂。「世界上沒有什麼比不參加勞動更累人的了。」聖·奧古斯汀說，「那些透過深思熟慮做出了明智的決定，並獻身於遠大而崇高目標的人是幸福的。」當然，勞動所產生的最大效益不在於對生活所做的崇高規劃，而在於對生活所做的最實在的打算。勤奮的人辛辛苦苦創造出來的財富，懶惰者可以在不到一半的時間內，輕易地將它揮霍殆盡。有句梵語說：「機遇只青睞那些特別努力的人，那些聽任命運安排的人是虛弱的。」

那些遊手好閒的人所遇到的困難，大多是由於他們對自己的放縱導致的。懶惰是困擾青少年最危險的敵人。一些年輕人逃避工作或任何需要付出努力和辛勞的事。一想到自己在這個世界毫無用處；或者說因為懶惰，導致自己走向毀滅，沒有人能高興起來。其實，那些不工作的懶惰之人失去了享樂的能力。他們的生命就是假期，因而他們體會不到工作之餘放鬆和小憩的樂趣。那些常睡懶覺的人絕不會成就什麼事業，他的事業在時間的流逝中化為烏有。他們也將在麻木的睡眠中變得孤立無助。克雷布·魯賓遜指出：「我們通常所說的好逸惡勞，實際上，就是在不知不覺中意識到自己的無能。」

傑勒米·泰勒（Jeremy Taylor）說：「怠惰，是活人的葬禮，一個懶惰的人，不管是對上帝還是對人類，都毫無用處。他就像個屍體，對世界的任何變化和需求都漠不關心。他活著就是為了打發無聊的時間，像寄生蟲

或狼一樣糟蹋食物。大限到來之時，他死去而朽滅，也不能給這個世界帶來任何益處。他們既不耕耘也不承擔任何責任。他們所做的一切，不是徒勞無益就是惹是生非。毫無疑問，怠惰是世界上最大的浪費。」

古希臘人特別強調勞動作為實現社會目標的必要性。梭倫曾經說過：「那些不勞動的人應該被送上法庭。」還有一位智者是這樣說的：「不勞動的人就是強盜。」勞動是遏制犯罪的良藥。正如一句古老的諺語所說：「懶人的腦袋就是魔鬼的作坊。」無所事事，人就會去做壞事。那些不勞動又自以為是的人，不僅不值得同情且應該受到譴責。極端無知而又貪圖安逸，這是最可怕的。自我放縱逐漸侵蝕了美德的基礎，摧殘了人的身體，滋長了人的不良性情，而且這種不良性情是除了死亡以外，用其他什麼方法也不可能根除的。

明智的人很清楚：魔鬼通常偽裝成天使出現，而罪惡也以最誘惑人的形式，打扮成快樂女神的形象出現。土耳其諺語對此做了最形象的詮釋：「魔鬼誘惑著懶人，而懶人也誘惑著魔鬼。」屈從於魔鬼誘惑的人，很快就會發現緊隨著自我放縱的是墮落，悲哀是享樂的不二鬼魂。畫家兼詩人馬多克斯・布朗（Ford Madox Brown）在下面這首直白又有說服力的十四行詩中，為我們描述了勞動的價值和好處：

> 勞動！使人的額上掛滿了汗滴，
> 使人的肌肉強壯結實，使人把魔鬼擯棄！
> 勞動的神祕力量，驅走了窮苦人的邪念，
> 他們的睡床雖然破爛，飯菜卻很新鮮。
> 沒有勞動，邪惡的繩索會牢牢束縛我們，
> 缺少勞動，揮霍者會在狂歡豪飲中走進濟貧院。

缺少勞動，人很快就會落入魔鬼的手掌！

打扮時髦的漂亮女孩，如果痴迷於一隻色彩斑斕的小狗，

最終只會成為一個衣衫襤褸、遭人唾棄的馬路天使。

不接受勞動的薰陶，

他們的境況必然淒慘，

或成為沿街乞討的乞丐，

或成為夜間入室的盜賊。

亞里斯多德強調：「幸福是一種能量。」生活經驗告訴我們，幸福、健康與懶惰風馬牛不相及；當然也與追逐時尚、安於享樂的浮華生活格格不入。大多數人都有無數獲得幸福的機會。我們可以充分地利用時間，那些零零碎碎的時間，假使能得到有效利用，完全可以結出豐碩之果。這些零星的閒置時間中所能做出的成就，可能會讓我們每個人都感到驚訝。我們要善於抓住轉瞬即逝的時光，利用它來創造輝煌。

時間，對於青少年來說是金；對於成年人來說是銀；對於老年人來說是鉛。一個人如果在 20 歲還一無所知，30 歲還一事無成，那麼，到了 40 歲他會一無所有。義大利有句諺語：「一無所知的人盲目自負。」拉斯金則索性將人類分為三種：「一般說來，人可以分為三等：最低下的人，他們卑鄙、自私、短視麻木；第二種人，高尚、富有同情心，但如果他們不計劃、不行動，也一樣短視麻木；第三種人是最高尚的人，他們緊盯目標，忘我工作。」

敏捷、果斷和守時，對於幸福舒適的生活來說必不可少。若是缺少這些品格，哪怕最偉大的人物，也會遭遇失敗。克朗曾經對格拉頓說：「格拉頓，如果你買幾尺紅絲帶，綑紮你那些票據和檔案，你就會成為這個時

代最偉大的人。」守時的確是成功的不二法門。我們再來看兩個例子，他們就因為對待守時的態度不同，而導致截然不同的命運。麥金托什儘管天賦很高，但由於缺乏正確的做事方法和嚴格守時的品格，他最終還是個失敗者。加富爾是最嚴格守時的人之一，所以他能不受繁文縟節的干擾，取得巨大的成功。

在日常生活中，不管在生意場上還是職場上，不管是在國內還是國外，我們都必須重視時間的價值，珍惜時間，無論對自己還是對他人，都要守信準時。倘若不嚴格守時，我們就容易時時處在焦慮、煩躁和憤怒的狀態中。據說，「準時」曾被視為國王們的禮貌，事實上，它也是臣民們的禮貌。有一次，一位貴族和喬治三世會面，這位貴族遲到了。喬治三世對他的不守時提出了批評。對此，這位貴族像我們大多數人一樣回答：「偶爾遲到總比每次都遲到要好。」「不，」國王說，「這是一種誤解。我告訴你，絕不要遲到。」

「為時已晚」就像一個詛咒。人們常在心裡嘀咕：想做一個恭順的人，已經太遲了；想得到愛情，已經太遲了；想受人尊重，已經太遲了；想獲得威望，已經太遲了；想改變現狀，已經太遲了；想獲得成功，已經太遲了。只有走向毀滅，還不算太遲。

如果不是我們刻意逃避，不做選擇，任何人的生活都不會毫無價值。我們可以提升自己，也可以幫助提升他人。我們可以使自己生活得更好，也可以使別人生活得更好。然而，這一切只有充分發揮我們的聰明才智才能實現。朱麗亞‧韋奇伍德小姐說：「在所有精神方面的天賦中，既理智又耐心是最為寶貴的。人類文化中最重要的一課，就是要相信世間總存在那些看不見的困難。」

許多人生來就有很高的稟賦和潛能，只有透過持之以恆的勞動才能使它們充分發揮出來。培根、牛頓、瓦特、皮特、威靈頓、帕默斯頓·司各特、拜倫和薩克萊（William Makepeace Thackeray），他們一生中，都像一名普通的技工一樣在辛勤工作。事實上，凡是在科學、政治和文學領域有所成就的人，無一不是持之以恆、付出了艱苦卓絕的勞動者。

布豐一語道破真諦，偉人的不同凡響之處，在於他們具有超越常人的毅力。他們無所畏懼，不知疲倦，分秒必爭。這就應了阿佩利斯那句名言：「缺了一分一秒就不是一天。」偉大的科學家牛頓一生都生活在不斷地觀察和實驗之中。瓦特說：「我們透過發現什麼不能產生作用，來判斷什麼能產生作用。」

一個人如果耐心細緻地觀察，而且方法得當，然後謹慎小心地求證，他就很可能成為一個發現者或發明家。無論他從事何種領域的研究 —— 科學、藝術、文學、法律、政治、心理學，還是創造發明，他都會揭示一些不為人知的事實和依據。理論是人類創造的，而事實卻是上帝創造的。耐心細緻地觀察事物，是人類值得培養的重要能力之一。牛頓曾經說過，他超越常人的一點在於他具有這樣一種能力：總是將問題置於頭腦的首位，並透過質詢，不斷地思考和驗證它，直到找到答案。眾所周知，將有限的時間與精力專注在一件事情上，就像將凸透鏡聚焦到火柴頭上一樣，當光聚到一定程度，火柴便會燃燒。

埃古在巴拉班多的演說，為我們上了生動地一課：「我們到底可以成為一個怎樣的人，這取決於我們自己。我們的身體就是我們的園地，我們的意志就是這塊園地的園丁。我們可以種植蕁麻，也可以播種萵苣；可以種植海索草，也可以種植百里香；可以種植單性的藥草，也可以分種多種

藥草；懶惰會令它成為不毛之地，而勤奮施肥則能讓它成為沃土。改變這
一切的力量都在於我們的意願。」或許我們會仇恨埃古，但我們應該感謝
他給我們上了這麼有意義的一課。

是的，能改變一切的是意志！但也需要勇氣，一路向前的勇氣。還需
要堅韌不拔的精神，前方的道路雖然有困難，不過我們能夠忍受並戰勝
它。這種不懈努力的精神，我們稱之為不屈不撓。不屈不撓是養成良好習
慣的動力；不屈不撓在工作中明智而持久地運用，就使人成為天才。運動
物體遵循機械運動規律，巨大的力量來源於你對某一目標的專注。即使你
在體力方面比別人弱，你也可以透過更持久、更專心的努力趕上別人。

天才是時時刻刻都有的，只是在初涉人世時，他自己和別人都不知
曉。只有經過反覆嘗試之後，他才敢想，自己也能勝任那些成功了並贏得
了人類尊敬的那些人所從事的事業。山間岩縫裡流出的泉水匯成小溪流，
慢慢變成波濤洶湧的江河，最後流入波平浪靜的海洋，它所仰仗的就是這
種穩定而持久地向前推進的力量。

許多人都因為遭受挫折而灰心喪氣，而這些挫折其實是可以成為我們
前進的動力的。它們提供經驗給我們，並激勵我們不懈努力。「大力士海
克力斯經常用一張獅皮蓋著頭，下巴下面連著爪子。」拉斯金這樣向我們
解釋，「這向我們表明：當我們征服了困難的時候，它們就變成了我們的
助手。」任何事物本身都不是絕對的，事情的結果往往取決於個人的素質
與品格。

挫折是天才的墊腳石、勇者的財富、弱者的深淵。許多原本才華橫溢
而又品性善良的人淹沒在人海中，僅僅因為他們在成長的道路上一帆風
順，沒有得到必要的磨鍊。當他們突然遭受大的挫折時，便會手足無措，

跌入谷底，很難有能力再往上爬。怎樣看待挫折與困難，這完全取決於人的意志和意願。有志者，事竟成。

生活還在延續，我們的希望和努力永無止境；逆境往往是通向真理的最好導師——它激發我們潛在的能力，磨鍊我們的意志、性情和耐力。

生命不會靜止，正如逆水行舟，不進則退。困難出現，也要迎難而上，戰而勝之。菲利浦‧西德尼（Philip Sidney）的話很有道理：「我會找到或開闢一條路。」生個孩子容易，培養成人難。許多人都把自己的成功歸功於逆境，正是在與逆境的抗爭過程中，他們的聰明才智才得以發揮。一個人的性格是堅強還是軟弱，只有當外部條件發生突如其來的變化，特別是令人痛苦的變化時，才能得到最好的驗證。當一個人突然陷入只能靠自身的努力才能擺脫的困境時，他往往會展現出令人意想不到的能力，這種能力幫助他走向成功，走向輝煌。

痛苦就是用一隻鐵腕牽引的犁，深深地犁進難於開墾的土地，可是，這土地只要翻開，在大自然的哺育下，就會結出豐碩之果。即使是最令人難以忍受的苦難，也會成為我們最大的幸運之一。它使人堅強，不屈不撓；它激發了人類品格的力量。這樣，苦難也就成了我們的幫手。光有熱情，沒有不屈不撓的精神，是件遺憾的事。就熱情本身而言，對成功幫助無多，只有加上即便是經歷失敗也堅持不懈的努力，才能成就輝煌的事業。威爾士有句話說得好：「失敗是成功的基石。」

上面我們討論了勞動的本質，下面我們再聊一聊有關閒暇的話題。有句諺語說：「不勞動就無所謂閒暇。」然而，工作也會過度，一些人沉迷於工作，眼裡只有工作，不會放鬆。當生活被工作占滿的時候，就無法起身欣賞人性更美的一面。一些人全身心工作，為了在未來的某個時候享受，

等他們有了足夠的累積終於達成這個目標時，他們發現自己不工作就完全失去了樂趣。他們喪失了享樂的能力，一切都太晚了。

　　過度沉迷於工作，使他們成為有精神缺陷和心理不健全的人。他們不能勝任別的工作。他們的自由思想日漸減少；思想變得狹隘、墨守成規。他們甚至連休一天假也做不到，對他們來說，閒暇毫無意義。就像一些退休的教師一樣，他們必須回到原來的工作中，才能打發掉時間。我們經常聽說有些老師退休後居然會失眠，誠惶誠恐，覺得自己已經沒有價值了。很多人又重新回到工作職位上，甚至死在工作職位上。由此看來，在工作的同時，我們必須培養一些其他的興趣和愛好，甚至學習一些其他職位的知識。

　　當工作淪為繁重、乏味的苦役時，工作就不再是一件樂事，因為苦役無法產生幸福，無法培養美好的性情。工作不是生活的全部和終點。工作本身也不是目的，更談不上是世界上最美好的事。然而透過誠實勞動，我們能供養自己，支付我們的帳單，確實是一件了不起的事。工作是好事，然而那種只賺了 1 先令就無所事事，每天還要花掉 3 個先令，直到把所有的錢都花光的做法是可恥的。「你要知道，」巴爾札克（Honoré de Balzac）說，「我們在社會生活中所獲得的無窮樂趣，是無法支付月底的帳單的，所以，我們必須工作，工作，再工作。」我們在勞動中流下了汗水，我們就必然有所收穫。雖然富貴可能使人道德敗壞、冷酷無情；但是，貧窮也使人的精神倍受摧殘，喪失人之為人的勇氣，使人如坐針氈、焦慮不安，更談不上具有誠實的美德和品格。

　　凡事都應適度。工作是美好和光榮的，不僅對它本身而言，就更高的目標來說，如提高素養、獲得更高的社會地位、享受生活的樂趣，也是如

此。事實上，我們發現，文學和科學領域最傑出的作品，都出自於那些經常從事某種工作的人。然而在極端壓力下過度地工作，對寧靜和幸福生活的傷害是致命的。「明智的人，應該有些欲望和追求。」培根勛爵說，「若是他不能對某種事物產生興趣，那麼他對任何事情都會提不起興趣，覺得乏味。」培根勛爵還說：「那些最活躍或者說最忙碌的人，在期待事業的進步和轉折的時候，仍然保留了大量的娛樂時間給自己，而不是覺得乏味，無事可做，或輕率地或令人討厭地插手本來別人可以做得更好的事情。」

不時地換換工作，這一點非常重要。我們應該認真地做好一件事，然後放鬆放鬆，再去做點其他的事。這才是享受休閒、保持活力和樂趣的正確方式。這樣，我們才能享受假日帶來的快樂，才能找到發揮潛力的途徑。而且，多樣性的工作會給我們開闢新的快樂源泉，讓我們感受到生活的絢麗多姿，讓我們時時享受到假日的快樂。

享受休閒有百益而無一害，其方式很多：大自然向我們打開了她無窮無盡、讓人心曠神怡的寶藏，我們可以去探索和研究她的豐富多彩，可以去考察她的發展演化，揭示她的奧祕。大自然是無邊無垠的 —— 我們可以在其中進行動物、植物、礦藏等領域的科學考察。而對於那些喜歡看書的人來說，文學無疑是一個廣闊的空間。古代和現代的人類歷史，描述了人類支配自身、教育自我、控制自然的最好方法，揭示了人類進步和文明發展的歷程。因此，也就誕生了許許多多的文學作品 —— 傳記、詩歌、戲劇等，它們妙趣橫生、引人入勝。

義大利最偉大的畫家和最偉大的詩人曾經交換職業。邁克爾‧安吉魯從一名畫家變成了一個寫十四行詩的詩人；而但丁把手中這支創作不朽詩歌的筆換成了一支畫筆。這對他們的大腦來說就是度假。另外，李奧納

多・達文西和邁克爾・安吉魯都擅長多項技能，幾乎是全才的藝術家，在繪畫、雕刻、建築和工程學方面，他們同樣成績卓越。據記載，羅塞提（Dante Gabriel Rossetti）也是詩歌和繪畫兩者兼長。

　　一些腦力勞動者都愛好體育運動，他們喜歡到松林裡捕獵野鹿和松雞。在這個過程中，他們並不在乎能收穫多少獵物，他們主要的目的是要保持身體的健康。貴格會教徒阿什沃斯先生雖然並不擅長打獵，但他總是說在荒野中打松雞這項運動救了他的性命。喜歡哲學又愛好分析的培利酷愛釣魚，這是個最需要安靜的戶外活動。據說，韓弗理・大衛和渥拉斯頓還特別喜歡用假蚊釣魚。大衛的興趣和愛好更加廣泛，他講述自己在薩爾蒙尼亞的經歷給我們聽，並鼓勵渥拉斯頓去垂釣，與此同時，他還在野外帶領渥拉斯頓從事地質學研究。大衛認為釣魚給他提供了和大自然親切交流的機會，這種交流是引人入勝的。釣魚對人性格的薰陶也有相當大的益處。

　　「釣魚也是一種對道德紀律的培養。」大衛說，「它需要耐心、毅力和自我克制。釣魚還與自然科學相連繫，或許這樣說有些誇大其詞，但它確實需要了解生物──魚和牠所捕食的其他動物──的習性，需要熟悉天氣及其變化的徵兆和規律，需要了解水和環境的性質。另外它還帶有詩意的方面，它可以把我們帶入一個最古樸、最美麗的風景之中。在山間的湖面上，清澈可人的溪流穿過山洞和石灰質的地層，從高山上噴湧而下。

　　在單調乏味的冬天過後，早春來臨之際，當霧氣散盡，太陽溫暖大地和流水之時，沿著這清澈的溪水漫步，欣賞姹紫嫣紅的花蕾綻放枝頭，紫羅蘭的芳香沁人心脾，報春花和雛菊乖巧地點綴其中；斑駁的樹影下是鵝黃的草地，鮮花叢中有蜜蜂在歌唱，漫步其間怎能不讓人心曠神怡……到了傍晚，在這寧靜而又芳香馥郁的地方，興高采烈的畫眉和歌聲優美的夜

鶯，會為你獻唱幾支小夜曲，裝飾著玫瑰和忍冬青的灌木叢會讓你感受到慈父般的愛。」

　　另一位哲學家道爾頓，他喜歡到附近的山上散步，攀登赫爾維林山和斯基多山。不過，他最喜歡的戶外活動要屬玩滾木球。每到星期四，只要天氣晴朗，他都要到鄰近曼徹斯特的草地滾球場活動。當英國這一古老的木球遊戲規則發生變化的時候，他加入了幾個性質相近的木球協會。一次，一位非常著名的化學教授去拜訪道爾頓，道爾頓不在家。這位教授直接到附近的草地滾球場去找他。道爾頓冷靜地為自己不在實驗室道歉，他告訴這位教授，每週六他都要外出活動。

　　享受野外生活的方式還有許多。司各特在艾博斯福德地區種植了許多樹，他喜歡帶著心愛的狗湯姆‧帕蒂在周圍漫步。丹尼爾‧韋伯斯特喜歡餵養家畜和開墾荒地。司各特喜歡馬和狗，而韋伯斯特喜歡羊和豬。海軍上將尼爾森喜歡捕鳥，而柯林伍德將軍則喜歡養花。詩人謝利喜歡划船，《英國銀行》雜誌報導，他曾在泰晤士河和倫敦海德公園蜿蜒曲折的水池划船。狄更斯是個有名的步行者，他習慣於從倫敦南安普敦街的辦公室，步行到鄰近羅徹斯特海爾區的家中。騷塞（Robert Southey）和華茲渥斯（William Wordsworth）都是不知疲倦的漫步者，人們經常看見他們在威斯莫爾蘭德路上疾行。步行的時候，華茲渥斯穿著黑白色的手織粗呢木底鞋，有時候在朦朦朧朧的霧中就像個幽靈。他的大部分研究工作都是在戶外完成的。他的詩歌作品更是反映出他對大自然強烈的愛。一個參觀華茲渥斯庭院的陌生人，要求看看華茲渥斯從事研究工作的地方。僕人把他帶到了藏書室，並對他說：「這是我主人的藏書室，不過他是在野外做研究工作的。」

　　威廉‧哈頓是個書商，也是伯明罕的歷史學家，他總是不停地做短途旅行。79 歲高齡時，他沿著羅馬牆漫步，從諾森伯蘭郡的沃爾森德走到了坎伯蘭郡的勃尼斯城，然後寫了一篇遊記。85 歲時，他遊覽了約克郡的科薩姆城，並寫了一篇觀後感。這一次他不是步行去的，而是坐著馬車。但是，在他 90 歲那年，他圍著伯明罕裡裡外外轉了一圈，步行了約 5 英里路程。他的女兒說：「我相信生命不息，他就會步行不止。」他一直走到了生命的終點，活到了 92 歲。「晚年生活要過得滿意，」屠格涅夫（Ivan Turgenev）說，「就不能喪失對真善美的追求，必須要具備堅強的意志，積極投身各種活動。」

　　還有一些人愛好騎馬。坐著工作的人一般更喜歡要一副馬鞍，而不喜歡坐沒有馬鞍的馬。騎馬使內臟得到活動，促進了血液循環和消化。外科醫生利斯頓就是一名優秀的騎手。住在塞雷地區時，伏爾泰以打獵來增加食欲。《自然之光》一書的作者亞伯拉罕‧達克爾在用餐之前，總要騎著馬沿著班斯特德街跑一圈。培利學習騎馬的時候，從馬背上摔下來許多次，幸運的是，他是個堅強又勇敢的人，經過一次又一次的訓練，他成功了。一位古代的作家說過：「興趣就是一切，一切都取決於興趣。」買不起馬鞍的人可以不用馬鞍，或者乾脆步行。在戶外活動中，呼吸著新鮮空氣，身體的每一塊肌肉都得到了鍛鍊，這對健康無疑是大有裨益的。

　　外科醫生切薩爾敦的主要娛樂活動是觀看拳擊比賽。普羅克特（巴鼇‧康沃爾）先生對美國人霍桑說，在青年時期他曾經是個很棒的拳擊手，還參加過拳擊比賽。比利時首相馬隆和英格蘭首相格萊斯頓都喜歡伐樹。鋼琴家泰伯格退休以後，購買了一個葡萄園，種植葡萄並釀酒。在西元 1867 年巴黎舉行的展覽會上，他的葡萄園出產的保斯利波酒獲得了評

委會的提名獎。義大利作曲家羅西尼對烹調十分感興趣。他講究生活品質，常常為自己新創的菜肴擺上餐桌感到自豪。他研究新的果醬、沙拉和松露的配製方法。在給一位歌唱家的信中，他寫道：「倘若音樂可以時不時變換一種旋律，也許你會更感興趣。這就是為什麼我會製作新的沙拉，當然，我會很快地把配方送給你⋯⋯松露將令這些美食更讓人心醉。」據說，當時許多著名的烹調方法都是羅西尼研製的。

申斯通（William Shenstone）喜歡在閒暇時間規劃自己在尼索斯的庭院，根據自己的愛好進行裝飾。我們現在也許還能在維克努斯看到這些花園。這些花園與彼特拉克精心保護並在信中提到的天然岩洞毗鄰。正是在這裡，申斯通創作了一些最優秀的十四行詩。德·克利比林被稱作法國的埃斯庫羅斯，在創作了〈伊多梅紐斯〉和〈拉米斯圖〉後，朝廷以輕視罪將他辭退，此後他和一大群貓狗過著禁欲生活。他說，這些動物不像人那樣忘恩負義，從中也得到了安慰。

當馬基維利（Niccolò Machiavelli）還在鄉村生活時，他花費很多時間去捕殺歌鶇。在給一位朋友的信中，他寫道：「直到現在，我還在捕殺歌鶇。天亮以前我就起床，準備羅網，背上許多鳥籠。少則可以抓到兩隻，多則可以捕到七隻。九月分整整一個月我都是這樣度過的。雖然這種娛樂有些奇怪和庸俗，但如果失去了這種娛樂，我會感到非常空虛。」

杜格爾德·斯圖爾特（Dugald Stewart）更加天真，他試圖把一根孔雀羽毛豎立在鼻子上，使它平衡而不掉下來。一位哲學家到伍德豪斯尼拜訪他時，斯圖爾特正津津有味地玩著這個遊戲。他甚至還和歷史學家派翠克·弗雷斯·提勒比賽。約翰·亨特（John Hunter）的業餘愛好是研究蜜蜂，而約翰·盧伯克勛爵（John Lubbock）喜歡研究螞蟻、蜜蜂和馬蜂，他

們兩位的業餘愛好都促進了科學的發展。

　　亨特對什麼事情都很努力。他說：「讓我以蜜蜂來自娛吧！」這樣，一系列的研究展開了。詹姆士‧佩吉特在一篇文章中精確地記述了他所取得的輝煌成就。亨特在他的跟腱（連接小腿三頭肌與足跟的腱）斷裂以後，開始研究跟腱連接問題，並且找到了一種新的治療方法。約翰‧盧伯克同樣是一位孜孜不倦的學者，他對群居膜翅目昆蟲的觀察非常痴迷。我們不禁想問這樣一個問題：到底是螞蟻、蜜蜂和馬蜂的耐心和勤勞令人敬佩，還是牠們的觀察者的耐心和勤勞更讓人敬佩呢？

　　還有一些可敬的紳士們，在完成自己的本職工作之餘，還在自我娛樂中發明了一些機器。卡特萊特（Edmund Cartwright）是和賈斯特菲爾德毗鄰的布拉普頓教區的牧師，他也是這些發明家中的佼佼者。他發明了動力織布機，只不過當時的英國手工紡織機盛行，他的動力織布機並沒有產生很大的影響；後來，他還發明了精梳機、製磚機、織繩機，還改進了蒸汽機。派翠克‧貝爾是福法爾郡加米利地區的牧師，他同樣是一位神職的發明家。收割機就是他在閒暇時間發明的。收割機一開始製造出來就很完美，遺憾的是，當時勞動力價格十分低廉，因而它未被採用。在美國，由於勞動力價格昂貴，收割機大受歡迎。半個世紀之後，收割機又從美國回歸英格蘭和蘇格蘭，現在已經被廣泛使用。

　　即便是專職的發明家，如蒸汽錘的發明者內史密斯（James Hall Nasmyth）先生、發電機的發明者西門子先生，也因為廣泛的研究和興趣，涉獵了其他研究領域。內史密斯先生致力於天文學研究，自製了望遠鏡，研究太陽和月亮，並取得傑出的成就。拉塞爾先生和達拉盧先生也是如此。他們一個是利物浦的釀酒商，一個是倫敦的出版商。首創酸性底吹

轉爐鍊鋼法的貝塞麥先生，後來也把他非凡的天賦運用到了天文學領域。

　　內史密斯先生不僅是一位偉大的發明家和科學家，而且是一個不同凡響的奇聞逸事寶庫。非常感謝他為我提供了下面這則趣聞。這則趣聞是有關亞當博士的，亞當博士是《羅馬古董》的作者，當然，他還創作了許多其他的作品。後來他當上了愛丁堡大學的校長。亞當博士在做一名教師之餘，喜歡到他的一個朋友，也就是著名的刀具商波加的店鋪裡去，有時磨製刀剪，有時磨製車輪子。

　　一天，兩位參觀愛丁堡大學的英國紳士前來拜訪波加。波加是一位對希臘文和拉丁文很在行的學者，他們希望波加能替他們翻譯幾段他們看不懂的希臘文。波加看了看這幾段文字，發現非常令人費解。不過，他是個喜歡開玩笑的人，他對這兩位紳士說：「哦，這太簡單了。讓那個磨製車輪子的職員幫你們翻譯吧！」「約翰。」波加對那位老頭喊道，「你過來一下。」學徒模樣的亞當走了過來，波加把這兩位紳士要求他翻譯的文字給亞當看。老頭子戴上眼睛，認真看了一下這段文字，就開始分析講解。在這個過程中，他旁徵博引來印證自己的詮釋。講完之後，他又去磨製車輪子了。

　　當然，這位工人的博學多識讓這兩位紳士十分驚訝。他們曾經聽說過這位愛丁堡商人知識淵博，但他們親耳聽到的這段講解還是大大出乎他們的意料。幾年前，在皇家學院冬季博覽會上，展出了著名肖像畫家雷伯恩的作品集，細心的讀者也許會注意到，其中一張就是亞當博士的精美畫像。他看上去精明、友善、幽默、儒雅。亞當博士死在中學的教室裡，死在自己的工作職位上，享年80歲。亞當臨死前感受到了黑暗，當時，他對學生說：「孩子們，天很黑了，你們回家吧！」然後，他跌倒在椅子上，停止了呼吸。就這樣，這位當時最博學、最可愛的人去世了。

　　博物學也同樣吸引了許許多多的學者，甚至還有勞動階層。有誰沒有讀過懷特（Gilbert White）的《塞爾伯恩博物學》（*The Natural History and Antiquities of Selborne*）？這本書長銷不衰。它把你帶到了野外，讓你流連忘返。它充滿了魔力。「從我第一次讀這本書，」詹姆斯·拉塞爾·洛威爾（James Russell Lowell）說，「我就好像跟著他到了一些他最喜歡去的地方。似乎是透過他的眼睛親眼看到了這些地方，而不是透過他對所見所聞的回憶。這本書可以帶給你休閒時的娛樂和享受。」懷特先生似乎並沒有做什麼艱苦的工作，他只是研究城市居民的生活習慣，從高處觀察桃子的成熟過程。閱讀他的作品就像跟隨亞當在天堂裡漫遊，消滅了所有陰暗處產生的陰暗思想。

　　出身貧寒的觀察者、學子和探險家，都能從博物學中找到寧靜的快樂。鞋匠愛德華、麵包師迪克都不例外。在曼徹斯特和倫敦周圍，特別是東部地區，有許多工人俱樂部，這些人在閒暇時間研究植物、鳥類、飛蛾、蜜蜂、螞蟻和其他博物學分支。威爾士的工人俱樂部對地理學很有研究。現在還在世的英國最著名的一位植物學家，原本是一位普通農場工人。他的名字叫騷塞，他也是非常熱愛和痴迷博物學，也曾經後悔早年不該迷戀書本，而應當關注博物學。「我本人對植物學一竅不通。」他說，「每天我都為此感到遺憾。我很早就有一個心願：若是我有孩子，我要把他培養成最優秀的博物學家。」

　　倘若我們對於大自然的傑作給予少許的留意，那勢必可以填補我們生命中的空白，而且是既長見識，又添快樂。我們努力獲得的知識，到底在什麼地方才能得到實際的運用？對此我們是永遠不能確定的。無論怎樣，我們都應該不斷學習、鍛鍊自己，正所謂「養兵千日，用兵一時」。誰也

不願意看到自己「書到用時方恨少」的那天。值得提醒的是：你懂得多，你的選擇就會多，這是必然的。

植物學家索爾比最早是畫模型畫和風景畫的，他為了讓風景畫的前景更為準確，就開始畫植物。他著手研究植物的天性，從而轉入植物學；而這一領域竟讓他完全著迷，以至於他將餘生都獻給了這一學科。亞伯拉罕‧考雷曾說過一段話：「有一句話最讓我震驚了，我居然經常聽到有人說：『某某人都不知道該怎麼消磨時間。』這樣的話應該出自瑪土撒拉（《聖經》中的人物）之口才對，他可是活了 969 歲，我們哪裡比得了？整天抱怨自己無事可做而不展開任何行動，只能是虛度光陰，到最後更加沒有時間。一個政府的首相，他的公事還比不上一個智者的私事繁忙；如果說前者是幾乎沒有時間獨處，那麼後者就幾乎更沒有時間與人應酬；前者要處理的不過是部分國家大事，而後者，神和自然的一切創造都在他的思考之中。」

艾薩克‧巴羅（Isaac Barrow）博士，以精力旺盛、天性善良聞名於世，他那個時代幾乎無人可以與其相提並論。巴羅曾經做過一個有關勤勉的演講，後來被收錄到全集中出版。值得敬佩的是，他不折不扣地用自己個人的生活經歷，對這個題目做了最為透澈的闡釋。巴羅在孩童時代非常愚笨，他的父親甚至說，如果上帝一時興起要把他的哪個孩子招走，他會毫不猶豫地選擇犧牲艾薩克。

長大後，巴羅進入查特豪斯學校就讀，經過努力最後畢了業；然後又到了彼德漢姆學校，而後進入劍橋三一學院，這期間，他的性格逐漸變得沉穩務實。他最初的打算是從醫，於是他在解剖學、生理學方面下苦功；但在獲得教席之後，按照學校的有關規定，他又開始研究神學。他對教會

史非常感興趣，這又將他帶入天文學，最後是高等數學領域的研究。不論在哪一個階段，他總是做最大的努力與付出，最後，他也不負眾望，在高等數學的研究上有了很高的造詣。

另外值得一提的是，巴羅在古典學研究方面也取得了突出的成就，當希臘語教授退休之後，這個當年的「愚笨男孩」竟然受到推薦來接替教授的位置。不過由於當時正值克倫威爾執政時期，共和派得勢，而巴羅是一個不折不扣的保皇黨人，同時，他還受到懷疑，被認為是阿米尼烏斯派信徒，於是任命沒有下來。巴羅辭去學校的職務，開始了他由法國、義大利再到君士坦丁堡、斯莫爾納的旅行。

巴羅一直認為，勇氣是一位紳士應該具有的品格；就他自己而言，終其一生有無數的例子可以印證他的話。西元 1657 年，在由里沃納去往君士坦丁堡的途中，他所乘的船遭到阿爾及利亞海盜的襲擊；他不願躲到底艙，堅持要和大家一起抵抗，並以身作則，奮勇向前；直到海盜最終棄船而去，他仍然堅守在甲板上。後來有人問他為什麼不躲到底艙裡，讓那些船員去和海盜搏鬥，他回答道：「我與這件事情的關聯比誰都大。我是寧可戰死，也不願落到這些異教徒手裡。」

巴羅回國後不久，王室復辟，他接到被任命為劍橋希臘語教授的聘書，稍後格雷厄姆學校又聘任他擔任幾何學講座教授，最後他接受了希臘語教授的職位，辭去了後一項任命；他在這一職位上做了 6 年，又將它讓給了自己的學生，那個生來就注定要在天文學上做出巨大成就的艾薩克·牛頓。

事實上，艾薩克·巴羅的歷史，就是一部根據更高的原則不斷放棄的歷史。薩里茲堡大教堂曾經授予他受俸教士的榮譽，但他將所有的俸祿都

獻給了慈善事業；在接受了劍橋三一學院院長一職的任命之後，他又辭去了教會給予他的全部收入。不幸的是，巴羅在 48 歲就英年早逝；他的一生雖然短暫，可是他的著作，尤其是幾何學與數學方面的著作卻數量驚人。他的演講也成為智慧的寶庫，彰顯著巴羅成熟的閱歷，也詮釋著他對現實生活敏銳的洞察。除了敬畏、虔誠、正直、誠實這種種品格以外，他還身體力行地用自身的行動教誨我們勤奮工作的意義。

巴羅的一生就是一個很好的範例，無論是身為一名學者、一名基督徒，還是一名紳士，他都同樣勤勤懇懇。他一共有 5 篇文章討論「勤勉」這一主題，其中兩篇是概述，另外 3 篇，一篇討論基督徒的勤勉，一篇討論學者的勤勉，一篇討論紳士的勤勉。他曾說：「我們如果希望獲得知識，希望擁有人生最珍貴的美德，比如信心、節制、耐心、知足，這些都需要我們努力工作，付出汗水。要不畏艱難險阻，不畏懸崖峭壁，迎接最嚴酷的挑戰，要讓我們的天性和欲望受到磨礪，讓身體的各個部分、各種力量都接受嚴格的控制，讓一切困苦勞作都降臨到我們身上，這就是在實踐我們的德行……

「勤勉展示的是靈魂的慷慨、淳樸，它的背後是一顆不會滿足於低賤卑俗、願意追求更高目標、具有大無畏勇氣、無視艱難險阻的心；它還表明一個人不願意讓自己的生活建立在對別人的剝削或者依賴上，不願意過一種寄生生活，不願意靠掠奪別人辛勤工作得到的收益來過日子。最難得的是，他為公共事務也盡了遠遠超過他個人本應盡的職責。一顆高貴的心靈是決然不能忍受雄蜂的生活 —— 靠吸食別人辛苦採來的花蜜為生；他蔑視寄生蟲 —— 靠從公共糧倉裡偷偷竊取來謀生；他蔑視鯊魚 —— 專門捕食比自己弱小的魚類；他會想方設法，靠自己來養活自己。

「勤勉是錦上添花，使我們以更甜美的心情、更豐富的感受來享受我們的歡樂；因為一個人倘若沒有完成手頭的事務或者職責，他是絕不能好好享受，不能對任何事情感到滿意的。所以，他只有做好了分派給他的工作之後，才可能全身心地放鬆，享受生活的樂趣；只有這個時候，他的食物才會可口，他的娛樂才會盡興，他的睡眠才會安穩，正如那位偉大的傳教士所說：『勞作的人睡眠才甜美。』」

除此以外，勤勉還有許多側面的功效，其中之一就是可以使我們遠離不幸。一個人終日繁忙，魔鬼縱然想誘惑他，也沒有可乘之機。伽西安曾說：「一個從事勞動的僧侶只會遭遇一個魔鬼的歹意，而一個無所事事的僧侶，便會有無數讓人墮落的精靈來拉他下水。」遊手好閒是最惡劣的一種品行，一個懶人對社會毫無意義，不僅如此，甚至比這還糟，他是社會的一個腫瘤、一種負擔；他只消耗、不創造，他不能為社會增添光彩，只會敗壞它的形象。所羅門王是這樣告訴我們的：「懶人的路鋪滿荊棘；懶惰使房屋崩塌；無所事事讓茅舍傾覆。」勤勉事實上是一顆純潔、高尚的心靈最好的防護欄，它可以擋開一切罪惡、陋習，看護好心靈之門，將一切墮落的誘惑都隔絕在外。

你是富人嗎？那麼，如果要管理好自己的財富，勤勉就必不可少，這不只是對你和你的家庭，對其他人也大有裨益。你在眾人中有很高的聲望嗎？倘若想使自己更有身分，想成為別人眼中更出色、更令他們尊敬的榜樣，勤勉同樣必不可少。一個紳士哪怕他有顯貴的門第，也必須承擔勤勉的義務，同時這也是他的權利。若是他以為自己有特權可以飽食終日，那麼，天下最大的不幸大約也同樣會成為他的特權；因為他對主、對世界毫無用途，不做侍奉的事情，那麼，他完全沒有享受幸福的資格。

　　巴羅博士說道：「一個紳士也必須做到虔誠、慈愛、節制，這是人所共有的義務；並不會因為他的身分就可以免除做一個基督徒的職責，相反，這一身分應該使他在這些方面更嚴格地要求自己。他是主的管家，主的家庭中全部物品的供應都託付給了他。他既然具備高於眾人的智慧，也就相應地要承擔更多的事務。

　　「如果說一名村民或者一名工匠的智慧是 1 分，那麼一個紳士的智慧就是 10 分。他生來就在精神上有無窮的活力和超乎常人的勇氣，而且，這一切因為得到經常地使用而越發顯得突出；他接受文明的教育，舉手投足無不優雅超群；他有門第、同盟、友誼做他的後盾，財富、榮譽、權力、權威，他應有盡有；他還可以支配自己的時間和閒暇。

　　「如此之多珍貴、有益的天賦都集於他一身，這一切不應該包裹在餐巾裡，更不能掩埋在地底下，它不應該為了私人的滿足而荒廢，而應當有實際的用途，應該為了更好地侍奉主而更進一步完善自己……這樣他就成為一名真正的紳士，他的心靈便可以為公共利益而承擔最繁重的工作，他會樂於助人，幫助鄰居和朋友，不會因為這些給自己帶來諸多不便就斤斤計較。

　　「紳士所擔當的工作也許不會那麼粗鄙，但要論它所需要的智慧和它帶來的痛苦，卻不遜於任何一項工作。因為真正困難的工作並不是體力活，除了犁和鏟，除了錘子和梭子，我們還有其他勞動工具。而且，也並不是每一種工作都要流汗，都會產生有形的實物，大腦的構思有時也非常花費心力；由嘴裡說出各種建議、勸說、安慰、教誨的話，也需要舌頭積極地運動；一個人有心做些善舉的時候，也會讓自己激動振奮。所有這些，都需要一個紳士發揚勤勉的精神才能完成。」

　　然而，在底層，人們對什麼才是「真正的紳士」有各種不同的看法。華特‧司各特爵士一次在愛爾蘭專程去看格蘭登羅附近聖凱文河的河床，同行的普朗克特告訴女導遊說，這位先生是一位詩人。「他是詩人？」她的反應是，「那可不太好，不過畢竟是一個上等人，一下就給了我半個克朗。」所以，一個倫敦出租馬車的車夫如果收到乘客雙倍的付費，心裡便會想：「這才是紳士的樣子。」

　　即便是地位稍高一些的人士，也常常把紳士與出手闊綽連繫起來；而這在許多時候實在是一種勢利。那麼，怎樣的人才是紳士呢？薩克雷說：「紳士要誠實、溫和、慷慨、勇敢、睿智；擁有了這些品格，然後，用一種最優雅的方式將它們表現出來。」聖帕萊耶則列舉了 12 種美德，他認為這些美德是紳士必須具備的。這 12 項美德是：忠實、仁慈、公正、有判斷力、謹慎、節制、堅定、誠實、豁達、勤奮、自信和勇氣。除了這些之外，我們也許還可以加上對他人的感受、見解的寬容和體諒。

　　真正的紳士並不需要考慮他的出身，無論是農民，還是貴族，都可以做一名紳士，每個人都可以做到溫和、忍耐、寬容、禮貌。你可以在阿拉伯人的帳篷裡，或者是農夫的茅舍裡看到真正的禮貌；禮貌體現了對他人一種自然而然、和藹可親、頗具男子風度的尊重，而與偽善、諂媚無緣。

　　富貴之人，未必就具有紳士的品格。一個地位低下的人，反而可能無論在談吐還是精神上都成為紳士；他可以做得非常誠實節制、正直勇敢、自愛自強。一個精神豐富的窮人比一個精神貧瘠的富人，在任何方面無疑都要高貴得多。借用聖保羅的話就是：「前者一無所有，但卻擁有一切；後者雖然擁有一切，實際卻一無所有。」精神的貧瘠才是真正的貧瘠；一個精神豐富的人會以信任的態度看待世界，可以不受日常生活一切粗鄙狹

隘的算計影響，因此，他有資格稱得上是一名真正的紳士。

世界上有一種高貴、優雅是出於天賦，那就是靈魂的慷慨大方、出類拔萃，而這一切，在下等人中間也是可以發現的。看一看喬叟（Geoffrey Chaucer）筆下的農夫，生活充滿了寧靜和慈愛，無論是禍是福，都全身心地敬奉神，愛他的鄰居；他也願意為了主，為了每一個人而勞作，無須報償，只要它是出於自己的能力。

優雅的舉止也許是對高貴品性的最後一道潤飾。愛默生（Ralph Waldo Emerson）曾說：「優雅的舉止要勝過優美的外表，它比雕塑、繪畫更能帶給我們喜悅，它是一切高級藝術中最優雅的一種。正是這些具備這一品格的人創建了基督教社會主義，使人們的同情心恢復了活力。」詹森博士（Samuel Johnson）是位態度粗暴的人，他也會強調禮貌對於社會的意義，這就有些出乎人們的意料了：「信不信由你，缺乏禮貌，幾乎每一次都會令人感覺不舒服，甚至令人反感。」在他接近失明的時候，有一次在艦隊街，他遇到一位慌亂得不知所措的女士，他便主動提出帶她穿過艦隊街，因為過往的車輛很危險。他不惜屈尊為女士效勞，當她登門拜訪到最後離去的時候，他也會很紳士地將她扶上馬車。

美國總統昆西（John Quincy Adams），無論他的言談、舉止還是品行，都無愧於紳士稱號。他能夠欣賞別人所做的一切，對最微不足道的人也謙和有禮。有一次，他的祕書動作遲緩耽誤了工作，他是這樣對祕書說的：「你每次做事情，總是先挑最棘手的做。」他即使對黑人也不失風範。一次他乘公車去坎布里奇，車上非常擁擠，這時候上來一位婦女，但她是有色人種，並且一直找不到座位。總統立刻起身讓座，在餘下的路途上一直站著。這是對當時盛行的對有色人種持傲慢態度的一種無聲抗議。對於

他，禮貌不只是一種本能，而且是一個原則。

曾有一段時期，蓄鬚非常流行。一次，西班牙的菲力普一世派遣年輕的皇家總管德伽斯泰爾趕赴羅馬，祝賀薩克圖斯六世登上教宗寶座。見到這位未長鬍鬚的年輕總管，教宗便問：「你們西班牙是不是國內沒有人了，國王竟然派一個還沒長出鬍子的人來？」「先生，」這位西班牙人自豪地回答，「如果陛下知道您是把鬍子看作功勛的象徵，那他一定會派出一頭山羊作為使者，而不是一位紳士。」

每個人的天性裡總有一些粗糙的稜角，而禮貌正可以看作是對這些稜角的精緻包裝，免得它過於傷人。擁有古老家族和顯要身世的人，若是不同時具備高貴的品性，那麼也算不得真正的紳士。一個人的出身並不能代表什麼，高貴的出身同樣可能伴隨著卑賤、懦弱、懶惰。毫無疑問，出身當然會對一個人產生作用；它可以讓子孫透過對先祖的緬懷，透過對先祖們光耀門第的介紹，激發後輩做出偉大的事蹟、高尚的舉動。亨利・西德尼對兒子菲利普說：「要記得你身上從你媽媽那裡傳下來的貴族血統；要為它增添光彩，你就應該過一種高尚的生活；否則，你的惡習、懶惰，只會玷汙這個家族，這是一個人身上所遭受的最大的災禍啊！」

菲利普・西德尼爵士（Philip Sidney）沒有讓父親的諄諄教誨落空。他在朱特芬戰場上把水讓給戰士的高尚行為永遠為人們所銘記。他死後，福爾克・格里維爾，他的一個朋友，帶著巨大的遺憾說起他：「事實上，他是真正的道德典範，他適合做一切事業，征戰、農耕、宗教革新，無論哪一項，他都會是所有人中成就最輝煌、影響最深遠的一個。他異常熱愛人類、熱愛美德，任何有生命的東西，都可以從他這裡得到盡可能的寬慰、保護和友誼……這種愛心在他，並不只是針對他周圍的人，而是對所有人

類而言。他主要考慮的不是妻子兒女，更不是他自己，而是造物主的榮耀，是為國家和人民效勞。」

貴族的後代未必就是貴族。古代，世界上很多偉人都是崛起於草莽之間。柏拉圖（Plato）並不是貴族，可是他的哲學使他變得高貴。斯多噶派哲學家克萊修斯一開始只是一名角鬥士，他在雅典終日靠為城邦居民的花園澆水謀生。畢達哥拉斯的父親是一名銀匠，歐里庇德斯的父親是一名園丁，德謨斯提尼的父親是一名刀匠，維吉爾的父親是一名陶工。那些在社會最底層的人們，可以躋身社會最上等的行列；而上等人假使沒有名譽和品行，就相當於把自己貶低為下等人。前者的上升是因為他的見賢思齊、才德出眾；後者正是因為疏忽大意、品行不端而貶低了自己。

再看看我們自己的時代。誰不知道莎士比亞出身卑微，父親只是一個鄉村剪毛工。還有本‧詹森，雖然出身磚瓦匠，到最後卻成為一個「成長的紳士」。還有像做過製衣工人的伊尼戈‧瓊斯（Inigo Jones）、鐵匠昆廷‧馬蒂斯、陶工約叔亞‧維治伍德、儀錶工詹姆斯‧瓦特、木匠約翰‧亨特、裁縫伊薩克‧米爾納、編織工約瑟夫‧蘭卡斯特、農夫羅伯特‧彭斯、藥劑師約翰‧濟慈，這些從勞工階層湧現出來的紳士，哪一個讀者不是耳熟能詳？

湯瑪斯‧卡萊爾（Thomas Carlyle）的父親是一名泥瓦匠，這位《法國大革命》一書的作者曾說：「一切手藝裡面，最高貴的就數泥瓦匠；一幢牢固的建築，它的生命要比大多數書籍，比一本洋洋灑灑、下筆萬言的書長久得多……我該向父親學習。他怎樣造他的建築，我也該怎樣寫我的書，這樣到了生命的終點，我便可以毫無愧色地走向另一個世界與他團聚……他在蘇格蘭農民中的角色，也許就像薩繆爾‧詹森在他的作品中描

述的角色那樣。我為我出身農民的父親感到神聖、自豪，即使是用國王的寶座來交換我也不要。我該感謝上帝給我如此無可比擬的恩賜，我該努力使自己的生活配得上它。」

當休·米勒這位泥瓦匠出身的人，被姆科西博士推薦並接受貝爾法克斯邏輯與形而上學學會主席一職時，米勒說：「倘若一個人擁有一份天賜的高貴禮物，即便是做泥石匠或機械工這樣的禮物，他都應該在上帝之光的照耀中去神聖地履行。你有了這樣一份禮物，就要接受並履行，上帝會為你打開各種方便的大門。」姆科西博士做了許多演講並且出版許多作品，這些令他的聲譽一度達到頂峰，後來，他又被選舉擔任更高的職務——美國普林斯頓學院院長。

聖保羅（Paul the Apostle）在《哥林多前書》的〈使徒書信〉中，準確地描述了基督徒紳士的品格：「仁愛（或愛）是恆久忍耐，又有恩慈；愛是不忌妒；愛是不自誇，不張狂，不做害羞的事，不求自己的益處，不輕易發怒，不計算人的惡，不喜歡不義，只喜歡真理；凡事包容，凡事相信，凡事忍耐。」（注：《哥林多前書》第 13 章 4-8 節。我們所熟悉的一位夫人也曾經對我們指出，《聖經·舊約》的第十五詩篇也描述了一位真正紳士的特徵：「他就是行為正直、處事公道、忠於內心的人。他不以舌頭誹謗人，不惡待朋友，也不誹謗鄰里。他藐視匪類，卻尊重那些敬畏耶和華的人。他發了誓，即使自己吃虧也不更改他的信仰與原則。」）

按照這一段話中的精神去行動的人，展示了一種最為高貴的生活方式。「唯一真正的高貴——深深地扎根於品格之中的東西——是來自於基督教的仁愛（或愛）。如果這種東西得到普及，那麼，我們將再也找不到粗魯的莽漢、未受過教養的農民和思想平庸的工人。」（注：《尊敬的弗

里德里克‧羅伯特遜》）

　　巴爾卡勒斯伯爵三世特別同意聖詹姆斯的見解，並且很喜愛他的《天主教使徒書信》，這本書特別強調，紳士這個詞意味著基督徒所有優秀的品格和美德。第四代伯爵皮特最明顯不過地指出：「當我們處於繁榮時，巴爾卡勒斯並不喜形於色，但當我們處於危險之中時，他卻無比堅定——這就是真正的男人。」

　　曼林主教在伯明罕就英格蘭可能受到威脅這一議題演講時，他提到了英格蘭四面的海洋和四種美德。他說，他不相信四面的海洋能保衛英格蘭的安全，他也不對此抱任何希望；不過他把信心寄託在這個民族 4 種偉大的美德上。這 4 種美德是：謹慎，謹慎可以完善知識；公正，公正帶來完美的意願；節制，節制教導人們在享樂的誘惑面前自我克制；堅韌，堅韌使他們遭受苦難和處於困境時保持堅強。

　　基督教最純粹的禮節就是令人愉悅的態度。令人愉悅的態度適合於老人，也適合於年輕人，總是能表現出一個人的優雅。令人愉悅的態度是一個人最好的同伴，它比黃金中鑲嵌著的紅寶石和鑽石更能修飾一個人的外表；令人愉悅的態度無須你付出任何東西，但它的巨大價值卻無可估量；因為它能給持有它的人帶來幸福，同時又在其他人的心中播下快樂的種子。這種態度關注的是人性中最光明的一面。

　　在評判他人時，它避免了任何對動機的猜疑，同時又能做到富有耐心。有這樣一種態度的人，在談話時習慣於選擇最令人高興的話題，而避免談論錯誤與缺點。這樣一種態度能傳播最美好的話語，珍愛最美好的思想，並以各種方式來使社會交往的過程變得甜美和諧。令人愉悅的態度是心靈的美，就像身體的美一樣，它幾乎能贏得其他的一切。不同的是，它

從來不會變老，因為再也沒有什麼比一張老人的臉顯露出令人愉悅的表情更美。不論你是高是矮、是胖是瘦，不論你的臉是方是圓、是大是小，只要帶著愉悅的態度，掛上一個發自內心的、甜甜的微笑，那麼你的人氣、你的善良、你的受歡迎程度都將瞬間升值。

　　所羅門說：「一顆令人愉悅的心靈，造就了令人愉悅的外表。」他在其他地方還提到：「一顆有善行的、令人愉悅的心靈，就如同一劑良藥。」對於一個富有男子漢氣概的生命來說，令人愉悅的態度是必不可少的；從很多角度看，它都是成功的源泉。為了消退狂熱的情緒，為了戰勝在接受重大責任時不可避免的困難，這種精神必須要有一定的靈活性。實際上，令人愉悅的態度意味著一種滿足的精神、一顆純粹的心靈和一種仁慈博愛的性情。它也意味著人道與仁愛，對他人慷慨地欣賞，對自身卻恰當地自制。

　　這種態度並不是透過偶爾做一兩次善事的方式體現出來的，它更多的是由生命中富有修養的謙恭、日常生活中的美德、基督徒式的性情和同情，以及親人朋友的良好品格中體現出來的。小小的河流比飛瀉而下的大瀑布更為有用；前者以一種柔和安寧的美在靜靜地流淌，而後者飛瀉而下時有可能毀滅一切。我們日常生活中的行為也是同樣的道理。同情心是一種普遍的溶劑。沒有同情，就沒有理解。不借助於同情心，一個人就無法為他人所容忍。人們天賦的才能往往隨著他們同情別人的能力而變化。當缺乏同情心時，那些試圖提高基督徒式品格的努力，就不可避免地要遭到失敗。

　　很多人徘徊於他們那狹隘的自我安樂與陶醉中，他們總在思考自己的優點與缺點，卻從來沒有考慮過那些對他們有巨大幫助的人們。正是對離開那狹隘自我空間的恐懼，使得不少人墮落為卑微的庸人。這樣，我們就

有了很多「偉大」的盲信者和「偉大」的書報檢查制度 —— 所有這些都來自於同情心的缺乏。

而同情就是基督教的本質。「要互相親愛。」這是一句最簡單的話，但它所包含的福音足以使我們的世界變得更完善。塔爾福德法官在臨終前說出的最後一句話是：「假使有人問我：『為了階級與階級之間的和諧，英國社會最缺乏什麼？』我只會回答一個詞，最缺乏的就是『同情』。」在塔爾福德顫抖的嘴唇裡吐出「同情」這個詞的那一刻，他的靈魂也慢慢飛向了遠方。

從道德律令和宗教箴言的角度來說，紳士的品格意味著溫和的行為。他絕不會欠下無力償還的債務。他會非常鄙視為了自己衣著和外表，而向那些也許比他還要窮的人借債。只有那些「偽紳士」（當然是對一些人的諷刺）才會過分地在衣著上對自己進行裝飾，才會透過過分誇張的服飾和人造的珠寶鑽石來炫耀自己。這樣的「偽紳士」只是一個偽君子，不過據說偽善也有不少功勞，就像惡對於善一樣；可是，這些「偽紳士」以假亂真的意圖通常容易被人們識破。

紳士們一旦認準了對方，他們就會用眼睛注視著對方，並緊緊握著對方的手。他們天生就互相理解，他們也欣賞各自的美德。這就是查爾莫斯博士所具有的一種品格 —— 他對卓越品格會敏銳而快樂地欣賞。除此之外，他們還互相認同對方的仁慈與寬大。一位真正的紳士對他的狗都很仁慈，而一位「偽紳士」即便對他的妻子也不會仁慈。有著紳士風度的人是親切而溫和的，同時他又很慷慨。當然，這並不需要完全以金錢的形式表現出來。毫無疑問，在金錢問題上發揮他的仁慈心就要處理得特別小心，往往許多慷慨的做法，最後的結果都證明弊大於利。

　　一個人的偉大基於對生活最深刻的認知。同時又必須在不斷自我檢討的基礎上恰當地自我評估，更重要的是，他對正確原則的一貫恪守。經驗告訴我們，我們將成為什麼樣的人是由我們自己決定的。每個人都在自己身上打上了自我價值的標籤，而我們是偉大還是渺小完全取決於我們的意願。我們努力去做到誠實、仁慈和真誠，慢慢的我們就會變成所希望的那個樣子；要做到這一點，一開始會有點困難，漸漸的困難就會越來越小。因為常常這樣做，一個人的活力、善良、仁慈和節制等優良品格都會得到改善；若經過努力做到了這些，那麼所有這些都會變得很容易、很自然。這樣，一個人就能使他自己變得慷慨、公正、富有同情心、寬容、有教養、禮貌、仁慈與溫和。

　　一位真正的紳士因為他對自己要求嚴格而獲得榮譽；也因他的同情心、溫和、仁慈和他的慷慨而著名。整體來說，他是一個真實的人，他的言行也一貫端正，不只是在人前，就是在他自己那隱密的私人生活中也是如此。真實性就是道德上的透明度。因此，真正的紳士從來不承諾他無力去履行的事情。威靈頓公爵曾經驕傲地宣稱，英國軍官具有真實的美德，他們從來不背棄自己在軍中做出的任何一項承諾；因為紳士鄙視撒謊，無論是在言辭上還是行動上，紳士總是準備承受一切後果，不願因為撒謊而貶低自己的人格。有一句古老的法國諺語說得好：「紳士是不撒謊的。」

　　謹慎自制地行使權力必定是一種紳士的美德。他不會濫用自己的權威，也會避免去壓迫手下的人。他怎樣對待那些與他平等的人或服從他的人——他的妻子、孩子和僕人呢？軍官怎樣對待他的士兵？校長怎樣對待他的學生？老闆怎樣對待他的員工？富人怎樣對待窮人呢？在這些例子中，能否謹慎自制地利用權力，為測試人們的品格和紳士的品格提供了一塊真正的試金石。

　　紳士們總使自己處於嚴格的自我控制狀態。羅馬人用「德行」這個詞來描述男子漢氣概、勇氣和美德。不能戰勝自我，就談不上德行。必須抑制自私的欲望，必須擊退低下的本能。同樣，紳士的品格中也必然包括了節制。因為節制會幫助保持頭腦清醒、道德純潔和身體健康。人們常說，繁榮昌盛時的美德是節制，而艱難困苦中的美德是堅韌。

　　無論在生命旅途中哪一個階段，真正的紳士都有著有別於常人的表現：他有著一種柔和謙恭的姿態；他有著富有耐心的自制；他對其他人表示尊重；他對悲哀者和苦難者表示同情；他能以自己希望被人對待的方式去對待所有的人。「從道義上互相愛戴」是神的誡條，同樣也是一種好的教育信條。「給所有人光榮」、「要謙恭有禮」。謙恭有禮也是你獲得別人尊重最有效的方法。

　　生活如同一面鏡子，你保證自己開口說的話一定溫和友善，那麼，你就會理所當然地得到溫和友善的回應。埃思斯的聖·法蘭西斯曾恰當地說道：「你不知道謙恭是上帝自身的美德嗎？上帝用他的雨露和陽光滋潤了正義和不正義，上帝那偉大的謙恭啊！謙恭又是仁慈的姊妹，而仁慈又驅逐了仇恨、迎來了愛。」

　　紳士同樣也非常堅定。在應該做好的地方，他總是表現得很出色。無論是寬恕還是不滿，他都掌握著恰當的分寸，從來不會懷有仇恨。有人對一位哲人說：「如果我不能報復你，還不如死了解脫。」他得到的回答是：「如果我無法使你成為我的朋友，我就會去死。」

　　紳士品性溫和，但並不代表他們恐懼。相反，他們具有非凡的勇氣。即便在巨大的危險之中，他們也會去幫助他們的鄰居。英雄的精神永遠不會消亡。在每一個階層，都會出現一些人，他們冒著生命的危險去拯救那

些溺水的男人或女人；都會出現一些人，他們衝入燃燒的火海中去解救那些受難的人。社會現代史也充分證明了這一點。有許多人為病人和窮人建立了慈善機構。無論是在和平時期還是戰爭時期，都有不少人願意為了幫助其他人而犧牲自己的生命。

令人尊敬的馬歇爾・德・穆奇，因為在第一次法國大革命期間保護一些神父和救助受難者而被領到斷頭臺上時，有聲音從人群中喊了出來：「勇敢，穆奇！勇敢，穆奇！」這位英雄是這樣回答支持他的人們的：「在我60歲的時候，我為我的國王打開了堡壘的關口；而今天我已經84歲了，我不應該為了上帝再打碎斷頭臺了。」

在今天這樣一個時代，我們還可以找到同樣一個涉及生死的例子，不過這個人不是士兵 —— 士兵平時就習慣於勇敢地面對危險，他是一位文人，劍橋大學的阿拉伯語教授，名叫愛德華・亨利・帕爾默。他是一個傑出的人，一位偉大的學者和語言學家。他熟知大部分東方語言，能夠在路上與羅馬人對話，也能與吉普賽人交談。他成就斐然、膽大勇敢、談吐幽默，所有認識他的人都熱愛他、讚揚他、尊敬他。

西元1882年英國計劃遠征埃及的時候，帕爾默教授與蓋爾上尉、卡靈頓中尉被政府委派去先行考察，目的在於購買駱駝和勸誘貝都因人支持英國的事業。在離埃及還很遠的地方，大約在艾恩穆什附近，他們受到了一群暴徒的攻擊，幾天之後他們被殺害了，他們中的每一個人都死得很英勇。

評論者對帕爾默教授的一生如此總結：「對於學者來說，這是一段值得珍愛又足以自豪的記憶，當困難而危險的任務必須要履行時，能夠做這件事的人並不是一個士兵，而是一個文人；他沒有強而有力的胳膊，但他

有敏銳的頭腦和雄辯的口才。在他履行使命的行動中，在他無畏地面對死亡時，帕爾默向世人證明：一個學者也可以成為一個英雄；一個學識淵博、勝任教職、口才極佳、文采過人的人，一個在他所努力的事業上都做得很出色的人，也能夠死得很壯烈。」

在微不足道的事情上，勇氣也有著非常重要的作用，即使無法成為英雄，但至少能成為一個真正的男人。勇氣能夠讓我們面對生活中的困難，並最終克服它們。勇氣幫助我們避免那些錯誤的決策，果斷做出正確的決策；勇氣使我們主動承擔自己的債務，而不是靠他人生活；勇氣鼓舞我們去自由地表達，在可能會傷害到他人時保持沉默；勇氣使我們能夠檢查自身，並且坦白地承認自己的無知；勇氣使我們能夠承認自己犯了錯誤；勇氣使我們能夠發現錯誤，並且努力去改正、挽救以達到最理想的效果。

勇氣能夠幫助我們完成很多事情，儘管起初看來會困難重重。只有懦夫才天生是一個奴隸，勇敢的人會為了生活而學習，同時又為了學習而生活。當他做正確而善良的事時，他隨後便會贏得人們的尊敬；即便不是這樣，那些忠誠地履行職責的人也會獲得世人的讚揚。

優雅的男士被稱為紳士，而女士則被稱為夫人。優雅的女人如同男士一樣優秀，如同生活中的陽光一樣燦爛。她是那樣地令人愉悅、那樣地溫柔、那樣地仁慈。「夫人」這個詞的最初含義是「給予麵包的人」。對她周圍的人來說，她是麵包提供者；對於尋求幫助的人，她是仁慈的施與者。愛是她的力量與仁慈的源泉，而仁慈「永遠不會倒下」。這是她高貴生活的真正組成部分；這為她的靈魂提供了永恆的基石。歌德說：「愛讓人有力量完成別人付出巨大努力而不能完成的事情。」

「愛本身就是一種知識。」聖・格里高利說，「它是所有真愛的源泉，

因而也是所有智慧的源泉。」愛伴隨著心靈的謙恭，而謙恭會透過外在行為表現出來。

「若是你想充分理解禮貌的含義，那麼就要求教於那些高貴的夫人。」塔列朗在提到一個可愛的女人時曾經這樣說：「她魅力四射，美麗的外表反而成了她最不為人所注意的地方。」她最大的魅力在於溫柔、真誠、純潔、交往中的高貴、善解人意、責任感以及優雅的個人習慣。外表的美麗並不是最重要的，再美麗的外表都會隨著歲月的流逝，在生活的瑣碎中慢慢消逝，但愛、溫柔、令人愉悅的態度就像牢固的釘子一樣，把家庭和社會牢牢地結合在一起。

即便那些勞作不休的婦女也可以具有高貴的「夫人風範」。她不必很富有，不必終日閒居，也不必穿著名貴的時裝，因為這些做法都無助於「夫人風範」。而那些井井有條、富於禮貌、耐心勤勞的婦女，那些能夠注意到各種開銷、支出的婦女，與此同時在她家庭生活中又能成為一個勤勞、忠誠典範的婦女，往往比她們那賺取收入維持一家生計的丈夫，有更多的事情要做，更能體現她們的完美才能。通常，更多的是由母親，而不是父親，給孩子帶來了快樂的少年時代，教育他們的兒子長大後具備男子漢氣概；教育他們的女兒養成優雅、高貴的氣質。有這樣的妻子，男人感到幸福；有這樣的母親，孩子們感到幸運。

維護聖潔是男人和女人的普遍義務，社會中能夠維持聖潔的標準，其貢獻更應該歸功於女人而不是男人。女人能夠在最大程度上免受外界生活的影響；她們也不會因為鬥爭、恐懼和世界上的競爭而感到負擔沉重。男人能夠以平和、舒適和穩定的心態回到社會中繼續工作，也要歸功於家裡的妻子。

　　正如女人擁有提升這個社會水準的力量一樣，她們也擁有降低這個社會水準的力量。司道塔對蘇格拉底誇耀說，她能夠完全背棄蘇格拉底的那些戒律。蘇格拉底說：「這當然能做到，因為你引導它們向下，這當然是件很容易的事情；但要引導它們向上，使之實踐德行 —— 這當然很費力。事實上，德行還不為大多數人所知。」兩千年過去了，人類的本性仍然沒有改變，現代的蘇格拉底 —— 湯瑪斯・卡萊爾 —— 也做過一個相似的評論，他說：「毫無疑問，那一天會到來，人們將會再次理解，什麼是聖潔而自制的生活美德。」

第二章
從平凡到偉大

> 工作得越多，人就知道得越多。
>
> —— 聖方濟各
>
> 對於那些不知道時間的價值，也不知道如何利用它的人來說，日子是如此漫長，彷彿永遠沒有盡頭。
>
> —— 歌德
>
> 沒有什麼偉大的東西從一開始就是偉大的。
>
> —— 約瑟夫‧德‧梅斯特爾
>
> 耶穌基督的箴言使得騎士們更加勇敢。
>
> —— 懷克利佛
>
> 對於那些高貴、純淨的心靈來說，名望是一種刺激物，能夠鞭策他們克服自身的弱點，去蔑視世俗的快樂，並對辛勞的生活甘之如飴。
>
> —— 彌爾頓

　　我們現在所享有的文明，從很大程度上來說，是前人日積月累工作的結果。那些生活在我們以前的先人，推動著所有道德上、知識上、藝術上、科學上閃光的東西，使它們一步一步走向完善。每一代人都在前人工作的基礎上做出自己新的貢獻；而知識和科學累積的成果則代代相傳，並且日臻豐富。

　　那些「無論是在自身價值還是在知識運用上都站在最前列」的腦力勞動者，構成了勞動者中真正的貴族。他們是社會的資本家 —— 社會的領袖人物或首腦人物；因為在這個世界上，能夠贏得最高榮譽並構成人類前進動力的既不是金錢，也不是地位，而是大腦和工作。這種由大腦和工作形成的最高級力量，總是位居社會的最前列，在任何時代都是如此。

雖然它也有可能碰到困難和阻礙，慘遭迫害與譴責，甚至被公然放逐、摧毀，可是，犧牲者和逝者那偉大的靈魂和精神仍然領導著我們。蘇格拉底、柏拉圖、笛卡兒（René Descartes）以及洛克仍然活在他們的哲學思想中；荷馬（Homer）、維吉爾（Virgil）、但丁以及莎士比亞仍活在他們的詩歌中；亞里斯多德、伽利略、牛頓及拉瓦節（Antoine Lavoisier）則活在自然科學中；與他們同時代的統治者——那些暴君、執政官、總統、國王或是皇帝——則已經統統被歷史遺忘了。

古代的偉人們在他們認知的範圍內生產精神產品，從而為我們留下了寶貴的遺產。他們把他們個體的努力和工作，融入到前輩們累積起來的勞動成果中，他們踩在巨人們的肩上，從而使得自身也成為對人類文明做出最大貢獻的人之一。在某些人的內心深處，工作的衝動已經成為一種激情，甚至可以說是一種神聖的熱情。他們發現工作的領域是如此寬廣，而一個人的生命是如此短暫，以至於應該抓住任何一個瞬間，來收穫工作的果實。對於他們而言，即使工作並不意味著是他們生存必不可少的部分，也至少應該說工作是他們感到幸福不可或缺的部分，它吸引和占有了他們全部的興趣。

據說布魯遜曾說過，他生來就是為了學習和工作的。身為一個不知疲倦的人，他永遠都不可能無所事事。培根在科學領域裡找到了令他忘我的工作園地。米開朗基羅對工作也有一種瘋狂的渴望，他自己說過，使用槌棒對保持他的健康是絕對必要的。他往往只在工作間歇時小憩一下，然後半夜裡就起床，接著做白天的工作。正是由於這種在生活上的極大克制，使得他延長了工作生涯。當他再也不能走動的時候，他就讓人用輪椅推著他到望景樓去欣賞雕像，即便是在雙目失明之後，他仍然用雙手摸索著雕像的比例，並以此為樂。

　　李奧納多・達文西的勤勞和辛苦，比起前面所舉的例子來也毫不遜色，甚至有過之而無不及。他既是繪圖員、畫家、雕刻家、化學家，又是機械工、作家、建築師和工程師，他是一個具備多種才能的人，可以說他是這個世界上已知的最全能的天才。（注：哈倫先生評述說：「如果有人對把李奧納多・達文西列為 15 世紀的第一位人物心存疑問的話，那是毋庸置疑的，但是，如果說人們對於他在如此多的領域裡所做的創新心存疑問的話 —— 這種創新或許沒有人，尤其是沒有人能夠在如此惡劣的環境下取得 —— 那麼，它肯定是建立在這樣一個假設的基礎之上，這個假設並不是絕對站不住腳，那就是自然科學的某些領域早就已經發展到了很高的程度，只不過我們的書本沒有記錄這種發展罷了。」 —— 摘自《歐洲文學導論》）

　　另一位義大利文藝復興時期的威尼斯畫家提香，也是堅持工作到生命的最後一刻。當瓦沙里去拜訪這位 89 歲高齡的畫家時，他發現老人的手中還拿著畫筆；事實上，自那之後提香還堅持工作了 10 年。當卡洛瓦因長年的勞作而損害了身體和健康、奄奄一息地等待死神降臨的時候，他最大的遺憾和痛苦，就是再也不能畫他所鍾愛的維納斯像了。

　　馮岱克在創作的過程中總是不知疲倦，通常一整天都在修改並完成一副肖像作品。英國的藝術家傑克遜有一次在一個長長的夏日裡，一口氣完成了 5 幅繪畫 —— 儘管這是出於打賭的目的。小德列斯如此勤奮而又多產，以至於他經常開玩笑說，要是想要展示他所有的作品，儘管這些作品尺寸都很小，不過還是有必要建造一個兩里格長的畫廊。直到 80 多歲的時候，他仍然堅持工作，終生都保持著旺盛的精力，這種精力並沒有因為歲月的流逝而受到磨蝕。

　　約書亞‧雷諾茲爵士也有著那種真正的藝術家所擁有的對工作的狂熱。每天從早上 10 點到下午 4 點，他都待在畫室裡，直到 66 歲那年病魔纏身，他才不得不擱下手中的筆。正如他自己所說：「我的工作像一位機械工為了麵包而幹活一樣辛苦。」有一次，他被慫恿去拜訪鄉下的一位朋友，等他回來後，又精神百倍地投入工作中，因為在沒有繪畫的那些日子裡，他感覺自己「就像與天然食品分隔開，吃不到飯一樣」。

　　尼古拉斯‧布欣說過，隨著年齡的增長，他覺得自己「日益被一種欲望所燃燒，那就是要超越自己，達到最高的完美境界」。真正的天才是永遠也不會對自己所取得的成就感到完全滿意的。很多時候，他在自己的腦海裡和想像中形成了一個完美的構思，但他卻無法把這種構思準確地體現到作品中，這種無能為力的感覺經常折磨著他，使他感到痛苦。當一位旁觀者欣賞著比利時的佛萊芒雕刻家杜克斯羅伊剛完成的作品時，這位藝術家會在旁邊說：「啊！但願我能夠讓您看到的是站在這兒的雕像。」他一邊說，一邊用他的手指指著自己的腦袋。

　　這種對自己的作品一絲不苟的態度同樣表現在文學家身上。儘管維吉爾為創作《伊娜德》花了整整 11 年時間，但是當這部作品最終完成時，他對它是如此地不滿意，以至於希望把它付之一炬。與此相類似，伏爾泰也聲稱他這輩子沒有完成一部令自己滿意的作品。在把一個構思從思想的火花轉變成書面語言的過程中，最精妙的那部分內容通常轉瞬即逝，再也不會出現。因此，那些肖像畫畫家總是沒辦法表現出一個人臉上最生動的特徵，並且也無法再捕捉住它，將它表現在畫布上。

　　一位著名的作家評述道：「若是只有那些令作者本人感到滿意的作品才能出版的話，那麼那些最偉大的作品肯定沒有得到出版。」表達在紙上

的實際結果和理想中的構思之間總是相距遙遠。思維的活動總要比手中的筆快得多，並且也看得更遠更深。當手中的筆開始被用來記錄思維時，那些重要的思想火花和美妙的靈感早已消失，不可追尋。想像中的構思可能和陽光一樣閃耀，脈絡清晰；然而，寫在紙上的篇章卻如同蒙上了一層面紗，朦朧不清。普林尼對詩人第曼瑟評價道：「他感覺到他的思想遠比那些作為載體的文字要更為深邃；並且即便他的藝術水準被發揮到極致，他的才能也遠遠超過了它。」毫無疑問，這對所有偉大的藝術家或多或少都適用。

也正因如此，才有了那些文學家和藝術家堅持不懈的努力。他們都想方設法地把想像中的構思，以一種最好的形式表達出來。阿里奧斯托在那一節著名的有關暴風雨的描寫中，曾經嘗試運用了 16 種不同的方式。義大利詩人彼特拉克（Petrarch）為一句簡單的詩句先後轉換了 45 種說法。由於不停地塗擦和修改，他的原稿幾乎看不出本來的面目了。布豐的《自然史》先後修改了 11 次後，他才感到滿意。吉本的《回憶錄》重複寫了 7 遍，最終還是沒有完稿。帕斯卡對《外省來信》中的一篇不是太滿意，一直堅持不懈改了又改，直到修改了 16 次為止。

菲力浦‧伍佛曼斯對自己的要求同樣苛刻。他對自己身為一個畫家所取得的成就是如此不滿，以至於他臨死前，把自己畢生的研究成果和繪畫作品都付之一炬，因為他擔心自己那個愛好藝術的兒子，會受到這些物品的薰染，從而從事和自己一樣的職業。然而，伍佛曼斯的作品，現在卻成了少數享受盛譽的作品中的一部分，受到很高的評價，並且價格高昂。作品獨特的風格使得他成為有史以來最偉大的畫家之一。

許多著名的人物在他們成長的過程中，曾經放棄了原先受過訓練的專業技能，半路出家，轉而從事他們認為自己更有天分的工作。這些人，往

往最初都是在父母的安排下邁出職業生涯的第一步,但他們很快便發現自己像是被擠在四方形洞窟裡的圓球 —— 對現狀不滿,覺得處境窘迫,自嘆英雄無用武之地,滿心焦慮。

曾經有一個古老的傳說。一個國王和他的王后生了一個漂亮的兒子。在為孩子舉行洗禮儀式的那一天,有 12 位仙女前來祝賀,前 11 位仙女都帶來了禮物。高貴、智慧、力量、英俊 —— 所有世上美好的東西都堆在小孩的面前,看起來他肯定會超過所有那些永垂不朽的人們。正在這個時候,第 12 位仙女姍姍地到來,她帶來的禮物是不滿;不過,那位憤怒的父親拒絕了她和她的禮物。隨著歲月流逝,年輕的王子茁壯成長,簡直就是完美的典範;然而,由於對自己所擁有的一切非常滿足,他希望能既不是出於好意也不是出於惡意地利用它們。在他的內心,沒有因為不滿而產生的那種渴望追求什麼的迫切感。他性情溫和,行動安靜,時光一天天地從他身邊流逝。他一事無成。最終,國王才領悟到那被他拒絕的禮物才是最珍貴的禮物。

在那些脫離生活常軌的人中 —— 這種越軌可能是因為對現狀的不滿,也可能是因為感覺到自己有從事其他事業的更大天資 —— 有許多是著名的人物。這些人放棄了原先所從事的法律職業,轉而從事自然科學、藝術或者文學。例如伏爾泰就是因為發現法律學習枯燥無味,不可忍受,才轉而從事文學創作。義大利詩人彼特拉克也是放棄法律之後改寫詩歌的。莫列爾在專門寫劇本之前曾經花了 5 年時間學習當律師。戈德尼也是放棄了法律,改為鑽研戲劇。威廉‧皮特是一名法律顧問,他曾經兩次到西巡迴審判區去工作。沃伯頓博士在成為著名的高級教士之前,也曾經以一個鄉村律師的身分執業了幾年。阿姆斯壯勛爵在紐卡斯爾同樣從事鄉村

律師工作，最終成為了一名工程師。派納也是從法律轉行到美術行業的。

　　與之相反，英國大法官埃斯兢納最初是一名水手，後來他去當兵，最終在法律界找到了真正屬於自己的位置。布萊克斯通最初是一名詩人，後來他放棄了寫詩，在倫敦的內殿法學院求學時，他寫了那首〈告別繆斯〉。與他相反，塔爾福德在進入法律界之後仍然沒有放棄詩歌，他在執業期間寫出了戲劇《伊安》。法國貴族及小冊子作者科梅尼也曾從事詩歌研究，此後他為法國行政法做出了傑出貢獻。此外，我們還可以很驚奇地從麥科雷第先生的《懷舊錄》裡，看到著名的《穀物法》廢除者科布登先生原來是一名戲劇作家。他曾經寫過一個叫作《顱相學者》的劇本，並把它送到劇院經理那裡，希望能夠上演，遺憾的是，這個劇本沒有被接受，所以一直不為人知。

　　也有一些人是脫離其他職業，去服從內心的召喚。坎特·第利是以一個耶穌會教士的身分被撫養長大的，可是他後來離開了教堂，投身軍隊。克倫威爾在成為功績顯赫的士兵之前，曾經是牧場工人和啤酒釀造者。拿破崙最欣賞的軍事歷史學家約梅尼將軍，他早期是一名股票經紀人；而朱丹元帥還做過一段時間的縫紉用品商人。皮薩羅年輕時是看管豬群的豬官，而庫克船長則是一名鄉村縫紉用品商人的學徒。

　　畫家斯坦菲爾德和作家道格拉斯·吉羅德早年是在海上謀生的。他們在同一艘船上服務。一次偶然的機會，在上演一幕戲劇時，斯坦菲爾德繪製了所有的場景，而道格拉斯·吉羅德則充當了舞臺經理。說來也奇怪，他們的第二次相會也是在類似的場合，不過這次是在德魯利·藍納劇院的舞臺後面，當時道格拉斯·吉羅德的劇本《黑眼睛的蘇珊》正在上演，而斯坦菲爾德碰巧又是這次演出的布景繪製者。

文學同樣吸引著那些不安於本職工作的人。荷蘭的國家級詩人馮德爾（Joost van den Vondel）原本是一名針織品商人。《保羅和維吉尼亞》（*Paul et Virginie*）的作者貝爾納丹・德・聖皮埃爾（Jacques-Henri Bernardin de Saint-Pierre）最初是一名土木工程師，後來又在法國和俄國擔任軍事工程師。由於和上級吵架，他被軍隊開除，之後才開始從事文學創作。小說家斯科特和季刊評論家洛克哈特都曾是愛丁堡法庭上的辯護士。黑滋利特和沙克雷則是由藝術轉向文學的。當保羅・科克第一次拿起筆寫作時，他還是巴黎一家銀行的職員，正如他自己所說的 —— 他也不知道為什麼。歷史學家、政治家及小說家塞克科，最初是靠為一群四處流浪賣藝的喜劇演員寫劇本謀生的。古文物研究者約翰・伯蘭特和季刊評論家威廉・吉爾福特則都做過皮鞋匠。

還有許多人是離開軍職，轉而從事自然科學、藝術或文學的。但丁、喬叟、本・詹森、西德尼、班揚（John Bunyan）、伊格內修斯、笛卡兒、賽凡提斯、拉馬克以及更多的人，最初都是士兵出身。他們在軍隊所接受的服從、耐心、英勇以及責任感的訓練，有助於他們日後的工作，也正是依靠這些品格，他們最終獲得了成功。正如賽凡提斯所說：「長矛永遠都不會使鋼筆生銹的。」他們中的一些人轉而從事文學，另一些人投身於詩歌創作，其他的則開始從事自然科學研究。

和從事文學創作的人一樣，那些從事自然科學研究的人，在工作中也經常達到忘我的程度。對於他們來說，科學研究就意味著近距離地守候和仔細地觀測，意味著快樂。坎特・拉塞皮德最喜歡的格言就是：「活著，就是不停地工作。」儘管他的貴族出身和所接受的軍事教育，看起來不太能激發他在科學研究中的熱忱。他精讀了布豐的《自然史》，這本書他看

了一遍又一遍，幾乎都可以背誦了，正是這本書將他的注意力吸引到了自然歷史方面。他從這方面的研究開始起步，此後又學習了音樂，並把視野投向植物學、化學以及自然哲學方面。

他的確稱得上是一個擅長多項技能的人，並且在每個領域都充滿了旺盛的精力。他曾經創作了一個劇本，並得到公演機會，收到很好的評價。他還進行了多次電學方面的試驗，並針對這個課題和普通物理學領域專門出版了一本論文集。在法國大革命之後，他積極參與社會公共事務，相繼擔任巴黎市市長、國民警衛隊司令官以及議會的特派代表，並於西元1791年被選為議會議長。在恐怖統治期間，他僥倖保住了性命。當他結束隱居生活，重新露面時，被任命為植物園的動物學教授，在那裡他終日沉醉於科學研究之中，度過了餘生。他一生中發表了大量有價值的作品，記述他的觀察和研究成果。儘管他很少允許自己一次睡眠超過兩個小時，但令人驚奇的是，他卻活了將近70年。

哈勒和亨特也是屬於對自然界生物的活動規律進行辛苦觀測，並取得成功的研究者。哈勒對科學的忘我獻身精神簡直可以用瘋狂來形容。儘管童年時他的身體極度虛弱，此後又一直受到軟骨病的折磨，可是他仍然馬不停蹄地工作。在他身上出現了一個奇蹟，那就是儘管他健康狀況極度糟糕，每天又進行超過負荷的腦力工作，但他仍然活了將近70年。當他還只有20歲時，他就開始發表自己的觀察和研究結果。在此後的50年裡，他發表了200多篇論文，主要都是對感覺和過敏性規律的解釋，幾乎可以說他發現了這一領域的全部規律。

由於沒有接受過有系統的教育，約翰·亨特在研究中遇到了很大的障礙。然而他孜孜不倦，堅持不懈，最終獲得了成功。他的名字可以和那些

自然科學史上最偉大的名字排列在一起，也絲毫不遜色。僅僅就憑他所建立的博物館 —— 裡面收藏了 1 萬多種有關人類學、比較解剖學、生理學、病理學以及自然歷史方面的實證性資料和物品 —— 簡直可以稱得上是一座最珍貴的紀念碑。

路易・巴斯德（Louis Pasteur）先生是一位在科學上有著執著鑽研精神的另一個典範。17 歲時他還只是貝塚松學院的一名招待員。那時，他的工作職責非常單調。他並不親自教那些孩子們，除了維持他們的寢室秩序外，他的工作就是確保他們都努力學習。每到週日，陪同他們去做彌撒，週四的時候帶他們到野外散步。那麼，他是如何成為一名科學工作者的呢？答案很簡單，那就是利用機會。他被允許旁聽教授為高年級學生開設的講座；陰錯陽差，講座中有關自然哲學方面的內容深深地吸引了他的注意力。

由於工作的限制，他不得不把自己的科學研究安排在休息時間和假日裡進行。幸運的是，他認識學院的一個學生，這個學生有一個非常高級的顯微鏡，並且他允許巴斯德使用這個儀器進行觀測。這樣，每到星期四他帶領學生出去的時候，巴斯德就帶著這個顯微鏡到城牆上觀察昆蟲。這個小小的事件決定了他以後的命運。他變成了一個狂熱的顯微鏡觀察者。由於孜孜不倦地實踐和研究，以後的一切都順理成章地發生了。他觀察了生絲的形成過程及葡萄樹的病害，現在他開始追尋傷寒熱的根源，並準備探索狂犬病的習性。

這些從事科學研究的人，大多數都是自我否定式的。他們為財富而工作的欲望，遠遠不如為科學進步而工作的欲望來得強烈。路易十三曾提出給斯賓諾莎一筆補助，條件是他必須把自己的某部著作題獻給國王陛下，

對此斯賓諾莎斷然拒絕了。對於他來說，他寧願保持自己的獨立人格，並靠自己的勞動謀生 —— 儘管他的工作只不過為光學儀器商擦亮玻璃。有的時候，他由於如此沉浸於書本和研究中，甚至於整個白天都不離開屋子。羅伯特‧霍克在凌晨 3 點之前，通常很少回去休息，甚至很多時候他都通宵達旦地工作。匈牙利數學家派特在夏天只睡兩個小時，冬天則只睡 4 個小時，他醒著時，將絕大部分時間都用於科學研究。貝勒在整整 40 年的時間裡，每天要趴在桌子上工作 14 個小時。

天文學家們也都是不知疲倦的工作者。伽利略和哥白尼直到走到漫長一生的晚年，都是勤奮的夜間工作者。第谷（Tycho Brahe）有整整 21 年的時間幾乎很少離開他的觀測臺。哈威紐堅持觀測月亮和星空，直到 76 歲那年為止。福萊姆斯第德是一個和病魔奮鬥的貧困鄉下小職員，但是他卻毅然承擔起了修正他所處時代錯誤百出的天文清單以及替恆星分類的艱巨工作，後一項工作成為他全部生活的重心，直到 73 歲那年為止。事實上，福萊姆斯第德可以說是英國實踐天文學的創立者。

布拉德雷是一個非常聰明睿智的人，這位曾經被牛頓稱為「歐洲最偉大的天文學家」的科學家，直到 70 歲那年仍然堅持在格林威治天文臺仔細地觀測天體的運行 —— 他在 20 年內所獲得的寶貴觀測資料，裝訂起來有厚厚的 13 本。協助布拉德雷工作的馬斯科雷在他的基礎上繼續觀測，直到他快 80 歲時為止。

從許多科學家的經歷中，我們發現，熬夜並不像我們想像的那樣對健康有害。往往科學家的職業所要求的冷靜和耐心，決定了他們必須熬夜，而事實向我們證明，熬夜並沒有對健康不利。這裡有許多的事例證明，威廉‧哈斯謝爾和他的姊姊卡洛琳‧魯科萊夏直到生命的最後一刻，仍然

在天文觀測和計算方面展現出旺盛的精力，他們中的一個活到了 84 歲高齡，另一個則活到了 98 歲。

從德龍巴爾的例子中，我們或許可以體會到研究工作的迷人之處和強烈的吸引力。這個例子講述的是他在西元 1814 年歐洲同盟進攻法國巴黎時的表現，儘管他的房子就處在戰鬥的中心，猛烈的炮火一聲接一聲地在耳邊迴響，他還是鎮定地從事他的天文觀測。在那一天裡，他整整工作了 16 個小時，從早上 8 點開始，一直到深夜為止，顯示了一位科學研究工作者強烈的自控力、對研究的投入精神，以及絲毫不關注個人危險的氣魄，應該說，很少有人能夠做到像他那樣。

由於雙目失明，尤拉（Leonhard Paul Euler）人生最後 17 年的時間都是生活在黑暗之中的，然而，這種打擊並沒有使他退卻，相反，他的性情更加溫和，智慧之光更加閃亮。尤拉的研究生涯超過了 57 年。19 歲時他寫了第一篇論文，闡述管理海上船隻的問題，並因此受到了法蘭西科學院的嘉獎。此後，他繼續發表和出版了有關力學、算術、天文學、音樂理論等方面的論文集，內容幾乎涉及理論數學和應用數學的任何一個已知的分支，這種工作一直延續到他 76 歲那年。他在 28 歲時喪失了一隻眼睛的視力，59 歲那年另一隻眼睛也失明了。

儘管如此，他仍繼續堅持工作，因為他的記憶力在失明之後得到了突飛猛進的提高，即便到晚年時依舊如此。64 歲那年，由於房屋失火，他差一點被燒死，不過，有一位勇敢的農民把他叫了起來，並抱著他逃離火海。此後，他又活了 12 年，一直都沒有放棄手中的工作。某一天，在和自己的孫子玩耍時，他突然安詳地離開了這個世界。他死後所留下的數學成果數量驚人，簡直令人難以置信。根據推算，在他 47 年的研究生涯

中，幾乎每兩個星期就產生一項數學成果，它們或者是以摘要的形式表現出來，或者是整理前人的成果，或者是用推論和注釋的形式豐富已有理論的內涵。或許在科學研究史上，還沒有人可以在勤勉方面和他相媲美。

　　亞歷山大‧馮‧洪保德（Alexander von Humboldt）幾乎可以說是一個有著用不完精力的人。他知識淵博，涉獵面也極其廣泛。他一方面致力於商業工作；另一方面利用休息時間，大多是晚上或凌晨大家都在睡覺的時候，進行自己的科學研究工作。在去世之前的 30 年內，每到夏季他都是有規律地在早晨 4 點就起床。隨著日漸衰老，歲月不留情地在他身上刻下了痕跡，他改為每天 8 點起床，但仍然工作到深夜，這種習慣一直保持到他 90 歲去世時。洪保德的知識特徵可以用全面、淵博來形容，他的研究領域涉及和自然界相關的幾乎所有學科。在他所留下的那些嚴肅的話語中，其中有一句是描述從事智力工作的三個必備前提 —— 心靈的平靜，對某項科學研究工作的熱愛，以及自然界所給予的純粹愉悅感。事實上，他用自己的生活與工作對這句話做了最好的詮釋。

　　在年輕時，洪保德曾經學習過採礦和冶金，後來他在拜羅伊特擔任一段時間的煤礦監工。此後，除了為一個重要的植物學研究項目做準備之外，他把業餘時間都用來為德國的期刊撰寫各種題材的科普文章。與此同時，他寫作和發表了〈對肌肉和神經纖維的研究〉以及一篇專門研究地底下氣體類型的論文。他感到內心深處「燃燒著一種欲望，那就是到歐洲人還未開發過的遙遠大陸上去旅行」，於是，他辭去了煤礦的職務，並在班普蘭的陪同下，出發到南非去旅行。

　　這兩位自然主義者在那裡待了整整 5 年，穿越了這塊大陸上廣袤的土地。應該說，在他們到來之前，這塊土地一直是沉睡的，沒有受到任何科

學考察和精確描繪。回到歐洲之後，洪保德定居在巴黎，花費了 12 年的時間，用於消化和系統地整理他在南非辛苦收集到的資料。這次南非之行的最終成果就是厚厚的幾大本專著。此後，他又遊歷了義大利、英國、俄國以及西伯利亞，並整理在這些國家的研究成果，出版了幾本有價值的著作。76 歲那年，他開始著手創作《宇宙》（*Cosmos*），在這本書裡他用詩歌般的語言展現了他一生中的知識累積。

威廉·馮·洪保（Wilhelm von Humboldt）是旅行家亞歷山大的哥哥，在德國，他甚至比弟弟亞歷山大更受人尊敬。他既是政治家，又是語言學家。在他廣泛的興趣愛好中，他表現得與他弟弟一樣孜孜不倦。在長達 40 年的時間裡，他被認為是歐洲最偉大的哲學家和語言學家之一，享有盛譽。他曾經說過：「根據我的感覺，工作對一個人來說，就像吃飯睡覺一樣同等重要。即便是一個在明智的旁觀者看來是無所事事的人，他也會認為他自己正在做某件事情。在這個世界上，沒有任何一個人在他自己的眼中是一個閒蕩的混混。」

有一次，在給一位通信者的回信中，他說道：「在您的上一封信中有一個非常優美的句子，您說您認為生活就像是一個匣子，我們可以把自己所擁有的所有精神上的財富儲存在裡面。這的確是一個非常有趣的想法。事實上，人們完全可以把生活變成他們所嚮往的那樣，並且為自己和其他人增加生存的價值。」在這個世界上，人們工作的理由五花八門，有的人是為了職業而工作，有的人是為了快樂而工作，有的人是為了財富而工作，有的人是為了名譽而工作，還有的人是生來就有工作的衝動，他們沒辦法不工作。工作對他們的生存來說是絕對不可缺少的。

有許多人之所以比別人優秀，是因為他們身上具備努力和勤勉的力

量；因為他們有效地利用每一分鐘，並把時間資源轉變成有用的價值。當老普林尼還在鄉下的時候，除了洗澡的時間外，他從來沒有間斷過閱讀或者是聽別人朗讀。絕大多數偉大的化學家、自然主義者以及自然哲學家都對時間精打細算，充分利用一切機會進行觀察和記錄。

英國化學家、物理學家約翰‧道耳頓（John Dalton）就是具備這種特徵的人。跟牛頓一樣，除了透過親自針對某個課題採取不間斷的、有耐心的第一手實踐之外，他不認為借助於其他手段可以獲得什麼科學發現。在曼徹斯特醫學院的一次週年紀念活動上，他被邀請就他的科學發現致詞，於是，他說：「以我個人來說，我只想告訴大家，很高興在座有這麼多致力於科學研究工作的先生們，如果說我比周圍的一些人在不同的人生軌道上稍勝一籌的話，那麼我認為主要的原因，不，應該說是唯一的原因，是我比他們更加刻苦，更加一絲不苟。一些人之所以能和其他人相比獲得更大的成就，並不是因為他們擁有更優秀的智力，而是因為他們對研究工作孜孜不倦的努力，對攻克自己目標不屈不撓的精神。正是這些因素，使得他們能夠脫穎而出。這就是我想說的話。」

道耳頓總是在不停地觀察和比較。他在 71 歲那年遭到了身體癱瘓的重大打擊，康復之後，他又像以前那樣不知疲倦地觀察工作。彌留之際，他還跟往常一樣打開了那本記錄氣象觀察資料的本子，在半個世紀的時間裡，他已經記錄了 200 多萬條觀測資料。

儘管道耳頓絕對不是一個平庸的人，儘管他的謙虛使許多人低估了他的工作價值，但是，毫無疑問，我們仍然應該承認，只要具備堅韌不拔的毅力，即便是普普通通的人，也有可能創造出奇蹟，取得近乎完美的成就。在那些深刻影響世界歷史進程的偉人當中，其中的一部分人並沒有

很高的天賦。在這些人中我們要提到的是馬丁・路德、喀爾文（Jean Calvin）、伊格內修斯、聖・法蘭西斯・賽維爾、約翰・諾克斯（John Knox）以及約翰・衛斯理（John Wesley）。

馬丁・路德是一個有著超常能量、精力和毅力的人。他的一生可以說體現了歐洲宗教改革的整個歷史。他既是語言學家、邏輯學家，又是傳道士和政治家。他所生活的時代發生的所有重大事件都可以在他身上反映出來。他是第一個翻譯《新約》的人，接著他又翻譯了《舊約》。他瘋狂地向當時尚處於幼年時期、力量弱小的新聞界投稿，寄各式各樣的小冊子、論文及專題評論，目的就是為了捍衛公民詢問和檢查的自由 —— 他認為，這是人類最重要的權利。

不過，他旺盛的精力並不是突然產生的，努力工作已經成為他一生的習慣。當他還是一名修道士時，他曾經在威藤伯格這樣說自己：「我需要有兩個祕書來幫我處理來往信件；我既是教區牧師和利滋考地區的公共池塘管理員，又是托爾幹的抗辯士和估稅員，同時還是聖保羅學校的學員和聖歌收藏家，除了所有這些身分之外，我還是這個罪惡世界的抗辯者和所有魔鬼的敵人。」工作、精力和決斷是他一生中的慣常條件。當他看見展現在自己面前的職責之路時，任何東西都無法使他回頭。為了實現自己的目標，他會奮不顧身地走進蠕蟲堆裡，即便那裡有很多魔鬼，如同瓦片蓋在屋頂上一樣緊緊地攀附在那裡。

35 歲以前，馬丁・路德幾乎沒有發表過任何作品。但是，35 歲以後，他成為德國最多產和最受歡迎的作者。他的第一部出版物極富個性地命名為《決心》，堪稱一個生活長期遭遇苦難的危險人物充滿活力的、有著堅強意志力的表白。借助於他個性的活力，以及強烈使命感的熱情，

他將一切都置於眼前。他的語言呼應各種聲音和基調 —— 有時，他的語言簡短、精鍊、鋒利如鋼鐵，有時，他的語言又如同一條強大的語詞之流 —— 滔滔不絕。同時，他繼續自己歡快、健康的幽默，給他的妻子和家庭帶來了無盡的樂趣，使他們的心靈因為音樂而歡呼雀躍；他常常演奏吉他和笛子，因此，他說：「音樂，那是先知的藝術；它是除了神學以外，唯一一種能夠撫慰心靈的焦躁並且驅走人類罪惡念頭的藝術。」

但是，這些都還不是全部；他還把一些業餘的時間用在鐘錶製作上。他可以一刻不閒地忙著。「當我被重大的苦難包圍時，我寧願衝進我的豬群裡，也不願意獨自一個人待著。」他強烈的工作欲的確是非同尋常的。3 年時間裡，他寫作並發表了 446 部作品。他在許多作品裡都展示了他親自設計的木雕作品。同時，他和歐洲當時許多偉大的思想家都保持連繫。路德深深地給他的種族和國家貼上了自己思想的印記。他致力於民眾教育事業；德國能夠發展到今天，很大程度得益於他先知先覺的思想和個人超凡的影響力。

和馬丁‧路德一樣，喀爾文也是一個不知疲倦的人。正如馬丁‧路德是宗教改革中的雄辯家和小宣傳冊子的作者一樣，喀爾文除了擔任牧師之外，也是一個辯論高手。他在青年時接受了嚴格而漫長的精神訓練，並對學校所開設的功課門門精通。在 25 歲時，他發表了第一部作品《學院》。這部作品對和他生活在同時代的人以及他們的後代，都產生了巨大的影響。

在這部作品發表之後，他更加夜以繼日地工作。他每天都要給信徒布道，一週要擠 3 天時間教授神學，同時和外界保持廣泛地通信連繫，並和各地的神學家們進行各種觀點的論戰，除了所有這些例行工作之外，他還

把自己剩餘不多的閒置時間，都用在了文學創作上。他從日內瓦遊歷到德國和法國，每天堅持努力，沒有任何鬆懈。在斯特拉斯堡時他曾經這樣寫信給朋友：「我從來不記得有哪一天我是不被各式各樣的事務纏身的。現在，有一位信使正在等待我把書稿的第一部分交給他，因此我不得不校訂大約 20 頁的內容；除了這件事之外，我還得去演講，去布道，還要寫 4 封信，處理一些爭端，以及答覆 10 多個上訴人。」

很多時候，他抱怨自己的工作時常被打斷，並渴望著「漫長黑夜的到來，只有在這個時候我才能有一些自由」—— 儘管這種自由並不是用來玩樂，而是用來做一些額外的工作。他每天都不分晝夜地工作，「不拘任何時間，在所有的時候都是如此」，即便是在遭受多種疾病的折磨時，也不例外。他之所以能夠活到 55 歲，應該說在很大程度上歸功於他的極度節欲和簡單樸素的生活態度。在他臨終前病魔纏身的那段日子，即便呼吸困難，卻仍然堅持把《摩斯的和諧》從拉丁文翻譯成法文，並校訂了《起源》的翻譯，同時還寫了《對約書亞書的注釋》這部作品。

在做所有這些事的同時，他還掙扎著處理各地教堂的事務，根據不同的情況，分別對他們的訴求給予口頭回答或者書面答覆。他的朋友們紛紛勸說和懇求他要多多休息，他每次都回答說他所做的一切並沒有什麼，他們應該允許他去做上帝安排給他的工作，直到他生命的最後一刻為止。

約翰·諾克斯同樣也是一位工作狂。他總是不停地工作 —— 教學、傳道、勸誡，或者是組織集會；有的時候，這些工作是在躲避迫害者的搜索時做的，也有的時候，他就在光天化日之下做這些工作，勇敢地面對所有可能的危險。曾經有兩年的時間，他在法國的一艘軍艦上服苦役，在那裡他和被迫害的胡格諾教徒以及其他罪犯一起，身上拖著沉重的鐐銬，在

鞭子的抽打下吃力地划著船。

　　他最終獲得了自由，儘管他的健康狀況由於所受到的殘酷折磨而遭到很大的損害，可是他的精神狀態和意志力卻一點都沒有被削弱。他懷著大無畏的精神奔波於各個地區，努力想要喚醒人們沉睡的良知和智慧之火。儘管當局宣稱他是一名歹徒和叛亂者，不過因為他的人格魅力，因為他為大家所做的一切，他所到之處，人們都爭先恐後地、自發地在他身邊形成一個保護網。

　　他旺盛的精力和不屈不撓的意志力，他傑出的才能和不懈的勇氣，還有他極度認真的工作態度和勇於自我犧牲的熱忱，使得他終於取得了勝利。儘管他活到了 67 歲，相對來說可以稱之為高壽了，但是他的傳記作者仍然說：「歲月的流逝在他身上刻下的痕跡，其損害並不如由於工作所帶來的身體上的極度勞累和心靈上的過度焦慮多，他的去世更多的是因為後者。」他被安葬在愛丁堡的聖伊萊斯大教堂後面，莫頓勛爵當時看著他的靈柩說：「這裡躺著一個永遠不懼怕別人臉色的人。」〔原注：約翰·諾克斯的女兒伊莉莎白嫁給了約翰·威爾士（已故的卡萊爾夫人和珍妮·威爾士都是他的後人）；約翰·威爾士是長老會的牧師，由於反對主教制度，被放逐到外地。當得知自己的丈夫健康狀況不佳、並希望回到蘇格蘭時，伊莉莎白找到了一個機會求見國王詹姆士，後者問她是誰的女兒。她回答說：「我的父親就是約翰·諾克斯。」——「喔，諾克斯和威爾士。」國王說，「魔鬼從來沒有配過這麼好的一對。」「或許吧！」威爾士夫人回答說，「因為我們從來沒有詢問過他是否自願離開。」她接著懇求國王允許她的丈夫重新回到蘇格蘭，國王回答說：「如果他服從主教的話，妳的要求就可以得到滿足。」聽到這個回答後，威爾士夫人抖出她的圍裙說：「要

是他這樣做，我寧願把他的頭放在這裡。」〕

　　約翰·衛斯理是首位建立衛斯理公會派和衛理公會派之間連繫的人，他的刻苦精神和前面幾個人相比毫不遜色。他是一個才智普通的人，卻是一個熱心公益和具有獻身精神的人，在這些推動下，他所取得的成就堪稱普通人的典範。約翰·衛斯理是一個勇於自我犧牲的人，同時也是一個工作狂。他沒有一分鐘時間是空閒的。不管是在炎熱的夏天，還是寒冷的冬季，他每天早上都在 4 點準時起床，這個習慣一直堅持了 50 年。只要有一位聽眾，他都會在早上 5 點進行布道。

　　每年他都要旅行 4,000 ～ 5,000 英里──在旅行的過程中進行教學、傳教和組織集會。在工作間隙，他擠出時間廣泛地閱讀，並寫下了大量東西──他同時是他自己作品的印刷者和書商。然而，他並沒有過分信賴書本，與之相比，他認為工作的熱情更為重要，關於這一點，我們可以從他對一個門徒的教導中推斷出來，他是這樣說的：「你要警惕不被書本所淹沒！一盎司愛的力量足以比得上一磅知識的力量。」他的組織才能和對行政事務的管理能力是非常卓越的，他一生中所創立的那些蓬勃發展的社團就足以證明這一切，在他去世之後，這些社團的發展仍然異常迅速！

　　約翰·衛斯理有著敏銳的洞察力、堅定的意志力和清晰的思維力。但是，和他的吃苦耐勞相比，所有這些品格加起來所產生的作用，仍然顯得微不足道。正是這種吃苦耐勞的精神，激勵著所有受到他的影響並以他為榜樣的人。在 86 歲高齡的時候，他每天仍然要布道兩次，有的時候是 3 次。在 87 歲那年，他這樣寫道：「感謝上帝的保佑！我沒有鬆懈我的工作；我仍然可以布道和寫作。」88 歲時，他仍然堅持布道──也正是在這一年，他去世了。他把自己的長壽和勤奮歸功於他的性格。從年輕時開始，

他就屬於那種對自己的欲望最有節制的人。不過他擁有一種能力——這種能力對腦力勞動者來說具有非常重大的意義——那就是隨時入睡，應該說，很少有人能做到這樣；他自己承認從孩提時代起，他就沒有因為失眠而影響一個晚上的睡眠。

倘若單從數量上計算——在這裡不考慮品質問題的話——那麼，有些人的工作量的確是極其龐大的。理察·巴克斯特（Richard Baxter）一生中寫了 145 部風格獨特的作品，正如他自己所說：「這些僅僅是我所有五花八門工作中的一小部分。」笛福（Daniel Defoe）也在不停息地撰寫著各式各樣的小冊子和文字作品。查爾莫斯開列了一個包括 174 部作品的書單；儘管現在已經很少有人知道它們了，並且其中的一部分只是一些小冊子，但是那厚厚的 9 卷 4 大開《評論》的的確確是出自笛福親筆。

當然，正如其他多產的作家所遭遇的命運一樣，他的大部分作品都被人們遺忘了。對於絕大多數作品來說，它們在被創作出來的那一刻就已經死亡了。只有少數作品——或許這些作品在它們被發表的時候受到的評價也不高——可以流傳到子孫後代手中。例如，笛福的《魯賓遜漂流記》（Robinson Crusoe）就從一個書商的手中被轉到另一個書商的手中，沒有人願意出版它，然而，在未來的日子裡，這本書卻比其他任何作品都要受歡迎，它使得笛福最終為世人所知。

即便是在他們的時代裡，一些多產作家的作品也是默默無聞的。有一次，一位紳士漫不經心地對《大不列顛政治縱覽》的作者坎貝爾博士提到希望能獲得他的一套作品，結果第二天早上，這位紳士驚奇地發現，一大車坎貝爾博士的作品放在他的門前；而所有這些書的價錢居然只是小小的 70 英鎊！斯韋登·伯格的父親斯理德·伯格主教一天到晚幾乎是從不停息

地使用印刷機。他說：「我認為 10 輛大車都無法把我所寫的和自費印刷的作品拉走。」他的兒子伊曼努爾也是一個多產的作家，一生中出版了超過 60 部作品，其中的一些印刷和裝幀相當考究。

　　阿貝‧布勒佛斯特寫了 170 多部作品，但事實上，流傳至今的只有《馬龍‧勒斯科特》這一本。德國皮鞋匠和作家漢斯‧沙西，的確稱得上是一個非常勤奮的人，除了製作和修補皮鞋之外，他創作並出版了 200 多部喜劇、悲劇、滑稽劇，此外還有 700 多個寓言、以詩篇形式表現的諷刺故事以及聖詩等。德國 18 世紀的編輯莫澤爾在死後留下了 480 部作品，其中有 17 部還未校訂好。另一個德國人克倫茨獨自一個人寫了一部百科全書，到西元 1796 年他去世前，已經累積了厚厚的 8 大開 72 卷。

　　布豐作品的品質已經得到當代人普遍一致的肯定。這些作品都是在他去世後才出版的，總共有 4 大開 36 卷。然而，在他活著的時候，用他自己的話說，就是「我在書桌上耗費了 50 年」。為了進一步修改和潤色《羅馬帝國衰亡史》（*The History of the Decline and Fall of the Roman Empire*），吉朋（Edward Gibbon）花了整整 15 年的時間學習和研究。愛丁堡的羅伯遜博士也是一個勤奮的工作者，他的作品不僅數量龐大，而且品質上乘。《蘇格蘭歷史》和《查理斯五世的統治史》或許可以稱得上是他最好的歷史作品。

　　約翰‧辛克萊也是一個工作狂。當他還在上大學時，就對自己的時間做了這樣的安排：睡覺，7 個小時；穿衣洗漱，半個小時；用餐和休息，兩個半小時；運動，兩個小時；學習，12 個小時 ── 這樣就構成了 24 個小時。他一直堅持工作，直到 81 歲那年，他的頭腦仍然清晰如初。在他的一生中，除了針對各種主題出版了風格獨特的 367 本小冊子之外，他還出版了 10 部 18 卷的專著，並監督出版了另外 4 部作品，總計 106 卷。

　　和約翰·辛克萊相比，已故的里特列先生的學習習慣稍微有些不同。里特列先生最初是一名醫生，然後成了一位政治評論家，最後成為一位語言學家。在 62 歲那年，他開始著手一項偉大的工程，即編著《法語詞典》——正是這部詞典使得他為世人所知。他幾乎是在沒有任何人幫助的情況下，獨自去做這項早先聚集了法蘭西文學院所有成員知識和能力仍然沒有完成的事業。

　　里特列先生的工作並不只是編著一本法語詞典，而是詳細註明每個單詞的歷史，包括它的術語、意義、發音、詞語起源、定義以及同義詞等，此外還在旁邊附上那些從最優秀作家作品中挑選出的例子，以此說明它的具體運用和風格。或許世界上還未曾有這樣巨大的工程由一個人單獨在這麼短的時間內完成；完成這項巨大的工程，他只用了短短 14 年。他從西元 1863 年 62 歲那年開始，到西元 1878 年時，他完成了原始的 4 卷——大約有 3,000 頁，每頁包括 3 個專欄。但是，要完成全部工作的話，還需要做另外一卷，即補遺卷——裡面包括了 400 多頁增加的資訊。

　　里特列先生描述了自己在編著這本詞典時，是如何爭分奪秒地利用時間。他每天早上 8 點起床，當傭人替他收拾房間時，他就拿著一些資料到樓下去看。9 點整，他會準時上樓修改校樣，直到早餐時間為止。下午 1 點到 3 點，他的時間花在《學術雜誌》上；從 3 點直到 6 點，則用來編著字典；6 點鐘時，他會下樓用餐，大約持續 1 個小時。儘管醫生警告他不應該在用完餐之後立即開始工作，里特列先生卻經常違反這項規定，並且不覺得有任何壞處。從晚上 7 點一直到次日凌晨 3 點，他都聚精會神地編著詞典。和約翰·衛斯理一樣，他的睡眠狀況非常好，從未有過失眠的困擾。第二天早上 8 點，他準時起床，和慣常一樣開始一天的工作。一直到 80 歲時，他才離開人世。

　　「工作」是騷塞信仰的一部分。他彷彿永遠都在閱讀、寫作和做注釋。他的腦海裡充滿了各式各樣美妙的設計，儘管他沒有活到足夠長的時間來實現它們。然而，在他一生中，他還是設法就各個研究領域寫了100多部作品，此外，他還為《季刊評論》寫了130多篇文章。和騷塞相比，儘管席勒的作品要少得多，可是他也同樣勤奮刻苦。在席勒生命的最後15年，他過得窮困潦倒，幾乎沒有一天不餓肚子。事實上他最好的作品都創作於這個時期。

　　然而，也有許多腦力勞動是出於自私的動機；他們既不是為了實現某個有價值的目標，也不是為了促進科學的進步，甚至也不是為了娛樂或教導他人，而僅僅是為了令自身感到愉悅。也正因為如此，儘管梅澤方第熟練地掌握了所有已知語言的運用，卻至死都未留下一個字，他將所有的精力與天賦都用來幫助那些和他一樣苦苦在研究路上摸索的學生。馬力巴西是一個嗜書如命的人，他整天就生活在書本之中，吃飯拿著書本，連睡覺也抱著書本。終其一生，他離開佛羅倫斯沒有超過兩次。但是，和梅澤方第一樣，他同樣是一個毫無用處的腦力勞動者 —— 他只為自己活著，沒有為別人奉獻任何東西，這個世界並不因為曾經有這樣一個嗜書如命的人存在過而有所改變。

　　正如我們前面已經說過的，最有價值的並不是作品的數量，而是作品的品質。有些作家在自己的作品上傾注了大量的心血，當作品最終完成時，卻只在一個狹小的空間裡流傳。巴特勒為寫作《類推》花費了20年的時間。雖然這部作品的篇幅很少，但他卻一次又一次地修改各個部分，並仔細研究和推敲每個單詞和每個句子，直到它們能夠精確地表達他的意思為止。可以說，它簡直就是一個對思想和觀點的壓縮摘要。

　　孟德斯鳩（Montesquieu）為創作《論法的精神》（*The Spirit of Law*）花費了整整 25 年的時間，儘管這部作品在 1 個小時之內就可以看完。作者曾經這樣對一位朋友說：「我為寫好這本書幾乎熬白了頭髮。」亞伯拉罕・塔克在最終確定《自然界的光》的寫作計畫和寫作細節前，曾經打了無數遍的草稿。此後，他自己親手謄寫作品，並兩次轉錄了全部書稿。這部作品共計 8 開 7 大卷，花費了他大約 18 年時間。儘管現在鮮有人看這本書，但巴雷博士和詹姆斯爵士都非常鍾愛這部作品。亞伯拉罕・塔克曾經被稱之為「形而上學的蒙田」。詹姆斯爵士也說他寫這本書更多的是給自己看的而不是給大眾看的，他根本沒有照顧讀者的需求，文章寫得冗長囉唆，內容重複，並且以自我為中心。因此，這本書只能和其他那些死書及已經快被遺忘的書籍一起塵封在書架上。

　　每個作者的創作情況都是不一樣的，像羅普・韋加和斯科特這樣的作家可以輕鬆快速地進行創作；而另外一些作家，譬如維吉爾、彼特拉克、塔索、帕斯卡和布豐，卻一遍又一遍地在修改自己的作品，他們永遠都不會對作品表達自己思想的形式感到滿意。然而，對於作品來說，尤其是對於散文作品來說，我們可以發現能夠使它們保持生命力的並不是它們的表現形式，更多的是它們本身所包含的內容。如果僅僅靠形式是很難令一部作品歷久不衰的，或者說永遠都不可能。然而，不幸的是，大部分作家都很重視作品的寫作形式。那些過多考慮形式的作品，即便是在他自己生活的時代也很難流傳開來；而那些作者全神貫注於要表達的內容，全然忘了形式而完成的作品，卻大多數都能夠流傳下來。

　　毋庸置疑，許多不費腦筋匆匆而就的作品大都是毫無價值、悄無聲息地銷聲匿跡了，然而，也有許多精心創作出來的作品也遭到了同樣的命

運。例如，在羅普・韋加所創作的浩如煙海的作品中，現在只有少數幾部能夠被人們記住，而他所寫的劇本只有兩三部在舞臺上還可以看到。義大利詩人利奧尼達的作品也是如此，他的每首詩都要寫 10 遍，以便達到他所追求的完美境界。此外還有皮埃羅・馬菲，他為了保證作品的品質，強制自己每天寫作不要超過 15 行。同樣的例子並不鮮見，克勞德・瓦格拉斯耗費 30 年的心血精心翻譯了《昆圖斯・瑟修斯》，並發誓不再做任何的修改和潤色。可是，現在又有誰還會來讀這些作品呢？我們的讀者是最擅長遺忘的。

羅傑斯潛心 14 年的光陰，創作了作品《義大利》。可是，現在許多讀者收藏這本書只不過是喜歡上特納對該作品精美絕倫的說明。正如有人說：「人們之所以願意品嘗這道菜，不是中意於佳餚本身，而是盛裝它的盤子。」這是對羅傑斯作品最恰如其分的寫照。羅傑斯曾經告訴巴比奇，在他的一生中，他一天的寫作從未超過 4 行詩歌。然而，巴比奇在他的《一位哲學家的一生》一書中提到這樣一件離奇的事，證明羅傑斯是具有非常活躍的想像力的。一天，羅傑斯和朋友一起進餐時，他坐在只有一扇玻璃的窗戶前，當詩人回頭看時，他想像著玻璃窗被打開了，不斷有冷風吹進來，詩人因此得了感冒。

天才人物當然具有普通匠人難以企及的迅捷和專注力。阿爾福利告訴我們，他是在怒火中燒和淚流成河的情形下，完成了《亞瑟特斯》的第一幕。天才們的偉大作品的確很少是「老牛拉破車」般完成的。當詩人費盡九牛二虎之力在塗抹修改自己的思想時，詩中的精華早已逃之夭夭，靈感的火花已經不復存在，思想的列車自然也就迷失了。

莎士比亞、彼特拉克、但丁、斯科特、歌德、雪萊等寫作起來都是行

雲流水，一氣呵成，儘管彼特拉克是個偉大的「塗改者」。歌德從不允許一個思想的火花逃逸，總是急不可奈地將它們一一記錄在紙上。某一日，當歌德正受寵若驚地接待一位尊貴君主的造訪時，他竟然可以做到突然從有趣的談笑中消失幾分鐘，偷偷跑到另一間屋子裡，飛快地記錄下突然閃入腦海的關於《浮士德》的一個絕妙構思。即使是在深夜，波普（Alexander Pope）也不讓閃爍在腦海中的靈感溜走。他會立即起床，點亮一支昏暗的蠟燭，在搖曳的燭光下，把它細細地記錄下來。騷塞在給華特‧司各特的信中說：「相信我，司各特，真正偉大的天才都不會對別人的正確或錯誤吹毛求疵，但對自己卻是『雞蛋裡挑骨頭』，盡求完美。」最好的藝術家、詩人、畫家裡面，產生了最多對自己要求嚴苛的人。

　　同時，如賀拉斯提到的那種「金雞獨立」亦可一氣完成 200 行詩歌的詩人，那種「絕技」也是沒有必要去耍的。毋庸置疑，這樣「金雞獨立」完成的詩歌是很難流傳久遠的。事實上，值得一讀的好作品需要「十年磨一劍」的準備和學習才可能完成。儘管它可能是在一瞬間誕生的，但它一定是「冰凍三尺」的結晶。有一次，一位富豪請賀拉斯為自己的紀念冊創作一幅作品，賀拉斯按要求畫了一幅畫，並開價 1,000 法郎。「但是，你只花了 5 分鐘時間啊！」富豪詫異地說。「是的。」賀拉斯回答，「我的確只花了 5 分鐘時間，不過我卻耗費了 30 年的光陰來學習怎樣在 5 分鐘內完成它。」

　　伊拉斯謨的《愚人頌》是在 7 天之內完成的，然而，實際上這卻是他一生心血的結晶。因此，卡萊爾在說到司各特時，這樣評論道：「這就是精髓之所在；這種在經過長久的醞釀和累積之後突然爆發的思如泉湧，無疑是一種最好的方式；就像鐵爐裡的溶液在長久的煆燒和沸騰之後，最終精鍊成鋼。」

　　儘管夏普曼誇口說，他在短短的 15 週內就翻譯出了荷馬的 12 部著作，但實際上，如果他能夠多花費一點時間和精力的話，這些翻譯的品質無疑會更勝一籌。只有那些能夠在清冷的書桌旁耐得住寂寞並自得其樂的心靈，才可能捕捉住靈感，並用優美的語言將天才的思想精準地表達出來。只有在長期的沉思冥想之後突然噴湧的靈感之火，才能夠真正地震撼人們的心靈，並深深地銘刻在人們的記憶之中。

　　斯莫利特在寫《英格蘭歷史》時，和休謨（David Hume）展開了一場速度競賽；他以驚人的速度在 14 個月裡寫出了 4 開的 4 大卷。詹森在閱讀時，「簡直是囫圇吞棗」，他寫作時的速度同樣也是如此。根據他自己的說法，他的最好的作品之一《野蠻人的生活》是在 36 個小時之內一筆揮就的；而那首長達 12 頁的詩歌《人類願望的虛榮》，也僅僅是在一天之內完成的。為了支付母親葬禮上的花費，他在一週內用晚上的時間創作了《拉瑟拉斯》；這部作品是邊寫作邊出版的。大仲馬（Alexandre Dumas）是現代創作速度最快的作家之一。他在德魯維爾的一個漁村裡，和同事馬格納先生面對面地坐在同一張桌子上，用 16 天的時間寫出了《基度山恩仇記》（*The Count of Monte Cristo*）的前面 4 卷；這部書後來成為他作品中最受歡迎的一部。

　　那些偉大的作曲家絕大部分都是孜孜不倦的工作狂。老斯卡拉第在一生中總共創作了不少於 200 部彌撒曲、100 部歌劇，還有 3,000 部清唱劇。海頓（Joseph Haydn）一生除了創作了 6 部宗教劇外（其中兩部是舉世聞名的《創世紀》和《四季》），其他的作品也極其豐富，其中包括 106 部交響曲、200 首協奏曲、83 首小提琴四重奏、60 首鋼琴奏鳴曲、15 首彌撒曲、14 部歌劇、62 首小調和一首聖母悼歌。

　　事實上，他們的優秀代表作都是在極短的時間內創作的。亨德爾也是一位不知疲倦的高效率音樂家，他癱瘓後仍然如此。他有一把心愛的大鍵琴，由於他的不間斷彈奏，每個鍵位上都深深地磨蝕出了凹坑。當創作靈感降臨時，他就以極大的熱情全身心地投入工作。他的《彌賽亞》是在 23 天內完成的，另一部作品《以色列人在埃及》則是在 27 天內創作出來的。在同一年內，他創作了《掃羅》、《德里頓‧奧德》、《以色列》等作品，此外還有他的 12 首大奏鳴曲 —— 所有這些都是第一流的作品。

　　和前面這些人相比，莫札特在創作速度方面更是有過之而無不及。他那首著名的《費加羅的婚禮》僅用了一個月的時間就完成了，其中第二幕的最後一個樂章，只用了兩個晚上和一個白天，在這段時間他幾乎沒有歇一口氣。《唐‧喬望尼》的創作主題，在他的腦海裡早已滾瓜爛熟，他把它寫出來只用了 6 個星期的時間。直到這部歌劇預定第一次上演的前一個晚上，他才開始寫它的序曲。他是從午夜開始工作的，到第二天早上就完成了。

　　然後，這些記載樂譜的草稿，很快地被送到了抄寫員手中。但是，由於抄寫耗時過長，令到場的觀眾們還是等了 45 分鐘。後來，序曲的樂譜被匆忙地送到了管弦樂隊那裡，並立即開始演奏，值得欣慰的是，它依舊獲得了觀眾如潮般的掌聲。《索波福洛特》又是一部以令人驚異的速度完成的作品，當時由於長期不規律的生活和過度勞累，莫札特的身體幾乎到了崩潰的邊緣。他夜以繼日地工作，並在幾週之後完成了這部歌劇的創作。此後，他又以同樣的神速創作了《克萊門撒‧第‧迪托》，這部作品是他在旅行的過程中開始準備的，他在 18 天之後完成了創作。他的最後一部作品是《安魂曲》，這是他臨終之前在病榻上創作的，當時他已經奄奄一息了。（注：參見霍爾姆斯的《莫札特的一生》。）

　　此外，還有必要指出，莫札特的大多數傳世精品，都是在受到各式各樣不利因素干擾的情況下完成的，生活的困頓、債主的催逼、冷漠的世態人情以及無窮盡的煩惱，消耗了這位天才大部分精力。與他相類似，亨德爾的名作也是在憤怒、苦惱和羞辱中產生的，在遭受身體癱瘓的重大打擊之後，他的脾氣變得極其暴躁，健康狀況也很不穩定。韋伯恩在創作《奧伯龍》最精彩的部分時——正如司各特《拉莫的新娘》中的精華部分一樣——已經因病痛和苦難而近乎心力衰竭了。在我們所列舉的這些例子中，高昂的精神最終戰勝了孱弱的軀體，個人所受的磨難及淒慘的命運似乎都變得微不足道了。

　　不過，值得一提的是，這些傑作之所以能夠將作者的構思完美地呈現出來，並不僅僅是因為作者們付出了長期艱苦的勞動，更重要的是，他們受到了所謂的天賦的激發。要想很精確地定義「天賦」這個詞是非常困難的。它既有可能是高度集中的才華，也有可能是想像力的極度活躍，但是，所有這些定義都不能涵蓋它的全部內容。天賦可以賦予死去的事物以新的生命。黑茲利特曾經說過：「是天賦的衝動，創造了那些以前從未存在過的東西。」拉斯金把天賦稱之為：「能夠洞穿事物的根源和最本質的力量。」密爾則把它定義為：「能夠透過世界萬物所展示的表面現象，深刻洞察其本質的天資。」柯勒律治認為，天賦是：「成長的本領。」約翰·福斯特則深信天賦是：「能夠照亮自身的力量。」而福洛倫斯則把天賦描述為：「一個人理性的高度發展。」據說天才人物莫里哀（Molière）就曾經說過：「天賦是不斷變得鋒利的常識，直到它某一天發出璀璨的光芒。」

　　但是，天賦的內涵遠遠不止這些。它是旺盛的精力；它是一個人的「自我」，是某種具備他自己獨特特徵的東西。天賦並不僅僅等同於智力，

它是受到激發並被賦予靈感的智力。讓我們來看看愛丁堡著名的生理學家約翰·佛萊徹爾博士，是如何敘述直覺和天賦的關係：「人們在追求作品完美的過程中，越是受直覺的驅動，那麼他身上的天賦色彩就越濃；越是受到理智和意志的驅使，那麼他的才智就越高……正是這種靈感意識的存在，使得我們擁有超越自己想控制客體的強大力量；使得各個時代的詩人們能夠從阿波羅和繆斯那裡獲得詩歌的靈感 —— 換句話說，使得他們能夠呼喚熱情和本能，凌駕於理性之上；毫無疑問，過往那些本能的力量，一旦為偉大的頭腦所吸收，便創造出了米開朗基羅，創造出了拉斐爾（Raphael）那樣的超凡之手。拋開他們獲得的理性不說，單單是他們對於生物運動的靈感，就已經創造了足以讓後人懷著景仰和喜悅之情頂禮膜拜的偉大作品。」

的確，人類如果任由這種本能在理性之上恣意氾濫，很可能會導致一種病態，甚至會導致習慣性的痴呆或瘋癲狀態；天才人物諸多偉大行動中那種慣常而有益的本能，跟一個愚蠢、易怒的普通人的盲目衝動，有時很難區分，以至於很多時候，人們感到崇高與荒謬、高貴與膚淺似乎是一對孿生姊妹。因此，貫穿偉大天才作品或思想中的這種本能的靈感，成為代代受人非難的永恆主題……另一種本能優於理性的病態思想，導致了人們事無巨細地描寫人類的放縱。儘管在這種描寫中，對於普通的浪蕩子不過是理性太過於弱小，而對於偉大的天才來說，卻是本能太過於強大。可是，天才們還是常常不得不被冠之以「過於放蕩」這一責難。

有些人天生就是將軍、音樂家、藝術家和詩人。「詩人是天生的，而不是培養的。」就是一句人所共知的格言。普通的民眾都只是模仿者，而天才人物才是真正的創造者。天才總是不服從現有規則的束縛而喜歡獨樹一幟。依靠耐心和勞動可以發現別人已經走過的路，而天才則是踩出自己

的道路。智力只不過是一種工具，天才卻是一種靈感，一種天賦，一種神的啟示。過去，人們總是把它看成是某種超自然神聖的力量。在他們眼裡，天才人物就是先知者，是牧師，是英雄。

在既沒有模型也沒有素描提供幫助的情況下，米開朗基羅用他心靈的眼睛看到了隱藏在大理石石塊中的雕像。他拿起他的鑿子，撕開蠟布，憑著他心中閃爍的形象開始工作，最終，一尊栩栩如生的神像誕生了。據說帕西羅在創作的高峰期時，喜歡用床單罩住自己，想方設法把以前所有作品的影子和規則從腦海裡驅逐出去。為了發洩情緒，他經常高喊：「哦，聖母，請賜予我力量吧！讓我忘記自己是一個音樂家！」

根據阿維森納的說法，所有事物都會服膺於一個沉迷的人類靈魂。集中注意力的頭腦會變得非常強大，好比暖暖的光線照射到凸透鏡上，然後會集中到一個焦點上。一個人智商的力量幾乎等同於他注意力的力量。集中的注意力意味著喜悅、入迷和靈感。這種注意力集中程度的不同，幾乎就是各種人差異的關鍵所在，從而也就決定了人們所取得的成就的差異，不論在詩歌、講演，還是科學、發明、藝術領域都是如此。這種專注是天才的轉捩點和里程碑。

在城池遭到圍攻時，阿基米德衣冠不整地跑遍敘拉古的大街小巷，大聲狂呼：「我發現啦！我發現啦！」過往的行人都以為他是一個不折不扣的瘋子。牛頓之所以能夠取得如此偉大的成就，得益於他總是在思考他的問題。也就是說，對於他所研究的課題全身心專注的強大力量，使得他最後獲得了成功。

當人們被訓練從事一種專門的職業時，他們就像被置入一個很難逃逸的束縛裡。他們的思想和習慣一旦形成，命運似乎就被注定了，他們似乎

被羈絆於命運的牢籠中，再難掙脫。但是，強大天才的個性卻很難被束縛住。它會從環境的鐵籠中奮勇而出，促使天才衝破重重困厄、磨難或貧窮脫穎而出。漢斯‧沙西原是補鞋匠，約翰‧斯托威是裁縫匠出身，阿克萊特原先不過是個剃頭匠，克勞德‧羅林也不過是個麵包師，班揚曾經做過補鍋匠，莫里哀當過皮匠，濟慈（John Keats）曾為藥劑師，許許多多的偉大人物都超越了艱難困厄，為人類貢獻出非凡的才能。

我們最偉大的生理學家曾經說過：「沒有任何人是注定為了成為偉人而存在的。」的確如此，最偉大的天才都是在無意之間形成的，正所謂：「無心插柳柳成蔭。」莎士比亞就是最為典型的例子。他曾經同意在格樓貝劇院上演的本‧詹森的悲劇《塞葉拉斯》中出演一個微不足道的小角色，承諾他的朋友背誦空洞無物的臺詞。正如波普所言：「莎士比亞在自己命途多舛的境遇中成就了不朽。」

在生活之初，偉人並不比其他普通人擁有更多的靈感。他們也不過是經過了多次的嘗試，有時甚至是經歷了多次的失敗才最終獲得了成功。牛頓是由於在占星術方面遭受了失敗，才轉而研究自然哲學和天文學，最終名垂於世。雖然牛頓和莎士比亞一樣，都淡薄於名利，但即使是伏爾泰這樣偉大的懷疑者，也不得不佩服地說：「假使人類可以將偉大的天才，按照他們對其所處時代的貢獻來排隊，那麼艾薩克‧牛頓肯定是排在最前面的。」

儘管天才有自己的定數，但是，天才更多的時候也是透過自身的辛苦勞動，來實現其目標。專注而高強度的勞動能力是天才的要旨所在。有人甚至認為，人與人之間最大的差異不在於天賜的稟賦，而在於持之以恆和堅忍不拔的勞動。當然，若是沒有創造力的火花，單單勞動本身所得一定是微乎其微的。天才不僅僅是愛勞動並持之以恆，他們當中的大多數人還

是激情主義者。在發明和發現的領域，沒有熱情的人將一事無成。天才總是走在其時代的前列。天才可能常常不為其時代所承認，不僅如此，天才還常常受到其所處時代的阻撓和打擊。萬有引力定律的發現，光的波動理論，蒸汽機的運用，進化論的發現以及現實世界中許多新的領域，關於增長和發展規律的發現都可以說明這一點。

當然，天才也不都是像莎士比亞和牛頓這樣，是在無意之間形成的。許多天才在為世人所了解並接受他們之前，就預見到了自己非同常人的貢獻。偉大的生理學家約翰‧亨特爾說：「在我死後，在很長一段時間內，你們都不會遇到第二個約翰‧亨特爾。」但丁聲稱自己是詩人中的第一，並且自信地預言了自己的聲望。開普勒相信，儘管他的國家不能意識到他的價值，他的發現必將為後來的時代所證實。

在他的一本著作中，開普勒這樣寫道：「這本書不論為後代或是為我的同代人所讀，都是毫無定論的；它也許在等待我們這一世紀的另一讀者，他將是上帝自身在 6,000 年裡所賜予的，像我這樣的另一個偉大的觀察者。」伏爾泰宣稱：「我們都是國王、王子，或者詩人。」在說到科利尼海軍上將時，他總是小心翼翼地用插入語添上：「他和我是表兄弟。」

歌德坦率地承認，他從不接受不屬於自己的任何讚揚。儘管同時代的人並不承認華茲渥斯將想像力運用在了最有價值的客體上，他仍舊對後人對他的判斷力充滿了信心。在不能得到同時代人承認時，具有想像力的頭腦如果不是寄希望於後人的欣賞，他們就不會擁有寄情於詩歌表達其思想的足夠衝動。

當然，在一定程度上，偉大的人物都是其時代的產物。他們是由其所生活的時代所造就的。在他們影響其時代的同時，他們也為其生活的時代

所影響。他們的家庭環境，他們所受的教育以及撫育他們的環境，他們所處時期的政治和宗教的信仰，作用於他們身上，直接造就了他們的人格，並且激發了他們最佳的創造力。所以，偉大的人物，就如同偉大的事業一般，都是成堆出現，並且形成為一個團體的。

例如，希臘的伯里克利時代就出現了這樣的偉人團體。羅馬的奧古斯都時代，西班牙菲力浦二世統治的時代，法國路易十四統治的早期也同樣出現了這樣的團體。伊莉莎白時代更是英國偉人輩出的時代，莎士比亞、斯賓塞、培根、詹森、胡克、西德尼、拉雷、霍金斯、德拉克、騷塞等燦若繁星。查理一世統治時期，又一批偉大的名字誕生了 —— J·傑·勒米·泰勒、克拉倫敦、福克蘭、哈威、彌爾頓、比姆，等等。

在義大利，幾乎是同時出現了一批藝術家，里奧納多·達文西、米開朗基羅、拉斐爾、提香等不勝枚舉。在現代的德國，又一批耀眼的偉大詩人和批評家星群出現了 —— 歌德、萊辛、席勒、費希特、謝林。

在社會公共管理事務和慈善事業中，耐心和堅忍同樣不可或缺，正如在著書立說和發明創造中它們是必備條件一樣。忍耐並不像一般人所認為的那樣，是一種消極的態度，恰恰相反，它是一種積極的態度，有的時候甚至是一種集中的力量。那些偉大的政治家絕大部分屬於具備耐心和堅忍品格的人。華盛頓、亞當斯、傑弗遜、林肯以及其他一些美國的政治家都以勤奮、堅毅而著名。韋伯斯特曾經宣稱，他從來沒有一天是無所事事的，「平均起來計算的話，這 50 年裡我每天都要工作 12 個小時以上。」他這樣對一個朋友說。

我們自己本土的政治家也是如此，其中包括伊莉莎白時代的、喬治三世時代的、維多利亞時代的，還有其他地區的著名政治家，尤其是德國和

義大利的政治家；只是由於篇幅所限，我們在這裡就不對他們的勤奮堅毅
做過多的描述了。

第三章
英雄出少年

不要誇耀你們前輩的榮耀，勇敢的年輕人！
那只是他們的財富，並不為你們所擁有；
當某一天你們自身獲得了顯赫聲名時，
便會慶幸沒有依靠他們的榮耀。
因為他們是堅強的支持者；
到那個時候，最偉大的將是那些正在茁壯成長的年輕人。

———— 本‧詹森

一個國家的年輕人是未來繁榮昌盛的保證……
英雄的歷史是年輕人的歷史。

———— 比坎斯菲爾德勛爵

如果一個人能夠不虛度任何光陰的話，那麼即便他的生理年齡很小，他的時間年齡也會很長。但是，這種情況很少發生。整體來說，年輕就像是第一次沉思，並不如第二次沉思那般睿智；正如在年齡上有所謂的年輕一樣，在思想上也有所謂的年輕。然而，年輕人的創造力卻比老年人的創造力更加活躍。和老年人相比，年輕人更能擁有豐富的想像力，並且，正如它所表現出來的那樣，年輕人的想像力更為莊嚴神聖。

———— 培根

　　世界在很大程度上是屬於年輕人的。嬰兒、男孩和女孩、少男和少女，構成了我們的社會。因此，才有了我們這裡所要講的教育的重要性。青年是人的一生中成長和發展的重要階段，是洋溢著活潑和朝氣的時期，也是充滿想像力和各式各樣衝動的年齡。你在青年時期播下美德的種子，日後將會轉變成優雅得體的言談舉止，並最終成為習慣。要是人們的心智

和心靈，在青年時期沒有得到很好的培育，那麼他們將用灰色甚至絕望、沮喪的心情來迎接成年期的到來。騷塞就曾經說過：「不管你如何長壽，你一生中的前 20 年將是你生命中最漫長的部分；當你正處於這個時期時，你會有這樣的感覺；當你在成年後回顧這段歲月時，你同樣會有這樣的感覺；並且，青年時期比以後的任何時期，都要在你的記憶中占據更大的空間。」

就像大理石塊中隱藏著阿波羅的肖像，雕刻家盡力把它雕刻成一尊完美的塑像一樣，根據造物主所塑造的不同類型，每個來到世間的人都有成為一個完美人物的理想。教育的目的就是發掘和發展人們身上那些良好的本性，正如雕刻家的目的是從大理石塊中雕琢出塑像一樣。

教育和人的一生共始終，始於出生，終於死亡。從這個意義上來說，它和雕刻家的工作有所不同。人類的發展是無止境的。人的軀體可能在形狀和特徵上保持不變，人的思想卻是在不停地變化的。日復一日，年復一年，隨著時光在不知不覺中流逝，人們的思想、意願和情趣也在發生著潛移默化的變化；而生活和教育的目的就是，或者說應該是發展那些比較好的部分。對於決定智力發展的環境諸因素，我們可以說知之甚少，而對於那些影響人類心靈的因素，我們則是知之更少。

然而，儘管如此，一個人個性的大致狀況，通常在很早的時候就顯示了出來。某個表現意志力的行動、對個人審美情趣的某種表達、甚至某個渴望的眼神，都能撩起隱藏一個人真正個性的面紗一角。而我們從這匆匆一瞥中，也通常可以大致推測出他未來的種種情形。與此同時，知識以及對知識的熱愛，並不必然伴隨著純潔的審美情趣、良好的習慣，或者是對塑造高貴品格來說最為基本的社會美德。

　　不過，有必要在這裡指出，在這方面並沒有什麼精確的和絕對的法則。一位知名主教曾經說過：「年輕的心靈和活躍的頭腦，是各種形式教育的結果。」與此同時，對智力刻意地培養既是他們自己的義務，又是社會的職責。通常來說，只有經過長期不懈地等待和勤奮地工作，以及對所從事事業的一如既往地迷戀，我們才有可能獲得永久的進步。我們的大腦應該總是和心靈保持一致，只有這樣，才能充分發揮並運用強大的智力力量，結出成功的果實。愛默生曾經說過：「千真萬確，生活是一部真正的羅曼史，當你勇敢地擁抱生活時，你就能品嘗到比任何虛構的小說裡描寫的情節都更巨大的喜悅。」

　　人們在相同年齡裡所顯示的思考能力以及智力，甚至是想像力的成熟程度是有著顯著差異的。對此培根曾經說過：「有的人在他們的年齡裡顯得早熟，而這種成熟很快就消逝了。」他的說法對早熟的孩子的確適用，這些孩子往往在很小的時候就掌握了與他們的年齡不相匹配的淵博知識，但是當他們真正長大成人後，卻又變成了默默無聞之輩，和普通人沒有兩樣。早熟通常意味著一種病態 —— 神經組織的過度興奮，或者是嬌嫩大腦的過度活躍。魯北克的海納肯兩歲時就學習了《舊約》和《新約》的大部分內容；3 歲時就能講拉丁語和法語；4 歲時開始學宗教學和教會歷史；5 歲的時候，他由於過度興奮和體弱多病而夭折了。關於這個可憐的孩子，若是用培根的話來說，那就是「法阿頓的汽車只跑了一天」。

　　望子成龍的父母們和誨人不倦的老師們很多時候都忘了，對於孩子來說，最重要的任務就是成長；他們幼小的頭腦如果過度勞累的話，肯定會對身心健康造成嚴重的危害；孩子的體格 —— 包括肌肉、肺和胃 —— 必須先健康地發育起來；大腦則是一個人身體中最遲發育成熟的器官之一。

的確，幼年時，消化比思考要顯得更重要；體育鍛鍊是確保心智正常的重要條件；而訓導和薰陶則比知識更為寶貴。

有許多有關早熟孩子的例子，他們的智慧之樹在剛剛繁盛開花的時候就凋謝枯萎了，他們令人讚嘆的才華只存在了短短幾年。由於神經系統所承受的壓力超過了自然體格所能承受範圍的極限，因此，生命之火在剛點燃不久就熄滅了。我們現在所處時代的男孩和女孩們，被聽課、學習、朗讀和背誦占用了太多的時間。他們的大腦在超負荷地運轉，而他們的身體則沒有得到相應的鍛鍊。因此，現在的孩子們流行頭痛、焦慮、坐立不安等各種症狀，而最終的結果，就是精神萎靡不振和各式各樣的疾病纏身。

孩子們不僅被剝奪了正常使用雙手的權利，甚至連眼睛也沒有得到正確的使用；於是，這一代孩子的普遍特徵就是動手能力極差，而且大都弱視。事實上教育不應該填鴨式地往孩子們的頭腦裡猛灌知識，教育的功能是挖掘和開發每個孩子身上的潛能和個性。透過教育孩子們如何正確運用他們自身的力量，可以很好地開發他們的大腦，當然體能的訓練也一定要同步跟上。事實上，若是有更多的人注意到這一點的話，那麼關於孩子們大腦承受過重壓力的抱怨就會少得多了。

然而，也有一些孩子相比之下更為堅強 —— 尤其是男孩子們 —— 他們能夠抵制住過度興奮的有害影響，並努力實踐自己幼時的誓言。關於這一點，我們可以更多地在那些偉大的音樂家身上得到驗證。不過，需要指出的是，在他們身上並不存在過度壓力；因為藝術靈感是天生的，它所引起的是令人愉悅的興奮，而不是因過度勞累而導致的興奮。

我們在這裡要特別列舉偉大的音樂家韓德爾（George Frideric Handel）的例子，這位天才音樂家在年僅 10 歲時就創作了一組奏鳴曲。韓德爾的

父親是一位醫生，他一廂情願地希望自己的兒子長大後要從事法律工作，並禁止他接觸一切樂器。為了達到這一目的，他甚至不把孩子送到公立學校就讀，因為怕他在那裡學到音階。但是，年輕的韓德爾對音樂的熱愛和著迷，卻是任何人都阻擋不了的。他想方設法搞到了一架不發聲的小型鋼琴，並把它隱藏在頂樓上，每天深夜，當家人都熟睡之後，他就躡手躡腳地溜去練習樂器。

後來，沙克斯・威申菲爾公爵了解到韓德爾對音樂的狂熱愛好，自願勸說他的父親。直到 10 歲那一年，韓德爾才能夠自由發展他的興趣。14 歲時，韓德爾第一次公開表演；16 歲時，他把戲劇《阿爾瑪利婭》改編成了音樂劇；次年，他創作了作品《佛洛林達》和《內羅納》。21 歲在佛羅倫斯那一年，他創作了首部歌劇《羅德里格》；而 26 歲那一年在倫敦，著名的歌劇《里納爾多》誕生了。後來他創作的作品還涉及歌劇和宗教劇；西元 1741 年，57 歲時，他生平的最得意之作《彌賽亞》問世了，這部作品只花費了他短短 23 天時間。在韓德爾身上，他幼年時期的早熟對他以後的創作沒有產生任何有害影響；因為他的經典之作都是在 54 歲至 67 歲這段一時間創作的。

與韓德爾一樣，海頓也是一位早熟的音樂家，他在 13 歲時就創作了一首彌撒曲；然而，他的天賦在他進入 60 歲的遲暮之年後才得到淋漓盡致的發揮。《創世紀》或許可以稱為他最好的作品，這部作品就是在他 65 歲時完成的。

在獲取音樂知識方面，約翰・塞巴斯蒂安・巴哈或許可以和韓德爾相媲美，他也遭遇了無數的困難挫折。約翰・塞巴斯蒂安・巴哈的哥哥約翰・克里斯多夫是一位風琴彈奏者，他對弟弟的才華非常嫉妒，為了防止

弟弟超過他，他把一卷紀錄了最好大鍵琴作曲家創作曲子的樂譜藏了起來。但是塞巴斯蒂安在壁櫥裡找到了這本樂譜 —— 它被鎖在裡面。他把樂譜帶到了自己的房間，半夜起來抄寫它 —— 不點一根蠟燭 —— 只是靠夏天晚上的自然光照明，或者是就著月光工作。他的哥哥最終還是發現了這個祕密，並殘酷地拿走了樂譜和抄好的副本。不過，沒有什麼困難或挫折可以熄滅這個男孩的天才之光。他 18 歲時在魏瑪成為了宮廷樂師，此後，他的音樂技能進步神速。身為一位風琴演奏家，只有一個人可以和他相匹敵，那就是韓德爾。

但是，在所有的音樂天才中，排名第一的還是莫札特。這位音樂神童看起來顯然是在靠直覺創作。4 歲的時候，他就開始創作曲子，而當時他甚至連寫字都還不會。兩年後，他為鍵盤樂器寫了一首協奏曲。12 歲時，他創作了生平第一部歌劇《拉‧芬達‧塞姆伯利斯》。他如此幼小，就已經在大鍵琴的演奏方面獨占鰲頭，無人匹敵了。當時，歐洲的那些音樂教授們看著這位元男孩即席就一個主題演奏了一首賦格曲，然後就拖著他父親的拐杖滿屋子繞著玩騎木馬的遊戲，紛紛驚訝得目瞪口呆。

為了經濟利益，莫札特的父親利用這個小男孩的音樂天賦，把他當成了一件展覽品。他幾乎遊遍了歐洲的所有主要城市，在那些地方，人們看到他穿著那件小小的深褐色外套，腳上則是天鵝絨的長筒襪，足蹬帶扣的鞋子，長長的捲髮被綁在後面。利用他異乎尋常的音樂天才，莫札特的父親著實賺了一大筆錢。儘管他的身體非常羸弱，他的父親卻一刻都不讓他休息。可是，在體力良好的時候，莫札特的心裡卻充滿了騷動的喜悅。因為，雖然在音樂上他是一個行家，在其他事情上他卻是一個純粹的孩子。

他 14 歲那年創作的歌劇《米斯里達特》由於受到熱烈歡迎，連續演出

了 20 場；3 年後，他創作的《盧西婭・西拉》又接連表演了 26 場，觀者雲
集。在此之後，一大批優秀的作品相繼誕生，其中包括寫於 25 歲時的《伊
多門里奧》；寫於 30 歲時的《費加羅的婚禮》；31 歲時完成的《堂・喬望尼》；
同時在 35 歲那一年完成的《克萊門撒・迪・第托》和《索伯福羅特》；以及
36 歲時的《安魂曲》。他的最後一部作品是在臨終前的病榻上完成的。由
於長期勞累，或者更確切地說，由於長期不規律的生活和過度興奮，莫札
特於西元 1792 年英年早逝。這位《安魂曲》的作者在身後所留下的財產，
僅僅夠埋葬自己而已。

　　相比之下，貝多芬就顯得不如韓德爾和莫札特那般早熟。從某種角度
上說，他的音樂是由他的父親用棍棒硬逼出來的，因為父親希望能夠把他
打造成音樂神童。儘管貝多芬是在 21 歲以後才開始創作那些奠定他世界
級聲望的經典之作，但是，年輕的他很早就在公開場合表演，並在 13 歲
時就創作了 3 首奏鳴曲。

　　德國偉大的作曲家們，也絕大部分在很早的時候就表現出他們的音樂
天賦。溫德爾早在 10 歲的時候，就是巴伐利亞皇家樂隊的樂手；他在 25
歲那一年創作了他的第一部歌劇《貝勒羅芬》。韋伯（Carl Maria von We-
ber）曾被認為是一個不可救藥的混混，但是他卻有著令人驚異的音樂天
賦。他最初的 6 首賦格曲在薩爾茨堡發表時，他年僅 12 歲。兩年後，他
的第一部歌劇《瓦爾德瑪沁》就已經在維也納、布拉格、聖彼茲堡上演了；
此後，他陸續創作了彌撒曲、奏鳴曲、小提琴三重奏曲、歌曲，以及其他
的一些作品，直到 36 歲那一年，他的歌劇《魔彈射手》問世了，這部作品
將他推向了榮譽的頂峰。

　　另一位音樂天才孟德爾頌（Felix Mendelssohn）幾乎是在他學會說話之

前，就已經練習演奏了。在 12 歲前，他已經為鋼琴、小提琴、大提琴創作了 3 部四重奏曲。他的第一部歌劇《考瑪克的婚禮》創作於 16 歲；在其他的作品中，《B 降調奏鳴曲》創作於 18 歲，著名的《仲夏夜之夢》創作於 20 歲之前，《改革交響曲》創作於 22 歲。事實上，他的優秀作品都創作於 38 歲之前，因為他 38 歲就去世了。梅耶貝爾（Giacomo Meyerbeer）是另一位音樂神童。9 歲的時候，他就是一位優秀的鋼琴演奏家了。他從 10 歲開始作曲，18 歲時，他的第一部戲劇《耶弗和他的女兒》在慕尼克公開上演，但是，他最優秀的傑作《羅伯特‧戴爾伯勒》是在他 37 歲時才完成的，這部作品使他名揚天下。

　　在英國作家卡萊爾所著的《席勒的一生》中，我們可以發現其中有一段對丹尼爾‧舒伯特（Christian Friedrich Daniel Schubart）的描述，後者既是音樂家，又是詩人，同時還是傳教士。丹尼爾‧舒伯特「在不同的時段喜歡各式各樣不同的東西，但是每次這種愛好都沒有延續多久」。他的一生簡直是各種極端的綜合 —— 勤奮工作、優遊無度、放蕩不羈，這些矛盾的特徵同時強烈地表現在他身上。然而，不管人們對他的評價如何，我們都得承認他是一個有著巨大潛力的人 —— 他既是優秀的音樂家，也是偉大的傳教士，同時還是精明能幹的報紙編輯。他的命運可以說是波瀾起伏、動盪不定，前一刻他還被授予巨大的榮譽，而後一刻說不定就被監禁、驅逐了。在像磷火一樣閃爍了一生之後，他在 52 歲那年離開了人世，留下孤單單的妻子和孩子，在貧困交加中苦苦掙扎。

　　與丹尼爾‧舒伯特相比，法蘭茲‧舒伯特的人生軌跡顯然又是另外一種樣子。儘管這位維也納音樂天才的生活，並沒有比丹尼爾‧舒伯特要快樂多少。當他還是一個孩子的時候，他就會演奏小提琴、管風琴和鋼琴

了。18 歲時他創作了著名的作品《埃爾·金》。從他發表的作品裡，我們看到了這位天才活躍的、靈動的音樂想像力。除了歌劇、彌撒曲、協奏曲、交響曲和四重奏之外，他的作品裡還包括大約 500 首歌曲。在他死時年僅 31 歲，又是一位在窮困潦倒中去世的音樂家。

義大利的作曲家們同樣也顯示出了才能早熟的跡象。斯潘第尼在 17 歲時就創作了第一部歌劇，作品大獲成功，一炮打響，奠定了他在義大利的地位。謝盧比尼在 13 歲時創作了一首彌撒曲和讚美詩，在他的家鄉佛羅倫斯引起了巨大的轟動，被傳為美談。無獨有偶，帕西洛 14 歲時創作了一首兩幕戲劇間的間奏曲，22 歲就被聘請為伯洛拉最大的戲院創作一部歌劇。西馬羅撒是一個補鞋匠的兒子，他在 19 歲時創作了第一部音樂作品《巴羅尼斯·斯特拉巴》。

同樣的例子還有很多。帕格尼尼在 8 歲時就演奏小提琴，在同一年他還創作了一首協奏曲。羅西尼的父親是一個四處進行巡迴演出的管弦樂隊裡的圓號手，他的母親則是同一個樂隊裡的二流演員和歌手。10 歲時小羅西尼就替他父親吹圓號了，此後他在一個合唱隊裡當歌手，直到他的嗓子壞了為止。18 歲那一年，他創作了第一部歌劇《貢比阿勒·馬特里莫尼斯》；3 年後，他的代表作《堂科雷第》問世，這部作品捧紅了他，令他一舉揚名歐洲。

法國的作曲家班爾迪、格雷特里和哈勒威，同樣在很小的時候就鋒芒畢露，展現了身為天才音樂家的潛質。班爾迪在 18 歲時創作了第一部一幕歌劇。當格雷特里還只有 20 歲時，他的歌曲就已經傳唱於世界各地。同樣也是在 20 歲，哈勒威的清唱劇《耳彌勒》獲得了一等獎的殊榮。儘管和其他國家相比，英國的作曲家在音樂創作上並不顯得那麼突出，但是，

其中也不乏出類拔萃之輩。普耳瑟耳在威斯敏斯特教堂當唱詩班歌手時，創作了他最優秀的讚美詩。兩位衛斯理同樣也是早熟的天才。查理斯在3歲時就開始演奏大鍵琴，為了防止他跌倒，他的母親經常把他繫在椅子上。巴爾菲在年僅9歲時就創作了《情人的錯誤》，當威斯特里夫人在保羅·伯利劇院演唱這首歌曲時，贏得了雷鳴般的掌聲。

這裡有必要指出，在我們列舉的這麼多例子中，並沒有哪個女孩成為音樂神童或者是音樂天才。或許也曾經出現過一些女音樂神童，但她們早就已經湮沒無聞了。我們並沒有發現女巴哈、女韓德爾或者是女莫札特。然而，仍有成百上千的女孩在學習音樂；同時，她們也不會像男孩經常遇到的那樣，有那麼多的障礙需要去克服。

此外，我們還發現，音樂是一項非常消耗精力的工作。儘管韓德爾和羅西尼活到了老年，不過，有更多的音樂天才屬於英年早逝型——舒伯特死於31歲，莫札特死於36歲，普耳瑟耳死於37歲，孟德爾頌死於38歲，韋伯死於40歲——這些偉大的音樂家們看起來是被他們身體內熊熊燃燒的音樂之火蒸騰而死。羅西尼在37歲那一年寫了《威廉·泰勒》，此後他的作品寥寥無幾。他的《斯塔巴特·馬特耳》是在50歲那年創作的。應該說，他是一個明智的人，因為他知道自己應該什麼時候停止。正所謂：「真正的英雄知道自己在什麼時候應當死去。」

在畫家和雕刻家中，有許多自小就抱負遠大，有鴻鵠之志的人。其中，最偉大的例子就是米開朗基羅。當他還是一個孩子的時候，就被送到鄉下，由一個石匠的妻子負責看護和照料。他在日後回顧這段經歷時說，正是在這段時間裡，他像喜歡奶娘的奶一樣喜歡上了槌棒和鑿子。從幼年開始，他就表現出對繪畫的強烈興趣。一旦他能夠使用自己的手和手指，

他就在石匠家的牆壁上四處塗鴉，回到佛羅倫斯後，他仍然保留這個習慣，在自己家的第一層房間裡繼續練習畫畫。

上學之後，他在學業上並沒有取得多少進步，但是，他仍然不知疲倦地使用鉛筆，花費許多時間來琢磨各個畫家作品的神韻。在他生活的那個年代，藝術家這一職業是非常被人輕視的，要是誰獻身藝術簡直是給家族丟臉。而米開朗基羅恰恰是出身於一個古老而顯貴的家族，因此，他的父親先是對自己的兒子道德說教和規勸，在失敗後就懲罰他。他激動地說，自己絕不允許兒子成為一個可憐的、整天和石頭打交道的工匠。不過，所有的努力都是徒勞的，米開朗基羅只想成為一個藝術家，除此之外，他不想做任何事情。

最終，失望的父親被打敗了。他心不甘情不願地同意讓兒子到吉爾蘭達奧的門下學習。在這段時間，米開朗基羅在藝術上取得了突飛猛進的進步，關於這一點，我們可以從下面這個事實得到印證，那就是他的老師在簽訂的協定中，明確表示每月支付給他的父親一筆酬金，以此作為對米開朗基羅高品質作品的回報。事實上，年輕的博納羅蒂的進步是如此神速，以至於他不僅超過了他老師的其他弟子，甚至青出於藍而勝於藍。可是，有一天他在洛倫佐・梅迪奇的花園裡看到雕像的那一刻，他的靈魂為之深深地震撼，便索性決定放棄成為一名畫家，改為鑽研雕塑。

他在藝術的這一分支領域裡同樣如魚得水，進步飛快，18 歲那一年，他創作了淺浮雕《聖滔耳的戰役》；而在 20 歲的時候，他的著名作品《睡著的丘比特》誕生了；此後不久，他又很快創作了巨大的大理石雕像《大衛》。在此期間，他還重新拾起畫筆，在很短的時間裡創作了一大批經典之作。在即將滿 29 歲的時候，他畫了一幅表現比薩戰鬥中的一個小事件

的作品，畫面上是一群正在洗海水澡的士兵突然看到了敵人的蹤影，於是他們吃驚地站起來進行抗擊。塞林尼曾經評論說：「這是米開朗基羅最好的一幅作品，他此後再沒任何作品超過這個水準。」

拉斐爾又是一位偉大、早熟的天才。但是，他的父親和米開朗基羅的父親簡直有天壤之別 —— 他充分地鼓勵兒子發展自己的天賦。早在 17 歲的時候，拉斐爾就已經是一位著名的藝術家了。據說，他是看到米開朗基羅的作品之後深受感染的，當時，這些作品正被用來裝飾位於羅馬的西斯廷教堂。出於那種偉大的頭腦所自然擁有的坦率，他真誠地感謝上帝讓他能夠和這麼傑出的藝術家誕生於同一時代。25 歲那年，拉斐爾創作了他的《雅典的學校》，而著名的《耶穌顯聖容》則創作於 37 歲他去世那一年。後一幅作品陪伴他安葬在羅馬偉人祠的墳墓裡。儘管《耶穌顯聖容》並沒有全部完成，這幅作品卻被認為是世界上最優秀的作品。

李奧納多·達文西也是在很小的時候就表現出了他那令人嘆為觀止的才華。他精通數學、音樂和繪畫。當他師從維洛奇奧學習時，有一次在他老師所創作的《耶穌基督的洗禮》上添加了一個天使。他所畫的這位天使栩栩如生、活靈活現，以至於維洛奇奧感到自己的作品和這位學生相比，簡直是相差十萬八千里，在心灰意冷之下，他從此放棄了繪畫。當李奧納多·達文西成年之後，他的才能被認為近乎是全能的。他同時是偉大的數學家、建築師、工程師、音樂家和畫家。

格爾西洛在年僅 10 歲時，就為他父親的房子前面那片從未開採的森林畫了一幅畫，這個作品受到了很高的評價；它展現了這位天才日後將熠熠生輝的才華，正所謂「小荷才露尖尖角」。廷特勒特對手中的畫筆和畫刷是如此得心應手，令他的老師提香也嫉妒他，藉故將他開除了。但是，

這次挫折對他造成的唯一影響，是使他變得更加精力旺盛，他如此孜孜不倦地努力，以至於人們把他稱之為「伊爾‧弗里奧索」。最終，他身為義大利最偉大、最多產的畫家之一的地位得到了肯定。

據說卡洛瓦在 4 歲那年就初次顯露才華，當時他在一大塊黃油上描出一隻獅子的輪廓。14 歲的時候，他開始學習從大理石塊中雕刻出塑像，此後，他就不斷地從一個勝利走向另一個勝利。索瓦德升在 13 歲的時候就為船隻雕刻裝飾船頭的雕像 —— 當時他為自己父親的商店工作，他父親是一個木雕工匠。15 歲時，他的淺浮雕《休息的丘比特》獲得了位於哥本哈根的藝術學院頒發的銀質獎章；20 歲那一年，他的繪畫獲得了金質獎章。

克勞德‧約瑟夫‧威爾勒在 5 歲的時候就能熟練地繪畫。在他 20 歲之前，作品已經相當有名了。保羅‧波特最經典的作品《公牛》是在海牙創作的，當時他年僅 20 歲，在 29 歲之前，他就放下了手中的畫筆。威爾吉在能夠正確地發音和拼寫之前，就會畫畫了。19 歲那一年，他創作了作品《比特拉集市》，其中包括 140 個人物。愛德溫‧蘭塞爾爵士在 16 歲時繪製了《打架的狗》，這幅作品受到很高的評價，油墨未乾便已被購買和雕刻了。

和音樂家與藝術家一樣，詩人在許多場合也顯示了他們天賦早熟的跡象，尤其是那些有著敏感、熱心和熱情洋溢個性的詩人。偉大的義大利詩人 —— 但丁、達索以及阿爾菲耶里（Vittorio Alfieri）—— 都顯得特別早熟。但丁在他還是一個 9 歲的小男孩時，瘋狂地愛上了一個名叫比阿特麗斯的 8 歲小女孩；這段感情所燃起的激情在他一生中占據了支配地位，並成為他詩歌創作靈感最崇高的源泉。和但丁一樣，達索同樣擁有這種天才人物所固有的敏感、悸動的性情，他在還是孩子的時候就已是一位詩人

了。在他 10 歲那一年，當他即將到羅馬和父親生活時，為了描述自己和那不勒斯母親及姊姊分別時的心情，他寫了一首合組歌。在那裡面，他把自己比作和父親一起逃離特洛伊城的阿斯卡尼俄斯。17 歲時，他創作了12 篇的長詩〈里納爾多〉；而在 31 歲那一年，他完成了著名的詩歌《蒙恩的耶路撒冷》，這部作品是他從 21 歲時就開始創作的。

梅塔斯塔奧在還是一個 10 歲小男孩的時候，就能夠在羅馬的街頭即興創作；喜劇詩人戈爾德尼在年僅 8 歲時，已經為自己的第一個劇本勾勒了大致的輪廓。戈爾德尼是一個悲傷又經常惹麻煩的人，他一次又一次地蹺課，前去追隨那些由流浪藝人組成的團體。而他的親戚們則一次又一次地把他拖回來，他們都想誘使他學習法律。後來，他在比薩從事法律工作，並獲得了很大的成功。但是，由於他對舞臺表演的熱愛實在是太強烈了，他最終還是走上了做戲劇詩人的道路，並把一生中的大部分時間都用來創作喜劇。

曾經被一些人稱之為「義大利拜倫」的阿爾菲耶里，是他所處時代最為傑出的年輕人之一。和許多早熟的詩人一樣，他童年時期的體質也非常嬌弱。他的敏感和多慮簡直是常人無法想像的。當他還是一個 8 歲的孩子時，他就表現得過分憂慮，有一次他找了一種自認為是含有芹葉鉤吻劇毒物質的藥草企圖自殺。不過，服用這種藥草的唯一結果是令他感到噁心。他被關在自己的房間裡，然後戴著睡帽被送到附近的一個教堂裡。「誰知道呢？」他在日後說，「說不定我會感激那個受到祝福的睡帽，因為它造就了最為誠實的男子漢中的一個。」

當他 16 歲那年在熱那亞第一次看到大海時，心中的狂喜真是無法描述。俯瞰著碧波漣漣的海面，他感到心中充溢著難以言傳的渴望，並第一

次感到自己是一名詩人。但是，儘管他家境富裕，卻沒有接受過什麼教育，因而無法把那麼多激蕩在心中的思想用文字恰如其分地表達出來。於是他重新回歸書本，並到大學接受教育；此後，他就到國外遊歷，走馬燈般從一個城市遊蕩到另一個城市。他走遍了倫敦，在那裡過著放蕩不羈的生活，憂鬱和倦怠的感覺時刻籠罩著他。

在 19 歲那年，丘比特之箭射中了他，他深深地陷入了愛情的漩渦。只是，「落花有意，流水無情」，他的感情並沒有得到相應的回報。在極度失望之下，他的心都快碎了，並決定結束自己的生命，幸虧他的貼身男僕救了他。隨著時間的流逝，感情的傷口漸漸地癒合，他又一次墜入了情網，得到的結果卻是又一次失望。接連遭受兩次打擊後，他剪掉了自己的長髮，在孤寂中譴責著自己，並開始詩歌創作，從此詩歌創作成了他一生的職業。26 歲那年，他的第一部悲劇《克莉奧佩特拉》誕生了，並在都靈公開上演。此後 7 年，他創作了自己最經典的 14 部悲劇作品。

賽凡提斯（Miguel de Cervantes）的天賦同樣也是在詩歌創作中第一次顯示出來。在年滿 20 歲之前，他已經創作了幾部傳奇故事和敘事歌，此外還有一首被命名為〈費勒拉〉的田園詩。在德國詩人中，威爾蘭德是最為早熟的一個。他在 3 歲時就開始閱讀；7 歲時開始讀拉丁文的科尼利厄斯的故事；13 歲時已經構思史詩的寫作了。和其他詩人一樣，墜入情網是促使他開始詩歌創作的第一個刺激因素；在 16 歲的時候，他寫了第一首說教性的詩歌。克羅普斯托克（Friedrich Gottlieb Klopstock）身上的天賦潛質同樣顯示得很早。最初他由一名頑皮的小男孩逐漸成長為一名偏激的學生，接著成為一位有著迷人魅力的青年，最後成為一位受人尊敬的詩人。在他滿 20 歲之前，就已經構思和寫下了部分〈彌賽亞〉的詩稿，儘管最初

的 3 篇一直等到 4 年之後才發表。〈彌賽亞〉在全國上下激起了非同尋常的興趣，並大大推動了德國文學的發展。

席勒很小的時候就被詩歌吸引。有這樣一個故事，說的是在一個雷電交加的日子，人們發現席勒趴在一棵大樹的枝椏上，「以便觀察閃電是如何產生的，因為它是如此地美麗」。這個故事淋漓盡致地反映了這個男孩熱情洋溢和充滿好奇的個性。席勒之所以會投身於詩歌創作，主要是因為在欣賞克羅普斯托克作品的過程中受到了薰陶和吸引；在神聖的詩歌指引下，他的心靈受到很大的感染；在 14 歲那一年，他完成了一首史詩的創作，並把它命名為〈摩西〉。

歌德也是一個早慧的神童，他是如此聰穎，根據記載，他在 8 歲之前就可以拼寫德語、法語、義大利語、拉丁語和希臘語了。小小年紀，他就對宗教產生了獨特的看法。他自創了一種對「自然之神」的崇拜。音樂、繪畫、自然科學以及對語言的學習 —— 所有的一切對這個男孩都有著獨特的魅力。與此相類似，科爾勒爾也是一個熱情洋溢而且勇敢的詩人，他是像他所羨慕和崇拜的那些偉人一樣死去的 —— 在戰場上，為了祖國的自由而獻出自己的生命 —— 他犧牲時年僅 22 歲。當科爾勒爾還是一個小男孩時，體弱多病；但這樣一個嬌弱的身軀裡卻蘊藏著真正的詩歌才華。19 歲的時候，他出版了自己的第一本詩集；他的最後一首詩〈利劍之歌〉，是在奪去他生命的那場戰役打響之前的兩小時之內完成的。洛瓦尼斯也是一個壯志凌雲的德國詩人，29 年短暫而精彩的一生中，在自己所從事的每一項事業上，他都取得了成功。

同樣地，在法國和英國的詩人中，我們也可以列舉許多類似的例子，他們在很小的時候就鋒芒畢露，成績斐然。事實上，正如它所表現的那

樣，詩歌天才是依賴特殊的氣質和天分的，這是它最早表現的跡象；如果
在 20 歲之前還沒有表現出來，那麼，多半就不會表現出來了。法國思想
家和散文作家蒙田曾經表達過這種信念，即我們的心靈是在那個年齡成熟
的。他這樣描述說：「假使一顆心靈在那個時候還沒有在力量和美德方面
表現出明顯的跡象，那麼，我們以後也永遠不可能再指望它出現了。」儘
管這個論斷或許過於武斷，但是，它仍然在很大程度上揭示了真理。我們
的心靈和頭腦，都是在年輕的時候汲取和培養起真正美好和可貴的品格
的，儘管大自然中也有一些植物花開得很遲，不過，絕大多數草木都是在
青春旺盛的春天和夏天綻放出鮮豔的花朵，而不是在生命終結的秋天和冬
天綻放。

　　愛爾蘭詩人摩爾留意到，幾乎所有一流的喜劇和悲劇，都是年輕人的
作品。羅普·維加和卡德龍這兩位最為多產的劇作家，都是在很小的時候
就開始了創作 —— 前面一位是在 12 歲，另一位則是在 13 歲。羅普·維
加經常背誦他自己創作的詩歌，然後把它們寫下來，並用於和小夥伴們交
換版畫和玩具。根據他自己的敘述，在 12 歲的時候，他不僅寫作短篇詩
歌，還開始創作戲劇。他的英雄田園詩〈阿卡迪亞〉發表於 18 歲那年。西
元 1588 年西班牙艦隊攻擊英國時，他恰好與他們同行。在那次充滿危險
又勞而無功的旅行中，他寫了幾首詩歌。但是，直到他返回西班牙並加入
教士團隊後，才開始創作那些使他聲名鵲起的成百上千的劇本。卡德龍同
樣是一位年輕時就非常多產的劇作家，他為自己祖國的戲劇寶庫增加了將
近 400 部作品。他的第一部作品《卡羅·德爾·西洛》是在他年僅 13 歲時
創作的。50 歲那年，他成為了一名教士，在他加入教會之後，就只寫關於
聖歌、聖詩的題材了。

這些年輕的西班牙劇作家在很早的時候，藝術生命就走向了成熟。就像生活在南部地區的女孩子，在太陽的照耀下提早進入青春期一樣，他們也是在中年以前就創作出了自己最優秀的作品。相對而言，在北部地方，智力的發展和成熟要緩慢得多。然而，拉西勒在25歲時創作了他第一部成功的悲劇；其名作《費德勒》完成於38歲那一年，他認為這部作品是表現自己戲劇天賦最完美的結晶。莫里哀在童年時所受的教育非常之少，但是，他透過勤奮努力彌補了自己在早期教育方面的不足；31歲那年，他創作了第一部作品《冒失鬼》。他的所有作品都是在31歲至51歲死亡那些年間完成的。

伏爾泰（Voltaire）是從諷刺他所在的耶穌會學院的神父們開始走上創作之路的，他從12歲那年開始就在那裡接受教育，據說當時佩勒‧傑伊曾經預言：「他將成為自然神論的泰斗。」伏爾泰的父親希望他能夠學習法律，當他發現自己的兒子喜歡寫詩，並經常參加巴黎街頭歡樂的群眾聚會時，他認為兒子已經前途盡毀。20歲那一年，伏爾泰針對當時法國君主奢侈逸樂的專制發表諷刺性言論，因此被關進巴士底監獄。在那裡，他修改了自己19歲時創作的悲劇《歐迪波》，並開始了另一部作品《恩里阿德》的寫作。22歲那一年，這部悲劇公開上演了。

科特澤普也是一個有著劇本寫作天才的早熟例子。6歲時他就嘗試詩歌寫作，並在7歲那一年完成了一個只有一頁的喜劇。他常常偷溜進魏瑪大劇院，按照規定，他是不能進入這個地方的，因此他就設法把自己藏在巨大的鑼鼓後面，直到演出開始為止。他平常最大的娛樂就是擺弄各式各樣的戲院的模型，並在上面操縱木偶表演。當他還是一個學生的時候，他的第一部悲劇就在耶拿私下上演了，此時他年僅18歲。幾年之後，在塔

林居住期間，他又創作了一些作品，其中就包括在英國家喻戶曉的《陌生人》。席勒從 19 歲的時候開始創作《強盜》，21 歲時發表了這部作品。他的《菲斯科》和《宮廷誘惑與愛情》兩部作品則完成於 23 歲。

維克多‧雨果同樣是一位早熟的劇作家。他在年僅 15 歲時就創作了第一部悲劇《埃爾德梅勒》。他曾經連續 3 次獲得百花學院頒發的獎章，並因此被授予該學院的「大師」稱號。20 歲那一年，他創作了《巴戈‧雅戈爾》，次年他的《漢斯島》和第一卷《頌歌和抒情詩》問世。同時代的法國詩人幾乎都是年輕人。諷刺評論家莫羅曾說過：「在法國，你不可能指望一個大於 18 歲的作家會受到尊敬。」凱西彌爾‧德拉維爾 14 歲時就開始創作詩歌，並在 20 歲那年出版了第一卷詩集。拉梅內在 16 歲時寫出了不朽之作《信徒的諾言》。拉馬丁膾炙人口的《詩人的沉思》在他 28 歲那年完稿，這部作品在 4 年內的銷售量達到了驚人的 4 萬冊。

在英國的作家中，在劇本創作和詩歌創作上，小小年紀便才華橫溢的例子也非常多見。坎格盧夫在 19 歲的時候創作了冒險故事《匿名者》，而他的《雙面商人》則創作於 20 歲那一年。事實上，他所有的劇本都是在 25 歲前完成的。據威策雷自己說，他在 19 歲的時候就創作了《叢林裡的愛情》，20 歲時寫了《普通商人》。不過，麥考雷卻對這一說法表示懷疑。因為《叢林裡的愛情》顯然是到威策雷 30 歲那年才公開上演的。

法格哈爾的《愛情和瓶子》寫於 20 歲，另一部作品《不變的夫妻》則寫於 22 歲。他也英年少逝，29 歲就去世了，在生命的最後一年，他創作了著名的《紈褲子弟的計謀》。溫伯盧在寫出《故態復萌》和《被激怒的妻子》初稿時，還只是一個稚氣未脫的少年。奧特威在 24 歲時創作了第一部悲劇，他的最後一部也是最經典的一部作品《倖存的威尼斯》則作於 31

歲。沙瓦吉在 18 歲時創作了第一部喜劇《女人是一個謎》，20 歲時創作了第二部作品《蒙著面紗的愛情》。查理斯・第伯丁 16 歲時就出版了《牧羊人的技巧》；而謝里丹也因為在 26 歲那一年出版了令人捧腹大笑的《醜聞學校》，而登上了榮譽的頂峰。

在英國的詩人中，儘管也有許多人在很小的時候就才華橫溢，但或許最偉大的詩人並不是那些早熟的詩人。我們對於喬叟、莎士比亞或者斯賓諾莎少年時代的所作所為知之甚少，即便是對於他們的青年時代，也是所知無幾、不甚了了。就現在所掌握的資料，莎士比亞的第一首詩〈維納斯和阿多尼斯〉—— 他自己將其稱為「我創作的第一個產物」—— 創作於他 28 歲那年。大約是在同一時間，他開始寫作劇本，此後就一發而不可收，直到他 52 歲臨死前為止。

斯賓諾莎的第一首詩〈牧羊人的日曆〉創作於 26 歲；與此相類似，米爾頓（John Milton）也大約在同一年齡創作了他的假面劇《司酒宴之神》，儘管他在此之前早已鋒芒畢露了。但是，和米爾頓相比，考雷顯得更為早熟，雖然他一生的創作水準都沒有達到後者《失樂園》（*Paradise Lost*）那樣的高度。早在 15 歲的時候，考雷就出版了一卷名為《詩歌奇葩》的詩集，在那裡面，除了其他作品外，還收錄了他 12 歲時創作的〈皮拉姆和提斯柏的悲劇歷史〉一詩。

波普也是屬於「對數字口齒不清者」。當他還是一個孩子的時候，便立志要成為一名詩人，並為此制訂了專門的學習計畫。儘管他一生都被頭痛折磨，身體殘疾，健康狀況不佳，他還是想方設法地要寫出優美聰慧的詩句。正所謂從小看到大，「童年時代可決定一人之未來」；《丹西阿德》的作者最初是從打油詩起步的，他在 12 歲時，就因為嘲諷教師而被學校

遣送回家。可是，我們絕不要以為這個小男孩的頭腦裡就只有諷刺人的話語，事實上，他積蓄的東西多著呢！詹森說波普在 12 歲時就寫了〈孤獨頌〉，14 歲時寫了〈寂靜頌〉，16 歲時寫了〈田園詩〉，儘管這些作品一直到他 21 歲時才發表。在 25 歲至 30 歲期間，他潛心翻譯了《伊利亞特》（*Iliad*）。無獨有偶，約瑟夫・艾第申也是一個孩提時期喜歡惡作劇的調皮男孩，儘管他在學校是領頭鬧事的孩子王，但是無可否認他是一名勤奮的學生，在牛津時他因為寫拉丁詩而名聞遐邇。

　　天才少年夏特頓「在驕傲中毀滅」，這位聰穎過人的少年只活了 17 年零 9 個月，如同流星劃過天際一樣，他在最美麗的時刻凋謝了。詩人坎貝爾曾經這樣評價他：「沒有哪一位英國詩人可以在 16 歲的時候和夏特頓相媲美。」他著名的作品〈自由頌〉及那首精美絕倫的〈吟遊詩人之歌〉，或許可以最典型地反映出他那熠熠生輝的才華。不過，他那狂野的咄咄逼人的氣勢，他那睥睨天下目中無人的自傲，他那有著極大缺陷的道德品性，還有他對生活真諦的全盤誤解，這些因素加起來毀滅了他，正如它們的力量足以毀滅一個比他更強大的人一樣；在生活之路剛剛開始延伸的時候，他就用毒藥結束了自己的生命。

　　我們在這裡還有更多有關早熟詩人的例子。赫伯主教在還是一個 7 歲的孩子時，就把〈費德盧斯〉翻譯成了英文詩句；在他進入牛津大學的第一年，就因為寫拉丁詩而被授予獎章。伯恩斯儘管在孩提時期反應非常遲鈍，但 16 歲那年他也開始寫詩。詹姆士・蒙哥馬利 13 歲時開始寫作；14 歲時，他就寫了一首 1,000 行的模仿英雄氣概的史詩，並開始創作一組名為《世界》的組詩。羅傑斯把自己獻身於詩歌創作的第一次衝動，歸之於他在孩提時期看貝第所寫的《吟遊詩人》而產生的羨慕之情與崇拜心理。

當他還在自己父親的工廠裡當一個小職員時，就多次打算去拜訪詹森博士，但是，在真正到達詩人的住處之後，他的勇氣卻在即將叩響門環時化為烏有。在詹森去世兩年後的西元 1786 年，23 歲的羅傑斯出版了他的第一本詩集《迷信頌及其他的詩》。同年，伯恩斯也出版了他的第一本詩集。

湯瑪斯‧莫爾又是一位早熟的詩人。他從小就是一個英俊的男孩；孩提時的朋友之一約瑟夫‧阿特金森，曾經把他描述為在維納斯的懷抱裡嬉戲的嬰兒丘比特。13 歲時他寫情詩給塞利雅，14 歲時開始翻譯《阿克那里翁》。同年他創作了一首有關「大口地將高腳玻璃杯裡的酒一飲而盡」的詩，和另一首「跟隨快樂列車跳舞」，後一部作品使得他的母親 —— 一個善良貞潔、篤信宗教的雜貨店老闆的妻子 —— 感到驚慌失措。但莫爾最終走出了鋪張華麗的詩歌創作的路子。都柏林、阿克那里翁也是因為《愛爾蘭頌歌》和《拜倫的一生》這兩部作品而最終聞名於世。

一些過於早熟的年輕詩人，在很小的時候就精力消耗過度，往往英年早逝。亨利‧柯克‧懷特所有的詩歌，都是在 13 歲至 21 歲期間創作的，而他也因此在 21 歲那一年油枯燈竭。邁克爾‧布魯斯也是死於 21 歲，在他身後留下了許多優秀的短篇詩歌作品，最後都作為遺作出版了。《時間的軌跡》的作者羅伯特‧帕拉克死於 28 歲；同樣的例子還有約翰‧濟慈，21 歲那年出版了他的第一本詩集，也是所有英年早逝的詩人中，最偉大和最璀璨的一本詩集。24 歲那年則出版了最後一本詩集，此後不久，他就離開了人世。然而，濟慈在最初的孩提時代絕不是一個早慧的人。當他還是學生時，以其酷似獵狗的好鬥性格而聞名於校，他當時最大的樂趣就是打架。儘管這期間他也是一個興趣廣泛又孜孜不倦的博覽群書者，但是，在他身上並沒有顯現出什麼特殊的天才人物的跡象。一直到 16 歲那年，他

在看斯賓莎的《仙境皇后》時，感到這部作品猶如一道閃電一樣照亮了他的心靈，從此，閱讀和創作詩歌成了他短暫一生中的主要工作。

雪萊是同一時代又一顆璀璨的巨星。他的早熟達到了令人詫異的地步。當他還是一個在伊頓公學求學的 15 歲男孩時，就已經創作和出版了一套傳奇文學，並出於對收益的考慮，將其在朋友之間廣為傳播。很小的時候，他就被人稱為「瘋子雪萊」或者「無神論者」。18 歲時，他出版了《馬伯女王》，並為這部作品加上無神論的注解。19 歲時，由於他堅持捍衛無神論而被驅逐出牛津大學。從那之後一直到他 30 歲那年意外溺死，他寫出了一系列精美的詩歌。

雪萊從來就不是一個健全的人。與其說他是一個正常的、強健的人，不如說他是一些不斷跳動著的痛苦神經集合體。在他身上，充滿了最離奇又荒誕不羈的幻想和各式各樣的古怪念頭。在念大學時，他被認為是一個「瘋子」。然而，他的思維卻非常迅捷微妙，他那脆弱神經的每一根纖維都充滿了敏感，在他那些作為天才結晶的豐富作品中，洋溢著音樂般的狂野和想像 —— 或許比他所處時代之前或之後所誕生的任何詩歌都要偉大。

拜倫也是一位偉大而古怪的天才，他和濟慈及雪萊一樣，屬於同一個團體。由於從小性格暴躁，脾氣粗野，他上學時在學業上一直漫不經心，然而，卻在還不到 8 歲的時候就「墜入情網」。拜倫生來畸足，在亞伯丁時他被人取笑為「蹺蹺腳‧喬迪」；但是，這個倔強的男孩硬是用自己的努力在青年運動會上證明了自己，並且和濟慈一樣，他用自己的心血和汗水走上了成功之路，在同學中鶴立雞群。當他在著名的劍橋三一學院求學時，養了一隻熊和幾條狗，此外還有許多在旁人看來古怪的言行舉止。

外人可能會認為，這是對一個詩人的特殊訓練！然而，在他才 12 歲的時候，就因為對一個和他年齡相當的表姊產生了那種還帶著孩子氣的朦朦朧朧的感情，而投入了詩歌創作。

　　儘管他少年任性，性格也不穩定，但無可否認，他是一個嗜書如命者，他貪婪地遨遊於文學的海洋之中，並很早就希望能夠把自己的思想用詩歌的形式表達出來。18 歲那年還在上大學時，他印刷了一本薄薄的 4 開本詩集，在私下裡傳閱。次年，他發表了《懶散的時刻》。對於這一作品，亨利‧布萊漢姆在《愛丁堡評論》上發表了攻擊性的言論，拜倫年輕的心被深深地刺痛了，出於報復心理，他在 21 歲那年又發表了〈英國吟遊詩人和蘇格蘭評論家〉這一作品。3 年之後，在他 24 歲那年，他的《貴公子哈洛德》的第一篇問世了。「而到 25 的時候，」麥考雷這樣評述道，「他發現自己已經攀登到文學殿堂的頂峰，司各特、華茲渥斯、騷塞以及所有其他著名的作家，都拜倒在他腳下，對他只能是仰視。在歷史上，幾乎還沒有可以如此迅速地登上榮譽頂峰的先例。」（注：參見麥考雷《散文》）拜倫死於 37 歲 —— 對於許多像他這樣的天才來說，這是一個致命的年齡。

　　至於現代詩人，我們在這裡將粗略地列舉，坎貝爾在 22 歲時創作了《希望的喜悅》；騷塞的《弓形的約翰》作於 19 歲，另一部作品《瓦特‧泰勒》則作於次年；英國詩人柯勒律治（Samuel Taylor Coleridge）的第一首詩歌創作於 22 歲，（注：柯勒律治在他的《世俗的說教》中談到年輕人作品的重要性時曾經說過：「翻閱一下盧瑟所生活的年代倖存下來的那些晦澀難懂的著述；查看一下查理斯一世統治時期和共和國時期，在炮火中保存下來的那些小冊子，你就會從中發現一個被屢次提及的論斷，這個論斷

事實上也就是對大法官培根所說的某句格言的注釋，即整體來說，一個人在 20 歲至 30 歲之間培養起來的思辯能力，是他的政治預言最主要的源泉。」）他的另一部作品《日升之前的讚美詩》—— 在詩歌文學中還沒有比這更為崇高雄壯的作品 —— 完成於 25 歲。

巴威爾‧利頓在 15 歲時發表了他的〈伊斯瑪爾〉，他的詩歌集《野草和野花》在 21 歲那年問世。英國女詩人伊莉莎白‧巴雷特‧白朗寧（Elizabeth Barrett Browning）10 歲時就開始寫散文和詩歌，並在 17 歲時出版了自己的第一部詩集；她的丈夫羅伯特‧白朗寧（Robert Browning）則在 23 歲時發表了作品《巴拉塞爾士》（*Paracelsus*）。阿佛烈‧丁尼生（Alfred Tennyson）在 18 歲時完成了第一本詩集，19 歲時他的作品〈廷巴克圖〉在劍橋大學獲得了首相獎章，20 歲那一年，他又出版了自己的《抒情詩集》，裡面收錄了一些他最受人喜歡的作品。

從上面這麼多例子中我們可以發現，年輕、喧囂的心靈孕育了許多音樂、詩歌及繪畫上的偉大作品。然而，詩歌創作的才華和熱情，卻有可能隨著歲月的流逝而逐漸暗淡失色。例如，阿肯塞德在晚年時，就再也沒有閃現過他早期作品中所顯示出的光芒。當然，也有許多這樣的例子，他們最爐火純青的作品是在進入壯年之後創作的。歌德就持有老年人是成熟詩人的觀點。米爾頓在 26 歲時創作了《司酒宴之神》，然而，他直到 50 多歲時才著手寫自己最偉大的作品。儘管我們在上面提到的那些年輕的天才，在很小的時候就取得了不凡的成就，也許，他們能活得更長久一點的話，或許會做得更好。

那種能夠確保將來大有作為的特殊潛能，通常在很早的時候就宣告了它們的存在 —— 在 17 歲到 22 或 23 歲之間。儘管詩歌創作能量的發展和

積蓄可能是緩慢的，然而，只要種子在那裡，它最終會在適宜的時候綻放出美麗的花朵。克拉伯和華茲渥斯這兩個人都屬於大器晚成者，他們在早期都是拙劣的打油詩人。克拉伯在他還是薩克福的一位外科醫生的學徒時，抽屜裡塞滿了他寫的詩稿，他的一首書寫希望的詩還獲得了一家女報經營者所設立的小獎項。華茲渥斯儘管在年輕時脾氣相當喜怒無常，性格古怪，然而，他在 14 歲或 15 歲時就模仿波普的風格寫詩了。儘管雪萊曾經尖酸地諷刺華茲渥斯「想像力還不如一個一品脫的罐子那樣豐富」，然而，和莎士比亞一樣，他卻始終是一位詩人。他並不像雪萊那樣在年紀輕輕時就光芒四射，但是，他卻像一棵橡樹緩慢而腳踏實地地生長，直到最終成為一棵參天的大樹。

司各特也遠非一個早慧的男孩。他曾經被老師稱為是希臘笨蛋。在日後回憶起這段經歷時，司各特也說自己在學校時是一個無可救藥的小淘氣鬼。他體格健壯，並對所有孩子氣的運動都感興趣。他的天賦很早就表現在他對那些古老民歌的熱愛，以及他那講故事的特殊愛好上。當司各特的父親發現兒子有一次和朋友克拉克在鄉下到處遛達，在破舊的小村舍裡過夜，並收集各式各樣古怪的民間逸事時，他生氣地說：「我非常懷疑，先生，你生來就只能是一個流浪漢。」關於他在孩童時期講故事的特殊天賦，司各特自己這樣描述過：「在冬天的遊玩時間，由於天氣的緣故，無法進行劇烈地體育鍛鍊，這時我的故事就能吸引一大群帶著崇拜眼光的聽眾，大家圍坐在盧吉‧布蘭家的火爐邊，而他本人則非常興奮，因為他可以坐在離我這個有著無窮無盡故事可講的人最近的位置。」

正所謂從小見大，從這個小男孩的身上，我們可以推測出他長大成人後的所作所為，正如他小時候講故事給那些聚集在盧吉‧布蘭家的朋友們

聽帶來那麼多快樂一樣，他以後創作的小說同樣給這個世界的人們帶來了無窮盡的快樂。卡萊爾如此回憶說：「有兩個男孩曾經是愛丁堡語法學校的同班同學：約翰永遠是整潔、有條理、成績最優；而瓦特卻總是不修邊幅、做事糊塗、成績拙劣。在以後的日子，約翰變成了亨特爾廣場的市政官約翰，而瓦特則變成了供應精神食糧給世界的小說家華特‧司各特先生。」卡萊爾精闢地指出了所有蔬菜中生長最快和最完整的是捲心菜。

司各特的成長過程相對來說是比較緩慢的。在他 30 歲之前，還沒有什麼明顯的跡象表明他能在文學上取得突出的成就。31 歲時，他的第一本詩集《蘇格蘭境內的吟遊詩人》出版；直到 43 歲那年，他才發表了《威弗萊》（Waverley）的第一卷 —— 儘管這部作品早在 9 年前就已經開始創作並完成了一部分內容，然後就一直擱置在一邊。與司各特一樣，伯恩斯也並非是一個早慧的人，他同樣在很小的時候就喜歡古老的民歌。同樣是體格健壯、生性活潑、精力旺盛。然而，在他 18 歲或 19 歲時，正如他自己所回憶的，這位淘氣的頑童已經完成了一部悲劇作品的大致創作。

在自然科學領域和文學領域，同樣都有數不勝數的例子，表明成就不凡的偉人在相對年輕的時候，就顯現出了他們先天的才能。在許多例子中，他們的才華是自然流露的 —— 有時候是在面對多重困難和障礙時爆發出來的，也有的時候是在具備適宜的條件和機會時脫穎而出的。例如，塔索（Torquato Tasso）和伽利略在早年都曾遇到同樣的問題。塔索的父親伯納德是一位詩人；由於從事詩歌創作給他帶來的只是貧困淒慘的生活，因此，他決定不讓兒子步自己的後塵，想盡辦法壓制他身上一切有可能促其投身詩歌創作的傾向，並強烈地希望他去學習法律。無獨有偶，伽利略的父親是比薩的一位窮貴族，這位落魄的數學家小心翼翼地避免讓孩子接

觸一切數學儀器，並打算讓他學習醫學。儘管兩個人的父親都是用心良苦，可是孩子們身上自然天性的力量實在是太強大了，它們不可能被壓抑住。塔索最終成為了一名詩人，而伽利略則成了數學家和發明家。

對於伽利略來說，表面上看起來他在學習古希臘名醫伽林和塞爾素斯的醫學專著，而實際上他是把自己所鍾愛的古希臘數學家歐幾里得（Euclid）和阿基米德（Archimedes）的專著藏在了醫學書中。和牛頓一樣，他很小的時候就在機械發明和創造上，顯示出令人矚目的才華，他幾乎把自己的業餘時間全部用於建造各式各樣的機器模型上。17歲時，他進入比薩大學學習，同時主修醫學和自然哲學。可是，後者卻吸引了他絕大部分的注意力。18歲時，他注意到懸掛在教堂正中吊燈的擺動規律，並由此受到啟發，從而有了自己的第一個發現，即鐘擺的等時擺動規律。對於當時還是醫學院學生的伽利略來說，根據他一貫的性格特徵，很自然地把自己的這項發現應用於測定脈搏的跳動方面。直到今天，在我們日常的醫學實踐中，這仍是一種慣常的做法；為了達到這個目的，他專門製造了一個特殊的鐘擺，並將其命名為脈搏計。

30歲那一年，伽利略受威尼斯政府之託，負責製造一種能夠將水從地下抽上來的機器，以便解決全城的用水問題。此後，他潛心於研究磁鐵的屬性，專門探索地心引力的問題以及淹沒在水中的物體的平衡問題，並孜孜不倦地追尋運動的規律，因為透過對上述問題的精確回答，就可以揭示出天體的運動規律。25歲時，他發表了論文《流體靜力平衡》，這篇論文令他迅速聲名鵲起，他被任命為大學的數學講師。衛維恩樂觀地肯定伽利略在30歲至33歲之間發明了溫度計。根據伽利略本人的敘述，他於西元1609年45歲時在威尼斯發明了望遠鏡，並將自己製造的第一架儀器送給

了總督大人；在這之後不久，他又發明了顯微鏡。

　　老年的伽利略和他年輕時同樣偉大。事實上，他在自然科學領域所建立的顯赫聲名，差一點因為宗教迫害而被毀滅殆盡。他在 68 歲那年所寫的《世界的體系》引起了很大的麻煩，雖然不能說他因此而受到了宗教裁判所的實質性迫害，但是，不可否認，他受到了很大的威脅。他最後一篇專論《關於大地運動的對話》寫於 72 歲那年，他認為這一作品是自己最偉大的成果。77 歲的伽利略儘管雙目徹底失明，卻還是一如既往地投身於科學工作。他試圖把鐘擺的原理應用於時鐘，以作為測量時間的一種工具，並委託兒子專門負責具體實施這項計畫。直到臨死前，他都沒有放下手中的工作。

　　他死後，曾經有人提議在這位偉大哲學家的故居處建立一座紀念碑；不過，由於他生前堅稱世界是圍繞著一根中軸線旋轉的，這與教會的理論相違背，因此，他失去了羅馬教會的好感，教宗不允許實施這個提議。伽利略的靈柩被擱在修道院一個陰暗的角落，默默地存放了將近一個世紀。直到西元 1737 年，他的遺骸才被挖掘出來，並移送到佛羅倫斯的聖托‧克羅斯教堂。現在，他就靜靜地在一座宏偉的紀念碑下安息。

　　正如伽利略費盡九牛二虎之力，才擺脫父親為他安排的前途與命運一樣，第谷（Tycho Brahe）也是放棄了法律工作，而把自己獻身於天文學的研究工作中。第谷出身於一個貴族家庭，他父親打算讓他從事軍職；但第谷本人卻有一個更加宏大的志願：他渴望了解宇宙的知識，尤其是有關地球和天體的各種奇觀的知識。他被送到哥本哈根去接受大學教育，在那裡，身為一個 14 歲的學生，一次日蝕現象將他的注意力吸引到天文學方面，這個促使他的一生發生重大轉變的日蝕，發生在西元 1560 年 8 月。

此後，他對天文學產生了濃厚的興趣，並瘋狂地搜集這方面的資料典籍，如飢似渴地汲取這方面的知識。

在當時，有關天文學的資料還是相當少見的。他的指導教師發現第谷對天文學的迷戀，已經嚴重影響了他對法律的學習，因而覺得有必要禁止他進一步研究天體現象。然而，第谷私下裡仍然偷偷地進行研究，等到晚上他的指導教師睡熟之後，他就起來觀測星空。他把所有的積蓄都用於購買天文儀器；在當時這類儀器不僅種類非常稀少，而且品質也相當粗糙。他通宵達旦地觀察星座，為了取得更好的效果，還專門花零用錢買了一個拳頭大小的地球儀。

第谷發現，當時所用的星座圖表完全是錯誤的，他打算糾正它們。他利用一對普通的天文羅盤，將它們作為觀測和確定兩個星座之間角度的工具。後來，他又獲得了一種遵循視差原則制定的更為先進的儀器。借助於這些儀器和其他微薄的幫助，他在西元 1563 年 8 月成功地挑戰了以前對土星和木星的設想，此時他還是一個未滿 17 歲的少年。他的父親和親戚們對他所從事的天文研究工作深惡痛絕，他們認為這和他的貴族身分根本不相符，簡直是玷汙了整個家族的名譽；但是，家族中有一位叔叔卻鼓勵他服從內心深處真正天性的召喚，去從事自己感興趣的研究。這種研究的結果非但不會使家族蒙受羞辱，反而會為它增添榮耀。他被從哥本哈根送到奧格斯堡大學，在那裡他建造了一個巨大的四分儀，並用它來進行觀察。26 歲那年，他不顧親戚們的反對，發表了自己的第一篇論文〈論新星〉，在此之後，他又接連發表了一系列有關天文學的作品。

與第谷合作的克卜勒也是一個孜孜不倦、勤奮刻苦的學生。孩提時他是一個體弱多病的孩子，並且在早期生活中遭遇了不少困難。克卜勒的父

親出身高貴，但到他這一代的時候家境日益破敗，不得不以經營小酒館為生。他的兒子 —— 這位未來的天文學家 —— 就在自己父親開的酒館裡當服務生。12 歲那年，克卜勒被送到位於莫爾伯倫的一間僧侶學校，由沃特堡公爵負責支付他在那裡的教育費用。在這期間，他的學業不斷地因身體健康狀況不佳而被擱置，應該說，糟糕的身體狀況是他一生最大的敵人。然而，儘管有著種種困難，他還是在學校取得了飛速的進步。由於他良好的品格和表現，他被圖賓根大學錄取，並於 20 歲那年獲得文學碩士學位，與此同時，他還在年度考試中獲得了第二名的優異成績。

大約是在兩年之後，他被任命為位於斯迪利雅的格萊滋大學的天文學講師。25 歲那年，他出版了《宇宙的神祕物質》，這是他在科學史上所做的第一個貢獻。對於一個有著令人擔憂的健康狀況，且從事著僕役般工作的年輕人來說，還能出版如此優秀的作品是非常了不起的。在取得第一次成功之後，他繼續不斷地努力，在磁學和天文學領域發表了一篇又一篇具有重要學術價值的論文，直到西元 1601 年，在他 30 歲那年，他被任命為「帝國數學家」，協助第谷計算他的羅德芬勒天文圖表。8 年後，他的《新天文學》（*Astronomia nova*）問世了 —— 可以說這是一部在哥白尼和牛頓的發現之間建立連繫紐帶的著作。

艾薩克‧牛頓早年並未表現出擁有任何數學天賦的跡象。他並不是一個早熟的兒童。出生時他顯得非常瘦小贏弱，他母親曾開玩笑地說，可以把他放進一個容量為 1 夸脫的杯子裡。父母為撫養牛頓付出了很大的心血，不少人擔心他會過早夭折。因此，在孩提時他被給予了充分的自由和閒暇。我們在這裡或許可以這樣說，有許多著名的人物都和牛頓一樣，在孩提時候體弱多病。例如培根、帕斯卡、笛卡兒、洛克、亞當‧史密斯、

波義耳、波普、詹姆斯·瓦特、霍雷肖·尼爾森以及威廉·皮特等，在孩提時期身體都是或多或少有些嬌弱。

牛頓上學後，並不是那種表現非常突出的學生。放學後他一刻不停地忙於修造各式各樣的機器。經常可以看見他拿著鋸子、錘子和鑿子在使勁地工作。他動手做了模型風車、水鐘以及太陽轉盤 —— 其中的一樣東西至今仍然可以在伍爾索普，牛頓出生的那間屋子的牆壁上看到。他並不適合從事他母親留給他的管理農場的工作。有一次，他的叔叔阿斯科發現他在樹籬下計算一個數學問題，而不是在留意農場的勞動進展，後者才是他應該做的工作。為了使他的天賦得到順其自然的發展，他被送到格蘭沙姆學校進一步深造。

18歲的時候，他進入了著名的劍橋三一學院學習，此後，取得了一系列重大的科學進展：21歲時，他發現了二項式定理；而23歲時，他的科學研究方法和治學方法發生了重大的轉變；24歲時，他發現了光線的不均等折射性；到25歲的時候，他發現了震撼世界的地心引力規律；（注：維爾德著《王家學會的歷史》。事實上，他是在25歲之前發現了所有自然規律中最為普遍的一個規律 —— 萬有引力定律；由於一個參與人員的觀測錯誤，使得他將近40歲時才證明這個定律的存在。）44歲時，他向「王家學會」提交了《基本原理》的手稿。次年，他爆發了一次臨時性精神錯亂，健康狀況受到很大的打擊，儘管他活到了85歲高齡，但在《基本原理》發表之後，他再也沒在任何科學的分支領域，替這個世界增加新的知識財富。

詹姆斯·伯爾努里是一個偉大哲學家的長子，他的父親原本打算送他到教堂去從事聖職，一次偶然的機會下，他得到了幾本天文學方面的書

籍，此後他就懷著極大的熱情開始學習天文學。在日後回憶起促使他前進的動力時，他將其歸為他父母親的反對——法爾頓駕駛著太陽神的戰車，一邊說著這句格言：「我違背了我父親的意願，在星星之間穿梭。」26 歲那年，他出版了自己的第一本專著《論彗星》；33 歲的時候，他已經被任命為巴塞爾大學的數學教授。

　　曾經被貝勒描述為「世界上最崇高的心靈之一」的布萊茲·帕斯卡（Blaise Pascal）也是在很小的時候就顯現出了不凡的才華。布萊茲的父親決定讓他專心致志地學習語言，為了達到這個目的，他把所有與幾何學有關的書籍都清理出了布萊茲可能接觸到的視野範圍。年僅 12 歲的布萊茲卻沉迷於解決幾何問題，並在自己房間的地板上用煤炭畫幾何圖形。他的父親沒辦法，只得同意他從事自己喜歡的研究；16 歲那年，他發表了一篇有關〈圓錐的截面〉的論文，這篇論文是如此優秀而富於學術價值，以至於笛卡兒在看到之後驚訝地感慨說，只有年輕人才可能取得這樣的成就。

　　19 歲時，他發明了用於計算數字的機器。在這之後，為了驗證托里切利的觀點，他又投身於一系列有關液體的平衡以及空氣重量的實驗，這些實驗要求很高而又非常精細。這些實驗的結果在他死後都作為遺著出版了。帕斯卡的科學生涯結束於他 25 歲那年。在 25 歲之後，他的全部精神和注意力都集中到了宗教沉思上，他對宗教沉思的結果很好地體現在著名的《思想錄》（Pensées）上。這部作品在他死後得到了整理和出版——他在風華正茂的 39 歲離開了人世。和許多其他早熟的天才一樣，帕斯卡也是在一種病態的過度神經性興奮的狀態下工作的，事實上，他的早熟只不過是這種病症的一種徵兆而已。

　　笛卡兒童年時是一個體格嬌弱的男孩。然而，他在 19 歲之前，就已

經雄心勃勃地制訂了一個計畫，要澈底改變數學和哲學的整個體系。格勞秀斯是 12 個兄弟姊妹中唯一沒有早夭的一個；他 8 歲時已在用拉丁文寫詩了。哈勒在孩提時是一個極度虛弱的孩子，並受到軟骨病的折磨，這種病有時候是早熟的伴生物。然而，在他年僅 9 歲時，便開始創作偉人的短篇傳記；10 歲時，他寫了一本有關占星術的入門書；12 歲時，他開始用德文寫詩；而到 15 歲時，他開始學習醫學和生理學，並在這一領域取得了非常巨大的成功。

在其他的數學家中，和帕斯卡一樣在小小年紀就鋒芒畢露、才華橫溢的還有很多。例如，克萊洛特在 16 歲那年發表了著名的〈雙曲線的曲率〉一文，事實上，他在 13 歲的時候就開始準備這篇論文了；法國數學家拉格朗日在滿 19 歲之前，已被任命為都靈的軍事學院數學教授；科林·馬克勞林在 15 歲時就拿到了碩士學位，19 歲時，他從激烈地競爭中脫穎而出，被推選為亞伯丁大學的數學教授；拉蘭德在孩提時便聰慧過人，他在 10 歲的時候就已經在家人面前進行長篇大論的說教了，豐丹納的〈世界的複數〉一文為這個早慧的兒童打開了一扇嶄新的知識之門，他從此開始如飢似渴地學習天文學，16 歲的時候，他用望遠鏡觀測了一次星空，並由此決定他一生的發展之路。

杜加德·斯第沃德是一個童年時期體弱多病的孩子，19 歲的時候，他開始頂替父親在愛丁堡大學教授數學，兩年之後，他被任命為聯合教授；拉辛從小就博覽群書，當他還在梅深的學校上學時，就翻譯了歐幾里得的第三卷和第四卷著作，並回顧和總結數學這一學科的發展歷史；15 歲那年離開學校時，他發表了一次演說 ——「不規範的數學」。他最終退出了數學研究領域，並轉而投身於純文學創作。

法蘭西斯・培根也略顯早熟。他孩提時體弱多病，與同齡孩子交流甚少，習慣於獨自一個人沉思。12 歲那年，他看到一個變戲法的流浪漢玩紙牌的場景，由此引發了他學習詭辯術的興趣。13 歲的時候，他進入劍橋三一學院學習，並於 16 歲那年離開那裡，動身到世界各地去遊歷。據說，他是在劍橋的時候開始醞釀自己的《新工具論》（*Novum Organum*），但這種說法並沒有什麼確切的證據。19 歲時，他出版了《歐洲的狀況》一書，這部作品淋漓盡致地展示了作者精確的觀察力和深刻的洞察力。21 歲那年，他開始學習法律，在此期間，培根勾勒出《新工具論》的大致寫作框架。或許是出於年輕人的驕傲，或許是出於一種長遠的、有預見力的考慮，他計畫將其命名為《時間最偉大的誕生》；可是，這部偉大的作品一直到他 59 歲那年才得以出版。同時，他還出版了其他數不勝數的作品，其中完成於 36 歲那年的《散文》和《勸誡》，以及完成於 45 歲那年的《學習的進步》，都是在百忙之中完成的，因為他當時兼具國會議員和全職律師的雙重身分。

克里斯多夫・烏倫爵士儘管通常被人們認為是一個偉大的建築師，但實際上，他是 17 世紀的又一個傑出的青年哲學家。和帕斯卡及其他人一樣，他是個一貫體弱多病的男孩，在他身上不僅顯示了詩人般的多愁善感和豐富的想像力，而且表現出了對深奧難懂的科學和哲學的濃厚興趣。13 歲的時候，他發明了一臺天文儀器，並在一首用拉丁文寫成的詩歌中，表明要將它獻給自己的父親。除此之外，他還發明了一臺風力發動機，此外還有一種「可以用於治療肺炎」的儀器。

14 歲那年，烏倫成為牛津大學瓦德翰姆學院的自費生，此後，他就在那些由科學界人士組成的早期會議上幫忙，這些會議最終促成了「王家學

會」這一著名團體的誕生。當埃爾文在西元 1654 年訪問牛津大學時，他說：「我見到了可以稱之為年輕人的奇蹟 —— 克里斯多夫·烏倫。」事實上，他的確是一個奇蹟：22 歲時學習和現場示範解剖學操作；25 歲時被任命為天文學教授；先後擁有 53 種發明和發現。在興趣廣泛的各種研究領域中，他尤其對建築學給予了特別關注，不論是在理論上還是在實踐上都是如此。

由於他在建築學上的高深造詣及享有的盛譽，31 歲那年，他接受委託實地考察聖保羅教堂，並在此基礎上做出一份調查報告，以決定到底是該修復或是重建這座著名的大教堂。這一事件對他的生活產生了很大的影響，使得他對建築學產生一種特殊的偏愛。從那以後，他把大部分精力都用於建築學上 —— 他最主要的工作就是重建聖保羅教堂，此外還有那些在那場著名的倫敦大火中被燒毀的其他教堂。和帕斯卡的英年早逝不一樣，烏倫是一位高壽的老人，他一直活到了 90 歲。有一天，他的僕人發現他安詳地睡在躺椅上，這一次他永遠地睡著了。

在自然科學領域，我們還可以舉出許多其他偉大年輕人的例子：諸如多病早慧而勇敢的斯賓諾莎，他在童年時靠擦光學鏡片維持生存，並用以支付自己學習哲學的費用；諸如詹姆士·瓦特，在他還是搖籃裡的嬰兒時已經是一位思想家了，30 歲之前，瓦特就發明了精簡的蒸汽機車，後者對我們所生活的世界工業發展產生了難以估量的影響；諸如歌德，他在相當年輕的時候就構思並部分創作了他最偉大的作品，除了是一位科學家之外，他同時還是一位詩人；諸如都柏林的威廉·盧雲·哈密頓（William Rowan Hamilton）先生，有一位當代作家將其稱之為「天才之中的一個」，說他的名字「和拉格朗日、牛頓一樣，可以名列所有時代、所有國家產生

的那些最輝煌璀璨的名字之中而毫不遜色」，威廉在 13 歲時就已經掌握了不少於 13 門語言。

　　法國著名的地理學家達維勒，小時候在一個偶然的機會下看到一幅地圖，從此決定了他未來一生的發展及命運，儘管他當時還只是一個 12 歲的小男孩。他獨自一個人在沒有任何幫助的情況下，繪製了在經典名著中提到過的所有國家的地圖。由於在專業領域取得了顯著的成就，22 歲那年，他被任命為國王的專職地理學者之一。在他忙碌的一生中，除了留下無數珍貴的地理學論文外，還出版了 104 幅古代地圖和 106 幅現代地圖。

　　林納斯 19 歲時，老師宣稱即便他不是一個樂觀的笨蛋，至少也完全不適合從事教會工作，無法完成他父親的期望。不過，他幸運地出生在一個風景優美、山川秀麗的地方，他家門前就是一個巨大的湖泊，碧波漣漣的湖面上倒映著挺拔的山峰、蔥翠的森林，四周則是大片經過開發的肥沃田地。自然界美麗的湖光山色和田野上蓬勃生長的蔬菜，其所展示的生命活力令林納斯驚嘆不已，並大大激發了他的才華。

　　他後來回憶青年時代時，曾經說他離開搖籃之後，就像邁進了一個色彩斑斕的大花園，五顏六色的花朵是他最喜愛的東西。他父親發現他不適合從事聖職後，決定把他送到大學去學習醫學；可是，年輕的林納斯卻把自己的全部時間和精力都用於學習植物學，不論是貧窮抑或是不幸都無法動搖他的意志。在內心熱情的召喚下，他決定進行一趟獨自一人穿越拉普蘭的旅行，在這次旅行中，他的行程長達 4,000 英里，並且絕大部分都是徒步跋涉的。在經歷了千辛萬苦之後，他最終滿載而歸，帶回了大約 100 種以前從未見過的、沒有任何文字記載的植物。他出版的專著《芙羅拉‧拉波尼卡》奠定了他身為他所處時代第一位植物學家的地位。

　　曾經被居維葉稱為「現代動物學開山鼻祖」的約翰・萊伊是一位自然主義者，他父親是布蘭得利地區附近的一個鐵匠。幼年的約翰・萊伊受到了良好的教育，並依靠自己的奮鬥進入劍橋凱薩琳學院。23歲那年，他被任命為學院的希臘文講師；兩年後，又被推選為數學指導教師。但是，自然歷史和動物學仍然吸引了他絕大部分的注意力。

　　為了收集植物學和動物學上的研究資料，他遊歷了英格蘭、威爾斯和蘇格蘭的大部分地區，一路上忙於進行觀察和記錄，並對這種辛勞的生活樂此不疲。據他自己回憶，為了出版《植物學目錄》這本專著，他花費了整整10年時間。在此之後，他繼續自己在國外的旅行和研究，遊歷了歐洲所有的低地國家，包括法國、德國、瑞士、義大利等，在每一個地方，他都仔細地觀察和收集第一手資料，為進一步的科學研究做準備。

　　在外科學和醫學領域，那些成就不凡的卓越之士，同樣在很早的時候就有了仔細觀察和刻苦研究的傾向。偉大的法國外科專家安布羅斯・派爾，曾經是拉維爾地區一所修道院的馬車夫。有一次，修道院的某個神父需要接受外科手術，並叫安布羅斯・派爾過去幫忙。結果，他成了一個非常得力的助手。除此之外，他在這次手術過程中深受感染，萌發了要成為一名優秀外科醫生的願望，在以後的實踐中，他果真夢想成真，成為一代大師。

　　阿斯特雷・庫伯爵士據說也是和安布羅斯・派爾一樣，受到某次偶然事件的影響而決定從事醫學工作。事情的原委是這樣的：一位年輕人一次意外被大車撞倒而導致大腿股動脈破裂，一時間血流如注、生命垂危。危急時刻，年輕的庫伯想到了一個主意，即把他的手帕緊緊地包紮在那個不幸的年輕人的傷口上，這樣便止住了出血。這次的牛刀小試大大地鼓舞了庫伯，使得他下定決心從事外科職業，並很快取得了成功。

另一位知名的法國外科專家要屬伯第先生。他還是一個小男孩時，就能夠從容鎮定地活體解剖兔子，因此引起了著名的解剖學家里特列的注意。從 7 歲那年開始，伯第就成了里特列開設講座的經常參與者。到第二年年末，由於對解剖學的精通，他掌管了用於實際演示的解剖大廳的管理權。我們可以看到這樣一幕令人驚異的畫面：一個 9 歲到 10 歲之間的男孩，吃力地爬上椅子，開始講授解剖學方面的高深課題，而下面坐著的是包括資深教授在內的專業人士，一個個聚精會神地洗耳恭聽。後來，伯第又以同樣的熱情投入了外科學的研究，不久之後，他就成為法國最著名的外科專家之一。

布魯門巴赫是另一個人類歷史和人種構成方面的知名學者。他被認為是人類文化學的開山鼻祖。10 歲的時候，為了研究他當時感到迷惑不解的比較骨骼學，他便把自己用一副人工製造的骨架禁閉起來 —— 這是他的首次「受難」，以後他都是如此稱呼自己收集的人類學標本。在當時，他所居住的哥達市只有一副真正的人體骨架，是由一個內科醫生收藏的，而這位內科醫生恰恰是布魯門巴赫家的一個朋友。於是，布魯門巴赫就經常去拜訪這位內科醫生，以便研究他所收藏的骨架。

最後，他從家裡豢養的動物身上得到了一些骨架，並以此為原料，經過一番耐心的演習和組裝工作後，最終製造出一副和真正的人體骨架相似的人造骨架。這就是骨骼學標本的最初製造過程，儘管它顯得比較粗糙簡單，然而，在日後卻享譽整個歐洲。17 歲的時候，布魯門巴赫進入耶拿大學，20 歲時，又進入哥廷根大學求學。23 歲那年，他出版了第一部偉大的學術巨作《人類的自然種類》。

比夏特還是一個小男孩時，就已經是一個孜孜不倦的工作狂了。事實

上，他一生所有的成就都是在短短的幾年內做出的，32 歲那一年，他過早地離開了人世。巴克勒曾經在談到比夏特去世前一年出版的優秀論著《普通解剖學》時說：「這是個人對生理學做出了最珍貴、最有價值的貢獻。」比夏特認真研究了人體感覺和煩躁的規律，並對生理科學給予了同樣的關注，尤其是對於人體的組織，他更是進行了比較細緻的研究，以便探索組織細胞在正常狀態下和病態下的發展規律。

著名的內科醫師伯爾哈佛，11 歲時就能翻譯希臘文和拉丁語，20 歲時他在自己的希臘文教授面前滔滔不絕地發表了一篇宏篇演說，次年他就取得了哲學博士學位。韓弗理‧大衛爵士在化學上取得顯著成就的時候，還只是一個小男孩，並且當時他未得到任何幫助。20 歲那年他開始主管位於布里斯托爾的風力機構。傑勒博士在 20 歲之前就立下宏願，要將某種最令人厭惡的、最具殺傷力的、曾經奪去無數人生命的致命病症，從不治之症的單子上抹去，最終，他果然如願以償，獲得了成功。

傑出的自然主義者理察‧歐文（Richard Owen），曾經有兩次差點被迫離開最終為他贏得顯赫聲名的職業。第一次，他被送到海上，在「領袖號」上充當海軍少尉的候補軍官。後來，美國戰爭結束，他所在的船隊被中途遣散。在回家的路上，他到了蘭開斯特城的一個外科醫生那裡充當助手和學徒。後來，他被送到愛丁堡師從巴克萊博士學習醫學，並對比較解剖學產生濃厚的興趣。在此之後，他又遷移到倫敦的聖巴托羅繆醫院，在那裡他吸引了著名的外科專家約翰‧阿伯勒斯的注意，因而得以協助他在解剖室工作。

儘管歐文此時已經獲得外科醫生的執業證書，但他覺得沒有什麼機會在這個領域出人頭地，他又一次想起了航海。在獲得一個助理外科醫師的

任命後，他去向自己性格乖僻的導師兼朋友阿伯勒斯告別。「這到底是怎麼回事？」阿伯勒斯吃驚地問，「你要去哪裡？」「去海上，先生。」「你要去海上！我告訴你，你還不如立刻去地獄呢！」阿伯勒斯一遍又一遍地重申自己的觀點，反覆地向歐文表明其中的利害關係，包括他所面臨的誘惑、困難以及這麼輕率的一個舉動，必然會導致的時間和名譽上的損失，最後，他堅持要歐文在一個星期之後重新去見他一次。在一週之約到期時，歐文又一次拜訪了他這位態度粗暴卻率直坦誠的朋友，這一次，阿伯勒斯向他推薦一個外科醫師學院的工作機會。歐文接受了這個職位，這位年輕的解剖學家發現自己很樂於和那位性格相似的朋友共事。儘管海軍因此而喪失了一位優秀的軍官，自然科學卻因此獲得了又一顆璀璨的明星。

在文學和語言學領域中，正如我們所能預見的，同樣有不勝枚舉的「英雄出少年」的例子。梅蘭克森在年僅 12 歲時，已經在圖賓根就維吉爾、西塞羅、特倫斯、李維等人的作品開專題講座；21 歲時，他被任命為威騰堡大學的希臘文教授。孟德斯鳩在未滿 20 歲之前，已勾勒了《論法的精神》的大致寫作框架。菲列隆在他的神學研究上進步神速，15 歲的時候，他在巴黎為一群有針對性的聽眾公開布道。格萊塞特在 24 歲時，已經完成了《維爾·維特》這一部被公認為法蘭西文學史上最詼諧機智的作品。維勒曼更是有著超群出眾的天資，19 歲那年，他被任命為巴黎夏勒曼日學院的修辭學教授，兩年之後，他的作品《蒙田頌》獲得了法蘭西學院頒發的榮譽獎章。無獨有偶，庫贊在 16 歲那年也獲得了由這個學院頒發的榮譽獎章，而奧古斯特·孔德也是在 16 歲那年被綜合工科學校授予數學一等獎章。

貝克弗德 22 歲那年寫了《瓦瑟克》。他後來回憶說：「我是在一個大

廳裡寫下這部作品的，而且是用法語寫的。裡面的『惡魔之廳』只是我自己的一種想像。在《瓦瑟克》裡提到的所有女性，都是以現實生活中的人物為原型，只不過我把她們身上的良好品格或惡劣品格稍做了一點誇飾，以便符合我的要求。」威廉‧沃頓博士還是小男孩時，就在學習語言方面展示了過人的天賦。5 歲的時候，他已經能夠閱讀和翻譯拉丁文、希臘語和希伯來語。10 歲時他又學習了古巴比倫語、古代敘利亞語及阿拉伯語。移居到威爾斯之後，他又掌握了當地的威爾斯語。可是，和馬里阿貝奇一樣，除了單純地汲取和消極儲存這方面的知識之外，他並沒有其他作為。他沒有為後人留下任何有價值的遺產，從這個意義上來說，他和馬里阿貝奇並沒有真正利用好他們的才華，使得他們的存在對這個世界有所裨益。

威廉‧瓊斯（William Jones）和前面兩個人不同，他在學校時就被公認為是一個前途遠大的人。瓊斯的父親是一位著名的數學家，在小瓊斯才 3 歲時便離開了人世。在哈羅上學時，年輕的瓊斯在學業上出類拔萃，超過了其他同學。校長沙克雷博士在談到他時曾經說過：「如果瓊斯被一個人孤零零地拋在索爾斯伯利大平原上，沒有任何朋友，他仍然會找到通往名譽與財富之路的。」對於威廉‧瓊斯所取得的成就，每個人肯定都耳熟能詳。

詹姆斯‧麥肯托西爵士從小被人們寄予厚望，大家都認為他將來肯定會大有作為，然而，直到最後，他都僅僅是一個「大有希望的人」。身為一個天資聰慧的神童，他的名字在佛托羅斯臨近地區出現的頻率相當高，當然佛托羅斯是他的家鄉所在地。儘管具備良好的先天條件，他卻從來沒有足夠的閒暇 —— 或者說沒有足夠的恆心 —— 來成為一個偉人。他一生總是在不斷地下決心、不斷地變換奮鬥目標，並且每每被這種頻繁更換的目標和主意弄得筋疲力盡。當他還是一個小男孩時，他會閱讀並思考上半

個晚上，而當他成人之後，他會閱讀並永久地思考下去；可是，他卻從來都沒有實現那些遠大的理想和抱負。

形而上學者兼精神療法專家湯瑪斯·布郎，在 18 歲時就寫作出版了他的《論達爾文的動物生理學》，在這本專著的序言中，介紹了他所創立的理論體系和因果關係的起源。後來，布郎被任命為愛丁堡大學的道德哲學教授，他的講義在他去世後得到了整理出版，並被認為是這一領域最好的教材。在 24 歲那年，布郎曾經投稿至《愛丁堡評論》，這一季刊主要是由年輕人創建和管理的，它的主要成員包括當時 23 歲的亨利·布萊漢姆、24 歲的弗蘭西斯·霍勒、29 歲的法蘭西斯·傑弗瑞以及 31 歲的西德尼·史密斯 —— 後者還是一個男孩時，既是學業上的佼佼者，也是一個帶頭惡作劇的淘氣鬼。

亞歷山大·默里孩提時期曾經做過放牧的工作，他的父親認為他不僅愚笨不堪，而且還非常懶惰。當他被指定去放牧羊群或者是把牛群趕回牛棚時，他總是犯各式各樣的錯誤。之所以會出現這種狀況，有一個很重要的原因，那就是這個男孩的大部分注意力都被學習占去了，自然沒有足夠的精力來看管畜群。到 15 歲的時候，他設法自學了拉丁語和法語，不久後就能閱讀愷撒、奧維德和李維的作品。

後來，他結束了放牧生涯，成為一名教師；在業餘時間裡，他學習了德語、盎格魯·撒克遜語以及威斯高特語，此後又潛心於威爾斯語的學習。在短短幾年的時間裡，他熟練地掌握和精通了歐洲所有的語言，但他並不以此為滿足，又把研究的眼光轉向更為深奧難懂的東方各國方言。30 歲的時候，他被公認為是他所處時代最傑出的語言學家；剛好愛丁堡大學的東方語言專業有一個教授職位的空缺，於是他在 36 歲那年被任命為該

校的教授。不幸的是,他並沒有在這個職位上工作多久。由於常年累月地從事艱苦的腦力工作,他的健康狀況受到很大的損害,虛弱的身體再也無法維持超負荷的工作量,37 歲那年,他過早地離開了人世,此時他享有「愛丁堡大學教授」稱號的巨大榮譽才僅僅一年。

有時候,人們可能會認為那些在中學和大學裡表現突出的男孩,一旦踏出校門、融入社會之後,便很難再像在校園裡那樣成為風雲人物,大多都淪為默默無聞之輩。例如,埃格頓・布里奇斯爵士就曾經說過:「那些在大學校園裡曾經鶴立雞群、呼風喚雨的明星人物,現在根本沒有幾個人提起他們的名字。」然而,實際上,這只是一種片面的看法,根本不能反映真實的情況。

通常,那些預示著未來能夠取得不凡成就的特殊品格,會在 17 歲到 18 歲或者 22 歲到 23 歲之間這一年齡層內,顯示出它們的存在和活力。此後,邏輯推理能力就開始在精神組織中占據主導地位,個人所具有的理解事物的能力以及了解事物的能力,將為那些掠過大腦的所有資訊,增添新的形式和新的色彩。因此,那些能夠在中學和大學階段出類拔萃的年輕人,通常在邁入社會這所更大的學校之後,也能夠成為時代的冒險者和出類拔萃的人。例如,許多人類歷史上赫赫有名的政治家的生平都說明了這一點。

洛德・查塔姆、查理斯・詹姆斯・福克斯、溫德海姆、格蘭威爾以及韋爾茲利,他們都是著名的伊頓公學的畢業生。查塔姆在牛津大學時,並不是一個特別出眾的學生。20 歲那年,他成了一名戴著藍色綬帶的騎兵隊騎手。26 歲時,他進入國會,兩年之後,他在那裡發表自己的首次演說,並引起了眾人的注意。「那位蹩腳的騎手」大大打擊了羅伯特・沃波爾爵士

的囂張氣焰，使得他每次登臺演講時心裡都隱隱作痛；因為查塔姆是一個極其熱情洋溢又充滿靈感的演講家，他的妙言警句經常給聽眾留下深刻的印象。

威廉·皮特則與他們明顯不同，這位「天生的部長」雖然有著這樣一位父親，不過絲毫無礙於他的智力和品性發展。孩提時的皮特體弱多病，卻異常地聰慧早熟。他是在家裡長大的，主要由父親教育他。赫蘭德夫人曾經在談到小威廉·皮特時說過，他「的確是她所見過的孩子中最聰明的一個」。[注：約翰·拉塞爾勛爵在他的《紀念查理斯·詹姆斯·福克斯》（查理斯·詹姆斯·福克斯比皮特大 10 歲）中提到了這樣一件逸事：「倫斯特省的公爵夫人向我提及了一次談話，這次談話是在她的姊姊、卡洛琳夫人，以及福克斯先生（即赫蘭德勳爵）之間進行的，當時她剛好在場。卡洛琳夫人在奉勸丈夫不要對孩子們過度溺愛之後，特意對查理斯補充說：『我今天早上和海斯特·皮特夫人在一起，還有不滿 8 歲的小威廉·皮特，這個孩子真是我所見過的孩子中最聰明的一個，此外，他是在如此嚴格的家教下成長起來的，舉止態度也是如此地得體。』」]

12 歲那年，他離開了比他大 3 歲的哥哥，後者的智力和才能遠遠不如他。他的父親經常將他放到一把椅子上，讓他在一大群人面前演講，他滔滔不絕的口才每次都令臺下的聽眾驚訝不已、仰慕不已。14 歲的時候，他創作了一部五幕的悲劇。15 歲那一年，他進入劍橋的彭布魯克學院學習。他在那裡一直待了 6 年，是一個勤奮刻苦的學生。他廣泛閱讀了英國文學方面的資料。麥考雷曾經說過，無論是古代語言方面的知識，還是數學方面的知識，皮特都是如此精通，那些比他大 3 歲的學長們很少有人能夠與他匹敵。皮特自己最感興趣的著作是牛頓寫的《基本原理》，他應用裡面

的原理，輕而易舉地解決了許多數學難題，據一位主考官聲稱，他這方面的能力在劍橋可以說是無人能與之相媲美。

到達法定年齡之後，皮特立即進入了國會。22歲那年，他在國會發表自己的第一次演說，以支持伯克所主張的經濟改革計畫。他在演講中表現得沉著冷靜，他流暢的表達能力以及他那高貴的舉止態度震驚四座。黑滋利特在提到他時說：「他永遠是那麼溫文儒雅、風度翩翩，在他身上，既沒有年輕人所特有的那種傲慢不遜、咄咄逼人，也沒有年輕人的笨拙與衝動。」23歲時，皮特被任命為財政大臣，24歲時，年輕的他成為英國首相。正如麥考雷所說的：「他是大不列顛帝國在如此漫長的歲月裡，所培養出來的最偉大的國民。」

儘管和皮特相比，艾德蒙·伯克不如他那樣從少年時就春風得意，但是，由於他在古典文學方面的高深造詣，他獲得了都柏林的三一學院頒發的榮譽獎章。他把自己的絕大部分業餘時間都用於廣泛地閱讀，尤其是對於歷史學方面的著作更加興趣濃厚——這也是他日後不斷噴湧的力量源泉。26歲那年，他出版了從19歲那年就開始著手創作的《論崇高和優美》，這部作品為他奠定了成為國內第一流作家的基礎。

坎寧是伊頓公學所培養的、最為輝煌璀璨的明星之一。很小的時候，他就因為創作優美、流暢的拉丁詩歌和英文詩歌而遠近聞名。17歲的時候，他發起創辦了《微觀世界》，這一期刊的主要投稿者除了他自己之外，還包括與他年齡相近的佛勒爾和史密斯兄弟。18歲那年，坎寧進入牛津大學的基督堂學院，並由於其在古典文學方面的深厚素養，而在學生中一枝獨秀。他創作的《伊特爾·麥卡姆》在克勒韋勛爵的週年紀念會上獲得公開朗誦，並在眾多的作品中脫穎而出，被宣布為牛津有史以來最優秀

的拉丁文詩歌作品。

　　17 歲那年，坎寧進入國會；次年，他發表了自己的首篇演說；26 歲時，他就被任命為政府的副部長；此後，他在仕途的道路上越攀越高，57歲那年成為首相。最後，他死於首相任上。在稍後一點的政治家中，皮爾和格拉斯通都在牛津求學時赫赫有名。皮爾在 20 歲那年，以史無前例的優異成績獲得了學士學位，他是牛津有史以來第一位同時獲得古典文學和數學考核兩個第一的學生。然而，這一紀錄在以後卻相繼被格拉斯通先生、卡德維爾勛爵以及韋斯特伯里勛爵打破。

　　麥考雷勛爵在劍橋的求學生涯同樣輝煌無比。19 歲和 20 歲時，他連續兩年因其優美的英國詩歌，而獲得學校頒發的首相獎章；22 歲那年，他又獲得了加爾文獎學金。儘管學校頒發的詩歌獎章並不算什麼特殊的榮耀，但它們的獲得者，通常是那些出類拔萃的學生。在麥考雷之後，馬克沃斯·蒲拉德也連續兩年獲得首相獎章，此外，他的希臘文頌詩和諷刺短詩還獲得布蘭勒獎章。在他們之後，布林沃·利頓的詩歌〈雕刻〉獲得了同樣的獎章。此外，在牛津和劍橋期間因詩歌獲獎的人還有很多，主要有尊敬的伯威爾斯、赫伯主教、維維爾教授、密爾曼主任以及丁尼生勛爵，等等。

　　人們可能已經注意到，那些在實際的社會生活中成就不凡的一流人物，往往並不是在校期間最為出類拔萃的人物，而大多是名列第二甚至是第三的人物。例如，以劍橋的數學榮譽考試為例，我們可以發現，儘管有許多在這一考試中表現優異的學生成為了知名教授、著名學者、傑出翻譯家，或者也有少數在教會中身居高職，但是，作為一種規律，這些優等生並沒有在其他職業領域和科學領域表現出特殊優勢。他們中的許多人澈底地從大眾的視線裡消失，成為默默無聞之輩。以西元 1739 年以後為例，

我們可以發現如下著名的優秀學生：約翰·威爾遜，普通法院的大法官，畢業於西元 1761 年；巴雷博士，畢業於西元 1763 年；米爾勒博士，卡萊爾大學校長，畢業於西元 1774 年；約瑟夫·利特勒達爾爵士，高等法院王座法庭大法官，畢業於西元 1787 年。

　　從 19 世紀開始，出現了一大批從事法律工作的優秀畢業生。西元 1806 年，我們找到了波洛克的名字，他在日後成為首席勛爵；西元 1808 年，我們發現了比克斯特斯，日後的蘭格達勒勛爵；西元 1809 年是阿爾德深，財政部男爵；西元 1810 年是莫勒，普通法院大法官，而與他同一年畢業的、獲得第五名的普拉特，則成了財政部男爵。在其他等級較低的法官中，主要包括格萊漢姆爵士，他是當年畢業生中的第三名，後來成了財政部男爵；還有名列十二的阿溫雷勛爵，他是普通法院的首席法官；此外，還有埃冷波羅勛爵、勞倫斯爵士、林德哈斯特勛爵、約翰·威廉爵士、廷德爾爵士 —— 所有這些人儘管都受到了獎勵，卻都不是各自所在年度的最優秀學生。維維爾教授是當年的第二名，而顯克威支教授則名列第五。

　　在寥寥可數的、日後成為科學家的畢業生中，主要有約翰·赫歇爾爵士、阿雷教授、斯托克斯教授以及亞當斯教授 —— 他和勒維里爾先生一起，共同發現了海王星。羅斯伯爵是貴族階層中偉大的機械師，他以數學第一名的成績畢業於牛津的馬格達倫學院；但是，雷勒勛爵的長子 —— 受人尊敬的斯特努特 —— 西元 1865 年以優等生畢業於劍橋大學，據說，他是第一位獲此殊榮的貴族兒子。

　　在這裡我們對那些歷史上偉大的年輕人做一點簡單的總結。儘管在未獲取人生的閱歷之前，就想擺脫別人的管理與統治是很難的。可是，無可

否認，古代和現代的一些最為偉大的統治者和管理者，都是一些相對比較年輕的人。在他們身上，統治和管理的才能表現得和本能一樣自然，而能夠激發他們這種熱情的唯一東西，就是對各式各樣事物的探索與追求。

在塞米斯托克勒還是一個青年時，內心就熊熊燃燒著追求榮譽的欲望之火，他渴望著能夠在為自己的祖國服務時揚名立萬、出人頭地。30 歲的時候，他指揮希臘艦隊與沙拉米和薛西斯統率下的波斯軍隊進行激烈地海戰。後來，希臘艦隊取得了澈底的勝利，這固然是與全體官兵的英勇善戰分不開的，但主要還是應該歸功於身為主帥的塞米斯托克勒的聰明睿智與勇敢頑強。不論是作戰還是行軍，他都身先士卒，發揮表率作用。他的同胞們最終也了解到他的偉大和崇高之處。

亞歷山大大帝則是一個更為早熟的統治者和將軍。20 歲那年，他剛被馬其頓王國的國王召見到王宮，就被派遣去鎮壓一次可怕的起義。鎮壓成功後，他繼續揮師南下，征服了希臘半島的大多數國家。22 歲那年，他召集了一支軍隊前去進犯波斯，他們渡過了達達尼爾海峽，最後在阿比多斯登陸。在格拉尼卡斯河的河岸上，他們遭遇了波斯帝國國王大流士統率的軍隊，並一舉將其擊潰。次年，他又進軍小亞細亞，透過激烈地戰鬥在伊瑟斯戰役中大獲全勝。兩年之後，他又贏得了阿貝拉戰役的勝利，那年他年僅 25 歲。

經過這幾次戰役，大流士的軍隊遭到了毀滅性的打擊，從此一蹶不振。亞歷山大的鐵蹄奔馳在東方遼闊的土地上，簡直如入無人之境。在 12 年零 8 個月的統治中，他將自己帝國的疆域，從地中海沿岸一直擴展到現在的印度西北部。31 歲那年，這位曾經叱吒風雲、縱橫四海、雄才大略的軍事天才離開了人世。

斯西波和龐培都是年輕時就成就一番偉業的人物。斯西波在 29 歲那年贏得了沙拉戰役的勝利；而龐培成名的時間更早。23 歲時，他就募集並統率一支軍隊擊敗了瑪律庫・布魯圖率領的大軍。在第二年，這位被他的對手稱為「乳臭未乾」的年輕人，又成功地進軍非洲並凱旋回到了羅馬。

漢尼拔是古代最傑出的年輕將領之一。他從小就在哈斯都巴爾的軍營裡長大。在哈斯都巴爾死後，當時年僅 26 歲的漢尼拔，單獨接管了迦太基軍隊的統帥大權。他先是征服了那些仍然不肯歸順的西班牙部族，然後揮師直逼羅馬。28 歲那年，在經過 8 個月的辛苦圍攻後，他攻克了沙幹度爾；然後，大軍橫跨比利牛斯山脈，挺進洛勒，並穿過阿爾卑斯山脈，插入義大利。幾次交戰之後，他最終贏得了著名的迦納戰役的勝利，那年他年僅 31 歲。

中世紀，夏勒曼和查理斯・瑪律特爾，都是在少年時就已成為大名鼎鼎的英雄人物了。被人稱為「鐵錘」的瑪律特爾，在相當年輕時就在度爾擊潰了沙拉松率領的大軍，並由此改變了整個歐洲的命運。查理斯大帝在 30 歲時，已經是法蘭西帝國和德意志帝國的君主，他是早期歐洲歷史上，僅次於亞歷山大大帝和凱撒大帝的最偉大人物。

征服者威廉年僅 20 歲時，在瓦爾・度勒斯戰役中擊敗了試圖叛亂的貴族；38 歲那年，他在赫斯廷斯戰役中又贏得了勝利，後來，他成為統治英國的君主。愛德華還是一個 16 歲的少年時，就在克雷西戰役中指揮英國軍隊的主要精銳部隊。當他的父親看見他身先士卒地衝鋒陷陣時，說道：「讓孩子去贏得屬於他的榮譽，讓他去掌握自己的命運吧！」戰鬥結束後，他的父親一邊擁抱他，一邊說：「親愛的兒子，上帝賜予了你不屈不撓的意志；你是我真正的孩子 —— 你透過英勇作戰在上帝面前洗清了自

己的原罪，並且無愧於所獲得的榮譽。」10 年後，在 26 歲那年，愛德華贏得了波伊克第爾戰役的勝利。而英王亨利五世則於 27 歲那年，在法國北部的阿金庫爾村重創兵力數倍於己的法軍，取得了決定性的勝利。

　　法國的一些最為知名的統治者和軍事將領，都是少年得志、大有作為的英年才俊。那瓦勒王國的亨利 16 歲時，已經成為公認的胡格諾教派信徒領袖。同年他領導軍隊參加了讓納克戰役和蒙松度爾戰役。在聖巴托羅繆大屠殺之後，當時 23 歲的亨利自願擔起法國加爾文教徒首領的重責，率領他們歷經一系列困難重重、堅苦卓絕的戰鬥。34 歲的時候，他贏得了古特拉斯戰役的勝利，此後不久，又相繼在阿格斯戰役和伊佛里戰役中獲勝。

　　其中在阿格斯戰役中，亨利以少勝多，以 5,000 人的兵力對抗並打敗了馬耶納公爵統率的 25,000 人大軍。亨利之所以能夠在處於劣勢中反敗為勝，主要應歸功於他身為年輕人的充沛精力和活力。據說他穿破的細毛織品很少，而用壞的長筒皮靴卻數量驚人，他在床上度過的時間，還不如馬耶納公爵在書桌邊度過的時間多。有一次，當有人在他面前讚揚他對手的作戰技術和勇敢表現時，亨利評論說：「你說得不錯，他的確是一位優秀的統帥，但是我總是要比他領先 5 個小時。」因為亨利每天早晨 4 點起床，而馬耶納則是在大約 10 點起床。

　　貢德是法國又一位著名的年輕統帥。他驍勇善戰，功績赫赫，人們都敬畏地稱其為戰無不勝的「大帝」。22 歲那年，他和一支裝備精銳的西班牙王牌軍對壘時所向披靡，贏得了霍克拉戰役的勝利。隨後，他又相繼在弗萊堡和羅德林根擊潰了德意志皇帝統率的近衛軍；次年，在阿爾特的楞斯，他又一次大敗德軍 —— 而所有這些輝煌的戰績，都是他在 27 歲之前

取得的。與貢德一樣，杜勒勒是另一位偉大的統帥，儘管他不像其他軍事天才一樣，小小年紀就鋒芒畢露。事實上，杜勒勒最初被認為是一個反應遲鈍的孩子，因為他學習新事物的速度非常緩慢，而且困難重重。但是，他同時又具備了倔強的、不屈不撓的個性。所謂勤能補拙，儘管學習的速度很慢，然而，只要是學到的東西，他都將其深深地刻在自己的腦海中。當他樹立了明確的生活目標，有了遠大的抱負之後，他就能夠取得突飛猛進的進步。

在叔叔即荷蘭的莫里斯王子的引導和安排下，杜勒勒進入了軍隊。他先是在基層接受最基本的鍛鍊，從一個普通的拿步槍的士兵做起。在經歷了一段時間的瑣碎工作之後，他獲准帶領一個連隊。沒過多久，他所帶的這個連隊就成了全軍操練最為刻苦、紀律最為嚴明的王牌部隊之一。23歲時，杜勒勒被任命為兵營元帥，這是在軍銜上僅次於法蘭西元帥的高級職位。他所擔負的第一個重要任務，就是指揮西元 1635 年的那次著名的美因茨災難性撤退。在這次艱巨的任務中，他以極其高超的領導藝術和旁人難以想像的勇敢及自制力，順利地保護了後翼部隊的撤退，並在整個過程中秩序井然。26 歲那年，他又領導了堅苦卓絕的西元 1637 年戰役，在這次戰役中，他成功奪取蘭德列西和索列，並最終將西班牙人趕出了宗伯列。在他後來的作戰生涯中，杜勒勒屢戰屢勝，被公認為是他所處時代最偉大的統帥，並且直到老年雄風猶在，寶刀不老。64 歲那年，他在沙斯巴赫戰役中為國捐軀，結束了自己的戎馬一生。

沙克斯元帥從小就在軍營裡長大。12 歲那年，他加入了同盟國的軍隊。次年，在圍攻杜爾雷的戰役中，小小年紀的他射斃了一匹馬。同年，他又參加了瑪律帕格特戰役。24 歲時，他被奧爾良公爵任命為兵營元帥。

直到 47 歲那年，他才成為法蘭西的元帥。沙克斯是一個純粹的武夫，儘管在戰場上他縱橫馳騁、所向無敵，但由於從小缺乏正規教育，他文學方面的功底極其淺薄，令人不敢恭維。當法蘭西學院建議接收其為成員時，他明智地拒絕了。

沃班從小就渴望成為一名軍人。在追求軍職的過程中，他很自然地學習了築城術。17 歲那年，他參加貢德統率的軍隊，並跟他一起駐紮在洛林的克勒蒙特，當時這個地方正在大規模地修築防禦工事。這一浩大的場景為他的學習指明了方向，他以巨大的熱情投入了孜孜不倦的學習和研究工作之中。在危機四伏的戰場上，遠處敵人的身影隱隱可見，他卻冒著生命危險進行實地考察和測量，以大無畏的精神做出許多大膽的舉動。

正是透過這種艱苦危險的勞動，他為自己的築城術專著收集和準備了豐富的第一手資料。他的最後一本著作，一直到他 74 歲那年溘然辭世前幾天才完成，當時他正忙於督導從敦克爾克到布爾格斯的帶有防護壕溝紮營地的修建工作。除了有關築城術的重要專著外，沃班還留下了不少於 12 卷對開本的手稿，他將其命名為《奧斯威特》。他是一個惜時如金的人，從來不浪費時間，力求生命中的每分每秒都能得到有效地產出。

瑞典的兩位偉大的軍事統帥 —— 古斯塔夫·阿道夫和查理斯十二世都是在相當年輕的時候，就顯示出他們的軍事才能。古斯塔夫在 17 歲那年繼承瑞典皇位。他剛剛接管政府的統治大權，他的國家就遭到了波蘭國王斯吉蒙德的侵略，後者聲稱應當由他來繼承瑞典皇位。與此同時，俄國的沙皇也野心勃勃地侵犯瑞典的另一部分國土。在禍不單行的危機狀況下，年輕的古斯塔夫並沒有驚慌失措，而是毅然沉著地承擔起統率國民抵抗侵略的重擔。

在一場持續 9 年的漫長戰爭之後，他成功地擊敗兩個對手，併吞了里加和利維里亞的部分地區。當瑞典、波蘭及俄國的戰爭如火如荼地進行時，奧地利人又趁火打劫，侵犯瑞典的國土，妄圖趁機漁翁得利。這又導致了兩國互相宣布進入敵對狀態，一場激烈的戰爭隨之展開 —— 古斯塔夫的軍隊裡加入了大批受壓迫的德國清教徒。瑞典軍隊在萊比錫平原上澈底擊潰奧地利的軍隊，將其打得落花流水。在經歷了一系列艱苦的戰役之後，古斯塔夫・阿道夫在勝利的那一刻死於呂岑戰場，當時他年僅 38 歲。

查理斯十二世一生的業績要更為宏偉，儘管他的勇猛和才幹，因其個性中的剛愎自用和輕率魯莽而遜色不少。15 歲時，查理斯就成了瑞典國王。他 18 歲那年，由俄國沙皇、波蘭皇帝、薩克森選帝侯以及丹麥國王組成了一個針對他的聯盟 —— 這些君主的目標就是要瓜分瑞典。查理斯聞訊後，立刻召集軍隊，經由海路駛向哥本哈根，他們包圍了這座城市，並在幾週之後，以其凌厲的攻勢迫使丹麥國王屈膝求和。然後，他又把戰爭的矛頭對準了俄國，率領一支由 8,000 多士兵組成的軍隊在利維里亞登陸，他們在那裡和俄國軍隊短兵相接，在幾次小規模的戰役之後，查理斯開始以十倍的兵力圍攻拉爾瓦，並在一場激烈的戰鬥後澈底擊敗了俄軍。在取得這一輝煌的勝利時，查理斯年僅 18 歲。他隨之又揮師波蘭，鋒芒直逼波蘭皇帝奧古斯都。在幾次重創波蘭軍隊之後，他廢黜了奧古斯都，另立了一位君主。

這一系列勢如破竹般的戰略上的勝利，大大增強了查理斯的自信心，點燃了他內心深處的欲望之火。他並未滿足於加在敵人身上的懲罰，而是躊躇滿志地想要進一步廢黜俄國的彼得沙皇 —— 這個人被他認為是最大的競爭對手和敵人。他指揮大軍跨越了萊蒙，先後在格羅德洛和貝勒西拉

河岸擊潰了俄軍。他的敵人暫時躲了起來，不過俄羅斯嚴寒的冬天卻來臨了；曾經在日後毀滅一代天驕拿破崙的自然災難，現在同樣降臨到查理斯身上。他的部隊面臨著嚴寒、飢餓、疾病以及各式各樣物資匱乏的襲擊，人數銳減，筋疲力盡。正當他們陷於困境之中時，彼得沙皇突然在布林塔瓦以兩倍於瑞典並且裝備精良的兵力，對查理斯發動突襲，並澈底擊潰了飢寒交迫中的瑞典軍隊。

查理斯的後半生簡直就是一個冒險傳奇故事。他先是逃到了土耳其，4 年之後又逃離那裡，他到達了斯特拉爾松和波美拉尼亞。他所有的敵人 —— 普魯士、丹麥、薩克森、俄國的君主們 —— 都在四處搜捕他。後來，他又逃離了斯特拉爾松，並在銷聲匿跡 15 年之後，重新回到了瑞典。他募集一支兩萬人的軍隊，相繼進犯挪威和丹麥；在獲得一系列的勝利後，他的軍事生涯戛然而止 —— 在圍攻弗雷德里希謝爾時，巡視戰壕的他，不幸被一顆流彈擊中頭部，當場死亡，年僅 37 歲。

普魯士的弗雷德里克大帝是歷史上又一位偉大的年輕人。當他還是一個青年時，受到了父親極其粗魯而野蠻的對待，然而，他卻沒有因此而被扭曲異化，這實在算得上是一個奇蹟。他在軍事上很早就展露了才華，他對法國文學、音樂以及精美藝術品的瘋狂迷戀，令他那個粗野殘忍的父親深惡痛絕，他把自己的兒子關到監獄裡，據說有一次甚至還考慮要將他處死。後來，這位老暴君在西元 1740 年死亡，年輕的弗雷德里克在 28 歲那年登上了皇位。

次年，他發動了對澳洲的戰爭，並贏得莫爾維茨戰役的勝利，由此決定了西里西亞的命運。兩年之後，他和澳洲再度交戰，並相繼贏得了霍亨弗萊堡戰役和索爾戰役的勝利，在 33 歲那一年，為第二次西里西亞戰

爭漂亮地畫上了句號。此後，直到他 44 歲那年，爆發了著名的「七年戰爭」，他在這場戰爭中完美地展現了自己的軍事才能。45 歲那一年，他贏得了羅斯巴赫戰役的勝利。他一生中最後的偉大戰役，是發生在 46 歲那年的佐恩道夫戰役和 48 歲那年的托爾幹戰役；此後，他的軍事生涯就相對暗淡無光了。透過一生中這些赫赫有名的南征北戰，他大大擴張了自己帝國的疆域和領土，並在歐洲建立了第一流的強國普魯士帝國。

幾乎所有在法國大革命期間湧現的將軍，都是年輕有為的青年將領。拿破崙 24 歲時就在圍攻土倫的戰役中擔任炮兵指揮，這一戰役的勝利主要歸功於他那高超的戰略藝術。26 歲時，他指揮並贏得了發生在巴黎街巷上的分區戰役。次年，他又成功地率領法國軍隊在第一次義大利戰爭中攻克了米蘭，並贏得羅迪戰役的勝利，從而使得法國占據了倫巴第。此後，他一發而不可收，橫掃了義大利南部，接著揮師北上，迎擊從蒂羅爾率領大軍浩浩蕩蕩而來的老將沃爾姆瑟。

歷史證明，精力充沛的年輕法國小將，要比他那久經沙場、經驗豐富的對手更勝一籌，他用優越的戰術作戰，一次又一次地擊敗對手。事實上，無論是在那瓦勒戰役中還是在和梅耶勒公爵對陣時，拿破崙總是比他的年邁對手要提前 5 個小時發起攻擊；以至於他後來宣稱，他之所以能擊潰奧地利軍隊，主要原因是他們不懂得時間的價值。那些年老的將軍們總是沾沾自喜於他們豐富的作戰經驗，殊不知他們的經驗早就已經隨著時間的流逝，變成了古板陳舊的教條；當他們還在那裡苦苦思索恰當的作戰方略時，他們活躍的、精力充沛的年輕對手，早就以迅雷不及掩耳之勢將他們打倒在地。他們在總結自己的經驗教訓時，只能無奈地慨嘆造化弄人，因為他們在失敗時還莫名其妙，不知道自己為何會失敗。

在經歷了埃及的短暫戰鬥之後，拿破崙‧波拿巴回到了法國，並被任命為法蘭西共和國的第一執政官。此後，他又跨越了阿爾卑斯山，去迎擊當時在義大利境內氾濫成災的奧地利人。30 歲那一年，他贏得了馬倫戈戰役的勝利；這位被稱為「常勝將軍」的軍事天才一鼓作氣，取得了一個又一個勝利，他奪回了義大利，橫掃澳洲、普魯士以及古老的德意志帝國的各個省份。最終，他的軍事行動由於俄羅斯的那場大雪而遭到阻滯。

拿破崙青春煥發之時，他是偉大的；但是隨著歲月的流逝，青春老去時，他的朝氣和精力也慢慢消逝。在一場歷時 23 年的漫長戰爭之後，拿破崙最終遭到了重大挫折，在 46 歲那年飲恨滑鐵盧。法國的傳記作家和歷史學家們認為，到這個時候，他日漸衰減的體力和肥胖的身軀，都已構成了作戰的不利因素，並且，若不是因為他在應該採取行動的時候還躺在床上，假使他能夠在里尼戰役之後，立刻毫不鬆懈地於西元 1815 年 7 月 17 日早晨發動攻勢，那麼，他應該可以擊敗沒有得到布魯謝爾支援的威靈頓軍隊，並贏得比利時戰役的勝利。然而，歷史是不能假設的，拿破崙最終不是被比他更年輕的人打敗的，而是被那些在早上比他起得更早的將領們打敗的。

拿破崙手下那些最得力的助手，絕大部分都是年輕的將領。事實上，如果回顧一下歷史的話，我們就會發現，法國大革命的戰爭史，實際上就是一部年老的將軍不斷地被比他們更年輕的將軍打敗的歷史。光芒四射的霍謝在 24 歲時，就成為統率摩澤爾的法國軍隊的將軍。亨伯特在 26 歲時就已經是旅長了。克勒伯爾和拉菲夫內都是在 39 歲時成為統率千軍萬馬的將軍。蘭勒在 28 歲時成為旅長，維克多在 25 歲時成為營長。蘇爾特在 29 歲時已經指揮一個營了，聖‧希爾則在 30 歲時成為師長。穆拉特在 29

歲時成為拿破崙的騎兵統帥，被人稱為「不知疲倦的機器」的雷伊，在 25
歲時是師級以上的副官，而 27 歲的他已經升任旅長了。

　　事實上，近來一位軍事作家已經強烈呼籲，除了年輕的、有活力的將
領之外，任何超過 50 歲的人都不應該在實際的作戰中被賦予重任，不應
該讓他們統率一支龐大的軍隊。在英國現代軍事史上，有許許多多意氣風
發的青年將領手握重兵的例子。有不少我們所進行的戰爭中，最初都是由
那些頭昏眼花、髮落齒搖、垂垂老矣的將軍們和海軍上將們，代表我們的
海陸軍力量；但是，被人打敗的無情事實，逼迫我們不得不大膽起用年
輕、體力和智力都處於顛峰狀態的將領們。

　　英國現代史上最年輕的兩位將領是烏爾夫將軍和約翰·摩爾先生。烏
爾夫 22 歲時就獲得了團長的軍銜。31 歲時，他被任命為前往魁北克遠征
軍的最高統帥。然而，說實話，皮特在挑選他擔負這一重任時，心中未嘗
不對他的能力抱有很大的疑慮。（注：斯坦厚普伯爵敘述了一件有關烏爾
夫將軍的有趣逸事，他對此的評論是：「提供了一個有力的證據，說明有
時候一個人行為舉止的失誤，可以極大地損害其原本崇高的心靈和高尚的
品格……」在烏爾夫被任命之後動身前往美洲的前一天，皮特希望能夠給
他一些最後的口頭指示，於是邀請他共進晚餐 —— 坦普爾勛爵是唯一的
一位陪客。當夜幕降臨時，或許是內心滿腔豪情壯志的激蕩，或許是不習
慣於這種上流社會的政治家所組成的社交圈，烏爾夫的局促不安演變成了
虛張聲勢和輕浮無禮。他抽出自己的寶劍，用它叩擊著桌子，然後一邊在
屋子裡手舞足蹈，一邊喋喋不休地高談闊論，說著一些不著邊際的空話。
在座的兩位達官貴人目瞪口呆地看著他的表演，震驚不已。當烏爾夫告辭
離開，他的馬車轟隆隆的聲音從門口消失之後，皮特似乎還沒有完全從驚

詫中反應過來。他對自己以前居然會對烏爾夫有如此高的評價而後悔不已。他睜大了眼睛，舉起手臂對坦普爾勛爵喊道：「啊，上帝啊！我居然把一個國家的命運和生殺大權，交到了這樣一個人的手中！」斯坦厚普伯爵對此評價道，烏爾夫在當時那個場合下的異常表現，恰恰證實了他自己的聲明，印證他並不是一個擅長日常生活交際的人。此外，還表明了他在重要場合是如此害羞，而為了掩飾自己的這種緊張和害羞，他又走向了另一個極端。）

不過，烏爾夫最終不負眾望，在 33 歲時漂亮地奪取了魁北克，圓滿地完成任務。與烏爾夫相比，約翰·摩爾在軍隊的升遷顯然不如他那麼快，儘管摩爾和烏爾夫一樣，以全身心地投入本職工作而聞名，他以極大的熱忱研究戰略戰術，力求掌握和領悟每一個細節。33 歲時，他成為准將；41 歲時，他領導了在阿布基爾的登陸；47 歲時，他又指揮了那次崇高而又災難性的科努納撤退。在他死後，法國人民在他的墳墓上修建了一座紀念碑，緬懷和紀念他。

從基本上來說，印度是我們年輕士兵展示他們才華的最好地方。例如，羅伯特·克利夫在學校時，因為被認為是不開竅的木頭腦袋而備受責難，19 歲那年，他以文職人員的身分被送到印度。他在處理行政事務上並沒有什麼特殊天分，表現平淡無奇。在馬德拉斯度過了焦躁不安的兩年之後，他最終決定棄文從軍，到軍界尋求發展。他獲得了一個少尉官職，並在 21 歲那年開始自己的軍旅生涯，在圍攻班迪謝雷的戰役中表現不凡，初次顯露了自己的軍事才華。

他在作戰中所表現出來的勇氣和才華，引起了上級的注意，並且極力推薦，令他得到進一步升遷的機會。卡爾納逐克戰爭爆發之後，克利夫向

指揮部門呈遞一個作戰計畫，這個計畫得到了採納，並委託他本人負責執行。25歲時，他統率一支兵力較弱小的軍隊，在這個軍隊裡只有500多名英國兵和印度兵。他奪取了阿爾克特，擊敗了由經驗老到的將領率領的法國軍隊，在一系列勝利的戰役之後，為這場戰爭畫上成功的句號。27歲那一年，他回到了英國，試圖進入國會，但沒有成功。

於是，他又回到印度，繼續他的軍旅生涯。他的第一個行動是削減海盜在傑尼亞所占據的要塞數目；第二個行動是收復加爾各答，在那裡，蘇亞·烏·朵拉把他的犯人們扔到暗無天日的「黑色地洞」裡；他最後一個行動是攻克夏德爾拉戈爾，阻止殘暴的蒙兀兒帝國地方長官在那裡胡作非為。他帶領了一支3,000人的軍隊，在這3,000人中只有1,000人是英國士兵，就是靠著這支微薄的力量，他和擁有4萬步兵及15,000名騎兵的對手展開對抗，並最終贏得了具有紀念意義的普拉希戰役的勝利。當他獲得這次生命中最後的、也是最輝煌的軍事勝利時，年僅32歲，他的勝利實際上為英國在印度的統治奠定了基礎。

與羅伯特·克利夫一樣，威靈頓也是在印度這塊土地上為自己贏得了第一次榮譽。這位偉大的將軍可絕對不是一個早慧的男孩，小時候他母親甚至認為他是一個不可救藥的笨蛋，並以極度漫不經心的態度對待他。他在伊頓公學時沒有取得任何成就，在那裡他被認為是一個愛幻想的、閒散的、害羞的學生。然而，他最終靠自己的努力闖出了一條道路。葛列格先生在他的傳記中透露，他曾經被一個鐵匠狠狠地教訓過，這位鐵匠活到了高壽，據說他一直以此為榮 —— 訓斥過這個連拿破崙都為之戰慄的人。

威靈頓並沒有什麼特殊的天賦，事實上，他所展現的唯一天賦就是拉小提琴。他也沒有表現出強烈的從軍願望，他所渴望的生活是當一名公務

員。然而，有人為他在第四十一步兵團取得了一個任命，於是，18 歲那一年，他以一個少尉的身分加入了軍隊。10 年後，他已經成為印度第三十三步兵團的團長了。他的堅毅不拔、勤奮努力以及身為一個管理者的領導才能，此時已經為他贏得了人們的尊敬。馬拉他戰役爆發之後，他獲得了一個展示自己軍事才華的機會。

34 歲那一年，他指揮並贏得了阿沙葉戰役的勝利，在這次戰役中，他以 8,000 人的弱小兵力（其中又只有 1,500 名歐洲士兵）對抗由 5 萬人組成的馬拉塔大軍，以少勝多。應當說，這次戰役幾乎和克利夫所指揮的普拉西大捷，具有同等的重要意義。根據威靈頓的個人說法：「這是在印度發生過的、最艱巨的一次戰鬥。」40 歲時，威靈頓擔任葡萄牙軍隊的最高統帥，整整 4 年，他都在進行那場著名的戰役。46 歲時，他又指揮滑鐵盧戰役；在他的整個軍旅生涯中，擔任最高統帥的時間只有 12 年。

其他在印度的英國年輕將領中，最著名的是尼科爾森、哈德森以及愛德華茲。其中，愛德華茲如同克利夫的榜樣一般，展示了他身上所有的勇猛和迅捷，除此之外，他還擁有純潔而高貴的天性，後者在克利夫身上是極其少見的。當木爾坦的叛亂發生時，29 歲的愛德華茲正在錫克前線擔任陸軍中尉的職務。他迅速調集手下的軍隊，在兩次激戰中打敗了穆拉吉的優勢兵力，並迫使他逃回大本營。隨後，愛德華茲的軍隊包圍並轟炸這個大本營，以極度頑強的精神迅速奪取了這個大本營。

在下文裡我們會發現，許多有名望的將軍都是大器晚成 —— 因為只有到那時候他們才有展示自己才華的機會 —— 年輕的指揮官們通常展現出更多的諸如迅速、果斷、朝氣蓬勃、孜孜不倦等特性，這些都是身體和大腦最純粹的、轉瞬即逝的財富，是年輕人身上所特有的東西，也是在戰

爭中取得勝利的最基本條件。年輕人的眼睛在偵察對手的弱處時，比老年人更為敏銳，並且他的手臂在打擊敵人時也更為迅捷。年邁的將軍們更傾向於等待——徘徊在規則和慣例面前；他的經驗僵化成了教條，對此那些更為年輕的將領們則置之不顧，即便它們能夠幫助他們贏得戰爭。

沃爾姆塞遵循過去的規則作戰，結果失敗了，拿破崙打破了他所有的規則，結果贏得了勝利。那些年輕的將領們根據客觀環境的不同，創造出自己的規則，並透過其天才的直覺和本能，可以很快地掌握這種規則。拿破崙本人最終因為藐視他自己的規則而遭到了失敗——以決定性的優勢兵力壓倒對方的習慣做法——聲稱在滑鐵盧的英國軍事力量本該被他征服的，要不是他自己的軍隊遭到突擊才會戰敗。

一個人可能直到晚年才會有展示自己才華的機會，不過，他必須擁有成為偉人的潛質，以便在機會之神眷顧他時，可以大有作為。一個人在晚年時能夠取得多大的成就，絕大部分取決於他在年輕時為未來積蓄的力量如何。然而，在那些人類歷史上最偉大的天才之中，有許多人沒有看到40歲的來臨；事實上，歌德曾經表述過這樣的看法，即人們在年過40之後很少（如果曾經有的話）會再接納任何新奇的、有創造力的觀點。

拉斐爾、莫札特、舒伯特、羅西尼、塔索、濟慈、雪萊、拜倫，以及其他許許多多大名鼎鼎的人物，都是早在40歲之前就創作出他們膾炙人口的傳世之作。莎士比亞的《哈姆雷特》大約是在他36歲時寫就的，有許多人認為他以後的作品一直沒有超過這個水準。絕大多數偉人，即便他們活到比較大的年紀，也僅僅是在晚年時，將他們年輕時的創意和構思付諸實施而已。哥倫布的地理大發現源於他早期生活中的思考和研究。牛頓是在25歲時發現萬有引力定律的，在44歲之後，他再也沒有取得任何成

就。瓦特在 32 歲時發明了蒸汽機，他以後的工作只是不斷將其完善而已。

　　青年時期的確是人的一生中靈感、發明、發現、工作和精力的黃金時期；隨著年齡的增長，一切都納入了秩序與和諧之中。所有新鮮的思想都是年輕的，並且絕大部分源於一個人的青年時期，因為在這個時期，人的頭腦最為靈敏活躍，最適合於接受新鮮事物；儘管一些偉大的成就可能是在 40 歲之後取得的 —— 新發明的誕生、新專著的創作、新思想的闡述 —— 可是在這個年齡之後，人的思維是否真正開闊和得到拓寬仍然值得懷疑。

　　不可否認，蒙田（Michel de Montaigne）的如下觀點包含很多真理：「我們的心靈在 20 歲的時候成熟定型。倘若我們的心靈到這個時候，還未在力量和品格方面表現出明顯的跡象，那麼，那些美好的、高尚的東西在以後也不會再出現了。」此外，他還說道：「我聽說過的所有偉大之舉，不管它是屬於什麼類型，我都發現存在這樣一個規律，即不論是在過去的年代還是我們自己所處的時代，這些成就大多是在 30 歲之前而不是之後取得的……許多偉人的後半生都無所作為，依賴他們青年時期獲得的榮譽而活；事實上，他們之所以被稱為偉人，是和其他平凡的芸芸眾生相比較的，而絕不是和他們自己相比較的。就我個人而言，我絕對相信 30 歲之後，我的理解力和體能都在逐步走下坡路，而不是得到提高；是在逐步衰減，而不是進一步發展。對於那些處於最佳時期的人來說，他們的知識和經驗隨著年齡的增長而增長，這是可能的；但是，活力、迅捷、果斷性，以及其他許許多多更為重要的東西，包括生命中最為本質的東西，毫無疑問，是隨著年齡的增長而衰減的。」

第四章
大器晚成

不要叫他老人，他那充滿想像力的頭腦，總是牢牢挽住流逝
歲月的波濤。對他而言，善妒的四季白白走過，他的精神卻
誕生了永恆的夏季。

　　　　　　　　　—— 奧利弗·溫德爾·霍爾姆斯博士

老人晚景的光陰勝過黃金，我們以此來延長生命，並且從乏
味的幾十年生命歷程中解脫出來，超越衰老。

　　　　　　　　　　　　　　—— 安娜·西華德

不要讓你的心靈變得冷漠，你一定要帶著生命的歡悅和熱愛
進入你第二個世紀的童年，如果你能夠活得那麼長久的話。

　　　　　　　　　—— 奧利弗·溫德爾·霍爾姆斯博士

如果不喪失對美好事物的憧憬，不喪失持之以恆的意志力，
不喪失積極主動參與的願望，老人就一定能夠愉快而滿足。

　　　　　　　　　　　　　　—— 圖爾卡尼佛

只要一個人能夠耐心地等待，一切都會來臨的。

　　　　　　　　　　　—— 迪坎斯菲爾德勛爵

　　在古德史密斯死後，詹森曾經如此評價他：「他是一株晚開花的植物，
大器晚成，在他年輕的時候，並沒有任何顯赫的業績。」事實上，人好比
植物一般，當中的許多人也都是大器晚成，開花很晚。開花越早的植物，
往往也凋謝得越快。每一年的年初，銀蓮花、藏紅花、雪蓮花次第開放。
緊接著，在燕子來臨之前，伴著三月的春風，黃水仙開始展示它的美麗。
甜美的紫羅蘭陪伴著它們，紫羅蘭總是不經意地藏在一塊石頭後面，「猶
抱琵琶半遮面」。山谷裡的杓蘭、釣鐘柳和百合也緊隨而來了。它們出現
在春光湧動、充滿活力的日子裡 —— 到處是泉水湧流，花兒含苞待放，

鳥兒喜悅鳴叫，薔薇繁茂，而陽光則是那麼明媚。

　　報春節是在每年的 4 月 19 日。緊接著，朝氣蓬勃的、鮮花盛開的夏季來臨了。玫瑰從六月開始綻放，七月的時候變得雍容燦爛，在秋天的最後日子，玫瑰的花期也就結束了。菊花、大麗花和向日葵在一年的最後爭奇鬥豔。而當冬天的霜凍來臨時，花兒們的生命也就結束了，除了那耶誕節的玫瑰之外。

　　儘管許多偉大的人物在年輕時就已經顯山露水，但這並不是絕對的。像古德史密斯一樣，許多人都是大器晚成。人的大腦能力由於性格稟賦的差異而呈現多樣性。有的人成長得慢一些，有的人成長得快一些。有的人樂觀自信、鋒芒畢露，有的人思維遲緩、含蓄穩重。有的人天資聰穎卻在讀書時期一事無成；有的人卻很早就脫穎而出，不過完全成年以後，卻未必會表現得更加強大而具有耐久力。正如在自然界裡，緩慢生長的橡樹比那較快生長的落葉松，要更加強壯而且具有耐久力。

　　許多人甚至認為，早慧的少男少女在實際生活中往往是失敗的，除了惡劣的健康狀況和平庸無奇外一無所成。黑茲利特認為男孩子在學校裡過早地脫穎而出，對他的成長並不是一件好事。他堅持認為：「任何經過傳統古板教育，如期正常畢業而沒有因此變傻的人，應該慶幸自己是絕處逢生。」嚴肅儉樸的克雷比靈斯儘管擁有較好的天賦，在學校裡卻被稱為「無所事事、遊手好閒的人」；當他進入大學之後，後來的回憶錄卻悖學校的紀錄而行，稱他「從小天資聰穎，純真無邪，偶爾的調皮是瑕不掩瑜」。

　　《大法官傑佛瑞的一生》的作者、著名的蘇格蘭大法官科克本，曾經坦率地承認自己在學校裡從未獲得過任何一種獎勵，並且曾在愛丁堡的高中學年會考中，像白痴一樣地坐著，什麼也不懂。他的法官生涯為劣等生

做了最好的辯解。他說：「在一個良好的學校裡，使得一個男孩子很快脫穎而出的稟賦，很可能會幫他在以後的生活中也能有所成就。可是，在很糟糕的學校裡，情況很可能正好相反。即使是得到了最佳的引導，天賦的優越也僅僅是未來成功的一絲曙光而已。人都在不停地發生著變化，男孩子變化得更加明顯。高中時期的出類拔萃，在以後的實際生活中可能很快就消失；如同在頂峰光芒耀眼的發光體也會很快地沉落，而那些在地平線上的卻會冉冉升起。我個人出於對優等生有一種經驗意義上的不信任，倒是寧願相信有的貌似愚蠢的孩子其實是大智若愚。」（注：科克本勛爵《對他所處時代的回憶》）

科克本法官認為，孩子在學校裡對於所學功課的興趣，以及在學校裡取得的進步，部分依賴於老師的教學品質，但從根本上說卻依賴於孩子自己。他說自己就是被學校裡一個很糟糕的老師弄傻的，他在自傳中提及的朋友，工程師詹姆斯·納斯密斯同樣也是如此。這些極其糟糕的老師好像完全不了解年輕人的天性，他們無視孩子們的品格，對於如何鼓勵他們學有所成這門藝術一無所知，而僅僅相信鞭子。科克本法官說，4 年裡他一直在這個無情巨人的統治之下，細算起來的話，他一次鞭打也沒有挨過的日子大概不會超過 10 天。

許多發育正常的男孩子天生更加喜歡玩耍而不是學習。從某種意義上來說，安安靜靜地坐下來從書本中汲取知識是和他們的天性相違背的。所以，只有那些病態的男孩子，由於只有遲鈍的記憶力，對於戶外運動沒有任何興趣，通常在班裡成績會非常好。儘管他獲取了所有的獎項，不過，其他的孩子卻獲取了更為重要的東西 —— 身心健康的儲備；因此，通常情況下，兩個男孩子在學校裡的位置，會在他們進入社會生活後完全顛倒

過來。威廉姆·漢密爾頓爵士曾經聲稱，那些勤勉地專注於數學的所謂優等生，在處理現實生活事務時，並不比那些傻瓜高明多少。

人們無法預見一個無趣的遲鈍男孩會長得多高。他必須要有時間來發展自我。經驗只能幫忙開啟他真正的趣味和同情心。也許他已經被他的父母置入了一個錯誤的軌跡。例如，基多被送到一個音樂教師那裡，父母期望他能夠成為一位音樂家；本維納多·塞林尼曾經一度和他父親一起在一個樂隊裡吹奏圓號；格奇洛曾經身為一個石匠的學徒；克勞德·洛林曾學做麵包師，而莫里哀曾學做皮革匠。

但是，由於自我人格的堅定和個性的強烈，他們都服膺於自己的天性喜好，掙脫了父母的安排，各自發展自我感興趣的事業。當然在這個過程中，他們也得到了別人的幫助。因此，牧童吉爾特被西馬布發現他用一塊鋒利的石頭在石板上畫山羊。西馬布立即帶他告別原本卑微的職業，引導他走上藝術之路。卡羅瓦同樣也是如此，他在一圈奶油上雕刻獅子的舉動顯露了他的天分，威尼斯參議員法雷利發現了他的天分，推薦他到伯納迪·托列第的工作室，並很快青出於藍而勝於藍，其在藝術上的成就很快便超越了伯納迪·托列第。

儘管童年的品格和天性通常會體現他未來的特質，卻很難由此預知一個人未來的發展。孩子不會是一成不變地成長的，一個人小時候的舉動，未必預示著長大後的作為。就如同天賦的一些表現是不可靠的一樣，關於注定一事無成的預言，也不見得總是正確的。早慧的男孩可能後來被證明不過是一個庸人而已，早慧的女孩也許不過成為一個平常的婦人而已。

然而，一個被認為將會一事無成的傻瓜，後來很可能會成為一位傑出的探險家、戰士、調查者或者科學家。只要我們仔細看一看傳記的萬花

筒，就會發現最為不凡的轉變。從一個窮困的、出身於礦工家庭的、整天在埃爾福特的街道上唱頌歌的男孩身上，人們幾乎不會發現未來德國赫赫有名的改革家馬丁·路德的影子；人們同樣無法預見，一個在德國酒店裡賣啤酒、身體病弱的男孩子，竟然成長為哲學家和天文學家克卜勒，成為他所處時代最偉大的人物之一；人們也不會料到，一個年輕的戰士，將自己的生命中最寶貴的青年時代耗費在戰場和圍攻中，卻在監獄生活中，構思了改革整個人類哲學體系的藍圖，他就是偉大的笛卡兒。

而那個黑眉毛的吉普賽人──同時也是流浪漢、士兵和囚徒的人，後來竟成為《天路歷程》（*The Pilgrim's Progress*）的作者約翰·班揚（John Bunyan）。從這個溫順、謙遜、含蓄的聽差小男孩身上，你看到了傑出的畫家彼德·保羅·盧本斯。而這一位又是誰呢？惡棍流氓的頭目、果園的盜竊者、教堂尖塔的翻越者，他不是別人，而是傳奇的英雄，英國勢力在印度的開拓者克利福。下一個又是誰呢？善良的普羅沙教士將他的小手握在自己的手裡，親吻了這個小男孩溫順的額頭。而這個甜美乖覺的小孩子，正是日後在法國政壇上叱吒風雲的偉大革命者羅伯斯庇爾。

聰明勤奮的男孩通常在青年時代就實現了人們對他的期望，可是，若他缺乏遠大追求的話，他也可能成為一個無足輕重的人；而人們不做任何期望的男孩，要是能夠擁有耐心和持之以恆的品性，倒很可能取得非凡的成就。強壯、健康的男孩自然更加容易被戶外運動而不是室內學習所吸引，對於他們來說，整日鑽研枯燥的書本，背誦繁重的課程是一件非常令人討厭的事情，他們的本性渴望開放的空氣和戶外的生活。

然而，正如我們所看到的，男孩常常會向人們所期望的相反方向發展。誰會料到被稱為「風度翩翩、溫文爾雅的博士」的聖·奧古斯丁，在

早年生活中竟然是一個年輕的浪蕩子；而那個希歐多爾‧德‧貝沙，那個將《新約全書》翻成拉丁文的優雅譯者，在他的年輕時代，卻因為他的詩歌放縱和不體面而聞名。誰會料到，法國兩個最不安分的年輕賭徒，最終成為他們所處時代最偉大的主教和政治家 —— 他們就是黎塞留主教和馬沙林主教。（注：馬沙林的政治生涯中面臨過許許多多關鍵的危機，陷入這些狀況時，他仍能表現出鎮定沉著的風度。據記載，他年輕時曾經有很長一段時間賭運不佳，但他仍然顯示了超常的鎮定。他習慣於這樣說：「這沒什麼大不了的。」並且有的時候，他的確是大幅度地從帳戶裡提取現金。有一次，他輸掉了身上的一切東西，唯一剩下的就是一雙長筒絲襪；他典當了這雙絲襪，又換了一小筆錢，以便再試試運氣。他的自信終於得到回報，很快他就翻了本，把所有的衣服行頭又都贏了回來。）

當波洛三兄弟還是孩子時，記錄其發展軌跡的父親吉勒這樣描述他們：「吉洛是一個誇誇其談者，雅格是一個浪蕩子，而科林是一個質樸的人，從來不說任何人的壞話。」然而，吉洛，這個誇誇其談者，在法國科學院獲得了一個席位；雅格，這個浪蕩子，成為唱經班的一員；而科林則成為一位詩人和諷刺作家，萊辛、莫里埃和拉‧封丹都是他的朋友。

此外，年輕人在大學時的表現，也不能作為將來他能夠有何種成就的證據。頭腦同土壤一樣也是需要休耕的。過分的種植，長期下來只會導致土壤的貧瘠。愛德華‧哈代‧克拉倫敦勛爵，在年輕時無論如何也稱不上是勤勉的。他在大學裡幾乎什麼也沒有學到，他的時間主要耽溺於同性戀和成群結隊地縱慾。直到他結婚、妻子去世，他才為喪妻的苦痛所折磨，追悔過去的放縱，於是他開始勤勉學習法律和文學，尤其注重鑽研立法，終於獲得了很高的聲譽。

　　沃爾伯頓主教曾經一度被認為是一個非常愚蠢的男孩，他的一個老師曾把他描述為是「所有駑鈍的學生中最駑鈍的一個」。然而，沃爾伯頓卻非常自信。他對一個稱他駑鈍和缺乏創造力的朋友說：「我很清楚地知道你和其他人是怎麼看我的，但是，我堅信某一天我一定會向這個世界證明，我並不是你們所想像的那種無知的大傻瓜。」當他寫作並出版了著作《聖使》時，他從前的那個老師幾乎不能相信，如此偉大的一部作品，居然出自這樣一個笨瓜之手。

　　即使是尊敬的馬爾薩斯先生，一個天性非常聰明的人，在劍橋時之所以大名鼎鼎，更多原因在於他好鬥而常常與人打架。帕雷博士是一個更為典型的例子，成年以後的表現與年輕時人們對他的否定背道而馳。儘管他父母的境況還算過得去，帕雷卻不得不自己去闖蕩世界，在劍橋的最初兩年裡，他是最為閒散和放蕩的年輕人之一。他總是睡到中午，花許多時間在集市上，拜訪他那些閒蕩的朋友，或者去觀看木偶劇。不過，他突然間被他的一個同伴、一個富有的浪蕩子從麻木和輕薄中喚醒了。

　　一天早晨4點鐘，這個同伴突然站在他的床前，說了如下這番讓他震驚的話：「你真是一個大傻瓜！我有遊手好閒的本錢，可以隨處閒蕩。你是個窮光蛋，根本沒有本錢這樣。即使我積極起來，我也不會有什麼大的成就。你卻能夠做任何事，並且使自己出人頭地。我整夜一直為這種想法所困擾，所以我來嚴肅地提醒你。」這一警告，如此地不凡而且出乎意料，澈底地改變了帕雷的生活。他下定決心痛改前非。過去一大半的時間浪費在睡夢中，現在他決定每天早上5點鐘就起床。他一直堅持這樣做，由於刻苦學習，這一年年末，他就成為年級的優等生。

　　尼古拉斯・布萊克斯比爾在大學裡，曾經因為無所作為而被除名。後

來，他憑藉勤奮和毅力，一次次投入全新的學習，終於取得了一個又一個不凡的成就，最終成為教宗，被稱為安德列四世，事實上，他是唯一一個贏得如此崇高地位的英國人。再後來，又有了拿索·瑟尼爾，他第一次參加牛津大學的考試時被淘汰了，但是，他下定決心一定要成功，他又開始積極地學習。第一次失敗 6 個月後，他再次參加考試，獲得了當時考官所能授予的最高榮譽。

德尼頓在中學和大學時都算不上是什麼人物。事實上，他更多是因為反覆無常的性格而出名。30 歲的時候，他來到挪威人甚多的倫敦。更多是出於客觀的需求，而不是出於本性的衝動，他開始探索字母的海洋。17 年裡他一直為舞臺寫作。之後，在 50 歲到 69 歲之間，他寫出了令他名聲遠揚的偉大作品。事實證明，他在生命的後期表現出了只有年輕人才有的活力和豐富想像力。

斯威夫特跟古德史密斯一樣，也是大器晚成。在都柏林的三一學院當學生時，他表現平平，沒有任何出眾的地方。他僅僅獲得了特殊的友誼學士學位。除了幾篇稚嫩的散文詩外，並沒有表現出過人的天資。他的第一本小冊子《雅典和羅馬的紛爭》在他 34 歲的時候出版，並沒有引起人們過多的注意。3 年後，《浴缸的故事》問世，他因此一舉成名。

在他人眼裡，古德史密斯是一個特別無趣、駑鈍的男孩子。他被稱為愚蠢的、懶惰的笨蛋。法國人稱他為「一個冒失鬼」。一無所成的表現使他成為學校裡的落後分子，同學給他取了個外號叫「食道」。17 歲時他被送到三一學院，可是他幾乎沒有取得任何進步。21 歲時他畢業了，但他是拿著「木匙」畢業的 —— 在那一年的學士名冊裡他排在了最後。他先是去愛丁堡學習醫學，然後又去著名的雷登醫學院。後來，他就在歐洲遊蕩，

以吹笛子為生。

　　28 歲那年，他到了倫敦，先是受雇於一個藥劑師；之後又以助理教師的身分在一間學校裡教書；30 歲時，正值外科醫生學院的考試非常容易，他報名參加了考試，卻名落孫山。他被迫成為一名作家。正如福斯特所說的：「外科醫生的門向他關閉了，美麗的山門卻慢慢向他開啟了。」36 歲時，他向人們奉獻了多年前就開始創作的《旅行者》；他還創作了《瓦克菲爾德的維卡》，為了避免他去坐牢，詹森將它賣給了紐伯里，他開始聲名鵲起。《被遺棄的村莊》直到他 42 歲的時候才出版。古德史密斯在他的一生都備受嘲諷。沃波兒稱他為「一個聰明的白痴」。他一生的摯友詹森說他「當沒有一支筆拿在手中時，沒有人比他更蠢；而當有一支筆握在手中時，沒有一個人比得上他聰明」。

　　查理斯‧詹姆斯‧弗克斯對喬蘇亞‧雷諾茲爵士說，古德史密斯的《旅行者》是用英語寫作的、最為精美的詩歌之一。（注：參見伯斯威爾的《詹森的一生》）然而，它不是透過熱情創作的詩歌，而是長期的觀察、經驗和沉思的結果。這作品正如詩歌第一行所寫的，如同古德史密斯本人一樣「偏僻，離群，憂鬱，遲緩」。充滿熱情的詩人大多在青年時就完成了作品的大部分，而且多數英年早逝……像濟慈、雪萊、拜倫；而其他一些智慧的詩人，像米爾頓、歌德、華茲渥斯等，都一直創作到生命的後期，也活得較長。可是，拜倫無論如何也算不上一個早慧的男孩。當他碰巧做對答案，在班裡排名靠前時，他的老師總是說：「現在讓我們來看一下，戈爾迪，看多久你又會成為尾巴。」

　　一些年輕的詩人所具備的靈感，使得他們很容易陷入愛的漩渦。傑出的丹麥詩人約翰‧愛瓦爾德在少年時就是一個了不起的讀者。他最喜愛的

書是《魯濱遜漂流記》和《湯姆·瓊斯》（*Tom Jones*），前者使他愛上了大海和海裡的生活。13 歲時他離開家，去了荷蘭，從那時起，他就盼望著航行去巴塔維亞。但是，由於過度勞累，他的計畫受挫。返回哥本哈根後，他繼續以北部的預言和神話來滿足自己的精神需求。他突然瘋狂地愛上了一個年輕的女子，以最明媚的色彩來描述他的熱情。可是，她將手伸給了另外一個人，將他一個人痛苦地扔在那裡。他下定決心去當一名戰士，於是加入了普魯士的軍隊。經過幾年的冒險軍旅生活，他返回了丹麥。由於第一次戀愛的失敗，他的心仍舊為憂鬱所纏繞。同情心常常是因為痛苦而獲得，而困難和失望往往成了激發他最佳能力的源泉。愛瓦爾德在詩歌的世界裡尋求安慰。他寫出許多高貴的作品，他的傑作《伯爾德之死》，被認為比其他任何丹麥語的作品都要高出一籌。

斯第勒和柯勒律治在早年生活中都當過士兵。離開牛津的莫頓學院後，斯第勒成為國民警衛隊的一名士兵，但是，團裡的上校在了解和肯定他的價值後，授予他掌旗的使命。斯第勒在攻克納姆爾城堡和圍攻聞盧的戰役中表現不俗。30 歲時他離開了軍隊，開始從事舞臺喜劇的寫作。那一時期開始創作的《塔特勒》和《旁觀者》一樣，是對當時戲劇創作的主要貢獻之一。

柯勒律治說，他 10 歲到 18 歲的主要時間，都是在倫敦一間糟糕的學校裡度過的。這間學校是基督教醫院，當然，能夠與查理斯·蘭博為伴，對他而言肯定是一種樂趣。但他認為：「我的天性由於被壓制、愚弄從而變得內向。14 歲那一年，我一直處於一種持續低燒的狀態。」然而，在古典知識方面，他取得了很大的進步。15 歲以前，他就將西勒希斯的詩翻譯成英國風格的詩。19 歲時，他進入劍橋的耶穌學院。他因為寫作一首希

臘文長詩而獲得了一個獎項,並且在加爾文獎學金的競爭中脫穎而出。可是,他並沒有在劍橋待很長的時間。第二年,他突然在一種喪失希望的情況下離開了劍橋。他發現自己深深地陷入愛情的漩渦,但是,他狂熱的熱情並沒有得到相應的回報。

他在倫敦窮困潦倒地遊蕩一段時間後,加入了坎伯巴奇名下的第十五騎兵隊。他的一個長官,偶然發現他的古典文化學識,成功地勸說他離開軍隊。柯勒律治對一個朋友說:「我有時將我的經歷和斯第勒的經歷相比(當然,有很大的不同),可我也曾經在自己的名字,或者在另一個完全陌生的名字前冠以列兵的字樣。因為,有時在突然被問到自己的名字時,我會有些迷糊,回答說:『坎貝巴克。』事實上,我是如此不習慣馬背上的生活,我想,我的馬也是這麼看的。」

在返回布里斯托爾之後,柯勒律治和出版商科特勒簽訂了合約。在他24歲的時候,他的第一卷詩歌出版了。他的第二部作品《抒情民歌》和華茲渥斯聯合出版。那年他26歲,華茲渥斯28歲。其中〈古老的水手〉和〈克里斯塔貝爾〉的第一部分,很可能是他充滿豐富想像力的作品中最為精美的傑作,都在出版前的頭年完成,也就是說,它們都在柯勒律治25歲時完成。他的悲劇作品《里莫斯》也同時完成。

他停止了大部分戲劇的創作而專門創作詩歌,並且為出版社寫作,在此之後,他成為哲學、詩歌和戲劇、美術方面的評論家。此外,他還是一名偉大的對話者和獨白者。他的合作者華茲渥斯是一個富於感情、觀察力和智慧的詩人,當他44歲時,完成了他的作品《短途旅行》,這也許是體現他天賦的巔峰。其實,直到臨死前,他一直都在寫作,在他80多歲時都是如此。

　　有時人們認為早慧的頭腦容易過早地江郎才盡，聰明的男孩在實際生活中往往會碰壁，其實這並不是必然會發生的。早慧的年輕人當中同樣有躋身於老人中最偉大人物行列的。華茲渥斯在學校時就開始寫作詩歌，一直寫到 80 多歲。馬塔斯塔西奧也非常早慧，他 10 歲的時候開始寫詩，14 歲就創作了他的悲劇《吉斯第諾》。他活到 84 歲，直至生命的最後一刻，都一直在創作詩歌和戲劇。巴利索特在孩提時期體弱多病，但他 12 歲時就取得了文學碩士學位，16 歲時又成為神學學士。19 歲時，他就締結婚姻，同時成為一個家庭的父親和兩部悲劇著作的作者；當他 80 歲的時候，儘管一生的工作節奏非常緊張，但他還是身體健康，精神矍鑠，渾身充滿了活力。

　　不過，的確也有許多早慧的人很快便江郎才盡，淪為默默無聞之輩。徹斯特費爾德法官的兒子還是個孩子時，就可以用 3 種語言寫作一個主題，但在他長大成人後卻一無所成；早慧的音樂家威廉·克羅奇和查理斯·衛斯理，他們成人後的作品從未超越平庸；席勒的朋友蘇巴特早年給人期望值很高，後來卻變得讓人難以忍受。（注：蘇巴特曾經是他所在學校的神童和天才學生，最終卻變成了他所處時代最為古怪偏執、反覆無常、焦躁暴戾的文學作家之一。在他身上，既沒有聚精會神的專注，也沒有原則觀念和對是非的判斷能力。他曾經希望自己能成為偉大的詩人、作家、批評家、音樂家，可是，所有的理想都落空了。他拋棄了自己的天賦；他的天才退化成放蕩，最後悲慘地死去了。

　　卡萊爾在談到蘇巴特時曾經說：「蘇巴特對美、對變化、對真理都有著很好的感受能力；他的天性極其敏感熱情；他有著驚人的才智和豐富的想像力，他那『鐵一般的記憶』可以牢牢地抓住一切過目的東西。但是，

他身上卻沒有勤奮的精神，沒有自制的能力。他的知識堆積在身邊，就像一個被洗劫過的城市一樣。即便是這樣的知識，也被濫用在追求各式各樣漫不經心的目標上。他只在靈感噴湧時寫作，勞動過程和道德是他所不知道的東西。然而，他的作品還是有很大價值的。他為報紙寫的散文洋溢著歡快的想像和閃爍的思想。他所創作的歌曲中，除了那些帶有虔誠獻身精神的、宗教色彩濃厚的作品之外，通常都是充滿了自然的簡潔樸素，是真正用心靈寫出來的作品。因此，他相當多的作品一直到今天仍然耳熟能詳。」── 參見《席勒的一生》，西元 1825 年出版。）

　　蒙克‧路易士 16 歲時寫出了《東方的印度》，20 歲時寫出了《僧侶》，但在此之後卻幾乎沒有取得任何成就，以維繫其年輕時的聲望。同樣的例子還有詹姆斯‧麥肯托西爵士，他孩提時代是如此出眾，可是直到最後都僅僅是個「有希望的人」而已。（注：赫蘭德女士在對父親尊敬的西德尼‧史密斯的回憶錄中，曾經談到了詹姆斯‧麥肯托西爵士失敗的原因。她是這樣說的：「詹姆斯‧麥肯托西爵士在幾天之後離開了，不僅留下了關於他的回憶，還留下了一頂帽子、一堆書、手套、稿紙以及各式各樣的衣服，還有他那特有的粗心大意。我的父親說：『如果他有一點點的煩惱，或者是對官樣文章的價值有一點點了解，他將成為一個多麼了不起的人啊！正如卡南說戈拉坦的那樣，他將可以統治世界。』」）詩人克羅在其大學同學中的聲望，要遠遠超過他成人後的聲望，可謂江河日下。

　　與此同時，在我們前文所提及的那麼多早慧的人中，許多人年輕時就給人以期望，並且在成人後得到充分地實現，也有的晚年時才得以實現。儘管亨德爾在 10 歲時就已經寫出了一系列的奏鳴曲，但一直到他 48 歲之前，都沒有什麼明確的跡象表明他能成為一個不凡的人物。54 歲那年，他

寫出了《以色列在埃及》；57 歲那年他完成了《彌賽亞》；67 歲時，為了給
《尤大·麥卡伯》作序曲，他寫作了《得意的智者》和《西恩已死》。

　　最偉大的音樂家們多多少少都是早慧的，巴哈、亨德爾、莫札特、貝
多芬、韋伯、孟德爾頌和羅西尼都是如此。音樂天才早年不能嶄露頭角的
情況是非常罕見的。當然，例外的情況也是有的，只不過非常少見。斯伯
爾的經歷很可能就是一個例外，但也不是一個完全的例外。他的作品被看
作是音樂中的數學。然而，他年輕時一定花了很多的時間在小提琴上，因
為他 21 歲那年就已經舉行了小提琴的演奏會。他直到 31 歲才開始作曲，
之後他出版了不少重要的作品。

　　展示海頓天才的許多最精美的作品，都是在他 60 多歲時才誕生的。
他 65 歲時，創作了《創造》，兩年後，他完成了《四季》。他最後的作
品 —— 一個四重奏，很可能是他之前的所有作品中最為富有創造性和最為
精美的。羅西尼也很早便開始展露音樂才華 —— 10 歲時，他就在自己的
父親面前演奏法國圓號；21 歲時他創作了《塔勒雷第》；之後又創作了一
系列作品；直到 37 歲時，他才完成自己最後的、也是最偉大的戲劇《威廉·
泰勒》。既然已經如此碩果累累，他覺得自己也接近音樂生涯的尾聲。他
對一位朋友說：「一個額外的成功對我的聲譽不會有任何增益，可是一個失
敗卻會損及它；我不再需要另外一個作品了，我不會選擇讓自己再暴露在
另一個作品中。」但是，經過了大約 38 年漫長而懶散的休息後，在 72 歲
那年，他創作了《梅塞·索倫勒爾》，被許多音樂家認為是他的傑作之一。

　　在姊妹藝術 —— 繪畫和雕塑中，我們可以發現，米開朗基羅、李奧
納多·達文西和提香，在青年時代和老年時代都一樣偉大。米開朗基羅在
58 歲的時候開始《末日審判》的創作，66 歲時完成了這一作品。87 歲時，

他完成了聖彼得教堂的圓屋頂創作。儘管提香在 20 歲時就已經是一個享有盛譽的畫家，但李奧納多·達文西一直堅持畫到了 99 歲，直到瘟疫奪去他的生命為止。77 歲時，他完成了用 7 年時間創作的《最後的晚餐》。佛蘭西雅屬於很晚才發現自己天賦的少數藝術家之一。當他年近 40 時，伯魯吉諾的一幅作品點燃了他的熱情，由此改變了他以後的命運，他下定決心成為一名畫家。

霍布斯（Thomas Hobbes）和邊沁（Jeremy Bentham）這兩個人儘管性格各不相同，但都屬於青年和晚年皆很偉大的人物。還是一個孩子時，霍布斯就將歐里庇得斯的《美狄亞》翻譯成拉丁文。他學識淵博，在 20 多歲時就被認為是當時最有成就的人之一。在他 40 多歲時，出版了《修昔底德》的一個譯本。54 歲時，他完成了《德·西佛》這部著作，首先在巴黎以拉丁文出版；9 年後，也就是 63 歲時，他創作的著名的《利維坦》首先以英文面世，《德·西佛》中的創作原則在其中得到了體現。

在 70 歲到 80 歲時，他翻譯了荷馬的《伊利亞特》和《奧德賽》。波普曾經評價他的翻譯幾乎無可挑剔。負責編輯他作品的威廉·莫爾斯沃斯爵士則認為，一些讀者可能會發現，霍布斯那自然的、毫不做作的語言，較之波普和他的副手們浮華耀眼的語言，可以傳達更為貼近原文的思想。他一直活到 92 歲，即使到了生命的最後時刻，他手中的筆也沒有閒過。在他去世的頭一年，出版了作品《伯赫矛斯》，這是一部關於西元 1640 ～ 1660 年內戰歷史非常著名的書。

邊沁很可能是一個更為偉大的神童。他身材矮小（注：「我當時大約 16 歲；仍然是一個矮子 —— 一個不折不扣的矮子。我看起來就跟沒有小腿一樣；一位叫做哈姆斯先生的貴格會會友曾經不止一次地傷害我，他老

是問我們這樣的矮子能做些什麼。」——伯林，《邊沁的回憶錄》），但頭腦卻非常聰明。他的父親自豪於他的早慧，強迫他提前學習。他能夠從自己的童年逃脫出來真的是一個奇蹟。他 8 歲的時候就被送到威斯敏斯特學校，12 歲的時候被送到牛津，16 歲的時候已經進入了林肯法學院。

由於被父親看成神童，這孩子過早地產生了悲觀厭世情緒，出於叛逆心理，他對一切法律和規則都表示反感和厭倦。他父親對他在那一職業能夠有所成就幾乎絕望了。年輕的邊沁只好從書本中來尋求安慰。布賴斯特雷博士的一本小冊子中的一句話——最多數人的最大幸福——深深地打動了他。它成為了他生活和勞作動力的關鍵所在。28 歲時，他匿名出版了《關於政府的斷想》，這一著作對當時一些最偉大的法學家都產生了深遠的影響。此後，他繼續寫作關於宗教、道德、司法審判和監獄規則的一些著作，一直到他 85 歲。他的著作對英國和法國近代的立法都產生很大的影響。

一些最偉大的詩人——他們不是屬於那種熱情型的詩人，而是充滿想像力和智慧的詩人——都是在晚年才寫出他們最偉大的作品。米爾頓在他 26 歲時寫出《宇宙》，但直到 57 歲時才完成他的《失樂園》，63 歲時完成了《重獲的天堂》和《薩姆遜·阿格尼斯特》這兩部經典作品。早慧的波普 16 歲時創作《田園曲》，40 歲的時候寫出了他最為辛辣的諷刺作品《鄧西阿德》，45 歲時寫出《人論》。可是，波普並不是一個尋常意義上的製作者、創造者或詩人，而是一個頗具深度的文學藝術家，他非常巧妙地將他人聰明的思想，用最為精華和典雅的語言表達出來。克拉伯也是小小年紀就開始寫詩，以後技藝不斷提高，29 歲時創作了《村莊》，56 歲時創作《自治的市鎮》，60 ～ 65 歲期間他創作了《廳堂記》。

　　考勃直到 30 多歲時才發掘自己身上潛伏的才華，他的《任務》直到他 50 多歲的時候才寫就。沃爾特‧司各特出版他的《瑪斯特雷西》時已經 30 多歲了；而此時他最偉大的作品尚未誕生。瓦特‧沙萬齊早在 18 歲時就寫作並出版了自己的第一卷詩集；但是，他最後的作品——《一顆老樹上最後的果實》卻是在 80 歲的時候才出版。歌德也是一個少年得志並且其聰慧一直保持到晚年的例子；當他還是一個孩子時，便已經用詩歌寫了以鬼魂為內容的喜劇。隨著藝術水準的提高，47 歲時他創作了《威海姆‧梅斯特的學徒身分》，58 歲時完成《浮士德》第一部分的創作，82 歲時完成了《浮士德》第二部和最後一部的創作。

　　在這些偉大人物的名錄中，我們還可以添上賽凡提斯和伏爾泰。賽凡提斯在 20 歲以前已經開始創作歌謠和浪漫傳奇故事，不過，直到 57 歲時，他才完成了不朽的《唐吉訶德》（*Don Quixote*）的第一部分。伏爾泰 19 歲時寫了《塞地普》，22 歲時完成《赫利阿德》，在創作了無數的著作以後，人們發現他在 70 和 80 歲期間仍舊在為他的《百科全書》不懈寫作，84 歲時，他參加了他的悲劇《埃勒拉》的第六次表演，當他返回佛雷後 3 個月，便與世長辭了。

　　也有這樣一些詩人，他們並不是第一流的詩人，其能力和才華是慢慢地體現出來的，在生命的後期才開始嶄露頭角。拉封丹（Jean de La Fon-taine）就是這當中的一個。44 歲時他還沒有任何名氣。他沒有受過太多的教育，可是，在讀了瑪律赫伯寫的一首長詩後，他情不自禁地宣稱：「我，也是一個詩人。」他寫了許多詩歌，但沒有產生任何影響，是馬沙林主教的侄女瑪麗安娜‧曼西尼讓他相信，他的長處在於寓言神話的創作。他接受了這位女士的建議。正是他的《寓言》（*Fables choisies mises en vers*）使人

們記住了他的名字。63 歲時，他戰勝競爭對手波伊羅，被文學院接納，接替科爾伯特。74 歲時他離開了人世。

克雷洛夫（Ivan Krylov）最初是模仿拉封丹的風格，在創作一些並不成功的歌劇和悲劇後，年近 40 的他才發現自己真正的才華所在；他所寫的《寓言》，就像拉封丹的一樣膾炙人口。大約寫了 200 多篇寓言故事後，他從皇帝那裡獲得一筆資助經費，然而他開始變得懶散懈怠起來。後來他和某人打賭，說他可以學會希臘語，這才使得他從這種鬆懈的狀態中解脫出來。他 68 歲時開始學習希臘語，大約兩年後掌握了這門語言；在 76 歲生命的最後光陰裡，他便以閱讀希臘詩人的原作為樂。

霍爾伯戈是丹麥最重要的詩人之一，在 40 歲以前他都沒有表現出任何成為詩歌天才的跡象，之後，他以那部英雄喜劇詩歌的傑作 —— 諷刺作品《帕德爾·伯阿斯》—— 使他的國人大吃一驚並且喜出望外。荷蘭的國家詩人馮德爾，曾是一個針織品商人。大約 30 歲時他學習了拉丁文，拉丁文提高了他的詩歌創作水準。他的傑作《吉斯伯勒特》在 50 歲時才完成。他寫的《路西菲爾》被認為可以與米爾頓的《失樂園》相媲美。

然而，我們也必須承認，這些大器晚成的例子都應該被看作是一種例外。事實上，幾乎所有偉大的詩人都是在青少年時期，便顯示出了無可置疑的天才跡象。麥考雷曾經說過：「通常情況下，想像力的發展與判斷力的發展，就如同男孩與女孩的成長一般是並行的。想像力在青少年時期達到了它的美、力量和產量的完美境地；因為想像力一旦成熟，很快也就凋零了。想像力和判斷力同時並進的情況是非常少見的。而判斷力比想像力發展得更快的情況則更是罕見。」

當孩子們的身體逐漸發育成熟時，這種成熟並不會持續太長的時間，

便會逐漸地開始衰落。實際上，從我們出生的那一天起，可以說我們就已經開始死亡了——用我們的牙齒掘我們自己的墳墓。年輕人的變化是成長，而老年人的變化則是衰老。當上升的趨勢發展到極點時，下降的趨勢就開始了。力量和熱情都逐漸地停滯了……欲望、感情、熱情和想像力同樣如此。

可是，智慧隨著知識的累積而繼續增長。感官刺激的吸引力降低了，餘下的能量被用於更大的實際，追求更好的目標。熱情和活力伴隨年輕時耀眼奪目的美夢一起消失了。人開始平靜下來，理智變得清醒，更多地按照早年獲得的經驗行事。他的身體和頭腦中的器官開始逐漸衰老，變得感覺麻木，反應遲鈍。大腦和身體一樣，逐漸幻滅而生硬。人逐漸看不到事物積極的一面，面對苦難時也更加容易悲觀。正如詩人帕欣所說：「衰老的趨向就好比稜角逐漸磨平，花朵逐漸凋謝。」

在生命成熟的時期，或者像納斯米斯先生在他的自傳中所稱的「生命的高原時期」——也就是說，每個人 30 歲到 50 歲，身體各部分的功能得到了最好的發展，頭腦處於工作的最佳狀態。也正是在這一時期，許多天才最偉大和成熟的作品得以誕生。麥考雷曾經說過：「現今傳世的所有好書中的十之八九，都是在作者 40 歲以後出版的。」這一說法也許過於絕對，需要我們將來去檢驗。然而從這句話我們可以看出，人們對於勞動的態度，因個人的稟賦和性情的差異而各有不同。

詩歌和藝術在年輕人那裡獲得了最大的勝利，但歷史和哲學卻在老年人那裡獲得了勝利。最富有靈感的作品，多數都是在青年時期構思完成的。不過這僅限於文學這一分支。而在哲學領域，情況正好相反。除非到相對年長的年紀，否則一個人是不可能累積審視整個偉大歷史的足夠閱

歷。所以，許多偉大的歷史學家都是已過盛年的人。

統計學家戈特列先生製作了一張展示戲劇天才成長歷程的表格，表格顯示了戲劇天賦隨著年齡的增長而成長然後衰落的特徵。根據顯示，平均大約在 21 歲時，他們開始顯示自己的天賦。以成名作家出版的作品來看，大約在 25 歲到 30 歲之間，他們開始有所成就並逐漸成熟。之後他們的天賦繼續增長，直到 50 歲到 55 歲發展到顛峰。接著，他們的天賦便明顯地、飛快地衰落。同時，我們還可以發現，悲劇天才的衰落速度比戲劇天才的衰落速度要快得多。

當然，統計規律也有例外的情況發生。許多身體衰弱、健康岌岌可危的人們，也將自己年輕時的天才維繫到晚年。靈感回到了他們的頭腦中，光芒重新在他們眼前閃現，靈魂之火在他們滿是皺紋的眉下燃燒。「即使在他們即將熄滅的灰燼裡，也有習慣性的火焰在燃燒。」有時，晚年的成果甚至超過了青年時期的成果。《奧德賽》（*Odyssey*）就是由一個瞎眼的老人創作的，這位老人是荷馬。波舒埃哀在大約 60 歲時，寫作並發表了他最為精彩的演講。米爾頓在差不多為年老而倍感心寒時，描述了亞當和夏娃的伊甸園之戀。洛克直到 73 歲臨死的前幾天還在致力於文學寫作。帕欣 70 歲時畫出了他偉大的作品《洪水》。韋斯特在他 79 歲時完成了他最後的，也有人說是最好的作品《馬背上的死亡》。

如果不涉及想像力的話，青年時期駑鈍無趣和成年時期成長緩慢的例子並不鮮見。童年時期的班揚讓人覺得毫無希望可言 —— 他是旁人眼中的詛咒者、流浪漢、惡棍、囚犯 —— 人們也許根本想不到，這樣的一個人，後來居然成為了《天路歷程》這樣精美絕倫寓言的作者，在這部作品中，充滿了力量、悲情和美的感染力。是金子總是要發光的。對於身處逆

境的班揚而言，他最有活力的幫手似乎不是扶助，而是困難；不是鼓勵，而是阻礙。最優秀的法官之一麥考雷堅持認為：「在 17 世紀後半葉，儘管英國有許許多多的智者，但是，只有兩個人將想像力發揮到最佳的境地。這兩個人中，一個寫出了《失樂園》，另一個寫出了《天路歷程》。」

懷特菲爾德的例子同樣也很有說服力。正如他自己所說的，從小他就是個壞男孩，年輕的小偷，討厭道德說教，是個徹頭徹尾的壞蛋。儘管只有他母親客棧裡的壞榜樣可以學習，但他還是成為了最有力量的、最為成功的傳道者之一。考伯的朋友，尊敬的約翰·牛頓先生年輕時也好不到哪裡去。19 歲時他被強徵入伍到一條戰船上，常常因為惡習不改而被鞭打或者降級。之後，他成為西非一個莊園裡的勞工，由於備受虐待，幾乎送了命。

但是，他所經受的苦難，加之母親早年的教誨和榜樣作用，他的心終於軟化悔悟了，他痛改前非。從奴役中逃脫後，他利用空餘的時間努力地提高自己的知識水準；儘管在一條奴隸船上做了四年的主人，不過他越來越不喜歡這一職業給他的頭腦造成的壓力，於是下定決心離開。此後，他返回英格蘭，勤奮地學習。他獲得了關於拉丁文、法語的知識，並在希臘文、希伯來文和敘利亞語方面取得了相當的進步。在這當中，他獲得神職任命，出任歐雷地區的副牧師職務。在那裡他辛勤勞作了 16 年，並成為詩人考伯的朋友，他和考伯合作，創作並出版了極富盛名的《歐雷頌歌》。

在這裡我們還可以加上理查·巴克斯特這個著名的例子。他是著名的南康佛米斯特牧師的侄兒。他在 18 歲時連字母都不認識，只能夠講威爾斯語。可是，突然醒悟後，他勤奮地學習，在幾年的時間獲得了身為一個學者的極高聲譽。他最終被任命為倫敦的麥爾塞學校校長，在這個重要的

位置上任職達 20 年之久，獲得了巨大的成功。他是一個偉大的作者，特別是在拉丁文和古物研究方面有很高的造詣。他編輯的《賀拉斯集》在很長時間內都被認為是最好的，在國內外享有極高的聲譽，之後由傑斯勒在萊蒲賽克增加額外的注釋後，在萊蒲賽克進行重印。

亞歷山大・馮・哈姆伯特在學校時幾乎毫無成就。他總是反覆無常而且行動非常遲緩，直到多年以後，他的頭腦開始覺醒並發展，他才靠純粹的意志力量和行動力量，攻克了知識這一關。儘管狄德羅後來成了家庭的榮耀，但他小時候卻被認為是家裡的飯桶。布豐年輕時無論如何也稱不上神童。他的頭腦緩慢地自我發展，對於習得知識的再創造也是同樣緩慢。內克爾夫人對於布豐的好奇心和天賦發展有很大的貢獻。但是，無論動力是什麼，毋庸置疑的一點是，他所具有的聲譽是透過非同尋常和持之以恆的勞動、鍥而不捨的努力才獲得的。

自然哲學家弗萊西勒爾在學校時，同樣也是個駑鈍無趣的男孩子。他讀書費了不少勁，直到 25 歲都沒有表現出任何天才的光芒。之後他關於光的原理及規律的發現，令人無法想像地成功了。這些發現大約都是在他 29～38 歲之間完成的。

伯斯達洛茲年輕時非常笨拙、不靈活。他在學校時非常不成功，他的同學都稱他為「哈里・奧迪迪」。他如此駑鈍並且接受力很差，以致長時間內連成績平平都無法辦到。在拼寫和寫作方面他被認為是一個絕對的笨蛋。在以後的生活中他成了一個傳道者。由於語言方面的尷尬，第一次布道時他幾乎僵在那裡。為了緩解尷尬，他不得不放聲大笑。這種做法當然沒有什麼效果。然而，當駛入屬於自己的正軌後，他終於證明自己是最偉大和具有智慧的教師，他成為了著名的伯斯達洛茲教育體系的創始人。

　　法國大革命後期的歷史學家、法蘭西共和國總統、馬賽的盧瑟姆曾經也是以搗蛋著稱。他的熱情主要在於大麥糖和綠蘋果。他將書本換成錢以滿足自己的物欲，並且不停地耍花招，使自己成為同學中的英雄，老師的眼中釘。他將補鞋匠的蠟黏在一個座位上，將老師牢牢黏住，引得全班同學一陣騷動。他被投進了牢房，並被威脅要受到開除的處分。由於他的父母比較窮困，這一威脅使他幡然悔悟。他變得聽話而好學，在接下來的學校生活裡，常常在班裡名列前茅，最後獲得了第一名的獎項。至於梯也爾先生以後的歷史，每個人幾乎都知道，就不再贅述了。

　　巴爾札克在學校時，是個非常懶散和不聽話的傢伙，於是他被轉到一所私人學院，在那裡他的表現也好不了多少。儘管密克勒說他的第一份工作是印刷商和書商，但他在巴黎獲得的是一個公證員的職位。這以後，他開始為公共雜誌寫文章，接著開始寫故事。可是，許多年過去，他的《愁眉苦臉》才引起了大眾的注意，不久以後，他成為一名受歡迎的作家。

　　大仲馬就像巴爾札克一樣，也是一個整日閒蕩而一事無成的學生，他當時以擅長戶外運動而出名。他是一個不錯的擊劍手和摔跤手，一個一流的投手，一個狂熱的體育愛好者。但是，這些成就都不足以謀生。15 歲時，他成為一個公證員的複寫祕書，可是，他仍舊沒有表現出對於文學的偏好。他從事寫作純粹出於偶然。有一次，一個為劇院寫作的熟人建議與他合作，並聲稱「為劇院寫作就和其他買賣一樣，熟練即可」。大仲馬的第一次嘗試失敗了，但他一直堅持下去，最終他的《亨利三世》獲得了成功。他後來經歷了一系列輝煌的成功。在他一生中，寫了大約 80 部戲劇，40 多部小說。

　　即使是傑出的謝里登，當母親把他帶到老師那裡時，老師認為謝里登

是她教學生涯裡遇到的最為不開竅的笨蛋之一。他好動、輕率而且喜歡取樂和惡作劇。母親的去世是他遇到的第一件痛心之事,這讓他開始覺悟。從此,他發奮地學習,最終躋身於他所在國家的最偉大人物的行列。博愛主義者約翰‧霍華德在學校時毫無建樹,他被稱作笨蛋,並被送去當一個雜貨商的學徒。福韋‧伯克斯頓爾也是一個駑鈍的男孩,他更喜歡射擊和打獵而不是學習。當然,從事運動並沒有使他一無所獲,他的健康和力氣都因此有了大幅的提高。

學校的書本知識也許可以使一個男孩在他的班裡名列前茅。不過,只有行動、勤奮和忍耐力,可以使一個男人在實際生活中出類拔萃。的確,當青少年走向成熟的時期,他的習慣也正在養成,要是過於勤奮地單一學習某一種東西,某種程度上可能會令他很難應對現實生活的瑣碎與繁雜。所以,黑滋利特才會咄咄逼人、一針見血地指出學生的愚蠢和學者的無知。(注:黑滋利特《桌邊談話》:「關於有學問之人的無知。」)

馬雷阿特上校年輕時所受的教育非常有限,當他還只有 12 歲時,他就跑到海上去了。他自己述說了他和查理斯‧巴比吉先生的故事:「我就讀的第一所學校是由一個老夫人管理的。學校裡有相當數量的男孩子是非常好的。但是,查理斯‧巴比吉和我卻是學校裡的兩個搗蛋鬼。他和我都常常受罰,老夫人通常讓我們並排站在教室中間的凳子上,指著我們警告其他的學生,並且說:『看看這兩個男孩子!他們都是壞孩子,他們將永遠一事無成。這兩個男孩絕不會有好結果的。』她的做法真是有趣。」他繼續道,「從那以後,巴比吉和我是整個學校裡僅有的兩個常常可以聽到自己名字的人。」

許多偉大的鬥士年輕時學習都很遲鈍。伯特蘭‧戈斯格林從未學會讀

和寫。「世界上沒有比你更壞的男孩子了。」他的母親說,「他總是渾身是傷,
因為打人或者被打,臉上總是不成樣子。他父親和我都希望他死掉算了。」
然而,戈斯格林卻能夠輕鬆地掌握軍事戰略,最終成為一位著名的將軍。

　　瑪律伯洛公爵儘管所受教育甚少,卻很早就顯示出軍事才能,因此,
與他對抗的杜勒勒元帥預言,某一天「那位英俊的英國人」一定能成為一
名戰爭藝術的大師。但是,直到 50 歲他才有機會展示自己的才能。在成
功地取得一系列顯赫的勝利後,他迫使法國軍隊撤出英國邊界。54 歲時。
公爵贏得了伯蘭海姆戰役的勝利;56 歲時,他獲得了拉密勒戰役的勝利;
59 歲時又贏得瑪律普拉格戰役的勝利,在這次戰役中,他顯示出超凡的軍
事膽略和過人的指揮能力。61 歲那一年,他猛攻並拿下了防衛森嚴的軍事
要地布欣堡壘。

　　正如我們所看到的,特勒勒學習起來也相當吃力,並反抗各種處罰
和約束;可是,他的雄心一旦被激發,頑強的意志力就很好地彌補了理
解力的遲鈍。克利夫曾經是一個笨蛋和惡棍 —— 後來成為一名偉大的戰
士 —— 是德雷頓集市上所有浪蕩子的頭目,是鄰居深惡痛絕的眼中釘。
然而,他的一位老師卻深有眼光地預言,這個浪蕩但又勇猛的男孩,有一
天一定會成為世間的一個人物。

　　威靈頓是我們所處時代最偉大的將軍之一和最謹慎的政治家之一,他在
阿格斯默默無聞地完成了軍事教育。參軍後,他兩次從步兵隊轉到騎兵隊又
轉回來;之後,他向坎頓勛爵提出申請,然後又向愛爾蘭的威瑟羅伊提出申
請,希望能夠受僱於稅務署或者財政署。值得慶幸的是,坎頓勛爵沒有批准
他的申請。他申請的結果是加入了好望角第三十三步兵團,西元 1797 年他
抵達孟加拉。從那時起,威靈頓的歷史就和歐洲的歷史連繫在一起了。

　　儘管納皮爾遠不是一個駑鈍的男孩，但這個結論可不是學校得出的。半島戰爭的歷史學家威廉是他的老師，他是「語法學校的校長，從這個古怪的老學究那裡，幾乎沒有學到任何的東西」。他的教育部分是從一位女性親戚那裡得來的，但主要還是靠自學獲得。他有良好的記憶力，能夠背誦荷馬的《伊利亞特》和《奧德賽》。不過，他的啟蒙教育非常缺乏，直到20歲的時候他還無法正確地拼寫。

　　他在當炮兵中尉時這樣寫道：「讓我的父親『easy』（正確為 uneasy），我為此非常痛心疾首。」一兩年後，他書信的拼寫和語法變得正確了，並且在力度、風格和表達上得到很大的提高。他出人意料地成為當時最好的軍事歷史學家。查理斯，「這個不近人情的惡棍」，是家裡的幹將。他天生是個膽小的孩子，可是他以超乎尋常的意志力克服天性的不足。他一生都是一個英雄，直到生命的最後一刻，他都保持著公正、廉潔、榮耀、淳樸和仁慈心。

　　有時候，有些男孩子，像科克本勛爵被過分的體罰弄傻了，直到從學校老師的體罰下解放，他們才逐漸取得進步，自由發展他們的天性。在喬治‧卡巴尼還是個孩子時，他就表現出早慧的跡象。但是，他父親送他去就讀的學校裡過於嚴厲的紀律，只能讓他變得浪蕩而固執，最後他被開除了。他的父親發現，當沒有任何強迫加給他時，他是一個意志力很強的學生，而且自律的能力非常強。於是，在他14歲那年，他父親做出一個冒險的決定，讓年輕的卡巴尼用自己的方式自學。

　　這個決定被證明是非常成功的。在兩年的時間裡，他就已經完全彌補了學校教育的不足；他完全掌握了本國的文學，並且充滿熱情地學習希臘文和拉丁文，哲學和形而上學。在他因病致殘的一段時間裡，著名的迪特

列應邀來照顧他，迪特列引導這個年輕人學習醫學，6年的時間裡他一直跟迪特列學習。卡巴尼最終作為一個醫生和生理學家取得了傑出成就，這些充分證明了他早年的朋友和老師的預言是正確的。

　　偶爾，僅僅是因為其特殊能力沒有機會發揮，一個真正具有創造力的天才男孩，會被認為是一個愚蠢的冒失鬼。著名的東方學學者卡拉伯勒斯在柏林大學念書時，被認為是一名特別拙劣的學生。有一天，他的考官對他說：「先生，為什麼你什麼都不懂？」「請再說一遍，」卡拉伯勒斯回答道，「我懂中文。」這個回答激起了大家的好奇和懷疑。後來，經過檢驗，人們發現這個男孩在沒有任何幫助的情況下，竟然已經悄無聲息地掌握了一門最難的東方語言。這一才能決定了他的研究方向和未來生活的追求方向。

　　天才林納斯的遭遇也跟這差不多。在學校裡他是一個笨蛋，但在園藝和森林方面他卻是一個神童。約瑟夫·班克斯爵士同樣如此，孩提時他痴迷於玩耍，在學校裡什麼也沒有學到；可是，伊頓公學附近巷子裡野花的美麗激起了他的好奇心。從那時起，他便充滿熱情地獻身於植物學和自然歷史的研究。

　　天才的馬納伯里將軍，新近的義大利首相，幼年時便以與眾不同的方式顯示出其過人之處。當他還是個孩子時，由於做了錯事，被罰單獨關在父親城堡裡一個非常遠的屋子。他立刻在隔牆上挖洞，一刻不停地挖，直到挖出洞後滿身是灰地回到母親身邊。當他被送到都靈的學院就讀時，他專注於數學研究以至於賣掉了絕大部分衣服，好用來換取昂貴的科學著作。他舅舅驚奇地發現在寒冬裡他居然穿著一件單薄的夏裝 —— 這是他衣櫃裡唯一的衣服 —— 正專心致志地計算著他的數學。這種幼年時就表

現出的天才，在他以後攻打安卡拉和加特的行動中得到了很好的展示，最終以攻克這些堡壘為他的人生畫上完美的句號。

也有一些這樣的例子，他們的才華在青年時期好像處於休眠狀態，直到中年甚至晚年才展現出來。人的大腦本質上也好比植物，可能成熟於生命的不同時期……有的在春天，有的在夏天，有的卻在秋天。同時，由於機會不成熟，有的人無法預知究竟自己能夠取得什麼樣的成功。儘管凱撒（Julius Caesar）是在相對晚時才顯示了其才華，他在青年時期也以勇氣而著稱。35 歲時，他成為將軍；41 歲時，他成為執政官；42 歲時，他掌管了赫爾威夏和高爾的羅馬軍隊；52 歲時，他指揮作戰，打敗了當時 58 歲的龐培，取得法賽利亞戰役的決定性勝利。凱撒不僅僅是一個偉大的將軍，更是一個偉大的政治家。在當了皇帝以後，他超凡的統治能力使得羅馬帝國時代的政策和歷史，深深地打上了他的烙印。

奧利弗‧克倫威爾在表現出一個鬥士的傑出才華時，年齡也是相當大了。他在 40 歲以前沒有經歷過任何戰爭。他 43 歲時首次被任命為一個軍隊的上尉，44 歲時被任命為上校，次年，在掌管議會騎兵時，他作為主要指揮者贏得了馬斯頓‧莫爾戰役的勝利。46 歲時，他贏得了納斯比戰爭的勝利。的確，身為一名戰士，他從未輸過一場戰爭。54 歲時，他被選為英格蘭的護國主。

他最得力的副手之一布萊克，就是後來的布萊克上將。布萊克直到中年才放棄平靜的鄉紳生活。由於身為一名軍官的傑出表現，54 歲時，他被任命為皇家艦隊的司令。在遭遇馮‧特洛普時，馮‧特洛普在船的桅杆頂上掛了一把掃把，預示自己將橫掃英國船所在的海域。布萊克憑藉自己的軍事才能，迫使馮‧特洛普取下了掃把。在丹佛海峽遭遇馮‧特洛普

時，他帶隊狠狠攻擊，迫使馮‧特洛普逃竄。結果，馮‧特洛普被解職，由德‧盧特和科勒留‧德‧威特取代其位置。但是，他們在布萊克面前也沒有得到什麼好果子吃。

布萊克從哈姆瓦德‧班德的荷蘭商人那裡，掠取了無數的戰利品，清洗了荷蘭船隻所在海域的海峽，把他們的艦隊趕回海港。馮‧特洛普再次被任命為海軍上將，率隊穿越海峽攻擊布萊克率領的由 80 名戰士和 40 艘船組成的船隊。這一次，布萊克被打敗了。可是，不久之後，布萊克帶領 80 艘戰船再次出海，經過 3 天的苦戰，將荷蘭艦隊趕進加萊港，並使之損失 11 名士兵和 30 名商人。此外，他也參與了迪納將軍、芒克將軍和馮‧特洛普的最後決戰，在這次戰爭中馮‧特洛普被殺死。布萊克上將還對英聯邦做出了其他重大的貢獻，他的事蹟一直鼓舞著英國艦隊的士氣。在從卡迪茲返程的途中，當他的船隻進入普利茅斯港時，他在甲板上溘然長逝，時年 59 歲。

唐朵拉 84 歲時被選為威尼斯的總督。94 歲且雙目失明時，他攻下了君士坦丁堡，並且被選為東部帝國的君主，但他拒絕就任，97 歲時他死在總督的任上。華盛頓在開始其一生偉業時已過盛年。杜姆里爾在找到能夠施展軍事才華的舞臺時已經 50 多歲，之後他便讓整個歐洲都為之矚目。

奧地利將軍老拉德斯基 83 歲前，在洛瓦拉沒有取得任何勝利。他經歷了許多戰役卻沒有機會出人頭地。經過三個月英勇的進攻，他轟炸並拿下了威尼斯，之後他被任命為奧地利駐義大利的行政長官和將軍，直到 90 多歲才卸任。

儘管克萊德勛爵西元 1808 年就已經參軍，並且親歷了威米勒和科納拉的戰役，但他等了很久才獲得陸軍上校的職位。年屆 50 時，他被派

往中國指揮第 78 步兵團。62 歲時，他被指派到克里米亞指揮高地旅。65 歲時，他取得了一生中最輝煌的業績 —— 解救了盧克瑙並平息印度的叛亂。

馮‧莫爾特克直到 66 歲高齡還鮮為人知。他很早就寫了一部書，內容是關於西元 1828 ～ 1829 年土耳其和俄羅斯之間戰爭的歷史。在西元 1854 年出版的這本著作的英文版中，編輯稱他為：「已故的普魯士軍隊中的一名上尉。」然而，這個偉大的戰略家卻在 70 歲的時候贏得了色丹戰役的勝利。生不逢時的戰士們也許可以從這裡得到一些激勵。

一些人在一件事情上失敗了，卻在其他事情上獲得了成功，失之東隅，收之桑榆。阿迪遜作為一名演講者和戲劇家是失敗的，他第一次演出《羅沙蒙德》時被噓下了舞臺，可是他的作品《塔特勒》和《觀察者》，卻是世界上最富魅力的散文之一。奧特威身為一個演員是不成功的，但是他的戲劇《倖存的威尼斯》卻取得了巨大的成功。知名演員索瑟恩曾有一次公開說，他早期的戲劇生涯充斥了無數因無能而被解僱的場景。

許多傑出的文學家都經歷了從最初的默默無聞到晚年的聲名鵲起這一過程。山迪曾經絲毫不為人所注意，47 歲時他出版了自己的第一部作品《特里斯特拉姆》，55 歲時出版了《傷感的旅行》。笛福在 58 歲時出版了他最為知名的著作《魯濱遜漂流記》的第一部分。儘管理查森還是一個孩子時，就以善於編故事和講故事而在同學中非常出名，但直到 50 歲時他才開始寫他的成名小說，60 歲時才完成了《克拉麗薩‧哈爾羅威》。兒時，他還是鄰近地區女孩子們所喜愛的對象，她們讓理查森幫忙寫情書給她們的愛人。

菲爾丁（Henry Fielding）大約在理查森寫出《帕馬拉》的年齡時，寫出了《湯姆‧瓊斯》和《拉‧奴威爾‧赫洛斯》。詹森博士在他去世前 3 年，

以 75 歲高齡寫出堪稱他最好的著作《詩人的生活》。本·詹森 63 歲時去世，在病榻上，他寫出了精美的田園片斷《悲傷的牧羊人》。隆菲婁在他 70 歲生日時，寫出了他那首充滿靈氣的、精緻的詩歌 ——《德·賽納克杜德》，並在波爾多學院朗誦這首詩歌。

歷史學家約翰·史比德在他 66 歲前都以做裁縫維持生活，66 歲那年，他出版了自己的第一本書。老斯卡利格早年生活中先是一個小聽差，後來成為一名士兵，直到年齡較大時才得以致力於學習；他無數著作中的第一本書，47 歲時才誕生。著名的植物學家和動物學家拉馬克，在 17 歲時加入法國軍隊。他當了 15 年的兵，參與眾多戰役，並以驍勇善戰而聞名。

最後，他因為受重傷而被迫從軍隊中退役。40 歲時，在受僱於傑蘇的植物學院時，他出版了自己的第一部關於植物學的著作。50 歲時開始授課，並持續了 25 年之久。儘管已經失明而且健康狀況日益惡化，他仍舊一如既往地從事研究和勞作。他最後的著作《科克耶爾回憶錄》，是在女兒的幫助下完成的，他在 86 歲高齡辭世。

斯卡利格和拉馬克早年都參過軍。令人不容忽視的是，許多傑出的人物都從其早年的軍隊服役訓練中，養成了守紀、服從和勞動的習慣。軍旅生涯對他們不是一個障礙，而是對未來生活的一個幫助。操練、紀律、服從和勇氣在任何職業裡都是有用的，對於人格的培養也具有重大的影響。在無數的事件中，他們發展了嚴以律己的專注力，而這對於天賦的發揮也是至關重要的。

看一看下面關於傑出戰士的列舉：在希臘有蘇格拉底、阿斯區里、索福克勒斯、色諾芬；在義大利有尤利烏斯·凱撒、賀拉斯、但丁等；在西班牙和葡萄牙有賽凡提斯、卡德龍、卡門斯、洛普·維加；在法國有迪

卡兒、保羅‧路易士‧古里爾；在英格蘭有喬叟、本‧詹森、菲力浦‧西德尼、阿格龍‧西德尼、喬治‧布坎南、班揚、斯第勒、索斯比等。富於盛名的約翰‧亨特（John Hunter），當年接受哥哥威廉的邀請到倫敦從事解剖。正是他的軍人出身，幫助他取得了巨大的成就，因而獲得大學的教職。然而，直到 44 歲，他才出版了第一部著作——關於《牙齒論》的介紹。在那之後，他對於醫學、外科學和生理學的貢獻數不勝數，約翰‧亨特博物館就是對他最好的緬懷。

那些大器晚成的作家中，有必要提及德‧伯納德，按照聖‧波伏的說法，他直到 40 歲都沒有考慮過寫作，更沒有夢想要成為作家。伯明罕的威廉‧哈頓直到 56 歲時才成為作家，之後他寫了 14 部著作，最後一部是在他 85 歲高齡時完成的。尊敬的科比在 70 多歲時寫出了他的著作《論動物的習慣和本能》，幾年後，他出版了《北美的北方牧場》，90 歲高齡才辭世——顯示了身為一個自然主義者在天性追求上的平和傾向。

還有許多奇蹟般的天才老人的例子，他們似乎是抵抗衰老的明證，甚至是抵抗瘋狂病魔的明證。迪斯雷利說過，對於許多天才的人物來講，衰老似乎是可以不予理睬的事情。他們將自己敏感而智慧的天賦保持到生命的最後幾天。柏拉圖在 81 歲時手中握著筆去世。卡圖在 60 多歲——一說是 80 歲——為了閱讀希臘戲劇的原文而學習希臘文。（注：蒙田對自己晚年的作品很不滿意，他這樣說過：「人們對卡圖事蹟的報導，以及關於他在年紀很大時，以極大的熱情如飢似渴地投入希臘語學習的議論，似乎並不能增加他的榮耀；這就是我們所謂的老年時期猶如生命的第二個兒童時期一樣。」在其他地方，他還說過，「有時候是身體先屈服於年老的事實，而有時候則是精神先屈服於衰老；我看到足夠多的人，他們的大腿或胃部還沒有衰老的跡象，頭腦卻已經先行功能衰退了。」）

　　西塞羅在他痛苦死亡的前一年，完成了他美麗的《關於老年的暢想》。伽利略在 72 歲那年完成了《關於運動的對話》。他和學生托尼西里一起，繼續致力於同一研究，直到 78 歲時離開人間。這些偉大人物的頭腦隨著歲月的流逝逐漸發展、拓寬，變得深邃。正如傑佛瑞勛爵所說：「平淡無味的酒，隨著歲月日深日漸醇香。」

　　其他為了提高自己或者為了娛樂而學習新知識的老人，還有詹森博士和詹姆斯‧瓦特。他們希望檢驗一下自己學習的能力是否會因為年老而受到損壞。詹森在 71 歲的時候學習初級荷蘭語，瓦特在 75 歲的時候學習德語。兩人都掌握了這些語言，並且發現自己的能力並沒有被衰老損壞。湯瑪斯在他 56 歲的時候開始學習希伯來語；歌德在 64 歲時開始對東方文學的研究，他在 83 歲辭世時仍舊保持著全部的思想能力和完美的想像力。（注：學識淵博的彼特伯洛大主教坎伯蘭博士在他 83 歲那一年，收到了威金斯博士贈送的專著 —— 一本用埃及古語寫成的《聖經》，於是，坎伯蘭博士立刻和卡圖一樣，開始學習這種埃及古語，後來他很快就掌握了這種語言 —— 原注）

　　坎頓勛爵大法官年事已高時才開始學習西班牙語，目的僅僅是為了閱讀這門語言中的浪漫主義文學作品，而在此之前他已經閱盡了英語、法語和義大利語的浪漫主義文學作品。亞歷山大在 90 歲高齡時完成了《宇宙》的最後一頁，幾個月以後他就去世了。老兵利波特‧馮‧南克在 91 歲高齡時，仍舊保持著每天工作 8 個小時的強度；他最後的作品和他的第一部作品一樣好。

　　一位作者曾經說，年過 40 後，人就不再接受新的事物，但是，年齡較大的學生們也許可以從這樣一個事實中得到安慰：普利斯特里博士（Joseph Priestley）直到 40 歲時都對化學一無所知。在他 68 歲時寫給韓弗理·大衛爵士的信中，他這樣說：「像我這樣老的一個實驗者，年近 40 歲以前都沒有做過任何關於空氣的試驗，我是在沒有任何化學知識的情況下開始的。」46 歲那年，他發現了氧氣，在接下來的幾年裡，他相繼發現了氮氣、二氧化碳氣體、氟氣、其他的氣體以及鹽酸（現在被命以不同的名稱）。湯瑪斯博士這樣評價他：「沒有一個進入化學研究領域的人，像普利斯特里博士那樣擁有更多的劣勢，也幾乎沒有人像他那樣在化學領域擁有如此崇高的地位，或者說對許多科學真理做出了如此多全新而重要的貢獻。」

　　不少偉大的天文學家都在晚年仍舊保持自己的才華。他們的忍耐力是如此地恆久，他們充滿了堅強的希望。我們已經說過，伽利略在他失明且身體衰弱的狀況下，仍舊完成了他最後的研究。哈威留直到 76 歲時，哥白尼直到 70 歲時，仍舊滿懷熱情、孜孜不倦地觀察天體的運行。牛頓在 83 歲時為他的《原理》寫了一個全新的序言。《天體的機制》作者薩莫維爾夫人在 89 歲高齡時，向世界奉獻了她最後的力作《分子和顯微鏡科學》。當有人向德蘭伯雷抗議說，他的《天文學的歷史》接下來的部分，與之前關於同一問題的許多論文都有許多可商榷之處時，這個老兵回答道：「我只有一個簡短的答案，我 63 歲時開始從事這一問題的研究；現在我 72 歲，假使我一直等到沒有任何東西可增添或者刪減時才印刷它，這部著作就將散失了。」

　　許多偉大的政治家和法官都是常青樹。駑鈍無趣的人消失了，但是，積極進取的人卻活了下來。各方面能力的運用對於健康的維護是必須的；這對年輕人和老年人同樣適用。閒蕩只會導致肌肉、心臟和大腦的萎縮以及智力的急速減退。蒙比利埃著名的生理學家洛達特博士堅持認為，當晚

景將秋天的顏色染在生命的綠葉上時，人們看到的不是智力的減退而是活力的減退。他說：「『活力過了它的巔峰時期時，智力也變得越來越弱』的說法是不正確的。在所謂的老年第一階段，理解力獲得了更多的力量。所以，不能生硬地劃分人存在的某一時期為理性力量衰弱的時期。」

愛爾頓勛爵、布萊漢姆、林德哈斯特和帕默斯頓，他們在晚年和青年時期都同樣傑出。愛爾頓 86 歲辭世，直到死前仍舊擁有傑出的智力。布萊漢姆好像一直都在渴望著和時間、死亡作戰，儘管在 90 多歲高齡時，最終不得不屈服於時間和死亡這兩個更強者。林德哈斯特在進入 90 歲的當夜，在參議院發表了一番談話，具有無可比擬的清晰、明朗和智慧……充分顯示了他強而有力的智慧並沒有被衰老投下任何陰影。他又活了兩年，直到最後都保持著清晰和天真的頭腦。

帕默斯頓曾是眾議院裡最年輕的人之一。他到死都是一個老頑童。他一直是辯論中愉快、輕鬆而永遠年輕的英雄，是一個澈底的工作型政治家。他「總是處在一個勝利中或者一個戰鬥中；工作好像激發、強化和延長了他的活力。他當首相的年頭除了利物浦勛爵以外，比 19 世紀的任何人都要長。並且直到最後都奇蹟般受歡迎。人們信任他的為人處世前後一致、真誠、誠實和有愛國心」。他 81 歲時死在首相任上。

多數法律官員的生存能力，與他們身為立法者的能力一樣聞名。愛德華·科克爵士 80 歲時從馬背上摔下。他的頭輕輕地碰到了「尖利的樹樁」上，馬壓到了他的身上。然而他又多活了一年。他將生命的最後幾天，花在自己相當數量著作的出版準備工作上。曼斯費爾德 89 歲去世，直到最後他的頭腦都保持著聰明和活力。的確，一些法官履行職責的時間如此之長，偶爾還會引起律師界正在崛起的後起之秀的不滿。

　　直到 90 多歲時，勒弗羅伊仍舊是愛爾蘭的首席法官。他漫長的在任時間成為愛爾蘭新聞界和參議院討論的主題。然而，他總是說，在與別人判斷力同樣好的情況下，他的經驗要多得多。波洛克子爵幾乎是被英國興論界的壓力趕下臺的。他 83 歲的時候退休，以攝影自娛，成為攝影協會的主席。他也從未停止過對數學的興趣。退休後第四年，87 歲那年，他去世了。所以，正如參議院的查姆斯弗德勛爵所說：「我們在衡量老年人的心理能力時，任何時候開始都不會遲，好像也可以講任何時候結束都不會遲。」

　　工作，而不是閒蕩，才能帶來樂趣。閒蕩對人的消耗比鐵銹對鐵的消耗厲害得多。它導致活力的衰退和浪費。閒蕩的人因為執著於某一欲望，而使存在變得沒有意義。沒有喜愛的書，沒有思想的累積，沒有自己所從事的事業，所獲得的經驗，所閱讀書籍的回顧，人的生命該是多麼巨大的一種浪費啊！在酷熱天氣回到自己熔爐似的蠟桶邊的蠟燭工，也比無所事事退休的富人要好得多。生命中的晚景是一生中最美的時光，花木最遲發芽的葉總是最好的。

　　我們前面已經提到過詹姆士‧瓦特。早年時期，他一方面為發明忙碌，另一方面像卡萊爾一樣，為胃病所苦，還被激烈的頭痛所困擾，隨時準備一命嗚呼。不過，隨著年齡的增長，這些麻煩卻漸漸遠離了他，在這當中，他充分地享受到美好晚年的快樂。他閱讀最喜愛的書，並且涉獵廣泛，從發明、種植、遠足到倫敦和威爾斯等活動中尋找樂趣。他不再詛咒自己的發明，而是重新審視自己舊的研究項目，又創造了許多新的東西。他說：「如果沒有可以反覆研磨的話題，生命又有什麼意義呢？」82 歲那年在愛丁堡，他遇到了瓦爾特爵士、傑佛瑞勛爵和其他人。正如瓦爾特爵

士對他的評價那樣，這個「機敏、善良、仁慈的老人」，他的歡快給大家帶來的愉悅，不啻於他資訊量的廣泛和深遠給大家帶來的驚奇。

　　傑佛瑞說：「似乎每一個偶然談及的主題，都是他潛心研究的東西。」他繼續發明和完善已有的發明，他向朋友們展示自己的複印機製作的半身像的第一批影本，「就好像一個剛剛進入 83 歲的年輕藝術家在展示自己的傑作」。次年，詹姆士・瓦特在眾多環繞病床前的朋友們悲傷淚水的包圍中悄然辭世。「我仰視著他，」華茲渥斯說，「想著他的偉大，也許這是這個國家有史以來所出現的最不平凡的人；他從未故意顯露自己，總是在安靜和謙卑狀態中愉悅地工作，不論精神和外在的為人都是安靜而謙卑的，僅這一點就已經是真正的偉大和永遠的美好。」

　　從根本上講，年老是死亡投下的陰影；然而，在生命的歷程中，責任可以找到無限的出口。對於老年最好的準備，莫過於一個純粹的生活和對於責任的忠誠。這些是生命固有的結論，不論生命本身是漫長還是短暫。生命的冬天不應該是怨聲載道的，而應該是充滿了希望、樂趣和永恆的平靜。

第五章
神祕的家族史

> 現在讓我們來稱頌那些名人，歌頌我們的父輩吧！
>
> ——《傳道書》
>
> 對祖先的緬懷之情是人固有的天性，在高等民族中尤其可以發現這種情感；此外，在一個國家混亂不堪的時候，這種情感對維持它的穩定有不可低估的作用，正是在這種時候，它尤其顯得生動具體。
>
> ——詹姆斯·漢內
>
> 貴族未必出身於貴族，罪惡也未必就源於罪惡；但凡人的一切都不可信。
>
> ——索福克勒斯

俗話說：「龍生龍，鳳生鳳。」種族的繁衍如此，個人的傳宗接代也如出一轍。一個種族正是透過一代一代地繁衍，才使自己的體形特徵、身體構造、內在性格得以延續，而這對個人也適用。今天生活在中國、日本、印度和其他東方國家的人們，仍然是幾千年前的樣子；亞伯拉罕時代的貝多因阿拉伯人，與 19 世紀的貝多因阿拉伯人沒有什麼不同。而在歐洲，儘管持續不斷地發生民族融合，情形依然是這樣。塔西佗描繪的日爾曼人，放在今天的日爾曼人身上仍然適用，雖然他們現在穿的是衣服而不是獸皮，拿的是槍枝而不是弓箭。凱撒在他的《高盧戰記》裡描寫的高盧人，今天我們仍然能夠看到；在吉拉爾德·卡姆布蘭西斯筆下，我們又發現了這些愛爾蘭人和威爾斯人。

一個種族如此，一個家族也是這樣。子女當然與父母相像，父母的體質特徵、性格脾氣，都由他們繼承下來。即使家族之間的通婚會使這些方面發生改變 —— 一般說來，兒子帶有更多父親的性格，女兒則更接近母

親——有些特徵會消失，新的特徵又會出現。但是，儘管祖先一輩的特徵看起來是消失了，這些特徵卻依然被這個社會集體地保留下來。所以，一個種族的特性是不會改變的。

甚至會有這樣的現象出現，某些特徵、特點，在經歷許多世代之後，依然在家族內部得到保留。有時，這些特徵看起來已經在子女身上消失，不過到了孫子、甚至曾孫一輩，它又重新出現。有一個上層家庭，在經歷了 140 年與印第安人的通婚之後，印第安人的血液注入了他們的家庭中；此後在家庭成員中間，不時會出現印第安人那種黝黑的面龐，而其他成員則仍然是白皙的皮膚。若是誰去那個大家族看過他們的肖像畫廊，就一定會注意到，某些面目特徵在他們家族成員中不斷地重現，雖然這些成員生活的世代可能相隔幾百年。

有些時候，這一返祖現象的特點是在死神逼近之際，甚至是在它降臨之後才表現出來。湯瑪斯‧布朗恩爵士曾經寫信給他的朋友，描述了一位即將告別人世的人，他形容他「呈現的不只是他自己的、還有他叔叔的面容。後者一直深深潛伏在他健康的軀體內，不為人所見」。這位桂冠詩人在他的詩裡提到過同樣的事實：

在死者的臉上，

如果我們加以仔細端詳，

那是從未有過的他的祖先的模樣。

（注：索茲說：「你們注意過一個引人注目的現象嗎？我們家族成員的相似之處，在嬰兒時期就已經展露出來，但被世間的種種情欲、事務淹沒而處於蟄伏狀態。當我們步入老年，行將就木，這些相似之處又有一部分得以展現出來。」我遇到過這方面的感人事例，有一對兄妹，他們中年時

在性格、面貌上的差別，沒有哪兩個人能夠比得上，可是到了生命旅程的終點，他們卻似乎成了一對雙胞胎。現在我從鏡子裡也看到了父親的許多特徵，這在從前都是沒有的。）

在最近全國肖像協會舉辦的一次臨時展覽中，這種家族特徵的遺傳表現得異常突出，包括面部的輪廓、鼻子的形狀、眼神、頭髮、手型以及身體姿勢，都是如此。（注：華特‧司各特爵士在他的小說裡就提到這種家族特徵的遺傳：父親雙眉間長了一個倒馬蹄鐵形的標記，這個印記原封不動地傳給了兒子。── 原注）

達爾文博士曾舉過一些非常不可思議的例子，這與他用來證明鴿子遺傳習性的那些例子一樣，都讓人覺得不可思議。（注：達爾文博士在《物種起源》一書裡寫道：「有個現象無疑會讓人們驚訝，許多特徵在消失了許多甚至數以百計的世代之後，又會重新出現……一種特徵在經歷許多世代後又重新出現，這時，最為合理的解釋並不是說在中間相隔無數世代後，某個後代突然又顯現出祖先的樣子，而是說，在每一個世代，我們所關注的這種特徵，都存在著重新表現出來的傾向，到了最後，由於某種我們無法確知的有利條件的激發，這種傾向占據了優勢。」）

不同的家族有自己不同的特徵。除了上面提到的身體方面的特徵，還有精神方面的特徵：有些家族健談，善於逢場作戲，而其他一些家族則沉默寡言、羞澀靦腆。卡里斯勒‧霍華德家族表現出來的特徵是下唇很厚，沙夫茨伯里家族則是瘦長臉，斯代爾的戴爾里姆波家族延續了很多世代都是鷹鉤鼻。威廉‧皮特的鼻子像他的母親，一個很有性格的女人；格蘭威爾的臉像布里奇沃特公爵的母親；哈布斯堡家族幾個世紀以來嘴唇一直厚得出奇；而從喬治一世直到維多利亞女王，英國王室成員的一個普遍特徵

就是，臉的下部和側面顯得豐滿；現在的威爾斯親王看上去，就是他的曾祖父喬治三世在他這個年齡時候的模樣。

王室的這些面貌特徵其實還可以往前追溯到喬治一世之前，由詹姆斯一世之女伊莉莎白一直追溯到斯圖亞特王朝。詹姆斯一世的面頰、下顎都很飽滿，這些特徵在其子查理一世身上並沒有得到體現，可是卻出現在孫子輩的查理二世、詹姆斯二世以及後來的查理·愛德華·斯圖亞特身上。對比一下這位查理·愛德華·斯圖亞特和我們的維多利亞女王的肖像，其中的相似讓人過目不忘。而這種面孔特徵，在格拉夫通和聖阿爾班的公爵家庭裡都保留了下來（他們都是查理二世的後裔）。

至於已故的弗雷德里克·伯克拉克爵士 —— 他在斯卡伯羅溺水身亡 —— 和這位國君之間的相似，更讓人瞠目結舌。（注：A·西摩在《問與答》（西元 1869 年 1 月 9 日）上寫道：「我們王室還有一個非常引人注目的特徵，就是他們的臉型多年來保持如一，雖然就局部論各人又都有其特點。許多世代以來，這一直是他們一個與眾不同的地方。」亞瑟爵士在他自己主編的雜誌裡，也專門提到了這一現象。）

波旁家族多年來，也保持著他們身體和精神上的特徵。他們所有的成員，都是性格乖戾、反覆無常、難以管教，從路易十四到查理十世，他們共同的特點就是狹隘、盲目、缺乏統治能力。拿破崙·波拿巴把他們叫做「驢種」。他們都從自己的王位上被趕下來，在法國、西班牙、那不勒斯，都是如此；只有奧地利的一支延續下來，現在它帶有立憲的色彩。幾百年來，這個家族的一個特徵就是肥厚的下唇，據說最早是一位波蘭公主雅格隆帶到這個家族的，從此就沒有消失。（注：伯頓在他一本寫於 17 世紀早期的作品《憂鬱的剖析》中寫道：「奧地利人的嘴唇、印第安人扁平的鼻

子，兩者都遺傳了下來。」）

在普魯士王室，我們同樣也可以看到這種個人相貌和性格特徵遺傳的現象。羅塞蒂先生收集了許多勃蘭登堡家族的肖像畫，他發現，幾個世紀以來，這一家族的成員存在著一種令人吃驚的相似。他特意選出腓特烈一世（西元 1420 年）、腓特烈二世（西元 1440 年）、約翰·西塞羅（西元 1486 年）和約阿西姆一世作為例子，證明他們與已故的腓特烈·威廉四世、威廉一世以及現今的德意志皇帝，在面貌上的驚人相似。（注：《問與答》，西元 1868 年 11 月 28 日，第 514 頁。《愛丁堡評論》西元 1866 年 10 月號也提到了霍亨索倫王室世代相傳的精神特徵：「普魯士王族論才幹要遠在歐洲其他王族之上，在他們身上，北部日爾曼人性格中的力量和弱點，都展示得淋漓盡致。霍亨索倫家族一代一代產生的成員，既有智商很高、很務實的那種，也有夢想家的類型。這後一種，也同樣是一種智慧，只是在這些人身上，一種愛好夢想、熱情洋溢而又模糊不清的特徵更突出而已 —— 這一點具有顯著的民族性。」）

在同一個國家，在它的那些上層家族中，也存在性格特徵世代相襲的現象。以俾斯麥（Otto von Bismarck）為例，這位伯爵出身的家族在歷史上就以不屈不撓、果敢有力、甚至是固執倔強聞名。西元 1338 年，這個家族出現了最早的一位名人，這個人用一種執拗的態度挑戰主教大人的權威 —— 雖然事情只是涉及地方上的政治事務 —— 他被逐出了教會。直到臨終他也沒有為此懺悔，教會也沒有替他做最後的聖事。

不僅性格可以遺傳，身體特徵也可以代代相傳。從勞治的肖像畫上，我們可以看到這個曼徹斯特的公爵家庭，已經延續了六代人的明顯相似性。非洲旅行家布魯斯，一直以自己的祖輩 —— 曾經勇敢地奪取了蘇格

蘭王位的諾曼第人羅伯特‧布魯斯為榮，而他自己和他這位充滿英雄氣概的祖輩一樣，是個彪形大漢，身高足有 6 英尺 4 英寸。克萊克曼農郡的布魯斯家族，也是這位布魯斯的後裔，他們異常醒目的顴骨、下顎，與硬幣上印著的這位羅伯特‧布魯斯一模一樣；大約 50 年前，這位國王的屍體在當佛萊恩被挖掘出來，遺骨也證明他實際就是這個樣子。而克萊基的華萊士一家，也被人們認為酷似他們偉大的先祖威廉‧華萊士的肖像。

此外，精神和智力特徵也可以遺傳，即便有時在後代身上，由於環境的作用這些特徵無法充分地發展成型。但在一些歷史悠久的家族那裡，我們還是可以發現，從前的那種特徵仍然會不時地重複出現。這裡我們只需舉出皮爾西、道格拉斯、斯坦利、格雷厄姆、內維爾還有霍華德，這些其事蹟充斥著整個英格蘭和蘇格蘭歷史的家族為例就足夠了。類似於他們的祖先古代斯堪地那維亞人，這些諾曼第人都有精力旺盛的特點。他們這個特點在整個歐洲史上都留下了印記，將他們帶上了諾曼第、英格蘭、蘇格蘭、西西里還有耶路撒冷的王位，其影響甚至滲透到君士坦丁堡。

這一民族在立法、國防、科學以及文學方面，也非無名之輩。西德尼、羅素、沙夫茨伯里、伯林布魯克、波義耳、卡文迪許、福克斯、皮特、洛夫萊斯、赫伯特、海德、拜倫，這些名字將永遠名垂青史。亨利‧貝爾曾在義大利遇到拜倫，在一封信裡他這麼說起這位詩人：「讓義大利人大吃一驚的是，這位大詩人寧可把自己看作諾曼第拜倫家族的子孫，而不是《巴西雪那》和《萊那》的作者。」

司各特同樣對自己家族古老的世系備感自豪，對比詩人、小說家的名聲，他更看重自己哈登的司各特家族的出身，看重自己與「勇敢者布克魯西」的血緣連繫。漢內先生說：「那些對血緣關係一無所知的人們，往往

意識不到它的巨大功效……不妨看看哲學家中如培根、休謨、貝克萊，詩人如斯賓塞、考柏、雪萊、司各特，小說家菲爾丁、斯摩萊特，史學家吉本，航海家柯林伍德、豪、耶維斯；一些古老家族一直以擁有最優秀的人物而自負，像威恩、聖約翰、拉萊、赫伯特這些家族以及其他一些貴族的存在，證明了他們的自負是有道理的。」即便像那位有民主傾向的哲學家傑瑞米·邊沁，一度也曾考慮要把自己祖先 —— 漢諾威的邊沁伯爵的地產購買下來。而菲爾丁也是出身德比伯爵家庭，這個家庭又源於哈布斯堡伯爵家族。

　　一次，一位薩默塞特郡當地的歷史學家，拜訪了當時正居住在柯柏·弗羅里的西德尼·史密斯，想看一看他的盾形紋章，這位博學的院長回答：「史密斯家族沒有什麼紋章，我們在信上按的都是自己的指紋！」可是，即使是這位西德尼·史密斯，也依然以他的世系為榮，因為他的祖父有非凡的天賦，而他的外公是一位法國胡格諾教徒，據說，他心靈的那些美好品格，還有他性情中歡樂開朗的一面，都來自他的外公。溫徹斯特主教塞謬爾·維爾柏弗斯，也是一個父子同享大名的例子，著名的老維爾柏弗斯也像老皮特、老福克斯、老格蘭維爾、老格雷和老坎寧一樣，他的名聲在兒子那裡得到了維繫。

　　與此同時，也有許多偉大人物，他們的名聲在其先祖那裡沒有任何先兆。法國有一位元帥朱諾，他聽到一些貴族誇耀自己的祖先，便冷冷地說：「這幫廢物。我不是什麼貴族的後裔，我將是貴族的祖先。」還有許多偉人也是這樣，後來成為了貴族的祖先。拿破崙說起他手下將軍的時候，認為是自己讓他們擺脫了貧賤的出身；而至於他自己，他的父親是科西嘉的一個律師，雖然家族的歷史也很久遠，但並非什麼名門。

所有的軍事家、政治家、詩人、工程師還有其他的偉大人物，都是自己家族的祖先；經歷許多世代默默無聞的生活，忽然間射出了一道天才的光芒：一個為所有地方、所有時代紀念的人物就此誕生；不過，他卻是他的家族絕無僅有的一員，在他身後，他的家族重新退回到黑暗中。

一般的才華可以傳承，但天才的稟賦卻難以遺傳；前者是一個家族的特徵，後者卻專屬於個人。我們時常可以看到，一個智力水準不見得出色的家族，有時會產生偉大的天才人物。一般的才華帶著一代人的印記，而非凡的天才將時代打上自己的烙印。在莎士比亞的家族，他既沒有前人，也沒有來者，只是一個孤單的身影站立在那裡。他的家族已經不為人所知，流傳下來的只有他的詩歌、劇作。牛頓，這位伍爾索普地產商的兒子也是一樣，在他之前、之後，都不會再有牛頓了。最偉大的詩人，莎士比亞、米爾頓、德萊頓、波普、彭斯、拜倫、雪萊、濟慈，還有其他許多許多的名字，都是他們那一代人中絕無僅有的身影。偉大的人物並不專屬於哪一個階層，各個階層都可能產生這樣的人物。他們可能起於茅屋陋舍，也可能出自富室紅樓。雖說其中許多人有貴族的家世，更多的人卻是出身寒門。我們不妨看看下面列舉的這些人名，他們足可證明天才是不分階級、階層的。

貴族出身	中產階級	工人階級
泰柯‧布拉赫	牛頓	哥倫布
伽利略	居維葉	哥白尼
笛卡兒	沃勒斯頓	路德
培根	揚	道蘭德
波義耳	克卜勒	佛蘭克林
卡文迪許	道爾頓	法拉第

貴族出身	中產階級	工人階級
但丁	赫胥爾	拉普拉斯
埃弗爾雷	莎士比亞	本・詹森
考柏	米爾頓	班揚
司各特	普魯塔克	彭斯
拜倫	德萊頓	巴拉查
雪萊	席勒	雅斯明
伯雷	歌德	布林德里
薩利	莫里哀	斯蒂芬森
伯林布魯克	華茲渥斯	阿克萊特
米拉波	濟慈	利文斯頓
蒙田	笛福	伊尼戈・瓊斯 (Inigo Jones)
斯摩萊特	亞當・斯密	泰爾福德
菲爾丁	詹姆斯・瓦特	卡諾瓦
休謨	約翰・亨特	庫克上校
布林沃・里頓	卡萊爾	喬治・福克斯
孔代	傑勒米・泰勒	特納
梯利伯爵士	克倫威爾	約翰・霍克斯伍德
華倫斯坦	華盛頓	克勞德斯利・夏沃爾爵士
薩克斯元帥	拿破崙	內伊
瑪律波羅	奈爾遜	霍克
威靈頓	德雷克	蘇爾特

　　要截然劃分中等階層和貴族，這是一件非常棘手的事情。有些家族聲稱他們的祖先是「和征服者威廉一起」過來的，有的認為他們的祖先在征服者威廉到來之前，就已經生活在這片土地上了，更有人宣稱自己是古代凱爾特人和威爾斯人的後裔，祖先生活在大不列顛的年代比朱特人、薩克

森人、丹麥人、挪威人或者諾曼第人都要早得多。

例如克倫威爾，儘管自己不過是一個啤酒製造商，同時也放牧、做些農活，據說祖先卻是辛欽布魯克的克倫威爾爵士家族和伊塞克斯的克倫威爾伯爵；而他母親的一支，據說是出於蘇格蘭的斯圖亞特王室家族。（注：但這一說是不準確的，因為奧利弗·克倫威爾的母親從沒有到過蘇格蘭。他母親的名字是伊莉莎白·斯圖亞特，外公是埃里城的威廉·斯圖亞特先生。斯圖亞特先生是城市周圍天主教轄區的世襲農民。斯圖亞特家族在英格蘭有很長的居住歷史，不過從沒有聽說過他們在蘇格蘭擁有地產。雖然有一種說法說他們是羅西茲的斯圖亞特家族的後裔（這一家族是蘇格蘭王室的一個分支），可是已經被加爾蒂納教授和沃爾特·萊伊先生駁倒。參閱萊伊《諾弗克史》。）

而最早的克倫威爾不過是普特尼的一個鐵匠。在這個家庭裡，王室、貴族、工人階級3種成分都合而為一了。（注：卡萊爾《克倫威爾傳》。——原注）再比如約翰·諾克斯，出身低微，據說他稱自己祖先是蘭弗盧郡古老的蘭腓利家族。（注：羅伯特·錢伯斯《蘇格蘭名人傳》。）笛卡兒的家族本以為他會是一個貴族的料子，不料卻墮落成一個哲學家，家族的人都把這視為家族的一個汙點；然而，現在留在人們記憶裡的，只有他哲學家的名聲，家族中其餘的那些貴族成員都湮沒無聞了。

德萊頓的父親是北安普頓郡的牧師，祖先卻是伊拉斯莫·德萊頓爵士，伊莉莎白女王時代該郡的行政長官。華特·司各特爵士的曾祖是瑞伯恩的司各特的幼子，也是哈頓的一個古老男爵家庭的一個分支；而他的外曾祖是博威克郡斯溫頓的約翰·斯溫頓爵士，都是顯貴。

考柏的父親只是大伯克漢姆斯泰德地區的教長，他的祖父卻是民事訴

訟庭的一個大法官，是著名的曾任首相考柏勳爵的兄弟。他母親名字叫安·多恩，倘若追溯她的祖先，一支一支追上去，經過 4 支，就追溯到了英國國王亨利三世。在給表妹博多海姆夫人的信裡，考柏寫道：「我相信，我身上更多的是多恩家族而不是考柏家族的東西。儘管我對兩個姓氏都熱愛，也有無數的理由熱愛和我同一姓氏的那些人，但是，我確實感到有一種天然的紐帶將我不可抗拒地吸引到你們這邊。在我幼年的時候，大家就覺得我更像我的母親，而我的性情也可以追溯到她，還有我的舅舅，也就是令尊大人那裡。大家一定記得，他在端詳母親的肖像之後，寫下的那些充滿溫情的詩句吧！開頭是這樣的：

哦，那曾經說出言語的嘴唇啊，自從最後一次看到你，
我依然在生活，卻沒了存在的意義。

柯爾貝的父親是一位做布料和酒類生意的商人，不過他的祖先可以追溯到一個古老的蘇格蘭家族，卡斯特·希爾的庫特貝家族；而薩利公爵馬克西米安·德·畢堯姆則把自己視為菲弗縣的比頓家族或者畢堯姆家族的後裔。

最了不起的軍事家，一般都出身國王、伯爵或其他貴族成員這樣的統治階級，像阿弗雷德和查理曼、英國的愛德華三世、西班牙的查理五世、法國的亨利四世、瑞士的古斯塔夫·阿多弗斯和查理十二、普魯士的腓特烈大帝和俄國的彼得大帝都在此列，都出身王族。出身貴族的有土倫、孔代、華倫斯坦、瑪律波羅、薩克斯元帥和威靈頓。這一體制一直持續到美國和法國革命，這以後，功績和勇氣開始成為擢升所考慮的標準，於是歷史上第一次出現了從底層提拔上來的將軍。

就詩人而論，出身中產階級的詩人最負盛名，莎士比亞、米爾頓、歌

德、席勒和華茲渥斯都屬於這個階層；就一般的文學家而論，大致是貴族階級和中產階級兩分天下。但在應用科學、發明和器械方面，正如大家所料，那些巨人都出自中產階級和工人階級。「英國傑出的化學家，」威爾遜博士說，「大多出身中下階層。」

　　中產階級直到伊莉莎白統治時期，才開始成為國家的一股重要勢力，這之前，學問、政治幾乎都是教士和貴族壟斷的事情，但隨著商業的擴張、財富的增加、印刷術的發明，還有宗教改革，社會發生了許多變化，其中就包括中產階級的產生。以後，這一階層不僅產生了像伯雷、培根、沃辛海姆、米爾德梅這樣了不起的政治家，像豪金斯、拉雷、德雷克這些著名的航海家，斯賓塞、莎士比亞、詹森、米爾頓這樣一些大詩人，以及其他許許多多的人，多數都出自中產階級。

　　麥考雷對此時開始出現的大政治家做了如下的評述：「他們並非貴族的成員。他們沒有任何頭銜、領土、侍衛和城堡。但他們卻不是某些王室出於對貴族的妒忌，而從綠林草莽提拔起來的那類人，他們絕不低賤，有良好的出身，受過開明的教育。有一個引人注目的現象就是，他們都是出身同一所大學。劍橋榮幸地培養出了一批傑出的新教徒主教，而牛津值得炫耀的是把這些人送上火刑臺。在北歐，新教所以能夠確立，要歸功於劍橋造就的政治家。」〔注：《麥考雷文論》（西元 1851 年版）〕

　　由鄉村的紳士階層湧現的傑出政治家，多數是近兩個世紀贏得他們的盛名的，如福克斯、皮特等；不過最近出身商人階層的大政治家也開始出現。理查・考伯丹死後，迪斯雷利先生曾稱他為近世唯一一位中產階級出身、在政治上贏得聲名的人物，可是柏克、坎寧、皮爾、麥考雷、維爾柏弗斯和格拉斯通大致都出身同一階層，身為政治家，他們的名字都是不會被人忘記的。

還有為數眾多的偉人，他們沒有任何值得誇耀的世系，家族的歷史要追溯到祖父一輩都很不容易。看看伊莉莎白時代的劇作家，除了博蒙和弗萊徹，都是這種出身。雖然只受過微不足道的教育，他們貧窮、不幸的處境與自身取得的成就，卻形成鮮明對比。本·詹森是一位磚瓦匠的兒子，他自己也是這個職業。瑪律洛的父親是製鞋匠，莎士比亞的父親是個屠戶，馬斯辛格的父親則在一個貴族家做僕人。他們盡力維持自己的生計，為了麵包寫作、參加戲劇表演。他們中，多數生活艱苦，死時不名一文。

路德出身礦工家庭，畢沙羅幼時是個養豬人，礦物學家豪伊是紡織工之子，豪特維爾的父親是一位麵包師，漢斯·薩赫是一個鞋匠，艾倫·蘭塞則以賣假髮為生，塞謬爾·佩皮斯的父親是位理髮師，濟慈的父親是個馬房看門人，佛蘭克林是一名印刷工，彭斯是一位農夫，唐納西爾是名紡織工人，泰爾福德是名泥瓦匠；還有許多人，要論出身都是低得不能再低了。伏爾泰說起他的出身時，總是完全略過他的父親，只說自己是「我祖父的孫子」。比蘭格也曾說過類似的話，他提到自己的祖父時稱他是一位老裁縫，對父親卻不置一詞。他有一首著名的詩，其中有一句是：「我出身卑微，非常卑微。」雅斯明是加斯科涅地方的詩人和理髮師，也幾乎是他的家族中唯一沒有在教區濟貧院度過生命最後一刻的一個成員。

我們已經看到，人的體質、脾氣都是遺傳的。人的身材、面貌、體力、壽命都是會遺傳的。達爾文就認為，壽命長短與家庭有關，此外，他還認為，先天性色盲的起因往往可以一直追溯五代人。德國人霍法克甚至認為筆跡也能遺傳。自然，某些疾病是會遺傳的，這類疾病範圍非常廣泛，淋巴結核、肺結核、癌症、精神病、痛風等病痛都包括在內。蓋伊先生根據自己在肺結核醫院的觀察，得出結論認為，這種疾病的遺傳傾向是

父親傳給兒子，母親傳給女兒。痛風一直被認為是一種富貴病，它可以由父母傳給子女；可是有時，它並不是與富貴 —— 雖然富貴才會引發這種病。要是落到窮人的頭上，這種時候就尤其難以忍受了。

統計資料表明，甚至貧困也與家庭因素有關。父母染上的不良習氣，它的影響會延續波及「第三、第四代」。但願這一點會讓人們多加留意自己的生活方式，哪怕不是為了自己，而是為了他們親近的人，他們也應該做一個好榜樣；就像俗話說的：「父輩吃酸葡萄，子女牙不保。」監獄牧師告訴我們，罪行往往引發罪行；濟貧院院長也向我們證明，流浪漢往往是流浪漢的子女。（注：奧利弗·溫德爾·霍爾姆斯說：「一代人遺傳給下一代人的，不僅是性格特徵，甚至還包括這些特徵所表現的形式，想想這一點真讓人不寒而慄。小喬納森·愛德華茲曾說過一件事情，在紐黑文有一個無賴，一次他正在虐待他的父親，這時，他的父親哭喊了出來：『別再拉我了，以前我拉我父親時，也沒超過這棵樹啊！』」）

所有這一切看起來似乎是殘酷命運捉弄人，其實卻是嚴峻現實的產物。甚至一個地方的不良風氣也會向後代遺傳，而要消除這種風氣，只有借助自我克制，借助文化的作用，借助明智而公正的統治，才可以做到。鮑爾博士曾經指出過一個醒目的事實：（注：下院講演，西元 1870 年 3 月 21 日）在愛爾蘭，暗殺的風氣幾個世紀以來，一直在某幾個地區盛行。詩人斯賓塞（Edmund Spenser）的祖先在 3 個世紀前，家室曾遭到劫掠、縱火焚燒，同時遇害的還有一個剛出生不久的嬰兒；在他的詩歌裡，描述了他所生活時代的愛爾蘭西南地區的真實狀況；那裡在今天看來，依然是這般情形。同樣醒目的是，鮑爾博士指出，斯賓塞的作品《仙后》（The Faerie Queene）裡，倒是應當把阿伯羅的格蘭作為罪孽滋生之地 —— 那個

地方狂暴、凶殘的惡名聲，直到最近仍為人們所傳播。

　　這是遺傳的不良影響。從好的一面來說，我們可以看到，一些技術技能也可以由父親傳給兒子。一個機械師的兒子比一個農夫的兒子，在機械方面更有可能得心應手，由於他的血統，他在這方面有更大的可塑性。我們可以看到有許多世世代代以屠宰、鑲嵌、雕刻和繪畫為生的家族。奧格斯堡的基立安家族，連續四代出了 4 位傑出的雕刻師；我們還聽說了 3 位範德維爾德、4 位維爾內、兩位泰尼埃和兩位拉斐爾。蓋爾特納是德國的一個建築世家，歷經兩個世紀都沒有衰落；而兼為機械師、建築師和工程師的米爾涅家族，更是人才輩出，盛達 300 年。才華出眾的父親又造就了同樣才華出眾的兒子，所有這些事例中都是如此。難怪帕斯卡會提出這麼宏大的一個規律：「人類在漫長時間進程中的延續過程，我們可以看作是一個一直不會死亡、一直在學習新事物個體的延續。」

　　東方民族對於所謂民族品德也抱著深刻不疑的信仰。《聖經》裡有許多段落講述的都是家系。《馬太福音》第一章就講述了大衛的出生一直到耶穌誕生。（注：參閱《宗譜學》一文，見史密斯博士《聖經詞典》。）阿拉伯人對家系一直有所信奉，阿卜杜拉·加德爾並舉例證明說：「往荊棘樹上澆玫瑰香水，即使澆一年，長出來的不是別的，仍然是荊棘；棗椰樹哪怕是放在最貧瘠的土地上，沒有人照看澆水，最後仍然會結出豐盛、甘美的果實。」

　　普魯塔克在描述他的那些英雄家系的時候，顯得與眾不同。這位大師把他們的祖先都追溯到天神或者是巨人。在他那裡，柏拉圖是梭倫的後代，亞歷山大成了赫拉克勒斯的子孫。凱撒有一句名言：「每一個偉大的家族身上，都體現著那些統治人間的國王尊嚴，和那些統治這些國王的神

祇的高貴。」性格的遺傳是如此普遍常見，以至於亨利・霍蘭德認為，真正讓人奇怪的，不應該是性格的遺傳，反而是它沒有得到遺傳。不過，我們也必須承認，性格遺傳的痕跡不像面貌、體型那麼明顯，因為性格的養成，非常依賴於環境、教育和文化，依賴於智力成長過程中所克服的困難、障礙。

無論如何，有一個良好的出身總是占著很大的便宜，精神和智力的傾向是跟著血液一起流動的。只有某一類家族（和貧富無關）才可以繁衍出最優秀的後代，而這正是他們最寶貴的遺產。帕斯卡認為，一個有著良好出身的人，他會在20歲的時候就懂得承認別人的存在，尊重別人；而沒有良好出身的人，可能要到40歲才會意識到這一點。良好的出身對於個人社會地位的幫助，遠不如對他精神智力的幫助來得大。聖伯夫在對拉柯戴爾的批評中曾談道：「即使考慮一個人將來的信念、信仰，他是否出身在一個健康、強壯或者一個純潔、誠實的民族，這絕對不會無關緊要。在堅實有力、特徵顯著的有機體上，我們可以找到聰明、美德和天才以及熱烈雄辯的話語；人類一切偉大的天賦都在這裡湧現。這時，我們也許能夠確定，一種身體構造所擁有的自然力量，是足以把這些美德維持到終點的。」

歷史上也有一些最為出色的人物，他們有著無窮活力，才智出眾，卻都是私生子。伊薩克・迪斯雷利在他的《托蘭回憶錄》裡寫道：「不合法的出生往往產生果敢堅強的性格。」弗萊徹博士曾依據一些簡單的心理學原理，對此做了解釋。這裡，我們無須進入那些神話人物的世界，只要看看胖子丕平的私生子查理・馬特（他被稱為錘子）。當時正值撒拉遜人橫掃基督教世界，正是馬特遏止了他們的進攻，並最終在圖爾大戰中將他們擊

潰。這可以算是近代史的一個重大轉折，若不是馬特及其部隊的英勇頑強，現在歐洲的大部分將是穆斯林而非基督教世界。馬特之子矮子丕平（Pepin the Short）被認為是法蘭克人的國王，丕平之子和他的繼任者查理曼（Charlemagne），也稱查理大帝，是早期歐洲歷史一個最偉大的名字，也許僅次於亞歷山大大帝和凱撒。

　　我們可以略過那些無名之輩，看一看諾曼第的羅伯特·勒迪亞波的私生子、也是他唯一的兒子——征服者威廉，他在哈斯丁贏得了英國王位，並以超乎尋常的力量將它緊緊握在手裡。斯圖亞特家族中，也有許多了不起的人物是私生子，其中包括被譽為「能幹的攝政王」的默雷，他是蘇格蘭詹姆斯五世和瑪格麗特·艾斯金太太之子；伯維克公爵，英格蘭詹姆斯二世和阿拉貝拉·邱吉爾（瑪律波羅公爵之妹）之子。後者在蒙田眼裡成了完美人格的化身；蒙田說：「從普魯塔克的作品裡，我知道偉人是什麼樣子；而公爵卻讓我可以更貼近觀察他們的實際面目。」不過，這位公爵待人冷淡，說話直截了當，一次，有人問西班牙女王為什麼不把他留下來效力，女王回答說：「這是個英國怪物，誰在他面前都會變得老老實實的。」這或許是一個英國人所能得到的最高讚揚；他很少說話，但盡職盡責。

　　大學者伊拉斯謨也是私生子，在他生命的起點上可以說充滿了不幸，他一生都在為了爭取光明、學問和自由而持續不斷地奮鬥。李奧納多·達文西，一個舉世罕見的天才，在繪畫、建築、機械、哲學和發明方面都有非凡成就的人物，也是佛羅倫斯一個貴族的私生子；這個貴族的名字已然被人們忘卻，而他兒子的聲名卻經歷許多時代依然為人們所知。《十日談》的作者薄伽丘、醫生兼哲學家雅若姆·卡爾丹，出身也是一樣低微。薩克

斯元帥出身王室，也是私生子，父親是波蘭國王和薩克森選帝侯奧古斯都二世，母親是瑞典上流社會的一位太太，孔甯斯馬科女伯爵，她的惡習由她的兒子全部繼承。人們都注意到，已故的迪德萬太太（大家都叫她「喬治‧桑德」）因她是這位著名元帥的後裔而得意非凡。普賴爾據稱是多塞勛爵之子，而詩人薩維治則是理弗斯勛爵和麥克勒斯菲爾德女伯爵之子，他的父母親一個遺棄了他，另一個則否認他們之間的關係。

讓‧勒朗‧達朗貝爾（Jean le Rond d'Alembert）又是一個私生子的著名例子。在一個微冷的 11 月早晨，人們在巴黎讓‧勒龍德的臺階上發現了剛一出生就被遺棄的他，這時已經奄奄一息；大家將他送到員警那裡，而後，員警找到一戶窮人家，把他託付給一個玻璃工的妻子照管，並將他撫養成人。稍後，孩子的親生父親，炮兵軍官德圖克先生出現了，承認這是他的兒子，並說出了孩子母親的身分，原來是里昂主教唐坎紅衣主教的妹妹德‧唐坎小姐 —— 這位小姐才華出眾，後來還在巴黎社會變得很出名，成就斐然。父親願意負擔小孩教育所需要的花費，這樣，達朗貝爾進入了最好的學校，很快就展示了日後使他聲名大震的出色才華。成名後，他母親唐坎小姐把他身世的祕密告訴了他，想讓他回到她身邊。「您說了些什麼，小姐？」達朗貝爾說道，「您不過是我狠心腸的親生母親，那個玻璃工的妻子才是我真正的媽媽。」

由此，達朗貝爾回到了那個細心把他養育大的婦女身邊，回到了從前簡陋的居所，在那裡陪她度過了 40 多年的時間。不過，他這位天性善良的養母，對他在大學裡做的數學研究十分惱怒，而且對這種惱怒幾乎不加掩飾。每當達朗貝爾告訴她自己在寫什麼的時候，她總是說：「你除了哲學就不會做點別的了嗎？什麼是哲學家？那是個傻瓜，一輩子折騰自己的

傻瓜。他死了人們就會這樣稱呼他。」也許，在她眼裡，一個玻璃工的生活就是最榮耀的生活，吃喝都不用發愁。布羅姆勛爵在他的《喬治三世時代的哲學家》一書中，對達朗貝爾有一段非常精彩的描述。他認為達朗貝爾可以躋身第一流的數學家之列，把他視為「艾薩克‧牛頓爵士之後最偉大的哲學家、幾何學家」。

　　所以，那些默默無聞的家族，有時確實會突如其來地產生一些偉大人物，事前沒有先兆，讓人們始料不及；但另一方面，那些出身很好的人，也會將他們繼承的才能、性格繼續地加以展示、發揮。艾米爾‧迪斯卡諾認為，如果我們知道一個人年輕時的環境，他生長的氛圍，我們就可以確定他會是什麼樣子；而這自然就關係到父母的出身。就個人而論，子女的精神和智力特質，究竟應該歸因於父親還是母親，現在還有爭論。有一種觀點認為母親發揮著主要的影響，而支持這一論點的論據也有許多。盧梭說：「每個人都是由女性造就的；所以，若要讓人們高尚、偉大，就應該在女性的心裡烙下高尚、偉大的印跡。」

　　拿破崙‧波拿巴也認為：「兒童將來品行的好壞完全取決於他的母親。」一次，他與卡龐太太交談中說到公共教育的話題，他說：「舊的教育體制看來作用很小。要讓人們受到更好的教育，妳認為需要什麼？」「母親。」卡龐太太脫口而出。她的回答令皇帝留下了深刻印象：「對！」他說道，「妳的這句話裡其實包含著一套制度：讓母親接受培訓，以便她們正確地教育她們的孩子。」拿破崙常常將自己性格的養成歸功於他的母親，她與眾不同之處在於，在意圖和理解力方面她有一種特殊的力量。

　　有一位傳記作者曾這樣寫拿破崙：「他唯一聽從的只有他的母親。他母親巧妙地同時施以疼愛、嚴厲和公正等種種手段，使他內心對她且敬且

畏、又有喜歡。正是在母親那裡，他學會了服從這種美德。」不過，偉大的性格始終是一種個人的品格，這點在拿破崙的家庭再一次得到了證明。拿破崙出身一個大家庭，可是家庭成員中，只有他有巨大的成就，其他人也出了名，但不是因為自己，而是因為拿破崙。家裡的長子約瑟夫，他和拿破崙是同一個母親，不過做了皇帝的拿破崙不斷地抱怨他總是犯錯，不稱職。還有納爾遜勛爵，論勇敢、論高貴、論慷慨大度，當時都沒有人比得上他；他的弟弟，一位教士，因為哥哥的功勛而被授予伯爵，但從他對待漢密爾頓夫人以及納爾遜女兒的舉止上，可以斷言他是最可鄙的一個人。

無論如何，我們可以確信的一點是，當一個人幼年天性還很柔弱時，他周圍的環境，對他的未來會有很大的影響，他一生最根深蒂固的那些行為動機，也可以追本溯源到他新生的時候。這一點沒有什麼疑義。而在生命的起點上，當嬰兒受到各種潛移默化教育的時候，這時，他完全是在母親的懷抱裡，母親是他天然學習的榜樣，除了母親，他還能效仿誰？與此同時，他性格的養成也是來源於母親的教化。男人影響孩子的智慧發育，而母親卻決定了他心靈的方向。

「母親的教育總是充滿溫柔的愛心。」里克特說道，「……女性為這個世界所做的犧牲少有人知道，這是事實。男人統治社會，將榮耀集於一身，而一位母親為社會培養一個英雄、一個詩人所付出的犧牲、所熬過的千千萬萬個不眠之夜，社會卻不會記得，從沒有被度量過 —— 因為這些母親從不去度量這些東西。於是，就這樣一代一代地，這些母親為時代培養出了偉大的人物，沒有人知道她們的名字，也沒有人向她們表示感激。很少會有哪個科爾涅利婭能夠遇到一個普魯塔克，把她與格拉古兄弟連繫

起來。這兩個兄弟背著母親去德爾斐神殿，最終得到的結局卻是被處死。看來，一個人在孩子身上花的心血，只有在生命的終點才能得到最好的回報。」

以往的傳記資料對於偉人母親確實著墨不多，不過，卷帙浩繁中偶爾也能找到一些章節，可以說明女性在性格養成中的影響。前面我們提到拿破崙的母親；事實上，克倫威爾的母親也毫不遜色，她意志堅定，做事投入，並有很好的判斷力。福斯特曾形容她：「哪怕在最不利的環境下，也能掌握自己的命運；她的精神、她的能量，可以與她的溫順、耐心相媲美。她憑藉自己雙手的勞動，為 5 個女兒掙下了嫁妝，嫁妝的數量使她們足以找到聲望與她們匹配、而財富猶勝於她們的夫家。她唯一引為自豪的品格是誠實，她唯一願意誇耀的情感是仁愛。在白廳那金碧輝煌的宮殿裡，她依舊保持著自己從前在亨廷頓老啤酒廠裡養成的、曾使她顯得與眾不同的簡單嗜好。在她所有的光榮中，她唯一關切的就是她心愛的兒子，擔心他所處的高位是否會給他帶來危險。」

衛國英雄漢普頓與克倫威爾是表親，他的母親伊莉莎白·克倫威爾是克倫威爾的阿姨。伊莉莎白的一個女兒，也就是漢普頓的妹妹、奧利弗的表妹，嫁給了阿格蒙德海姆的沃勒老爺，他們的孩子就是詩人愛德華·沃勒。聖伯夫認為，凡偉大的詩人，他們的天才、性情通常都得自於他們的母親。斯威登堡的觀點則恰好相反，他認為人的心靈得自父親，身體則取決於母親。他這是根據自己的經驗得出的結論，實際上許多引人注目的事例與他的說法並不吻合。

聖伯夫說：「那些想在偉大人物的父母身上，尋找他們光輝業績的源頭，想在華特·司各特、拜倫、拉馬丁的母親身上，找到她們的孩子之所

以成為天才的祕密的人們，（注：聖伯夫還提到了拉馬丁、魯瓦耶·柯拉爾的那些姊妹，他與她們相識，他對她們的評價是嫵媚動人、聲音悅耳，猶如「一窩夜鶯」。）一定會記得夏多布里昂夫人，記得她一方面有著濃郁的悲哀，同時又具有極其優雅的性格。」與此同時，聖伯夫還提到了夏多布里昂有一位慈父一般的伯伯，他是個教士，同時也是詩人；此外，他還有一個叔叔，將終身獻給學術和歷史研究。

華特·司各特的母親是愛丁堡盧特福德教授之女，聰明過人。她在文學方面具有很高的水準，對兒子在這方面的追求給予鼓勵；而孩子的父親，一個普通人，虔誠的長老教信徒，對這一領域毫無所知。司各特在給喬治·艾理斯的信中，曾這麼描述自己的祖先：「我祖父是一名馬術師、牛販子，他算掙了筆錢；我的曾祖父是個雅各賓黨人、『賣國賊』（當時人們是這麼稱呼他的），終身默默無聞。在他前面，還出了一兩位吃不飽的地主，每天騎著一匹羸弱的馬，背後跟著一條瘦瘦小小的灰狗，費盡力氣從 100 名佃農身上收來 100 英鎊，然後去和人決鬥，歪斜著帽子，到處稱自己是紳士。」（注：洛克哈特，《司各特傳》（8 卷版））

拜倫勛爵的母親，蓋特的凱薩琳·戈爾頓感情熱烈多變，脾氣暴躁，不能自制。拜倫的詩歌能那樣充滿活力，最可能的來源就是她這種凱爾特人的熱情。在《唐璜》這部作品中，拜倫誇耀自己「天生是半個蘇格蘭人，而一經撫養成人，就整個是蘇格蘭人」。母親任性多變的性格在他身上無疑產生了深遠的影響，這從他短暫而輝煌燦爛的一生中，所顯露的那種近於病態的隨心所欲、挑戰一切的態度，都可以得到證明。母親的影響，一生都伴隨著這個飽經災變，恓恓惶惶，集偉大與脆弱於一身的詩人。

　　再看看其他詩人。格雷和考柏在詩歌上的天賦，都得自他們熱烈愛慕著的母親。格雷在母親去世後曾致信朋友，信裡說：「我內心只有一種感受，人一生只能有一個母親。」考柏的母親安・多恩是詩人多恩的後裔；斯威夫特有真正詩人的血統，他母親是赫里克家族的，祖母又是德萊頓家族的；湯姆遜的詩歌天賦也來自他母親，她有一種超乎常人的天然力量，有著極為豐富的想像力。邵萊提起母親的時候總是非常動情，他在《自傳》裡寫道：「再沒有人能有她那樣溫柔的性情、歡樂的天性。她的理解力極為出色，我聞所未聞的一切，她都樂於去理解。她天性的溫良和精神上的魅力，為她贏得周圍一切人的喜愛，我沒有見過誰有這樣的品格。」

　　封塔內爾承認他的天賦得自母親，她是科內爾的妹妹；而夏洛特・科爾代則是科內爾另一個妹妹的後裔。托克維爾的母親是瑪律澤爾布的孫女。巴朗基在體質上是得自父親，不過，正如聖伯夫所評述：「與其他名人一樣，他的情感都是從母親那裡繼承下來的。」曼佐內的母親是政治哲學家、著名的《論罪與罰》一文的作者貝卡里亞侯爵的女兒；德國哲學家康得也一直認為，正是因為他母親性格的支配作用，才有了他的道德原則中那種森嚴苛刻、不留餘地的特性；在科倫納陣亡的約翰・摩爾爵士，他的父親是一位作家，著有《澤魯柯》及其他一些作品，母親是格拉斯哥大學的西姆森教授之女 —— 一名有著非凡性格力量的人。

　　這樣的例子還有很多。大法官曼斯費爾德勳爵的母親是霍桑頓德拉蒙德的後代，她非常有性格，也很能幹，但他的父親卻是一個平庸之輩；首相艾斯金勳爵，他的母親有敏銳的判斷力，正是她建議兒子放棄海軍生涯，轉而進入律師界的，果然艾斯金在這一行大放異彩；威靈頓公爵無論面貌還是為人，都酷似他母親，葛列格先生曾評論她是一個能力過人、性

格堅強的女性，而公爵的父親莫甯頓伯爵的名聲卻主要得自他對音樂的熱愛 ── 他的無伴奏合唱曲《在涼爽的洞穴》至今為人喜愛。

納皮埃兄弟，他們的母親撒拉‧萊諾克斯太太是一位高貴、美麗且勇敢的女性，她是查理二世的曾孫女；布羅姆勛爵時時不忘關心、照顧自己的母親，他的母親是歷史學家羅伯森之女，智商極高，而他的父親只是一名普通的鄉村紳士；居維葉男爵（Georges Cuvier）的父親是一個不起眼的官吏，母親卻極具個性，不辭辛勞地致力於兒子的教育。她雖然不懂拉丁文，卻讓孩子一遍一遍向她複述課文的內容，教他繪畫，鼓勵他閱讀歷史與文學著作，並幫助他培養對知識的渴求和對事物的好奇心。這一切，用居維葉自己的話來形容就是：「成為我生命的主線。」薩維尼夫人的一切也在自己孩子身上得到再現，她的兒子謝瓦利埃雍容華貴，富有活力，她的女兒格里南夫人曾被聖伯夫形容為「在她身上，我們看到了理性至高無上的尊嚴」。

在結束這個話題的討論之前，關於家族的精神特徵遺傳性，還有一個值得注意的現象。若是一個母親賢慧高尚 ── 姑且不論孩子的父親是否輕率放蕩、自甘墮落 ── 她憑藉自己的示範作用，憑藉自己溫和慈愛而具有讓人服從的力量，可以保全自己的孩子，教育他們過一種有德行的生活。可是，若是母親有著不健全的性格，那麼縱然父親德行完美，無可挑剔，孩子有大出息的例子也是極其罕見的。一位好母親的榜樣作用，確實不是單純後天的教育，不是一種富足、安逸的環境能夠替代的；正是她們主導著家庭的社會功效 ── 這裡，一切社會感情的紐帶在此產生，一切統治世界的思想和格言也在此發源。國家正是從育嬰室裡發端的，好母親能夠把孩子學步用的扶手索，變成精神上管束、引領孩子的韁繩。

　　當然，也有一些名人非常幸運，他們的父母親都很優秀，這比上述那些名門子弟更勝一籌。這之中，培根勛爵就是一個突出的例子，他的父親尼古拉斯·培根爵士在伊莉莎白執政後的最初 20 年裡身居要職，有極高的文化素養，品行高尚，在法律界和政界都享有盛譽，論地位在當時僅次於伯雷。培根的母親是安·庫克，外公是學識淵博的安東尼·庫克爵士。安·庫克學識非凡，在許多方面都很有造詣，對希臘語和拉丁語很有研究，對大多數的現代語言也非常精通；她曾經把奧肯的布道詞從托斯卡納語翻譯成英語，又把居維爾主教的《辯護詞》從拉丁文譯成英文。此外，她還有 3 個姊妹，她們在學識和成就上都不遜於她 —— 大姊米德雷德是著名的伯雷勛爵之妻，羅傑·阿斯卡姆認為她是除了簡·格雷之外，英國最好的研究希臘的女學者。

　　這位伯雷夫人的兒子薩利茨堡伯爵是高級財政大臣，精力旺盛，其過人的智慧聞名遐邇，被公認為是當時最出色的一位大臣。二姊伊莉莎白可以用希臘文和拉丁文寫作書信和輓歌，並翻譯過法語作品。三姊凱薩琳在希伯來文、希臘文和拉丁文方面的學識人所共知，在詩歌方面也很有才華。伊莉莎白女王自己在語言方面也非常在行，在拉丁文、希臘文，以及法語、西班牙語、義大利語和德語上均造詣不淺。

　　路德、塔索、席勒、歌德、彭斯和衛斯理同樣屬於非常幸運的、父母都很傑出的類型。路德，他的母親被認為是「一個有德行的、貞潔的、敬畏神的女子，是摩爾哈的驕傲」。（注：奧登，《馬丁·路德傳》。）他的父親約翰為人正直單純、意志堅定。塔索，他的父親貝納爾多也是一名很有成就的詩人，只是名聲被兒子蓋過罷了；而他母親的性情最是溫柔美好，在丈夫遭到放逐期間，她精心培養兒子才華的發展，並得到兒子熱烈

的愛作為回報。(注:摩爾在《拜倫傳》裡寫道:「有許多的例子說明,那些名詩人可以讓他們的母親引以為傲的,不只是他們所取得的榮光,還有他們對母親的愛,也讓她們同樣感到滿足。塔索、波普、格雷、考柏,都是我們今天還會想到的孝敬母親的典範。」)

席勒,他繼承了母親的一切特質,在相貌、體型和脾氣上都酷似母親:身材修長,頭髮柔軟,視力不佳,前額很寬,神情憂鬱。他們母子都同樣虔敬、同樣熱誠,對自然的美有很敏銳的感覺,都同樣地熱愛音樂、詩歌;他父親為人正直,人品良好,無論環境多麼惡劣,都堅持不懈地傳播哲學、科學。歌德,他的性格也是集父母之長。他自己曾說:「我的口才得自於父親,這幫助我可以說服聽眾接受我的思想;而在母親那裡,我繼承了她生動活潑、大膽無羈的想像力。」他的母親有著良好的判斷力,充滿了愛心,此外,她的書信體寫作引人入勝,可以說在很多方面都令人尊敬。她兒子的一位熱烈崇拜者,在和她詳談過一次之後,感慨地說:「現在我算理解歌德為什麼會成為歌德了。」

詩人彭斯的父親是一個很出色的人,有很好的判斷力,而且兼具男子漢氣概,彭斯智力上的全部特質都得自於他,這一點詩人自己也承認,他認為自己所有的智慧都是父親所賜。他說:「我很少遇到有人能像他那樣理解人,理解人們的行為方式。」彭斯急躁、憂鬱的性格也與父親相似,這種性格為他的一生投下了濃重的陰影。不過,他與母親也有許多相似之處。他母親聰明睿智,與司各特的母親一樣,在兒子小時就讓他背誦古代的民歌,從而激發了他的天賦。借助父母的示範和愛護,詩意的性情在他幼小的內心得到了呵護和張揚。

約翰·衛斯理也同樣深受父母影響。衛斯理家的人都屬於堅定、獨

立、遇事不屈不撓的那種類型，至少連續四代都有成員成為出色的牧師，並以堅定地捍衛良心和自由的權利而著稱。約翰·衛斯理的曾祖父巴托羅繆·衛斯理牧師，其在共和國時代是琳恩附近查恩茅斯地方的非國教派牧師，他堅持自己的原則，在復辟時期受到驅逐，不能繼續他的職業，很快就去世了。他的兒子老約翰·衛斯理牧師是一位著名的東方學者，曾被任命為溫特伯恩教區主教，復辟時期與父親一樣失去了牧師的位置，此後屢遭監禁和處罰，但他卻沒有放棄布道的努力；在一次入獄後不久，他便去世了，年僅 34 歲。

他的妻子是教會歷史學家湯瑪斯·富勒牧師的侄女，他們有一個兒子塞謬爾·衛斯理 —— 衛理公會派的奠基人約翰·衛斯理和查理·衛斯理的父親，他充滿活力，信念異常堅定。剛進牛津讀書時，他身上只有幾英鎊，在那裡他選擇了埃克斯特學院進行學習，並得到減免學費的待遇，之後又獲得了獎學金。經過深造，他獲得文學學士學位，隨後來到倫敦，在那裡被任命為牧師。在倫敦做了一年的助理牧師後，他到一艘軍艦上當一年的軍中牧師，而後又回到倫敦做了兩年的助理牧師，最後被派遣到林肯郡南歐姆斯比當牧師。不久，詹姆斯二世頒布議會法令，要求所有的教堂都要宣讀他的《良心自由宣言》，衛斯理也受到了壓力，被要求支援朝廷的法令，對國王表示擁護。不過他斷然拒絕，不僅如此，在一次對包括朝廷官員、士兵和密探在內的聽眾進行的布道上，他還表明了自己反對的立場。西元 1688 年革命爆發，他以演講、寫作來對新的秩序表示支持。西元 1693 年，他被任命為林肯郡埃普沃斯地方的教區牧師，約翰·衛斯理正是在這個教區來到人世的。

約翰·衛斯理的母親也是個出色的女性。她的父親 —— 著名的塞謬

爾・安內斯利博士，是愛爾蘭安內斯利伯爵的近親，也是一位非國教派牧師，當然在復辟時期也同樣失去了牧師的職位。衛斯理的母親和她的丈夫一樣，按照自己的意願選擇宗教信仰，經過良心上不斷地審視，她最終放棄了非國教派，加入教會。她不僅在宗教上有堅定的信念，在政治上也堅定地站在斯圖亞特王室那邊，拒絕為威廉國王祝福，這一度讓她的丈夫 —— 他是支持西元 1688 年革命的 —— 與她非常疏離。

她是一個非常盡心的母親，堪為典範；她一共有 19 個孩子，她教育他們要誠實守信、品格正直。有時她的丈夫因為參加宗教會議離開了，星期日不能禮拜，她就在家裡與孩子一起禱告，誦讀布道詞，然後與他們一起進行宗教心得的交流。周圍的教區居民一直有意參加他們的聚會，衛斯理太太起先婉言謝絕，但最後還是同意了；他們的房子遠遠不夠容納如此多的來賓。丈夫在外地得知消息後，便寫了封信回家，希望她放棄這類聚會，或者至少要請有公開身分的權威人士來主持。衛斯理太太回覆了信件，非常直率坦誠，而且是合情合理地為自己的行為辯護，於是丈夫對她的星期日誦讀、交流活動不再反對。

這就是衛斯理的母親。毫無疑問，她的教導和榜樣作用，對於她兒子性格的形成具有不可低估的作用。索雷在《衛斯理傳》中曾指出：「約翰和查理這時受著他們母親的照看，她傾注了大量時間在孩子身上，每週都要抽出一個晚上與每一個孩子討論基督教的職責以及它給人的希望。可以確信，正是幼年的這種環境，對孩子以後的行為產生了不可估量的影響，使他們成為一個新的基督教教派的奠基人和導師。」

不過，儘管以上許多事例都說明，孩子的能力、天賦和性格可以得自父母雙方或者單單是母親一人，但更多的例子還是證明，這些方面都是直

接由男方遺傳下來的。古人云：「有其父必有其子。」人的相貌還有才華，都可以代代相傳。已故的湯姆・泰勒曾經在《泰晤士報》上撰文，談到他在觀看鄧貝伯爵擁有的一幅約翰・威克利夫肖像時的一點感想：「有一個潛心研究威克利夫著作和歷史的德國人，一次在日內瓦遇到了約克郡的一位教士，這人正是已故的威克利夫之子。而德國人正是憑藉對他的面貌的判斷，上去與他搭話，問他是否是這位著名的英國宗教改革家的親戚。」這個德國人知道了這個約克人的家世後，不由得異常興奮。我們如果對比一下第一代薩夫茨伯里勛爵和著名的慈善人士、第七代薩夫茨伯里勛爵，對比他們兩個人的容貌，也可以發現臉型在家族內部的遺傳。

　　這裡，我們討論了在那些畫廊裡看到的古老世家面貌、體型上令人驚奇的相似，我們再看看畫家和音樂家身上藝術才華的傳承。拉斐爾的父親是一位不錯的畫家，也是他那個更富盛名的兒子的啟蒙老師。提香的弟弟、兒子、孫子都是出色的藝術家。威尼斯有叫貝里尼的父子三位藝術家，父親叫雅各，二兒子喬瓦尼聲名最著。義大利的桑格羅一家出了許多藝術家和建築師，其中有 4 名成員最負盛名。同一族系的 3 個卡拉西斯都可以算在義大利最傑出的畫家之列。尼考拉・阿貝蒂是著名的壁畫大師，他有一個兄弟以畫馬和戰爭題材見長，他的兒子、孫子也都在藝術方面頗有建樹。巴薩諾父子五人都在畫壇享有盛譽。還有卡諾瓦，他父親也是一位雕刻師。

　　不只是在義大利，法國也同樣如此。生活在 18 個世紀初南錫的雅各・西格斯貝・亞當的 3 個兒子，與他們的父親一樣都是傑出的雕刻師；還有 4 位庫斯圖家族的人，安托尼・誇塞瓦和他的兩個姪子尼古拉斯、吉洛姆，還有他最小的兒子、曾贏得法蘭西學院大獎的小吉洛姆；巴西爾是一

個技藝代代相傳的雕刻世家；皮卡特也是一個雕刻世家，家族中最後出了一個貝納爾，成了最負盛名的一位。還有 4 代都是畫家的威爾內家族，第一位成名在上個世紀初，最後的一位則與我們同時代。

在低地國家，我們同樣能發現藝術的傳承現象。庫柏、保羅・波特都是畫家之子，小馬蒂斯的父親就是昆廷・馬蒂斯，母親也是一位畫家之女。還有塔尼埃父子，范德維爾德祖孫三代，拉夫・蒙斯的父親也是一位畫師。而在我們這個時代，也有許多近似的例子。諾勒康的父親也是一名雕刻師，斯通父子四人都是雕像大師，還有皮克吉爾斯叔侄。愛丁堡的納斯米斯父子五人（其中 3 個女兒）都是畫師，其實他們家還有一個人也可以算上，那就是蒸汽錘的發明者內史密斯，他也是一名藝術家。

再看看音樂家。斯卡拉蒂父子已經為我們所知，他們還有一個孫子，是一名作曲家，不過聲名不如他的先人而已。巴哈家族可稱得上是名副其實的音樂世家，開創者是維特・巴哈，他生活在 16 世紀初，是普賴斯堡的一個磨房工，之後連續六代都對音樂相當在行；到 18 世紀中葉，維特一共有 58 名男性後裔，根據福爾克的說法，他們都是音樂學教授。這一家族的音樂天才，到了約翰・塞巴斯蒂安・巴哈這裡達到顛峰，他的 4 個兒子、5 個女兒都在音樂領域有不俗的造詣。

貝多芬的父親、祖父都以音樂為職業。韋伯的父親是個狂熱的音樂迷：一有機會，無論是在街道還是在田裡，都會拿出小提琴拉上幾曲。莫札特的父親也是一名出色的音樂家，是薩爾茲堡總主教的樂隊副指揮和作曲家。海頓的父親演奏豎琴，據說「一個音符都不認得」。羅西尼的父親是一家旅行社樂隊的小號手，孟德爾頌的家庭不是以音樂，而是以學問聞名，他的祖父摩西・孟德爾頌是著名的語言學家和哲學家。（注：這裡再

提一句，米爾頓的音樂品味也得自父親，他父親雖然只是一名抄寫員，卻是一個非常出色的音樂家、作曲家。伯恩的《音樂史》裡保存了他的部分作品。）

　　學問、政治在許多家庭似乎也可以遺傳。斯卡里格父子都是了不起的學者和批評家；類似的還有喬治·亞當·斯特魯夫和伯克哈特·哥塞爾夫·斯特魯夫父子二人，不過他們家也出了幾位在政府出任高官的律師、政治家。吉拉德·沃修斯和伊薩克·沃修斯父子都是當時第一流的學者，而卡佐邦父子也同樣以學識淵博著稱。阿爾蒂尼兄弟，老大喬瓦尼是著名政治家，老二安東尼奧是哲學家，而他們的叔叔嘎爾瓦尼就是流電學的發明人。佛羅倫斯的斯特拉茲家族在長達 3 個世紀的時間裡，一直以為學和從政著稱；這一家族另有一個分支在費拉拉，在詩歌和批評界人才輩出。

　　原籍法國的斯蒂芬斯家族都是傑出的印刷商和學者，在兩個多世紀的時間裡，他們家族一共出了 10 多位最傑出的學者。巴納日家族在傳教、法律和學術方面都頗有建樹。原籍法國、後居住在日內瓦的達比格內家族，300 年裡不斷湧現著名的學者、牧師和歷史學家。施萊格爾三兄弟在學術和批評上都同樣地卓著。美國的亞當斯家族則湧現 3 名傑出的成員，總統約翰·亞當斯（John Adams），還有約翰·昆西·亞當斯和查理·法蘭西斯·亞當斯，他們都是能力出眾的政治家。馬特祖孫三人 —— 理查、英克里斯和考頓，都是著名的牧師。在麻薩諸塞州多徹斯特教堂的墓地，有一塊為紀念他們而樹立的墓碑，墓碑上刻了如下的話：

　　理查·馬特躺在這塊墓碑下，

　　他的兒子名聲蓋過了他，

　　但他們都比不上他孫子偉大。

　　那些英雄具備的性格也會以父子相承的方式傳下來，要尋找最可以說明這點的例子，我們可以看看拿索家族的歷史。他們早在 11 世紀中葉在歷史上就有一定的影響，其中，長子那一支後來留在德國，到 13 世紀，拿索的阿多弗斯登上帝國的皇帝寶座，在國內任命了許多選侯、主教和將軍。而幼子那一支名聲更大，他們曾帶領荷蘭人爭取自由，反抗西班牙和法國的壓迫。奧蘭治的威廉一世（Willem I），綽號「沉默者威廉」，是帶領荷蘭人起來反抗查理五世及其子菲力普二世的第一人。

　　當時強敵如林，有阿爾瓦的大公、奧地利的唐約翰和帕爾馬的阿萊桑德羅・法尼斯，而這些人背後還有強大的西班牙和義大利軍隊支持。但他所向披靡，最終簽訂了著名的《烏德勒支協定》，這為荷蘭共和國的建立奠定了永久的基礎。（注：拿索家族的才華、德行在女性身上也得到繼承。特拉蒙維爾女大公夏洛特是第二代奧蘭治親王之女，她的女兒夏洛特又嫁給了斯特蘭治勳爵，即後來的德爾比伯爵，這位勳爵曾組織了拉舍姆豪斯保衛戰，抗擊議會軍的進攻。這一戰可以算是騎士時代最出色的一項戰功。）

　　敵人懸賞要威廉的首級，最終他被敵人派遣的一個刺客暗殺；他的事業由兒子 —— 拿索親王毛里茨（Maurice of Orange）加以繼承。他繼承父親的職責當選為總督，並在英國軍隊的幫助下使荷蘭擺脫西班牙的統治。隨後他的位置由他同父異母的兄弟弗雷德里克接替，而後傳到奧蘭治親王威廉三世，這位奧蘭治親王就是英格蘭的第二位征服者。事實上可以說，摩萊先生的兩部歷史著作《荷蘭共和國的興起》及《荷蘭史》，是對拿索家族成員的英雄氣概最好的紀念。

　　政治謀略看來同樣可以遺傳。愛德華二世和三世時期的斯坦利家族，到了維多利亞時代仍有代表活躍在政界；現在的薩利茨堡勳爵就是伊莉莎

白時期塞席爾家族的後人。查理二世時期的羅素家族在現在的政壇仍不乏其人。蘇格蘭的比頓家族、畢堯姆家族在 200 多年的時間裡，不斷湧現各類政治家、牧師和外交官。在近代政治家中，有皮特父子、福克斯父子（霍蘭德勛爵和查理·詹姆斯·福克斯，或許還可以再加上已故的瓦塞爾·霍蘭德勛爵）、皮爾斯父子，現在下院的發言人也是他們的後人；坎甯父子，還要加上斯特拉夫德·坎甯勛爵（德·拉德克利夫）。坦普爾家族也以幾代人在學識、口才和政壇表現出來的才華而為人注意，曾任首相的已故帕默爾森勛爵可謂是其頂峰。

　　法律、文學方面的成就似乎也會在家族裡傳承。法蘭西斯·加爾東先生在《世襲的天才》一書中，挑選了西元 1660 年～ 1865 年間的英國法官，做了一個精心的比較，結果發現，其中有相當一部分人都或多或少地與一些名人有沾親帶故的關係。當然，也必須承認，大部分人，尤其是最出色的那部分人，並沒有什麼關係幫助他們在社會上或者在法律界飛黃騰達。

　　此外，最典型的是謝里丹的例子，在他們家族，一種世襲的稟賦持續了幾代之久。最早一位得享盛名的是湯瑪斯·謝里丹博士，他是喬納森·斯威夫特的至交，為人聰明機智，學問很好，音樂上也相當有造詣；另一方面，他也是一個閒雲野鶴的人物，身無分文，也不以金錢為意。他的兒子「湯姆經理」以演劇和經營劇院聞名，而且還寫過兩部作品——《斯威夫特教長傳》和《英語辭典》。

　　「湯姆經理」的兒子就是理查德·布林斯利·謝里丹（Richard Brinsley Sheridan），我們歷史上最好的一些劇作就出自他之手。他很有學問，反應快，口才好，勝過了他的上兩代，而他的放浪形骸、只顧眼前，比之前人也有過之而無不及。謝里丹家族這一條天才的鏈條並沒有到此為止，理查

的兒子湯姆也是個極其出色的人物,只是父親的不幸遭遇給他的生活投下了陰影;等到他的女兒——諾頓夫人和布萊克伍德夫人,這兩位才智出眾的女性那裡,家族又重新贏得它在知識界的名聲。這個家族在今天的代表是多菲林伯爵,他維繫著英國在印度的聲譽。

柯勒律治家族也是一個在詩歌和法律界成就不小的家族。塞謬爾·泰勒·柯勒律治是一位詩人和戲劇評論家,其子哈特萊也是一位詩人,很多方面都像他父親;還有一個兒子德溫特·柯勒律治牧師,在牧師和作家群裡都相當有聲望,唯一一個女兒撒拉·柯勒律治,也以詩歌和創作聞名。他的侄子亨利·內爾森·柯勒律治,在學術、寫作和律師業名聲顯赫;另一個侄子約翰·泰勒·柯勒律治是這個家族最著名的一位律師,早年在牛津出色地完成了學業,而後進入法律界,一步一步地,最後在最高的法官職位上任職。他在文學上也非常有成就,一度是《評論季刊》主編,直到後來由於公務繁忙才放棄。眼下這一家族的代表是英國大法官柯勒律治勛爵。

與之類似,愛丁堡伍德豪斯利的泰特勒家族,也出現了一代又一代的著名歷史學家和法學家。威廉·泰特勒,著有《蘇格蘭瑪麗女王的反面證據之研究》;兒子伍德豪斯利勛爵也是一名法官和歷史學家;孫子亞歷山大·弗拉塞·泰特勒寫的《蘇格蘭史》,是這一領域最好的一部著作;而他的兩個女兒也以寫作歷史傳奇而聞名。

昂格的泰勒家族也是一個文學世家,其中涉足文學的成員包括:查理·泰勒,《卡爾米特》的主編,本人很有學問;伊薩克·泰勒,擅長多項技能,啤酒瓶旋塞的發明者,又改進一種雕刻銅的機器,他也是一名作家,著有《激情的歷史》以及其他一些在當時為他贏得盛讚的作品;傑弗利·

泰勒，曾寫有《不列顛的使徒時代》；安‧泰勒、簡‧泰勒，也寫有許多廣
受歡迎的作品；小伊薩克‧泰勒，伊薩克‧泰勒的長子，曾撰有《詞與地》
以及其他一些頗有價值的作品，是目前在世的家族代表。

　　坎布林家族也許是演藝圈最著名的一個家族。它的成員包括羅傑‧坎
布林，18 世紀中葉蘭卡郡普萊斯科特的一名劇院經理，他的子女有約翰‧
菲力普‧坎布林、莎拉‧坎布林（後來的斯東夫人）、喬治‧斯蒂芬‧坎布
林、法蘭西斯‧坎布林、查理‧坎布林和伊莉莎白‧坎布林，他們都是了
不起的演員。

　　第三代裡有阿德萊德‧坎布林（即後來的薩托里斯）和法蘭西斯‧坎布
林（即以後的巴特勒），這兩位女演員都極負盛名，後者還是一位作家。
有一位老資格的演員 —— 麥克林，他活得很久，在快到百歲的時候，一
次他和約翰‧坎布林說：「先生，我和你們家已經有好幾代的交情了。我
看過你演戲，還看過你父親、你的祖父演戲。啊！你祖父真是一個偉大的
演員。」補充一句，約翰‧蜜雪兒‧坎布林是查理‧坎布林之子，是當時最
負盛名的一位學者。

　　不過，我們也可以找到例子證明，這種才華的沿襲不會太長久，只能
及於兩代。比如科爾曼父子、基恩父子、維奇伍德父子、迪斯雷利父子、
米爾父子、斯圖爾特父子、艾倫‧蘭賽父子、麥考雷父子、查理‧里爾父
子、斯蒂芬森父子、布呂內爾父子等都是明證。父女方面，有銀行家內克
和其女 —— 著名的斯達爾夫人、伯尼博士及其女兒達爾布雷夫人、愛德
華斯和成為名作家的女兒、薩克雷及其作家女兒里奇夫人（作品有《伊莉
莎白》及其他一些小說）。盧卡斯在一本專論遺傳的著作中認為，多數的
家族，第一輩奠基者身上顯露的那種稟賦最初是呈現上升的趨勢，但到第

三代往往就戛然而止，很少會再傳給第四代，傳到第五代幾乎更不可能。最常見的情形是它隨第一代人的出現而出現，也隨他們的故去而消亡，很少及於第二代以上。

多數人一聽到科學的才能可以遺傳，第一反應很可能是覺得荒謬，而實際上這種遺傳卻有許多的事實可以證明。比如凱西尼家族，這一名字與天文學歷史有著密不可分的關聯，他們家族的成員前後連續 122 年，一直擔任法國皇家天文學會主席一職。再比如，貝爾努伊利家族，在 4 代人中，他們至少有 8 位成員獲得了各種殊榮；他們的出名，類似凱西尼家族，不過主要表現為數學方面的天才。再有，亞伯丁的格雷果里家族，有 3 代人因物理學的成就而聞名。詹姆斯・格雷果里（James Gregory）生活於 17 世紀中葉，精通數學，發明了反射式望遠鏡；他的弟弟大衛也在數學上有很深的造詣，並且是蘇格蘭擁有並使用氣壓計的第一人。到他們子女那一代，又把父輩的名聲更推進了一步，他們的成就多數也在自然科學領域。卡爾默斯的《傳記辭典》裡面曾經提到，格雷果里家族中在不同時期獲得過教授頭銜的（主要在蘇格蘭大學）至少有 16 人之多。

再比如貝爾家族，也是一個蘇格蘭家族，他們在法律、外科學和生理學三方面，都有同樣突出的成就。查理・貝爾爵士就是這個家族最近的代表 —— 但這並不是說他最微不足道。同樣的還有愛丁堡的蒙羅家族，4 代都是傑出的解剖學家；亨特家族中，威廉・亨特和約翰・亨特享譽整個歐洲，他們的妹妹正是女詩人馬修・貝麗葉博士，母親是劇作家喬哈娜・貝麗葉；還有 6 位索爾比，都是傑出的博物學家，只不過傑出程度不同罷了。

赫歇耳父子在天文學方面取得了偉大的成就，這我們都耳熟能詳。而老赫歇耳的妹妹卡洛琳・盧克萊西亞與他們一樣，也是一位耐心的觀測

者，她用哥哥專為她設計的一架望遠鏡共發現了 7 顆彗星。西元 1798 年
她由皇家協會贊助，出版了《群星譜》一書；這本書依照弗萊姆斯蒂德先
生的看法，是一本有重大價值的天文學專著。西元 1822 年，哥哥去世，
她以 72 歲高齡回到漢諾威，希望在這裡度過餘生。但這時她也並非無所
事事，而是繼續從事天文學寫作。西元 1828 年，她把哥哥畢生觀察到的
星星列出了完整的目錄，為此，倫敦天文學學會專門授予她金質獎章。她
死於 1848 年，終年 98 歲。

　　類似的例子還有達爾文，他們家族連續四代在野外觀察方面表現出了
傑出的才華。查爾斯‧達爾文——《物種起源》的作者，他的祖父達爾文
博士是位詩人、博物學家兼開業醫生；他的兒子喬治‧達爾文，在劍橋曾
引發一場大爭論，並在自然史、生理學方面知識淵博，聞名遐邇。

　　以上的例子或許可以讓我們相信，遺傳的作用無所不在。單純就體質
方面而論，這種作用在相當的程度上確實存在，例如，我們發現，像疣、
斜視，都是家族遺傳的；此外，諸如皮膚的厚薄、六指（趾）、失明、色
盲、軟骨病、兔唇、長臂、長足、呆子、「呆」腿（wooden legs）等症狀也
都會遺傳。所謂「呆」腿的遺傳，是在我們南部海濱有一戶常年出海的人
家，這個家族許多世代以來一直都非常出名，因為他們那裡曾經出了不少
海軍將領，他們在海上常常要與各種危險搏鬥，但每次回到家，總要借助
木匠的幫助才能讓他們的腿走路。所謂它的遺傳，就是指這個。

　　傑瑞米‧邊沁甚至認為，睡覺打呼也是遺傳。「如果邊沁家有誰睡覺
不打呼，」他曾說，「那他就不算真正邊沁家的成員。我父親打，我母親也
打，所以，倘若哪個姪子不打呼，那一定是假冒的。」不過，比打呼嚴重
得多的是白痴的遺傳。海勒在《心理學基礎》一書裡曾經說過這樣的話：

「我們都知道一個很突出的事例：兩位高貴的女性，由於看中男方的財富，儘管他們幾乎是白痴，也依然嫁給他們。這種精神的疾病經過一個世紀的時間，竟擴散到好幾個家庭去，以後到第四代甚至第五代，他們的子孫還會得這種病。」

　　更可笑的一個例子說的是一名富商，因為有錢，他得以進入一個貴族家庭，並把他的行事方式也帶了進去。以後，他的子女凡是做了什麼小氣的、不名譽的勾當，人們都會指指點點說：「那個老騙子陰魂不散啊！」斯莫萊特有一部小說，裡面的男主角在路上遇到一個年輕貌美的吉普塞女郎，於是就將她帶回家裡，讓她換上一身淑女裝束，又讓她接受許多教育，帶她參加各種舞會。經過這些以後，人們都認為，這位小姐現在在這些方面可以算得上完美無缺了。然而有一天，她出門參加一個牌局，結果發現其中的一位名媛作弊愚弄她，她天性中那些狂暴的成分立刻表現了出來，她惡狠狠地辱罵那位太太，用惡毒的言語詛咒她，最後她說著令人厭惡的話，做著令人厭惡的手勢，離開了這戶人家。所有這一切，正符合吉普賽人的古老說法：「從豬耳朵裡是掏不出錢包的。」

　　不過，有一項東西是遺傳無能為力的，那就是真正的天賦，尤其是詩歌方面的天賦。一般的才華許多家庭都可以傳承，但那些天才的家庭，這種才華只能保留一代，猶如爵士頭銜一樣。那些最偉大的天才，他們的父母似乎並沒有什麼特別之處，他們身影孤單地站在他們所屬的那一代人中間；他們也會有子女，可是後者常常又重新回到普通人的行列；在他們的家族裡，既沒有前人，也沒有來者。他們的智力既不同於父親，也不同於母親，完全出於他們自身，如朱諾元帥，他們自己就是自己的祖先。實際上他們呱呱墜地時周圍的氛圍，以及更大時成長的環境，對於他們天賦的

發展，比他們父母所給予他們的影響似乎更加有益。

　　此外，我們還必須承認，天賦超出我們分析的能力，我們無法對它追本溯源，對偉大的詩人尤其如此。他們像彗星一樣閃過，完全按照自己的軌跡，最後倏忽而逝。喬叟、斯賓塞、莎士比亞，他們來了，又走了。莎士比亞就是時代的產物，之前沒有，之後也不會再有。同樣，米爾頓也只有那麼一個，華茲渥斯的父母是普通百姓，拜倫也是他家族中唯一的天才；還有雪萊，祖先雖然是貴族，但並非名門，他可以說是對所謂才華可以遺傳理論的最實際挑戰。要是天賦可以遺傳，那麼在詩人雪萊的兒子身上，我們可以期望些什麼呢？亨利·克萊伯·羅賓遜在日記裡寫道：「雪萊夫人給他帶來了孩子。如果天賦可以遺傳，這個孩子還有什麼做不到的呢？他承襲著戈德溫、瑪麗·伍爾斯通克拉夫特、雪萊、還有雪萊夫人的血脈，他的出生本身就是一段傳奇。」濟慈，他的祖先也沒有出什麼詩人，他父親是看馬房的，母親的與眾不同之處也僅僅在於她貪圖享樂，這實際上造成的結果就是詩人的早產。

　　也有許多例子表明，不少人雖然出身顯赫，卻找不出任何繼承了祖先才華的跡象，而且他們表現的性格往往給人相反的印象。古人雖然看重出身、門第，但對於這一與他們理論不符合的現象，並沒有無動於衷。「貴族未必出身於貴族，」索福克勒斯說道，「罪惡也未必就源於罪惡；但凡人的一切都不可信。」特米斯托克雖然將兒子培養成一名出色的馴馬手，卻沒能讓他成為一個真正的人。阿里斯蒂德、伯利克里、修昔底德，在兒子身上的努力都以失敗告終。

　　格曼尼庫斯，羅馬最有智慧和美德的一位將軍，他的妻子阿格里皮娜，也是最高貴、最有德行的一位婦女，他們一共生了 6 個孩子，這些孩

子與他們的稟賦全不沾邊；其中還有兩個孩子，一個是兒子尤利烏斯‧凱撒（他另有一個更為大家熟知的名字，叫卡利古拉），一個是女兒阿格里皮娜，他們的家族因為他們所犯的罪行而聲名狼藉。阿格里皮娜的兒子就是古代最著名的暴君尼祿（Nero），而他的老師卻是塞涅卡。

馬庫斯‧奧勒留斯皇帝是德行、學識集於一身的典範，他的兒子卡默多皇帝卻是一個惡棍。阿弗里卡諾之子小西皮奧既愚蠢又放蕩。西塞羅把自己的名著《論義務》題獻給兒子馬庫斯，而他卻是個酒徒。阿卡迪烏斯和奧諾里烏斯的父親是著名的提奧多西，可他們自己卻是脆弱不幸的人。再看看最近的例子。要論勇敢，沒有一個勇士比得上法國的若塞林，他的兒子卻是因為嗜酒如命、揮霍無度而為人所知，甚至將父親的封邑也丟了，最後死於飢餓。英王愛德華一世無論德行還是作戰都非常出色，他的兒子愛德華二世卻膽小懦弱，劣跡累累。聖路易自己非常虔敬，弟弟安如伯爵查理卻為人凶殘。

湯瑪斯‧摩爾爵士結婚多年後，一直只有女兒，他很想要個兒子。最後總算如願，但小孩一出世就顯得孱弱、呆笨。湯瑪斯爵士對妻子說：「妳為了要個男孩禱告了那麼長時間，看來他永遠都會是個孩子了。」圖里自己是一個有爭議的牧師，他的兒子卻是個可憐的傻子。與父親截然相反，他或許可以仰仗父輩的名望生活，卻不能為自己贏得任何成就，除了他的自以為是。有句法國諺語說得好：「不需仰仗父輩的子女是幸運的。」

路德的兒子桀驁不馴，難以管束，讓他澈底地失望；沃爾勒的長子被剝奪繼承權，趕到紐澤西，因為他「缺乏最起碼的理解力」；奧利弗‧克倫威爾之子理查，他既不像父親，也不像母親，整天無所事事，對一切都不感興趣，對繼承來的政府重要職位也放在一邊；貴格派信徒威廉‧佩恩之

子是個惡棍；慈善家約翰·霍華德之子是個名譽不佳的浪蕩公子，理性過早地離開了他，他的生命也因此結束。

　　愛迪生唯一養大成人的女兒卻弱智；賈斯特菲爾德勛爵特地寫信給兒子，囑咐他要行為端正、注意禮節，但最後他的兒子卻成了蠻橫無禮的人；華特·司各特爵士之子是名騎兵軍官，他卻羞於提到父親的文學聲譽，反而到處誇耀自己從沒有讀過他的一部作品。子女這種變異的例子，還可以舉出湯姆·潘恩 ——《理性時代》的作者，他的父親是柴特福德一位受人尊敬的貴格派教友；威廉·戈德溫的父親是羅伊斯特福特的一位獨立派牧師；佛蘭克林之子是一位保皇黨人，死的時候還在領著英國政府的養老金。

　　藝術領域也隨處可見這種變異現象。可以確定的是，多數情形下，藝術家必須克服各種艱難險阻才能繼續往前走。克勞德·勞瑞恩是個廚師，丁托雷托是名染工，吉奧托出身農民，辛伽羅是吉普賽人。再看看我們自己的國家，奧皮埃和羅姆內是木匠，諾斯科特是製錶匠，傑克遜是裁縫，埃蒂是印刷工，盧爾是石匠。雷諾茲曾經說過：「真正造就一個藝術家的，不是出身，而是機遇、專注和勤勉。」才華固然要靠天賦，但它卻要透過不斷地勞作才能發展。倫勃朗可算是最偉大的藝術家了，他有一個兒子叫提圖斯，他希望兒子也能成為一名藝術家，並細心地訓練他，可是所有的努力最後都以失敗告終，提圖斯唯一為人所知的，只是他父親的名聲。

　　音樂家勃蘭魁尼在米蘭期間有一個願望，就是向不朽的莫札特後人表示致敬。他在一間辦公室裡找到了莫札特的兒子，向他鞠躬致敬，並對他出身於如此輝煌的家庭表示祝賀。小莫札特態度不太友好，只是用一些單音節字來應付他。這位訪客最後問了句：「先生，你真的是偉大的莫札特

225

的兒子嗎？」

「是。」

「所以你就借你父親的餘蔭，來到這片藝術家的國土？」

「啊！」

「我想，先生，您一定非常熱愛鋼琴或者小提琴吧？」

「你把我當成什麼了？我不喜歡音樂。」

「啊？你不是音樂家嗎？」

「不，先生。我是銀行家。我喜歡這種音樂。」小莫札特伸手抓了一把錢幣，又放開，錢幣落到櫃檯上，發出一陣叮叮噹當的聲音。「這，」他加了句，「就是我喜歡的音樂。」勃蘭魁尼滿心厭惡地離開了他。

那些偉大的家世在最後環節出了敗筆，這種情形也很常見。著名的哈斯丁家族，是王族的後裔，血管裡還流動著普蘭塔格內的血，後代卻淪落到與騙子為伍；亨廷頓女伯爵的後代也是這樣。拜倫曾經說過：「一個傻瓜，經過 10 代人的繁衍，也不會留什麼痕跡了。」古老的斯塔福德家族，最後的繼承人是一個皮匠；德維勒斯家族第二十代傳人是一個有損家族聲譽的伯爵；普蘭塔格內家族的最後一位傳人，是在倫敦西區的教堂做執事。

《紐蓋特方志》裡，也記錄了一個祖先與征服者威廉一起進入英國的貴族家庭最後的結局。棱斯特最後一位國王德莫特‧麥克馬羅的後裔，最近也被人們找到，他現在的名字叫多爾，在利物浦做石匠。烏爾斯特伯爵的家族在伊莉莎白女王統治時期達到鼎盛，而現在他們的後人是在利物浦當員警。愛爾蘭一位著名的議會議員，不僅以辯才著稱，他的抒情詩也同

樣優美動人，而他的孫子卻在利物浦證交所附近的一家酒吧當招待。達伽馬的後代現在替人做管家。這裡隨手列舉的幾個例子，足以證明祖先的光榮到後世也會退化，證明並沒有一成不變的命運。

蘭多曾說：「國王可以隨意地賞賜頭銜、榮譽給那些領主，直到他們多如牛毛，讓他厭煩為止；可是，他卻沒有辦法讓這些受他賞賜的人真正變得高尚、不朽。」格里高利大帝也說過：「皇帝可以叫一隻猴子為獅子，卻不能真正把牠變成獅子。」只有美德才能夠使榮耀的出身真正變得高貴，而且這種高貴是國王都無法賞賜的。詹姆斯一世公開出售貴族頭銜，與此同時他卻哀嘆：「唉！我可以讓他們成為領主，卻不能將他們變成紳士。」

高貴的心靈是神賜的禮物，它可以終身保有，不會失去。所以，一切偉大之中的最偉大者，是那些從底層上來的：他們出身卑微，卻有高貴的心靈，而且是憑藉自己的善良、美德和勞作獲得尊貴的地位。真正值得我們愛戴、崇敬的偉大榮耀，與那種稍縱即逝的光榮全然沒有關係 —— 這種光榮雖然也能引人注意，對我們也許有益，卻不能算真正的偉大。英國小說史上最偉大的人物是剪毛工的兒子，而英國詩界最優雅的一位紳士是屠夫之子。天才猶如狂風，所過之處都是一陣呼嘯；天才經歷種種磨難而突然暴發，自己為自己創造機會。常人需要耐心，以便為自己尋找機會，而天才不需要，他自己創造。

最高貴的心靈不是進化而來，而是創造出來的。我們看見過那些智力並不出色的家庭，有時突然有一位天才產生。在默默無聞的父母身上潛伏的天賦，最後凝結到一個人身上，這一切是如何實現的呢？是遵循進化的法則，還是遵循創造的法則？這裡，生長的法則、進化的法則，還有創造的法則都同樣產生了作用。一個獨立生命的誕生，依據的是已經存在的那

些法則；而當天才的靈感表現出來的時候，就是創造法則的功勞了。

　　每個人心靈的成長都會受環境的影響，這誠然不假。名人都是他所生活的時代的產物。只要他們有活力、擁有堅韌不拔的意志，那麼，每遭逢一次困難、阻礙，他們的力量就會增加一分，名聲也越來越大。然而對於他們的兒子，情形就完全不同了。他們沒有經歷什麼困難險阻，他們的生活被安排得十分安逸，他們樂於享受父輩的榮耀，最終又重新落入普通人的行列。

　　歷史上有多少這樣的「暴發戶」、冒險家？就舉那些最偉大的人物為例吧！詩人有莎士比亞、強生、米爾頓、德萊頓、波普、彭斯、華茲渥斯；哲學家有牛頓、大衛、瓦特、法拉第；軍事家有特米斯托克、凱撒、征服者威廉、畢沙羅、科迪斯、波拿巴；政治家有柏克、謝里丹、坎甯、皮爾、林德赫斯特、考布丹、迪斯雷利；文學家、牧師有傑勒米·泰勒、班揚、蒂勒森、詹森博士、理查森、卡萊爾；工程師有阿克萊特、布林德里、毛德斯雷、布魯諾斯、斯蒂芬森；而那些繪畫、雕刻方面的大師幾乎都屬於這一類型。

　　美國也是一個「暴發戶」的國家。那裡，儘管有許多人取得了不起的成就，但那些最一流的人物很少出身什麼豪門顯貴。華盛頓不過是一個農場主人、土地測量員，不過在他那群非凡的思想家、實幹家同行中間，他幾乎是唯一的紳士出身。佛蘭克林是一個印刷工，謝爾曼是製鞋工，諾克斯是裝訂商，格林是鐵匠，約翰·亞當斯、馬歇爾都是貧窮農家的孩子。這一群人中最敏銳、最熱烈、最富天才的一個 —— 漢彌爾頓（Alexander Hamilton），一開始是雜貨店的店員；丹尼爾·韋伯斯特，也是一個農家的孩子，整天就是將牲畜趕到集市上賣，多虧克里斯多夫·格爾的慧眼，

才把他從這一行當中救了出來；卡爾霍恩是製革工人之子，亨利·克萊的父親屬於浸信會最低一層的牧師，湯瑪斯·考文是車夫，西拉斯·萊特是技工；亞伯拉罕·林肯是鐵路扳道工，之後又在船上做事，終日航行在密西西比河上；現在的美利堅合眾國總統以前是一名教師。對於這批傑出之士，德布魯耶有一句很精當的評論：「他們沒有先祖，也沒有子孫，他們自己就構成了一個家族。」

對於這些「暴發戶」，我們不必存什麼疑心。世界上多數的工作都出於他們之手，最重要的思想、最經得起時間考驗的作品、最偉大的事蹟、最傑出的繪畫、最高貴的雕塑，全是在他們那裡誕生。他們屬於人民、歸於人民，並且直接從人民那裡產生。可以說，他們就是人民。我們承認這個時代體現出來的「暴發戶」精神的偉大，就意味著我們承認了勞動的尊嚴、承認知識的力量、承認有耕耘才有收穫。真正的榮譽就應該屬於這些人，這些憑藉自己的能力，毫不懈怠，充分發揮力量和才華的人，實實在在地為自己贏得名聲和財富的人們！

有一種很普遍的看法，天才人物多數都沒有孩子；他們中有許多人終身未婚，有些雖然結婚，但幾乎很少有後代留下來，都是很快就夭折。克洛克先生在他主編的《詹森傳》中有一段這樣的話：「有一點非常引人注目：我們那些最偉大的詩人，甚至幾乎第二流的詩人，包括莎士比亞、強生、奧特維、米爾頓、德萊頓、羅夫、艾迪森、波普、斯韋伏特、蓋伊、詹森、哥爾斯密、考柏，都沒有留下後代。」還可以再補充兩個人，拜倫勛爵和華特·司各特爵士，他們都沒有男性傳人。

看來，偉大人物只能留下精神的產兒當他們的後代了，這似乎是他們注定要忍受的命運。艾薩克·牛頓沒有後代，克里斯多夫·萊思的兒子一

脈也已經消失，而約書華・雷諾茲、詹森博士、奧利弗・哥爾斯密、布林德利、泰爾福德、法拉第的家系都已中斷。喬治・斯蒂芬森及其兒子羅伯特・斯蒂芬森現在都沒有直系後裔。上面提到的許多偉人，有些根本就沒有結婚，對於他們也只能討論他們精神的產兒了。培根說過：「無疑，我們會看到，最崇高的業績來自沒有子嗣的人們，他們無法使自己身體的形象得到表達，就努力表達自己精神的形象。所以，這些沒有子嗣的人們，實際是最關心子嗣的。」

第六章
生命在於運動

起來！起來！我的朋友，拋開你的書，
否則你會兩眼昏花。
起來！起來！我的朋友，擦淨你的臉；
為何如此辛勞，如此煩惱？
擺脫書本那枯燥無休止的糾纏，
一起去聽林中的紅雀鳴唱，
多麼美妙的音樂，在我的生活中，
那裡有更多的睿智。

——華茲渥斯

健康如此重要，不論是對自己還是別人……因為，健康不僅意味著和諧，還是所有正確的、有序的、良好事物的同義語。從某種意義上說，難道它不是如實驗所顯示的那樣，是我們自己總值中的淨值嗎？健康的人是大自然最有價值的產品。健康的身體是有益的，而健康的靈魂 —— 它是其他一切都無法祈求到的，它是上天給地球最寶貴的恩賜。

——T·卡拉里

沒有比健全的身體更寶貴的財富，沒有比心靈的快樂更快樂的快樂。

——《傳道書》

不僅要有高品質，還要講求經濟效益。

——拉羅謝弗卡德

　　休閒是一種創造，該詞本身即暗示了這一含義。當身體和大腦的勞動，使動物的身體或精神活動力衰竭時，它是第二種創造。睡眠本身是一種休閒，睡得越安穩，健康恢復得越好。但是，腦力勞動者需要另一種休

閒，那就是積極的休閒。所有精力旺盛的民族都以他們休閒的活力為特徵。在我們這裡，這種休閒表現在戶外運動中 —— 在板球、草地網球、足球、打獵、捕鳥、獵紅松雞、賽艇、高爾夫和捕魚中。有些甚至在冬天進行，幾乎把人凍僵。

但是，這只能被叫做鍛鍊，給肺自由和充分的擴張。在很大程度上，生命的中心位於胸部。如果說，人體全部巨量血液在一個小時內 12 次通過心臟和肺臟的命題是正確的話 —— 在那裡，血液被再生並重新輸送到系統末端，那麼，我們就會立刻充分明白呼吸的重要性。這些不僅對培養健康的體魄，而且對培養健康的精神；不僅對肌肉的再生，而且對精神的恢復都是必要的。誠然，堅定的意志和精神一點也不依賴於胸部的力量，思想的力量對呼吸器官的依賴也是這樣。不過，深層的原則是，一般情況下，意志的力量在持久的體力活動或智力活動那裡自然地展現出來。哲學的錯誤就在於，沒有深入到體力系統。

瑞維勒·潘瑞斯博士說：「我堅信，衰老從肺開始，並隨著肺的衰老而漸進。肺主要是由脈管組成的器官，它可滲透、吸收空氣而在一定程度上對其消化，使之溶入我們的存在。人的器官組織的惡化從肺開始。假使造血和補血有可能完善到極致的話，那麼我毫不懷疑我們能夠發現真正延長人壽命的方法。後代的人們將決定人類是否能夠解決這樣一個難題。」

無論如何，必須承認，為了使大腦獲得充分的工作能力，保持其健康的活動，身體器官就必須受到適當的重視。人類必須與自然協調生存，服從於身體被設定和構建的法則。否則，人不可避免地會受到痛苦和疾病的懲罰。因為身體的法則像萬有引力定律一樣不可挑戰。人們沒有必要總是考慮這種或那種功能該如何執行，這種自覺意識將導致疾病。可是為了順

其自然地生活，一定的生命法則知識，對於任何一個完整的教育體系都是必要的。因為，我們日常的快樂和精神活力，完全依賴於健康的體魄，那是我們靈魂的棲居所、精神創造和成長的家園。

　　西德尼·史密斯說：「沒有健康，不可能有快樂，但是，那是一個很難達到的目標。我這裡並不是危險地抱怨缺少健康，而是說，人體必須保持一個完美的韻律，充滿活力和彈性。」（注：西德尼·史密斯《回憶錄與信函》）因為被父母強迫，讓稚嫩的大腦做超出該年齡層的智力活動，被過早地拋出「正常成長」之外的年輕人是不幸的。結果是破壞和諧、缺失協調造成功能紊亂。身體系統被忽視的話，人的神經系統會過度興奮。大腦有過多的工作要處理，而身體的工作又如此之少。精神會被填塞導致興趣全無，這樣，社會上將充滿臉色蒼白的消化不良患者。O·W·霍爾姆斯博士說：「沒有比正在演進的白血化傾向對我們來說更糟的了。」蜜的甜美不能補償叮咬的痛苦。正如馬舍爾所說：「只有有健康保佑時，生命才是生命。」

　　我們討論了填鴨式教育對男孩生命與健康的迫害，這對女孩來說是更大的傷害，因此就沒必要再去探討了。然而，若是從心理上深入地探討，人們也許還會斷言，青春期體格健壯的男孩還是能夠勝任一些智力工作，而這對於同一時期瘦弱的女孩們是不適合的。過度工作已經是我們這個時代的惡瘤之一，尤其在城市。經營、學習、法律、政治、文學等方面的節奏有時是疾風暴雨，人的生命損耗過巨。緊張興奮沉重地壓著我們身體的某個柔弱部分。自然總是在與組織引起的衰敗鬥爭著。這些透過體力和腦力勞動而消耗，透過食物、睡眠和休息而被修復。但是，損耗往往大於可被修復的。而且，雖然筋疲力盡之後還可以透過刺激，人為地喚起興奮，

不過只有透過休息和鍛鍊，才能使柔弱的腦細胞和同樣柔弱的胃恢復正常的活動。

　　毫無疑問，如果沒有過度的工作重壓，精神活動也會像體力活動一樣愉悅，但是，若要充分享受這種愉悅，就必須休息。人類熱愛生命，只要愉悅伴隨著健康的體力和智力活動，這種熱愛就是它的本能。蘇格拉底對阿里斯托戴斯說：「你怎樣看待自我意識？從生存那一刻起，就縈繞著我們對生命持久的熱愛和對死亡的恐懼。」他回答說：「我認為，那是一種既偉大又智慧的藝術家所運用的手法，微妙地決定著他創造的一切將怎樣保留下來。」在今天，這些話與2,000年前所言一樣正確。古老的希臘人，在他們創造的智慧中，有著對身體幾近膜拜的敬畏，因為那是靈魂的棲居所。他們給予身體與精神一樣的休閒。

　　蘇格拉底是最具智慧的人之一。他沒有著述，只是邊修行邊與他的朋友和學生探討，我們知道的關於他的一切，都是源於他的信徒和崇拜者們做的記載。在流傳下來的紀念蘇格拉底的傳記中，據說，他曾以騎木馬的方式娛樂。當沒有心情鍛鍊時，他就彈奏豎琴來調整心情。柏拉圖也像他的導師一樣，是一個崇尚休閒的人，精通所有的希臘運動。而亞里斯多德在他的第四倫理中申明，消遣與娛樂對健康的生活來說，與休息和補充新力量同樣重要。古老的希臘人採用了最合理的教育方法，發展了人的本性。他們認為，身體上的教育是精神和智力教育的基礎，他們在透過紀律與學習教化心靈的同時，也鍛鍊體能，挖掘肌肉的潛能。他們認為最高境界應該是健全的身體支撐著一個完美的心靈。

　　為了獲得靈敏的思維，就有必要進行定期的消遣和休息。只有這樣，才能保持健康。人們不能總是鞠躬，否則的話，將不可避免地破壞腰的彈

性。古時候的父親們記錄了一個使徒約翰的古老故事，它以簡單而又極具說服力的方式教授人們。一天，一位獵人路過一間居舍，看見一個受人尊敬的信徒坐在門邊，像孩子一樣，幸福地照看著一個小孩。獵人非常奇怪，一個如此虔誠的人竟如此浪費時間。使徒見獵人吃驚的樣子，便對獵人說：「你為什麼不總是弓著腰呢？」「因為，總是繃著它，它會喪失掉氣力。這就是回答。」使徒接著說：「那麼，這對於我的精神也一樣，倘若我不放鬆它，它也會同樣地喪失威力。」

所以，閒散並不全是閒散。對體力勞動者來說，這是他的不眠之夜、興奮的神經、不安的心、煩躁的心情和消化不良的唯一補藥。在這種情況下，沒有比休息——充分的休息更有效的處方。但是，也有不休息的智力，它往往不能集中精神的力量。消遣和娛樂之道和工作之道是相互關聯的，兩者對人的快樂和健康同樣重要。

有人將休息、體育鍛鍊和學習巧妙地結合在一起。依利安講述阿蓋斯羅斯的故事說，有人看見他騎在一根棍子上，逗他的兒子。他告訴來訪者說，做父親之前，不要把這件事告訴任何人。法國的亨利五世是他家裡「孩童軍」的狂熱迷戀者，他為孩子們的把戲和奇想而興奮。一天，當他背上馱著達爾芬，在其他孩子們的驅趕下模仿著馬，匍匐在地，在屋子裡兜圈子的時候，一位大使突然闖入，驚住了正在嬉鬧的皇帝。亨利並沒有站起來，而是問道：「親愛的大使先生，您有孩子嗎？」「尊貴的閣下，我有。」「那麼，我就繼續我的遊戲了。」

巴羅是九柱戲的愛好者，而這也是路德喜歡的遊戲，除此之外，路德還喜歡彈吉他，吹奏笛子，在木頭上雕刻文章，將他的一部分時間留給婦女和兒童。他喜愛的兩行詩為：

誰不愛遊樂，誰不愛女人，誰不愛歌唱，

他就是一生的傻瓜和蠢貨。

加爾文雖然不是非常愛好娛樂，卻常在星期天與他的孩子們在日內瓦的公共場所玩耍，以示他奉行第七日和聖徒紀念日不再約束基督教徒。星期日一直延續下來，被視為合法的休息日。

正如後來的比坎斯菲爾德勛爵所說：「我認為，猶太教的安息日與基督教的星期日是有區別的，我不同意將猶太教安息日的法則延伸到基督教星期日信條裡的看法。如果有人想如此行事，他們絕對不會達到目的。在所有神聖的規誡中，我覺得最神聖的一個就是為人類保留了一天休息……在一定程度上，這是一個被所有人承認的宗教信條——至少被這個國家中有影響的所有階級承認。它是我們必須謹慎維護而不能丟棄的教義，若是我們想保留人類曾經被賜予的最為寶貴的護佑——休息日的話。它是所有文明的基石，很難估測，在一個以持久的勞苦和智力活動為特徵、追求和文明不斷深入人心的國家，假使沒有間歇，該會對人類的健康產生多麼嚴重的傷害。」

不久前，主教瑟道和曼爾在行堅信禮後，參加了學校裡孩子們的板球比賽。他很高興原來能夠打板球。他加入了球場上年輕人之中，說：「我會做你們中最好的外場員，因為我拿上了我的圍裙。」事後，他回憶起這件事時說：「那印象再也未從孩子們的記憶中消失，他們感覺，在他們中間有一個談論著神聖和至高無上話題的人，引導他們走向那堅信禮所要引導他們走向的一切，但是，仍不忘他們身體需要的健康休閒。」所以，他來到戶外，其後的整個下午他都在和孩子們打板球，孩子們認為，他是在用手做著堅信禮。從此，只有設法被年輕人認為有價值的人，才有機會被

任命為這個教區的主教。

　　塞色斯建議，要保持健康的話，就應該去做各式各樣的造訪和學習 —— 這裡指學習、工作，然後去消遣 —— 打獵、游泳、跑步、騎馬或鍛鍊。勞厄拉定下一個規矩給他的追隨者們，工作兩個小時之後，必須放鬆一下精神。這種保證讓學習與追求目標以外的東西，占有我們一定的心靈空間的做法受到高度評價。凱撒寫道：「在我的帳下，即使是進行著最激烈的戰爭，我也總是尋找一些時間來思考一些別的事情。」這些對其他事情的思考，也許就是幫助身體和精神復原的神祕力量。

　　有的休閒也許被認為是一種對生命的浪費，而另外一些也許會被認為是對生存的享受。消遣對那些發現自己在業餘時間可以隨意變換角色的人來說往往很重要。習慣了書桌和學習的人們總是對閒散時間如此敵對，又很不情願做積極的運動，所以他們只在學習對象的變換中尋求放鬆。他們從一種腦力勞動到另一種腦力勞動中獲得休息。在這些學識淵博者中間，幾何學和代數學是最讓人欣慰的消遣方式。

　　法國首相阿蓋薩烏說，學習的轉換是他唯一的放鬆方式。當馬修‧黑爾爵士因座椅上超量的工作而筋疲力盡時，他總是透過解幾道代數題來獲得新的活力。費內羅還是學生的時候，就從幾何學那裡躲避神學，雖然他被基督老師嚴正警告那是「妖術」和「魔力」。同樣，當西蒙森教授感到自己對教士的爭論產生迷惑或疲倦時，總是去某種數學理論科學那裡避難，尋求平靜。他說：「在那裡，我總能發現自己在休息後精力充沛。」愛爾蘭律師莫里紐克斯在遭受家庭之痛後，從數學的學習中尋找安慰。他說：「這是我的鎮定劑，就像哄我思想入眠的鴉片。」

　　伯明罕勛爵晚年的時候，同樣以學習娛樂，交替進行光學和自然理論

的學習。他說道，早年曾是個優秀數學研習者的考藤翰姆勛爵即使是在最高法律機構工作時，也經常透過這種方式放鬆。（注：伯明罕勛爵說：「西元 1838 年的時候，當我致力於準備《道義分析評論》時，在一個偶然的機會下，我發現，考藤翰姆勛爵正透過珠算而自娛自樂。我相信，他能夠準確而更精妙地分析和演示牛頓定律，而我只是有幸完成了這一工作。」──伯明罕：《喬治三世時代的哲學家》。）眾所周知，後來的財政部長弗里德里希・波洛克，在枯燥的勞動之後，從數學和幾何學那裡獲得放鬆。

艾薩克・牛頓因長時間的學習而筋疲力盡之後，往往透過涉獵古代編年學和探討啟示錄的奧妙獲得休息。德國學者曼戴森因過度工作而感到勞累時，就走到窗邊，數鄰居房檐上的瓦而讓精神獲得休息。施本納的輕鬆之道是轉換學習，與朋友交談，時而抽支菸。他有時透過觀看蜘蛛大戰的方式娛樂，有時會因此而笑得淚落雙頰。詹森說，在快樂中，沒有人是偽君子，當然，施本納本身就是一個至善的人，沒有絲毫的殘忍。

文學也給繁忙的腦力勞動者帶來了大量的案牘之樂。通常，一本書比任何一種有威力的鎮靜劑更能撫慰精神。著書，無論是好書還是壞書都同樣如此。萬特爾在研究《民族律》的間歇，還著述《愛情論》，有時也寫詩。弗里德里西有志於文學和軍事榮譽，但也寫詩。伏爾泰說，他只能邊笑邊修改這些詩作。伏爾泰的愛好是個人劇和木偶劇。據說哲學家佛尼曾熟練地在幕後操作，組織了一個木偶劇。他在日內瓦附近的拉查特雷恩──一個曾是廄樓的地方建了一個劇院，他寫劇，並擔任舞臺策劃。

電學家沃爾塔也寫詩，革雷格提及沃倫・哈斯廷斯時說：「詩的副版就像他的早餐那樣運作自然。」斯特拉特福德・代・萊德克里夫勛爵在還

是斯特拉特福德‧坎寧的時候就寫詩，竟博得了偉大詩人拜倫勛爵的高度評價。拜倫勛爵說：「他的行詩抵得上任何人的千首頌詩。」他接著說：「我知道，他是個天才，但毫不懷疑他擁有家傳的天賦。」

騰特頓勛爵在時過 30 年後，像格林威勒和豪蘭多勛爵一樣，開始創作拉丁步格詩；儘管他也承認：「也許有人會說，大法官及上議院議員應該更好地消磨他的業餘時間，而不是作什麼關於花的烏七八糟的行詩。」蒸汽機的發明者詹姆士‧瓦特、麥奈海峽上大橋的建造者湯瑪斯‧塔爾福德在年輕的時候都寫詩。瓦特晚年時是個小說迷，他和年邁的妻子為此經常爭吵至傷心痛哭。查理斯‧納皮爾並不滿足於當一名米尼的征服者，當他從印度的總指揮部退役後，感覺無所事事，便在閒暇時創作了一個浪漫故事——《征服者威廉姆》，後來還出版了這本書。它與上述法官、大使、政治家、電學家和工程師所作的詩一樣，被看作是文學上的一個奇蹟。

文學給予那些對政黨爭鬥中的起落沉浮和痛苦感到疲倦的政客們，其安慰是巨大的。對他們來說，有時，政治的大門是關閉的，然而，文學的大門卻永遠敞開著。在愛德森最失落的時候，翻譯煽起了他的精神之火。皮特曾在退出政務的一段時間內，去希臘和拉丁古典文學那裡尋求解脫。福克斯在尤利佩德斯和海若道特斯劇團那裡忘卻政黨爭論的煩惱。坎寧和衛斯理被逐出政壇後，靠翻譯頌詩和賀拉斯的諷刺詩消磨時光。萊德斯戴勒勛爵在因打獵發生事故而臥床期間，也做同樣的事情。

其他內閣作家還有很多。諾曼比勛爵創作了一本題為《不》的小說；依爾‧路賽爾創作了悲劇《多恩‧卡羅斯》和小說《愛瑞卡的尼姑》，都是稍遜之作。帕默斯通勛爵在《新輝格黨手冊》裡寫了幾個享有盛譽的促狹

鬼，那時利物浦勛爵任總理大臣；布萊漢姆勛爵是個不知疲倦的作家，不僅創作了光學著作、歷史作品、自傳和一般文學作品，還對《愛丁伯格評論》做出了巨大貢獻。即使是西元 1812 年在利物浦拉選票的時候，在激烈的法律和政治鬥爭之餘，他還仔細地監督李·亨特對《佩若頌詩》的翻譯。德比勛爵和格蘭德斯通表現了他們與古典文學的永恆連繫。德比勛爵優美而輝煌的演說被忘卻後，他的英文版《伊利亞德》仍被津津樂道；格蘭德斯通深邃的大腦早已刪除了關於政界原則、政黨分裂的煩惱，然而他還可以引以為豪的是，人們還記得他對荷馬史詩的研究。

　　許多政壇人物都想早早地遠離政治風雲的折磨。讓羅伯特·沃波爾自豪的是，他當權 20 年之久，引退後，留下了性情溫和、心地善良、品味質樸、態度誠懇、為人友善和具有文學才能的美名。卡特萊特一直追逐權勢，最後卻被逐出政界，從那時起，他所有野心勃勃的抱負都面臨破滅，他開始去書中尋找慰藉。藝術家萊絲列爾寫道：「在哈蘭德勛爵的家裡，我遇到了剛剛從首相之位退下的麥羅包尼勛爵，他像往常一樣愉快，只要參加人們關於《皇家變動》（那時還未全部完成）的談話，就能逗得每個人開懷大笑。」

　　愛爾索比勛爵在西元 1832 年失去職位，這是一場災難，但是他以愉快的心態度過了難關。他辭職後的第二天去一家花店，選了一堆花買了下來，在他的馬車後座放了 5 個大包。他每個傍晚都在考慮該把它們種在愛爾索比花園中的哪個位置，為園丁畫圖做必要的指示，為安排它們製作了計畫。這根本不像承受災難的痛苦。實際上，這種從政治的追逐到從事園藝的轉變，對愛爾索比勛爵來說是其樂融融。他不僅忙於園藝，還分一部分時間研究自然理論。

　　一位哲人說：「我有一間美妙的藏書室和一座精美的花園，在那裡我用自己的手修剪它，享受到無窮的快樂。那是一個不需要任何逃避的職業，沒有比看見你種下的種子開出花朵更純潔的快樂了。」即使是有著豐富才能的人，也在他們耕作的果實中體會到最大的快樂。從自己製作的簡單椅子、自己種植的花朵和水果、自己建造的蔬菜柵欄中，都能體會到來自萬物的最大快樂。他們有著勤勉的情趣，從勞苦後獲得的果實中散發出來。

　　當戴克里先卸任帝國主教，又被請求繼續任職後，他對信使說：「倘若你看到了我自己種熟的瓜果，我在鄉間別墅周圍建造的樹林，你就不會要求我這麼做了。」賀拉斯和維吉爾都鍾情於園藝和鄉間生活。維吉爾的第一個願望是當一名哲學家，第二個願望是做一個好農夫。凱通說種植是老人最大的快樂之一。從有用而又純潔的愉悅、古老而高貴的角度來說，享受鄉間生活是哲學最近的鄰居 —— 至少可以說是僅次於家族的。

　　培根勳爵在《散文集》裡表達了他深愛園藝的美麗和快樂。他說：「萬能的上帝，第一次開闢了花園，事實上，那時是人類最純潔的快樂。它給人類的精神注入了最大的新鮮血液；沒有它，建築和宮殿不會精巧；人們不會看到老者變得祥和、優雅；只有學會園藝，人們才能創作出輝煌之作；宛若園藝的完美和偉大。」在他的散文《論花園》中，他表述了自己對花園的花、灌木和樹籬的無限親近，他每月都給它們起一個新的名字。他說：「在那裡，你會感受到不朽，花朵散發在空氣裡的香味比手中的更濃烈（在那裡它飄來蕩去，像音樂的婉轉低迴），於是，你滿腦子是花朵令空氣變得清香的快樂。」

　　種植是申斯通的愛好，他把大部分的時間投入到裝扮利索伊司上，到他擁有那個園子時，所有參觀者既嫉妒又羨慕。伊維里恩和坦樸爾也是園

243

藝迷，伊維里恩把格林威治附近的塞伊斯法院的土地裝扮得非常美麗，俄羅斯大公彼特住在那裡時，他最大的樂趣就是用手推車衝越伊維里恩的冬青樹籬，給美麗的花園造成了極大的破壞。

　　園藝也是波普獨居時的愛好，他曾在第根漢姆致力於完善他的休閒領地。他用樹、草、地道、洞穴來裝扮，把它裝飾和修剪得非常完美，就像他自己的詩一樣。庫柏同樣沉湎於園藝，他親手建了一座綠屋，在那裡種植熱帶植物和花草，他偶爾變化一下，和女士們玩打鍵板和鍵球。園藝也是偉大的工程師喬治·史蒂芬森最後的娛樂之一。他遇到的難題是，種出來的黃瓜總是歪歪扭扭，於是他做了一個大的直筒玻璃瓶，把成長中的水果放在玻璃瓶裡，說：「我想，我沒有干涉它們。」這樣，瓜果就長直了。

　　華特·司各特在安鮑茨福德是個大種植家。他喜歡帶著狗和自己的親信湯姆·頗笛艾在領地周圍轉，種一些新樹，並用木工的斧頭砍掉那些老樹。有一次，司各特對頗笛艾說：「湯姆，這對我們的樹來說，將是一個偉大的時刻。」湯姆回答說：「當然，我認為，對我們的牡鹿來說也是一個輝煌的季節。」洛克哈特提及司各特時說：「他既是一個有力的舞弄斧頭者，也是一個專家；他和最能幹的陸軍少尉們比賽，看誰能夠用最少的斧數砍倒一棵樹。」他與他們一起勞動時，林子裡時時迴響起笑聲。有時他也和他們工作一整天，然後邀請大家去安鮑茨福德的家中與湯姆愉快地進餐。

　　在這方面，人們經常把丹尼爾·韋伯斯特與司各特做比較。韋伯斯特有自己的事業和追求，但還是非常喜歡鄉間生活 —— 他孩童時代生長的地方，他曾在那裡釣魚、務農、放牛。晚年回到瑪什費爾德時，他就像司各特回到安鮑茨福德一樣，精神、肉體、產業都崩潰，然後死去。正如從

義大利回鄉，坐在輪椅上穿梭於房間的司各特所說：「我見識了許多，但是，沒有什麼能夠像我自己的家 —— 讓我再轉一下。」韋伯斯特從華盛頓回到瑪什費爾德時說：「哦！謝天謝地我能回到這裡，要是我還能夠選擇的話，我永遠都不會離開這個家。」

我們還可以列舉出其他一些令人意想不到的木工，如皮特、威爾伯弗斯、惠特雷和格蘭德斯通。當皮特還在挑著政府的擔子的時候，他偶爾會抓住節假日的時間，和威爾伯弗斯到黑斯考門附近豪伍德的家裡做個匆忙的旅行。清晨，他會和威爾伯弗斯出外散步，兩個人都攜帶鉤刀，用它在豪伍德的矮林中開闢穿越老林的路徑。惠特雷寧可砍倒一棵樹也不願服一劑藥，他感到精神不佳時，就拿起斧頭到外面揮砍那些沉壓的樹枝。格蘭德斯通因他的斧頭和筆而聞名，毫無疑問，砍樹是這個老人保持健康的手段。

華特·司各特說：「沒有什麼比鍛鍊更懂得回報自己，不論是體力上的，還是精神上的。我們睡得香，清醒時才會愉快；一點點的痛苦感對享樂來說是必要的。」科林伍德勛爵從海軍退役時，獲得了相當多的榮譽，但他回到北阿姆本蘭德後，仍然像一個普通勞動者一樣在園子裡挖溝。涅布在臨終前幾年，在他的祖籍豪斯台省買了一個農場，自己耕種。在繼續歷史研究的同時，他種植胡蘿蔔，養牛，散步，騎馬，有時會走很遠；在他 70 歲高齡的時候，還能借助他年輕時就用慣了的枴杖，跨越 10 英尺寬的陰溝。西德尼·史密斯也是一個農民，這並非他自願，而是生活所迫。沒有人願意接管他那疏於打理的土地，他不得不自己承擔耕作的任務。他在創作《愛丁伯格評論》時，時而抽出身來，透過一個威力極大的喇叭從前門向他的農夫們發號施令。

　　以 73 歲高齡推出《奧特羅》的偉大作曲家沃第，也非常喜歡平凡的農莊活動。他在家與農作物和牛相伴的時間，與在對位法和貝斯中花費的時間一樣多。他的別墅所在地阿格塔莊園附近的農民，都尊他為有關耕種土地問題的權威，請教他關於輪作的問題、牛的飼養問題。在偶爾需要他伸手幫助時，他也不高高在上。著名的馬里奧在羅馬有一座葡萄園，事實證明，他唱歌比種植葡萄更出色。

　　當路德被消化不良症困擾時，他的朋友梅蘭克森建議他定期做強度鍛鍊。路德試著打獵和射擊，他說：「我在外面做了整整兩天的運動，試著體會大英雄們的苦樂遊戲。我捉住了兩隻兔子、兩隻可憐的小松雞。對無所事事的人來說，這是一個好工作，但是，我並不認為這是純粹地浪費時間，我在漁網和沼澤中進行了神學意義的解釋，發現我每一份激動與痛苦的祕密。」路德很快就從這種追逐中抽身，回到他大量的腦力勞作中去。

　　屬於另一種完全不同風格的伏爾泰在患消化不良的時候，為了增加食欲外出運動。儘管他裝備著極為耀眼的打獵服，卻很少帶回任何獵物，但他總能找到他所要的東西。愛爾登勛爵只有一種消遣 —— 打獵，可是像謝里登一樣，他不是一個愛運動的人，不介意自己的鳥兒是祖傳的還是買來的。（注：有一個故事講述了謝里登在鄉間打獵的情形。一切獵物都從他的面前和槍下溜走，他提著空皮囊回到家。後來，他遇到一個農民模樣的人，透過門看池子裡的鴨子戲水。謝里登問他：「我打一槍，你要多少錢？」農夫看起來很茫然。「12 個半便士怎麼樣？」那個農夫點了點頭。謝里登給了他 12 個半便士，開了一槍，大約有 6 隻鴨子倒掉。謝里登準備把這些鴨子裝袋的時候，對那個人說：「整體來說，我和你做了一筆不錯的交易。」「為什麼？」那個人說：「因為牠們沒有一隻是我的。」）皮特

偶爾也打獵，不過他在這項運動中獲得的樂趣很少，因為他的思想總在別處，他從事打獵只是想積極地運動，也許德里登想的是：「在田野裡打獵勝過用錢買健康，更勝過購買醫生開出的有副作用的藥物。」

在所有的鍛鍊中，騎在馬背上也許是最威風的。馬鞍是健康之椅。騎馬被認為集鍛鍊的精華於一身。它帶來肌肉和肺部的運動；呼吸新鮮空氣就是呼吸健康。血液通氣循環，裸露在外的皮膚受到在空氣中快速運動的滋養與更新。騎馬同樣促進新陳代謝和營養吸收，幫助排泄系統運動。如果說有一個治膽病的偏方的話，那就是騎馬。（注：從某種角度來說，馬鞍的皮質要比皮鞋的皮質好，當然價格相對要貴一些。你要相信，培根和西登海姆並不是無緣無故就做了這樣一個建議的。人的肝臟 —— 一個碩大的器官，約重 3 到 4 磅 —— 在其他的器官組織中，就像一根攪乳棒上下運動。馬每走一步，人的大腦也像錢罐裡的銅幣那樣搖動。 —— 奧利弗·溫德爾·霍爾姆斯：《早餐上的獨裁者》）

有誰聽說過患膽病的獵人？又有誰聽說過患痛風的郵差？有人問查里勒：「誰是你的醫生？」他答道：「我最好的醫生是我的馬。」智慧的西登海姆對自己在馬背上的鍛鍊是如此自信，他在他的一部醫學著作中說：「倘若有誰占有了一劑良方，它對人體的作用與在馬背上一天悠閒地騎上兩次的良效一樣的話，那他擁有的是與哲學家的點金石一樣貴重的東西。」

波普提到一位叫拉塞爾的勛爵，他因為生活奢侈而毀掉了自己的健康。後來他幾乎每天帶著他的狗去打獵，尋找食欲。當感覺到自己已經恢復健康時，他說：「哦！我找到了。」於是，就讓他的馬抄近路，立即返回家裡。拉維里·派瑞斯說：「對付憂鬱症、厭世症、意志消沉，根據情況，我求助於休息、沖澡、少量的手工勞動和沃勒里·蒙特古女士推崇的整日

騎馬加傍晚的香檳。」阿爾費爾德和比朗都是出色的騎手，他們的鍛鍊就是進行遠途的狂奔。

威靈頓勛爵熱衷於捕獵狐狸。他在西班牙的時候也帶著他的獵犬，跟隨撤退的法國人。（注：他讓獵犬跟在行軍隊伍的後方，在戰役的間隔，也打幾天獵。這些獵犬常常被安置在圖魯斯的狗舍裡，在那裡，許多自己都無力跟上獵狐速度的法國紳士們，第一次看到了什麼是英國獵狐。—— 格雷：《威靈頓生平》）在他生命的最後階段，他幾乎每天都在做這項運動，從中尋找解脫。我們找到了他在西元 1826 年寫給羅伯遜的一封道歉信，信中提到他之所以沒有就一個重要的公共問題回信，原因是「秋天一貫進行的運動占盡了他的時間」。帕爾默斯通勛爵也習慣於每天在馬背上運動幾個小時，除了在星期天散步之外。幾乎每天下議院結束辯論的晚上，他都步行穿過公園，不管時間有多晚。當畫家黑登問福蘭克斯·波戴特，為什麼一大把年紀的時候還能設法保持健康，他的回答是：「經常沐浴，除了外出就餐外不喝葡萄酒，還要盡可能去打獵。」

但是打獵和騎馬同樣也是一項奢侈的娛樂，對那些把健康和生活僅僅作為恩賜的成千上萬人來說，它們是可望而不可及的。不過還有許多其他的休閒方式，而這其中最好的可能就是散步。這是每個人都能夠做到的。也可以是騎車或踩三輪腳踏車。散步需求少量的肌肉運動，除了時間和鞋子外可能很少需要成本。它不像划船、釣魚或騎馬那樣需要準備，可以立即進行和享受。同時，可以說，散步不影響大腦的運動，它可以像在學習時一樣活躍。除非注意力已經轉移，而不能達到鍛鍊效果。

西塞羅說：「我經常聽說，當路西里斯和西皮羅從城市的勞動奴役中解脫，逃往鄉下的時候，他們經常自娛自樂，出奇地精通孩子們的把戲。

在這裡，我不再贅述薩沃羅提及的這樣一些人，他們如何在卡爾塔的海濱拾貝殼，親身感受各種歡樂和消遣。」他接著說：「事實上，在我看來，偶爾還能無所事事的人才是自由的。」（注：西塞羅：《德奧瑞塔》）在別處，他又說道：「應該有一個我們可以時時逃避的休息所，不是為閒散和懶惰，而是進行適當的、實實在在的休息。」

　　哲學家霍布斯在他長壽的生命即將終結時，仍然保持定期的散步習慣。他生命的最後幾年是在柴特沃斯度過的，在伊爾戴威史爾的家裡，他度過了邊學習邊休閒的快樂餘生。他上午鍛鍊，下午學習。天氣好的時候，去力所能及的地方爬山。天氣潮溼的時候，他就以特定的方式鍛鍊，或在室內，使得自己流汗。然後進早餐。之後，帶著他的家人到各處拜訪男爵、女爵和孩子們。在 12 點，他稍進午餐，然後立即投入學習。在蠟燭邊放上 10 ～ 12 支菸後，便陷入幾個小時的思考、寫作、抽菸狀態。

　　伊曼努爾·康得也每天投入一部分時間散步，而且風雨無阻。他經常在公司吃飯，但是節食、控制飲酒。與霍布斯不同，他上午學習，晚上交談和涉獵文學，以便讓心情平靜、放鬆乃至最後進入休息。不過與霍布斯相同的是，他們一開始都體質虛弱，卻因遵守健康之道，康得將生命延長到 80 歲，而霍布斯將生命延長到 92 歲。這兩個例子都證明，過度思考並不會導致短壽，只要給予身體健康所要求的適當注意，精神本身就能負擔健康工作的能力。

　　古爾德史密斯因為過度工作和疏於鍛鍊而導致生命縮短，他很少停止寫作。當他輕而易舉地寫就一些韻詩或自然史的時候，他就建議自己的室友庫克放個他所謂的「鞋匠的假日」。或是在倫敦北區漫遊，或在漢普斯締德和哈蓋特附近的鄉間小路漫步。而後是鄉村客棧的晚餐，有老菸和一

大杯啤酒助興。愛迪森同樣承認他開逛的弱點。蘭姆伯是個步行家,他不停地在整個倫敦遊走,特別是有舊書攤的街道,而倫敦的北區和東北區是他常去的地方。惠特雷主教行路像暴雨,吸菸像火山,像蘭姆伯一樣,喜歡帶著他的狗到處溜達。實際上,就是在他那 3 隻長得並不怎麼樣的狗的陪同下,他在不停地步行中為《邏輯學要素》—— 他最優秀的著作之一 —— 構思了框架。

　　散步治癒了美國知名作家帝莫西・德特的腦病,不然的話,這病會要了他的命。他是個過早用大腦工作的人。在 17 歲的時候,他已經是麻薩諸塞紐漢姆語法學校的校長;在他還不到 20 歲的時候,就是耶魯學院的助教。他教 6 個小時,學 9 個小時,沒有任何鍛鍊。沒有人的身體能夠承受這樣的生活,那只是傻子和瘋子。他的神經系統變得容易激動,以至於他閱讀的時間不能超過 15 分鐘。後來,一切都突然停止,他雙目失明,不得不放棄過重的學習任務。但是,他的思想仍很活躍,他步行的精力讓人吃驚。這樣,他恢復了視力,接著他籌畫長途步行,這又使得他恢復了健康。這樣,我們才擁有了他最後貢獻給這個世界的寶貴系列叢書《美國之旅》。

　　另一個有趣的步行旅行家是伯明罕的威廉姆・哈登,從少年時代起,他就是個步行家和學習家。在休閒時間裡,他創作了《伯明罕歷史》,在 59 歲的時候,第一次成為作家。在 70 歲的時候,為支持兒子,他從書商的職業中退出,一時不知道該怎樣打發時間。最後,他選擇了散步。他的行跡幾乎遍及整個倫敦。在他 78 歲的時候,他從伯明罕步行到潘瑞斯,然後沿羅馬城牆去新卡斯圖,然後返回潘瑞斯,再回到伯明罕。在 35 天的時間裡,他輕鬆走完了 601 英里。他的下一個任務是寫作和出版《羅馬城牆的歷史》。

　　其後，哈登去他著作描述過的斯克波羅、寇特漢及其他地方，最後一次是在他 85 歲高齡的時候。88 歲時，他在日記中寫道：「在 82 歲時，我感覺自己就像個年輕人，不知疲倦，每天步行 40 英里。可是，在最後 6 年裡，我感覺到了明顯的衰老，像一塊從山上滾落的石頭，它的速度隨著時間的推移而加快。」日記裡最後一段話語如下：「今天，10 月 11 日，是我的生日。我已經 90 歲了，走了 10 英里。」《生活》作者的女兒說，他總是認為步行的力量是他活力的檢驗，他相信，他的生命與走路是共存亡的，事實也確實如此，在 92 歲的時候，他停止了步行，隨即就去世了。

　　偉大的貝多芬在生命晚期，受到耳聾和神經系統紊亂的折磨。兩大怪行使他變得不同，其一是在鄉下的長途跋涉，其二是變換居住地。他沒有妻子，很少安定在一處生活。他剛在一處公寓安頓下來，就發現了它的弊端，於是又開始尋找其他的住所。沒有這事的時候，他就在鄉間進行長途而令人疲倦的步行。他說，這種鍛鍊對整理他易怒的大腦是必要的，而且能讓他人安睡。盧瑟喜歡曝晒在曠野裡，即使在夏天最熱的時候。司各特儘管有些跛，卻是個出了名的步行者。狄更斯因步行之旅而出名，他經常從威靈頓街的家庭話語辦公室，步行到格立福沙丹之外的甘德石爾的家。他經常在自己傑出的作品裡介紹路上遇到的人物。

　　威爾森教授、騷塞教授、華茲渥斯教授都是健行者，有時結伴，但經常獨自在山中的湖區漫步。實際上，威爾森是個運動員。在牛津的時候，他是個拳擊手、跳躍運動員和跑項能手，還在西元 1806 年摘走了牛德戈特獎。他是個健美的男子漢。在牛津時的一位朋友描述他為「金髮何庫魯斯·阿波羅」。他幾乎將所有的閒暇時間都用於步行 —— 在庫木伯蘭德和西默蘭德，在威爾斯，在蘇格蘭。而且有一次，他遍行了愛爾蘭。當喬

治五世訪問愛丁伯格的時候，他本打算在卡羅梭坐車，但是位置已經被占滿。於是，第二天，他凌晨 4 點起身沐浴，穿戴好後，帶著隨從，步行 42 英里，按時到達愛丁伯格進餐。

阿諾德博士在牛津的時候，喜歡做他所謂的「穿越鄉間的小棧」，這一興趣一直沒有離開過他。在雷勒哈木，他與學生一起跳躍、沐浴、划艇。在其他時間，他修剪園林和散步。後來，他從西默蘭德的夏日莊園裡，享受到了風景帶來的無限快樂。他在山中穿行，常常詳述他呼吸山中新鮮空氣時那種心曠神怡的感覺。的確，山中的新鮮空氣是最好的滋補品之一 ── 滋補人的身體和精神，遠勝於奎寧。對過度的腦力勞動和由此導致的神經衰弱來說，山中的空氣可以說是一劑特殊的良藥。

然而，好東西也不可過多。到療養勝地瑞典的遠足，經常以惡果而告終。在一些情況下，突然的攀高會極度促進新陳代謝，反而導致神經系統不穩定性增強。患者不能入睡，而這種情況只能透過讓他恢復到適中的海拔才可以緩解。另外，山中的空氣幾乎在所有情況下，都對充塞的大腦有好處。不過，有些人因在節假日中過得過於匆忙，他們從一個地方衝到另一個地方，時刻擔心行李和輜重，不能給他們的大腦所需求的東西 ── 休息和休閒。他們氣力盡失，回到家裡只能是感覺更糟，而不是更好。這些都是目光短淺的做法。

當亞里斯多德發現自己的一位摯友得益於旅行的時候，他說：「這歸功於他一個人出行。」很久以前，賀拉斯就建議他患病的朋友，將度假作為最好的治療方式，那是非常好的建議。後來的亨利·霍蘭德訂立了一條規矩給自己，就是每年度有 3 個月的假，他在度假期間，做最有益的工作和智慧的觀察。但是，並不是所有的商人都能有這麼多的時間。他們必須

以更安靜的方式度過假期，很少有時間鍛鍊。有些人去打松雞，有的去垂
釣。後者是所有的消遣中最為澈底的放鬆方式。亨利‧沃頓稱它為「悠閒
的時間，卻不虛度」。它給精神以充分的休息，身體因呼吸到新鮮空氣而
變得精神煥發，肌肉因放鬆而不會變得疲勞。

　　腦力勞動者有時會匆匆度過他們的休閒時光，而垂釣卻不允許他們這
樣做。沃頓和考頓是我們的古典垂釣家，他們的友誼在平靜的運動中，因
共同興趣而昇華。沃頓直到 91 歲還在他的「獨處的壞毛病」（拜倫語）中
得到無盡的享受，雖然他沒有像著名的約克郡垂釣家亨利‧詹肯斯那樣長
壽，活到 100 多歲。德里登是另一位詩人兼垂釣家，還有威爾森教授，他
從少年時代起就是垂釣藝術的狂熱者。拜倫也垂釣，但是整體來說，這種
慢速的運動與他急躁的本性不符。

　　垂釣也是機械哲學家愛默森的主要消遣，他設定目標，極為勤勉，經
常站在齊腰深的水中，將線投向鱒魚出沒的漩渦或池中去。霍目斐‧大衛
釣鮭魚的興致與約翰‧布萊特的興致一樣高。大衛在拿起魚竿和竿線，離
開實驗室，奔向河邊時，經常高興得歡呼雀躍。他的談話總是引向鮭魚，
據說，他創作的名為「鮭魚族」的作品帶給他的快樂，比他準備任何一篇
化學論文帶給他的快樂都要多。釣魚也幫助沃勒斯滕萌發了對神祕藝術的
嚮往，直到生命的最後階段，這一愛好都帶給沃勒斯滕快樂。垂釣也是福
蘭克斯‧查特瑞和查理斯貝爾的娛樂。他們經常拋開公務，拿著魚竿和吊
線去鄉村感受寧靜而美麗的自然，讓自己精神舒爽。

　　我們必須承認，釣魚對活躍的人來說，是一項非常慢節奏的娛樂。韓
弗理‧大衛說：「垂釣需要耐心、忍耐和控制脾氣。」所以，對那些性情急
躁，希望從學習中抽出極短時間來濃縮鍛鍊精華的人，或者那些喜歡劇烈

運動的人來說，是不合適的。所以，薩繆爾·克拉克選擇在桌椅上跳躍。一旦有人目睹這種運動，他會說：「現在，我們必須停止，因為傻子正迎面走來。」黎塞留主教也是一個跳躍者，一次他讓來訪者大吃一驚，因為，他那時正與僕人爭論，誰應該跳到牆的制高點。

　　變換工作也是一種休息。長時間身在其中就會乏味，娛樂更是這樣。羅西尼從烹飪中得到放鬆，他是一個徹頭徹尾的乳酪和空心粉化妝師。習慣了盛宴的味覺之後，能夠從最簡單的飲食中獲得滿足，所以，美食家蘇爾對科學配置的烹飪感到乏味，每次嘗完他自己烹製的菜肴後，在深夜回家時，他都在雜市的小攤吃上一便士的豬肉臘腸奢侈一下。所以，習慣了轟動之作的人會很高興地欣賞簡單的、未加任何調料的文學餐。

　　巴爾札克穿梭於歐洲古舊怪店尋找小古董，這是有目的的。他在自己的小說裡創作收集舊家具的細節。蒲金在往返於法國港時，坐的是一艘小帆船，它停靠在任何一個歡迎它停泊的地方，公事包裡裝滿精心選擇的建築作品草圖。對職業工作者來說，選擇一項讓他們的注意力從生活習慣走出來的愛好，是有利於健康的。不管愛好看起來有多麼無用，它都是一種追求輕鬆、讓精神得到休息的東西，是一種注意力的轉移。有人從彈子戲中得到解放，這看起來比毛西斯·曼戴森數鄰居屋簷上的瓦要有用。看見球落入袋子裡，或是排成長隊，能幫助精神遠離習慣生活，讓過度勞累的器官得到休息。除此之外，透過在桌子周圍的運動或追逐著遊戲做滑動，也可以得到大量的鍛鍊。帕爾默斯通既為娛樂，也為鍛鍊而玩彈子戲。他玩得最好的集中在擲骰子遊戲中。莫札特唯一的愛好就是彈子戲，在任何時間，任何天氣情況下都能夠進行。曾師從莫札特的英國音樂家愛特伍德說，莫札特總是更願意與他玩遊戲，而不是講課。

　　米爾頓的娛樂是音樂。詹森說：「在他痛苦的間隙裡，他經常在椅子上扭動，有時也彈奏風琴。」阿爾福瑞也在音樂中尋找安慰和鼓舞。他說：「沒有什麼像音樂這樣打動我的心、靈魂和智慧，挑動我的每一個官能，尤其是女士聲音的音樂。幾乎所有的悲劇都在音樂產生的頃刻情感中誕生。」曾留在米爾頓家裡的邊沁同樣熱愛音樂。他在自己的房間裡放了風琴，幾乎在每一個屋子裡都安置了鋼琴。幾乎他所有的鍛鍊都在園子裡進行，你可以看到他在園子裡急行 —— 白色的絨線襪拉到大短褲下的膝蓋處 —— 做著飯前的旋轉。邊沁也喜歡貓，朗寶尼是其中之最，他誇耀說，自己為他創造的男子漢授爵，隨後，身為「敬畏的約翰·朗寶尼」被放入教堂。

　　克里比龍也喜歡貓和狗，他說，與牠們相處讓他感受到了對人類不懂感恩的安慰。一天，他不顧自己的窮困潦倒，兩隻胳膊底下各夾著一隻小狗回家。她的妻子告誡他說，家裡已經有 8 隻狗和 15 隻貓，她不知道該怎樣、用什麼做他的晚餐。《論精神》的作者愛爾維修是另一位愛狗家，他餵養了大約 20 隻狗，以最舒適的方式將牠們安置得很好，這些寵物都身著綾羅綢緞、天鵝絨，像議會參事那樣高貴地在身後拖著花邊。聖伊弗蒙德偏愛鴨子和其他禽類，在他的臥室裡也放著這些動物，並不停地餵食牠們。他曾說：「當我們老了的時候，或精神衰退的時候，身邊餵養幾隻動物，並與牠們在一起會讓我們精神倍增。」

　　厄斯金爵士像司各特勛爵一樣，是個寵狗者。他有幾隻特別喜歡的狗。有一隻狗他常帶在身邊，甚至帶到酒吧和所有的會議。另一隻則是在做大法官時，從一群孩子的手中救下來的，那群孩子以牠瘋了為藉口，要殺掉牠。他還有一隻喜愛的鵝、一條魚，甚至還有兩條水蛭，經常被他帶

著到處走。他替那兩條水蛭命名為侯姆和克蘭。這兩位「醫生」曾救過他的命，他每天幫牠們換水，宣稱牠們了解他，且心懷感激。

拜倫勛爵對動物有一種狂熱，在劍橋時，他養了一隻狗和一隻熊。當雪萊到拉維納拜訪他時，發現這位偉大詩人的家裡全是野獸和鳥。他寫信給皮考克說：「拜倫勛爵的家裡除了僕人，還有 10 匹馬，8 條巨犬，3 隻猴子，5 隻貓，1 隻鷹，1 頭牛，1 隻獵鷹；所有這些，除了馬以外，都在家裡四處遛達。時而迴響起牠們無法間斷的吵叫，彷彿牠們是那裡的主人。」在信的最後，雪萊附言說：「我發現，我在這個動物王國裡所做的統計是有錯誤的，我剛剛在大樓梯上遇到了 5 隻孔雀、兩隻母雞和 1 隻埃及鶴！」

其他可以提及的、有特殊愛好的人，還有喜愛猴子的倫勃蘭德，他的猴子死後，他無比悲痛；理查喜歡松鼠；拉圖德喜歡老鼠；歌德喜歡蛇；庫珀喜歡兔子；派里森喜歡蜘蛛。有些寵物是與歷史性的名字連繫在一起的，如塞米拉密斯的兀鷹、維吉爾的蝴蝶、尼祿的燕八哥、提比略的蛇、奧古斯都的鶉、奧勒留的母雞、卡莫多的猿、黑列哥巴盧的麻雀、瑪荷麥特的鴿子。

有些偉人喜歡孩子的世界。理查說，不喜歡孩子世界的人應該被驅逐。身為監察官的卡圖不論公務有多繁忙，都會在早晨看著他的妻子為孩子洗漱並穿戴好。西塞羅每次發表完演說，都要召集他的孩子們玩耍。西德尼・史密斯說：「獲得歡樂的地方有許多，真是數不勝數。但是，我更經常看見她和孩子們在一起，圍坐在爐火旁和鄉間的房子裡。」

誰又能想像得到驕傲而又不苟言笑的威廉姆・皮特，會在孩子們的世界裡找到最大的歡樂呢？他表面的冷漠與孤傲蹤跡全無。威廉・納皮爾在還是孩子的時候，和皮特在海斯特・斯坦豪樸的家裡玩耍。在這位政界要

員去世前兩年，他描述這次拜訪時說：「皮特喜歡實在的遊戲，他經常和海斯特、查理斯、詹姆斯‧斯坦豪樸，當然還加上我，在家裡大鬧一場。特別值得一提的一件事是：我們決心要用木炭將他的臉塗黑，遭到他的堅決抵抗。但是，爭鬥剛剛開始時，僕人報告說卡斯特理格和利物浦勛爵有公事要見他。得到的回答是：『讓他們在另一間房間裡等。』這位大臣立即投入了戰鬥，抓起一個墊子和我們追逐打鬧。

「我們人多勢眾，經過了至少 10 分鐘的決鬥，最終將他制服，還是把他的臉塗抹黑了。他裝出一副勇敢的樣子說：『別鬧了，我可以輕易將你們打敗，但是，我們不能讓勛爵們等得太久。』然而，他的失敗是顯而易見的，我們不得不準備了毛巾和一盆水把他洗乾淨，好去接待勛爵們。等一切準備就緒後，盆子被藏到沙發底下，兩位勛爵被領入。」貴客受到接見和接受了諮詢意見後就離開了，與孩子們用墊子廝打的遊戲於是又開始了。一個人的態度和習慣也許是他性格的真實寫照。皮特對孩子們的喜愛反映了他內心一種全新的東西。上述情形也許對於一個父親來說並不引人注目，不過，皮特直到去世為止都過著獨身的生活。

萊布尼茨的主要娛樂也是和孩子們在一起，研究中，他將孩子們召集起來注視他們，也參加他們的遊戲。坐在他舒服的椅子上，他喜歡觀察他們輕巧的動作，傾聽他們的談話，查看他們的性情。當他已經欣賞夠了這純真情景的時候，就用蜜餞打發孩子們走，以雙倍的精力投入研究中。

羅西尼更是全身心投入到孩子們的娛樂中。一次，坎德公爵邀請詩人參加在他的宮殿舉行的盛大宴會，羅西尼不能參加的理由是，他已經離家一週了，他剛剛接受孩子們的邀請去參加鯉魚宴，孩子們在他不在的時候捉住了一條鯉魚，並堅持等他回來再吃。路易士‧羅西尼在他關於父親的回憶錄中

說：「我還記得我們舉行的一次遊行，我的姊妹們扮教士，我扮演助理牧師，愛瑟利的作者和我們一起唱讚歌，扮演受難的一幕，背著十字架。」

盧梭承認：沒有什麼比看孩子們快樂地運動給他更大的快樂。他說：「我經常站在街上，看孩子們雀躍、跑動，沒有人比我看起來更加興味盎然。」然而令人難以想像與理解的是 —— 他卻把自己的孩子送到了育幼院，從未關心過他們。

拿破崙和威靈頓都非常喜愛孩子。拿破崙將幼小的羅馬王子抱在懷中，站在鏡前對著鏡子做最為古怪的微笑。早餐的時候，他會把孩子放在自己的膝蓋上，將手指伸進醬裡，往孩子的臉上塗抹，孩子的保姆制止他，這個帝王卻開懷大笑，孩子也總是很高興，看起來他對父親粗魯的愛撫感到愉快。

威靈頓很受孩子們愛戴。他參加他們的嬉鬧，經常給他們一些小禮物和紀念品。拿破崙喜愛的遊戲之一是「盲人的熱衷者」，在蒙特哥官邸，坎寧、威廉姆·斯考特經常與卡洛琳公主玩這個遊戲。

貝利的最大樂趣之一是觀看巴奇萊羅的表演，他一聽到這位魔術師的吱吱聲就扔掉書，衝到街上，即使是站在雨裡觀看表演也在所不惜。愛爾蘭演說家卡蘭、查理斯·蘭伯、道格拉斯·吉羅德都是巴奇萊羅的眾多追隨者之一。貝利高興地跟在變戲法的人和撐杆跳的人後面，看他們如何在街上表演。塔索喜歡化妝舞會和在公共節日的大眾消遣。馬基雅維利喜歡拉網捕捉畫眉鳥，為此，需要在白晝透亮前起床。他常光顧路邊的公共場所，與肉商、磨房主人和燒石灰窯的人表演西洋雙陸棋戲。

對那些需要從緊張的生活中獲得休息的人來說，擁有一項愛好非常重要。一個人應該有某些追求，這在他休息的時間可以很愉快地去享受。舒

適的主要祕密在於，謹慎地培育一些小小的娛樂活動。夏皮說，許多人追求幸福，像一個心不在焉的人尋找他的帽子，實際上他的帽子就在自己的手上或頭上。也許人的本質是需要接受和全神貫注地投入到消遣中，讓他們的精神從現實生活環境中產生的拖累與麻煩中解脫。可是，不能忽略任何小快樂，也就是因為這樣，只要愛好是健康的，就非常有用。

　　當一個人的時間過得充實的時候，一天會過得很愉快。有空閒的時候，做一些自己喜歡的消遣是非常愜意的。勤奮對誠實工作的勞動者來說是愉快的，當我們逃脫不適意的勞苦時，我們應該投入到一些愉快的事情中。勤奮的好處也許是和消遣的快樂連繫在一起的。考古學是史勒曼的愛好，在青年時代，因為窮困和手工勞動，他累積了健康的資本，他致力於解決一個比他更有力量的人都不願去探索的問題。他用大量的耐心和精力去考古並且獲得相當大的成功。

　　在業餘時間進行娛樂的一個更有益的結果，是由查理斯・惠斯通（Charles Wheatstone）在發展電報的過程中實現的。他最初是個樂器的製造者和銷售者，因為對自己喜歡的藝術追求完善，這使得他從理論上和實踐上掌握了聲音科學。這引導他走向自然哲學的其他分支，他在業餘時間製作一些展示電學原理的玩具。S・C・霍爾在他的《回顧漫長的一生》中寫道：「一天晚上，一個畫家來到約翰・馬丁尼的家。剛巧我也在那裡，年輕人帶來一個在大鋼琴上跳舞的玩偶，這替晚會增添了不少歡樂。當他說：『如果我告訴你們，這是用避雷針做的，你們一定會感到吃驚。』時，人們一陣大笑。他就是查理斯・惠斯通。也許在那個玩偶裡暗示著電報的存在 ── 一個發現的起源，它用一個比派克預言的在 40 分鐘內環繞地球還要更奇妙千倍的電場籠罩了地球。」

　讓我們來看看涅樸斯的愛好是什麼吧！雖然他沒有在有生之年將它充分發展。他曾是法國第一駐紮軍的騎兵中尉，在業餘時間，他開始了對化學的研究，最後他發明了攝影術。這表明，不論是處於怎樣的位置，都不能阻止一個人在業餘時間去發展和完善自己。馬勃圖斯在還是一名騎兵上尉的時候，就喜歡鑽研數學，這使得他擁有了敏捷的思維判斷能力。皮卡德喜歡研究天文學，在他還是度克德克瑞奎裡的一名園丁時，天文學就為他贏得了巨大的名氣。

　海頓在倫敦西區一家大實習所當外科醫生的時候，就愛好蝕刻術。最後，他做得相當熟練，他的業餘愛好替他帶來了利益。他仿效自然在盤子上蝕刻，他的作品充滿力量和美。法國批評家波提先生透過不懈的努力，希望擁有像藝術家海頓一樣的聲望，同時表達了他對海頓的欣賞之情。如此品質的作品，竟然出自一位實習所的外科醫生之手，實在令人震驚，但是，這又是對那些像他一樣，雖然程度不高，卻被上天賜予了相當藝術天分和感覺的業餘愛好者的一種鼓勵。

　利物浦傑出的釀啤酒師拉塞爾（William Lassell），從麥芽轉向了天文。他製造了一個奇特的望遠鏡，在他死後，他的親屬將它交給了政府。現在，可以在格林威治皇家天文觀測站看見它。用這個望遠鏡，他發現了不下 600 個星雲。他發現了奧瑞恩第九星、海王星、土星第八顆衛星，還有天王星的另外兩顆衛星。

　另外一位天文學家是詹姆斯‧納斯姆斯，他是從工程設計轉向對天空的思考。他關於月球的作品，受到所有閱讀和研究它的精妙演示圖的學者們的崇拜。發明是詹姆士‧瓦特一生的消遣，在晚年的時候，他將它當成了愛好。他說：「沒有愛好，人生還有什麼意義呢？」他自己有大量的愛

好，在安靜的思考和繁重的工作中，他都能發現無盡的樂趣。然而他對知識的飢渴仍然不能得到滿足，他繼續從事空氣、光和電的實驗。詹森博士說：「假使一個人的大腦在晚年變得遲鈍了，那是他自己的錯誤，是因為他疏於使用。」

著名的海爾姆荷茨是因為一次罹患傷寒後，才開始他的科學之旅的。他的病讓他能夠得到一個顯微鏡，而這是他買不起的。他說：「因為傷寒病倒，在醫院裡度秋假。身為一個學生，我享受免費的護理，我發現自己擁有一些小資源的累積。」其後海爾姆荷茨用顯微鏡所做的一切都記錄在科學裡。

林德里・默雷透過一次偶然事件贏得他的名望。他因疾病被困在自己的房間裡，不能做劇烈的事情。他就閱讀書籍，最後他成為一名成功的作家。曾被稱為「蘇格蘭的哈各斯」的大衛・阿蘭，燙傷了自己的腳而無事可做，便拿著一根粉筆在地板上塗鴉取樂。回到學校後，他仍繼續這種藝術創作。後來他竟然畫校長懲罰學生的諷刺畫；這幅畫被拿到校長的鼻子底下，他當即被打發回家。但是，這幅諷刺畫讓阿羅阿的關稅收斂員——他父親是那裡邊境管理處的負責人——看到，這位先生送他到格拉斯哥學藝術，這奠定了他的成功。

對知識，甚至是明顯無用知識的熱愛，是對付世界上無知與自私最有力的、永恆的武器。《福音書》說，無所事事乃是世界的萬惡之最，「此外，他們學會閒懶，從一個房間竄到另一個房間，不但是無所事事者，還有空談家和多管閒事者，都說著他們不該說的一切」。做一個無用的愛好者，甚至都強於做一個空談者和多管閒事者。布萊漢姆勛爵說：「受保佑的是那些為興趣忙碌著的人。」威廉姆・霍頓說：「每個人都有自己的木

馬，審慎地騎在上面並不是什麼羞愧的事情。他就是在不妨害公務的情況下，接受一些廉價娛樂的人。」

有些人對書痴迷，但他們並不喜歡閱讀。他們看中的是書的緊缺、裝訂或古老。另一種愛好是字畫 —— 稀有的，有時是無用的古老藝術。另一種愛好是自傳，生日紀念書籍風靡一時，或者是偉人們的書信，這些都能賣天價。有些人的愛好是音樂。的確，有些人的愛好就是他們的朋友，除了那些以寵物訴情的愛好者外。一般情況下，愛好讓人性情穩定、健康，在衰老的時候是一個不變的夥伴。

然而，有些人的愛好是可笑的。例如，查理五世在強迫自己引退後，靠不停地幫手錶上發條娛樂，並驚奇地發現，沒有兩塊錶是走得一樣的。對於精神來說也是這樣，他們不能走到一起。因此，必須寬容看待不同的意見、看法和決定。後來山姆·魯格司曾提到，有位神經質的紳士，他的愛好是逃火。他的發明是一種可以立即從窗戶跳入的大袋子。一天，一個巨大的聲音把他吵醒，他想那是消防車的聲音，緊接著就是激烈的敲門聲，他迅速鑽進大袋子裡，來到街上，正好趕上把看完戲劇的妻子扶下車來。

在結束關於健康與消遣的這章之前，也許加述這一點是重要的：所有腦力勞動者的一致意見是，對任何事情都要適度和節制，包括學習、鍛鍊、飲食，甚至是消遣。培根說：「征服自然的最好方式是遵循它，『適度是自然的法則，它讓生命快樂，因而也更長久』。」

古人的最高法則是，節制是養育天才之母。被稱為一家之主的胃，經常被過度溺愛而導致危機。也許「過度進食比疏於餵養更能毀掉一切」這句話是蘊含真理的。一般說來，腦力勞動者會吃得過多而不是過少，這樣

就造成了胃的負擔，進而導致腦的衰化。

　　節制是柏拉圖最主要的品德之一。蘇格拉底吃得很少，從不過量飲酒。西塞羅和普魯塔克都贊成簡單的生活和蔬菜素食。尤利烏斯‧凱撒起初身體很瘦弱，不過樸實的生活和大量的鍛鍊讓他變得結實，使他能夠承受巨大的辛苦和疲勞。

　　笛卡兒說：「若是你能正常地訓練自己的思維，就要多注意你的身體。」為保持旺盛的工作力，就必須保持兩者的生命力。儘管牛頓和康得都很瘦弱，可是他們都靠節制和適度的生活活到很老。方特內羅在文學和科學界一直保持了50年的高威望，活到100歲。雖然，他起初身體瘦弱，最後卻很長壽，祕密就在於，他的極度節制和對生存的精打細算。他行將就木的時候說：「我的朋友，我並不痛苦，我只是感到活著的艱難。」對他來說，死去似乎是一次長途旅行後的長眠；或像鐘擺停止了擺動。方特內羅的實踐就是少吃，或根本不吃，除非是對食物的自然需求；厭煩學習的時候，就遠離學習；不要讓任何一天都無事可做，但是絕不可工作過量；最後，保持快樂，因為正如他所說：「沒有快樂，哲學又有什麼價值？」

　　伏爾泰總是說，是養生之道讓他活著。他天生瘦弱，有膽病和消化不良；年輕的時候，患壞血症；後來他又差點兒死於天花；再後來，又經常受風溼性關節炎、丹毒和絞痛的折磨。但是透過節制的生活和精心進行的養生之道，他幾乎活過了所有的同代人。

　　麥克爾‧安吉羅透過強烈的節制來保持工作力。當他全力工作的時候，他一天主要的需求就是一小塊麵包和葡萄酒。但是，他很注意，不讓自己工作疲勞。布豐因為對生活的自制和節制而出名，他通常把自己的用餐時間限定在1分鐘。他的早餐由一片麵包、一點葡萄酒和水組成。晚餐

他吃得很少，多是魚，隨後是某種水果甜點。在生命將終的時候，他仍然保持節食的養生之道。他的午餐，一般在中午剛過時進行，由湯和煎兩顆新鮮雞蛋組成，他很少喝葡萄酒，不喝咖啡和白酒。晚飯後，他小憩幾分鐘，然後到公園散步，或沿著莊園的平地散步。

5 點後，他坐到桌前，一直到 9 點，而後，和家人圍坐在一起愉快地談話。我們提到的康得最初也是個瘦弱型的人，但是因節制和樸素的生活，他活到高齡。為他作傳的人說，他的養生之道就像一座鐘那樣精確、固定。他無微不至地防備，對肉、飲料、穿著、起居精確的研究，在許多人的眼中看來是可笑的。可是，這卻讓他活了將近一個世紀，留給後世一些力作，這些甚至成為他民族的榮耀。

羅馬歷史學家亞當·弗格森因為過度的腦力勞動而癱瘓 —— 據科克本勛爵說，「在他 50 歲的時候幾乎要了他的命。」但是嚴格的約束，又使得他精神和肉體上都戰勝了癱瘓，又多活了 50 年。他放棄了葡萄酒和動物肉，完全靠牛奶和蔬菜維持生存。在他 72 歲的時候，為他的新版《歷史》收集新資料去羅馬旅遊（那時的旅遊比現在要艱苦得多）；一年後，他回到家裡，比以前看起來還年輕。資深的音樂家奧博在 87 歲提到他的精力充沛時說：「我老了以後，反而經常聽到他們說，我看起來像從前一樣年輕。」

活到 90 歲的瑪索斯子爵對進食非常節制，而且每週中抽出一天不進食，只是吃乾茶。一位傑出的醫生問一位因健康而出名的老者，他遵循什麼養生之道，他的回答是：「我每天只進一餐。」醫生說：「請你保密，否則的話，大家都遵循它，我們這行可就遭殃了。」伯明罕的威廉姆·霍頓的養生之道是節制，雖然他有時飲一杯啤酒。不過在他 81 歲的時候他連這個也放棄了，以免患病。他僅喝牛奶，沒有受到任何打擊。約翰·威斯

利是最節儉的人之一，雖然他工作得最勤勉。他一直遠離啤酒、葡萄酒和烈酒。很長一段時間，他都不吃動物肉，即使是在每年走 4,000 ～ 5,000 英里的時候也是這樣。他把健康和長久的工作力歸功於習慣、節制、鍛鍊和快樂。他說：「我有感情，也悲痛，但是上帝保佑，我對任何事情都不感到煩躁。」

我們也提到了皮奧內特‧湯普森將軍的例子，他為了擺脫遺傳性的痛風，放棄了葡萄酒、啤酒、烈酒和動物肉，他完全成功了。米尼的英雄查理斯‧納皮爾一直遠離葡萄酒和勾兌酒，有時僅僅進食蔬菜。因這種節制，他獲得了精力和工作力。我們也獲悉，法蘭西斯‧紐曼發現，完全戒食鮮肉是治療他長期罹患的痼疾 —— 消化不良的唯一方法。

著名的醫生車尼寫了一部關於脾臟的著作，他將它命名為《英國病》。他是因為自己漸趨肥胖而選擇研究這個題目的。他的重量不下 448 磅，除此之外，還呼吸局促、倦怠、無精打采。經過各種無效的治療後，他最後只是讓自己喝牛奶、吃麵包和各種果實，以及含粗粉的根和水果；最後，他恢復了健康、活力和快樂。慈善家霍德同樣節儉，他不吃魚、不喝葡萄酒。當被問起他是怎樣保持健康，而逃過身邊的高燒和疾病傳染時，他說：「除了主的仁慈和善良外，我的持身之道就是節制和清潔。」

同時，必須明確的是，健康的身體產生刺激，而柔弱的體質需求刺激。因為習慣的力量，有毒的東西變得無毒甚至必需。有一次，有人引用諺語「習慣是第二性」給威靈頓勛爵聽時，他回答道：「第二性？不，習慣 10 倍於本性。」最高的法則應該是遵從最好的。相對於同樣成熟年齡層的滴酒不沾者或素食主義者來說，健康的人也許而且確實應有節制地吃鮮肉、喝葡萄酒和啤酒。

　　當人們問 85 歲高齡的西勒斯‧萊丁，如何獲得那麼完美健康的身體時，他回答說：「我總是喝很好的葡萄酒，而且喝很多。」但是，再經過仔細詢問後，發現所謂的「很多」是「適量」的意思。西德尼‧史密斯用他一貫擁有的良好感悟，切中了要害，說：「一般的規則是最好的，鍛鍊而不疲倦；富足的生活而不奢侈；早起和適量的睡眠。但是，若它們不能達到理想的效果，那就很難獲得人們的遵循。」

　　在這些健康的老年腦力勞動者的描述中，有必要加入出色的神射手和獵鹿專家上尉霍拉提歐‧羅斯，他述說了自己保持良好身體狀況的祕訣。「我把它歸功於總是保持一定程度的適度鍛鍊。我一直生活得很好，許多年了，除了低度紅葡萄酒，我不喝任何飲品，每天一瓶。可是，我從未間斷過每天 8 英里的散步，不論是在城市還是鄉下，不論天氣好還是糟；一般來說是每天 12 英里，除非我有機會外出打獵。許多年來，我一直堅持在早晨洗冷水浴。」現在，正值走向「第二童年」的年齡，他還能夠以每小時 3.5 英里的速度走 50 英里而不知疲倦。

　　雖然佛蘭克林‧威斯利、西德尼‧史密斯和其他人都習慣早起，但卻有不同的意見。有些老人認為這給他們帶來的不是舒爽，而是疲憊，他們認為，在一天的開始，早起拿走了太多。我們看到，活到 92 歲的福勒認為長壽之道，關鍵在於「早晨躺在床上，直到你已經睡得足夠了」。許多人認為，老年是個休息的階段，應該避免工作。但是，對於那些總是忙忙碌碌做事的人來說，無所事事是很讓人煩躁的。

　　「回到了悲傷日子」的退休油脂商的這種情緒，是與生活的諸多條件連繫在一起的。我們經常會看到一些人從活躍的生活中退出便陷入絕望，有的甚至突然走向墳墓。適度的腦力勞動並不損害生命 —— 整體來說，

它有利於長壽 —— 這一點已經被有著這種習慣的無數偉大前輩證明了，他們之中有傑出的官員、律師、自然學家、哲學家。培根說：「巧妙的、精確的、急切的研究會縮短壽命，因為它使精神疲憊、耗費精神。」但是，「欣賞和愉快的思考是會使人長壽的，因為它們讓精神處於愉悅的事物中，不讓它們波動劇烈或不平靜，乃至任性妄為。」（注：培根《生死的歷史》）

大部分自然哲學家都很長壽。對真理的追求是愉快的，他們能夠使思維的寧靜獲得昇華。波舒哀說：「要是我能夠培養一種純粹智慧的本性，我會把它投入到對真理的了解和熱愛中，只有這樣，才能使它快樂。」儘管這種對真理的追求會很艱苦、很困難，卻總是充滿快樂。而且，它會讓人超越沉溺於感覺的快樂慣性。

胡福蘭德在他的《長壽的藝術》中寫道：「愛深思的哲學家總是特別長壽，特別是他們的哲學以自然研究為主時，研究給了他們發現新的和重要真理的神聖幸福，最純潔的享受，最有益的讚揚，一種復歸。這些可以列為一個完美生命主要的長壽之道。」在活到 70 歲和 80 歲之間的哲學家中，我們看到了這樣一些名字，羅傑‧培根、伽利略、萊布尼茨、優勒、道爾頓、林納爾斯、普萊斯特雷（注：普萊斯特雷剛生下來的時候，體質虛弱，死於 71 歲。在 54 歲的時候，他說：「我發現，自己從 18 歲到現在，健康狀況穩步地好轉。」）、卡文迪許、優瑪、馮‧思維滕、詹尼爾、番羅皮斯、蓋倫、斯班蘭贊尼。

活到 80 ～ 90 歲的哲學家有牛頓、佛蘭克林、布豐、黑雷、何斯車爾、亞格、瓦特、西姆森、哈威、度哈密爾、奧斯特魯克、皮耐爾、毛蓋尼、大衛‧布魯斯特；在活到 90 歲以上的人中，我們找到了瑞恩、萊文

虎克、胡姆包魯、海伯登、瑞斯、登納。西爾多·貝沙活到了 86 歲，他的身體健康狀況的確非常好，他宣稱自己不知道什麼是頭疼。阿諾德活到了 83 歲，直到生命的最後都不用眼鏡閱讀和寫作。默里森在歷數最長壽的傑出人物時說：「我試圖在我的活到 80 多歲人的名單中，找到一個本性邪惡的人，但是沒有找到。」生命的長短和生活的自制是互補的。

詩人和文學家中長壽的比例不如哲學家的比例高，不過許多人活到了 70 歲。蒙特佛根活到了 87 歲，在生命最後的時刻裡，他每天學習 8 個小時。歌德直到近 84 歲時還寫作、學習。科烈爾活到了 78 歲，維蘭德活到了 80 歲。勤勉的約翰·布里頓直到 86 歲還在研究地形學和古蹟。依撒克·德·迪士雷利直到 82 歲，還在他的書中快樂而充滿希望地工作。快樂的精神通常是一種堅強的精神，而快樂不僅是一種健康的象徵，還是健康最有力的維護者之一。

在將近半個世紀的時間裡，邊沁一直堅持每天研究 8 個小時，有時甚至是 10 ～ 12 個小時。他的健康和快樂是眾所周知的。黑茲利特提起他的時候說：「他的外表混合著一種孩子的單純和長者的可敬。」他 80 多歲的時候，寫信給柴姆伯林·克拉克：「我們都還活著，我 80 多歲，而你也快 90 歲了，當我們在屋裡把三重奏的三部分集中為兩部分，為〈教堂〉和〈猴子狗〉而高興的時候，我們又怎麼能想到會有這樣的事情呢？我生活在年輕人中間，比他們中的任何人都快樂。沒有喪失年輕時的一絲氣力，但是不奢望能夠活到您的高齡。」（注：保林《邊沁回憶錄》，邊沁活到 84 歲）

雷·哈特是另一個把歡樂帶到極高年齡的老頑童，實際上，直到最後他都是個老頑童。他常常說，現在城市裡的孩子們都過早地透支了生活的享樂，以至於在他們的中年和老年只留下無聊和遺憾。還有一些老小女孩

也是這樣。下面這段被雷·哈特稱為「可口的備忘錄」的記述，是從因克芭拉德夫人的《日記》中摘錄的：「一個星期天，我吃過飯，喝過茶，與維特費爾德啜飲。然後，我和她還有她的兒子，在黑暗中出去散步，我敲遍新街上的門後就逃走。」這是在西元 1788 年，因克芭拉德 35 歲的時候。如果那些住戶知道這個敲過門後轉身逃走的人，是當時最可敬的女性之一——《簡單的故事》的女作者，又會怎樣想呢？但是，雷·哈特說：「這樣的人永遠不會老。」

高齡的政界要員不勝枚舉。令人厭煩和躁動的政治生活，使得人急躁和衝動的本性消失於無形。那些沉靜和耐心的性情，會因爭論的刺激而強化。他們對生活中的其他事物所表現的興趣，似乎是維護他們自己的存在。據說後半生投入到政治生活中的威靈頓，他在耗盡榮耀時也耗盡了本性。他同時代的塔列朗、麥特尼克、耐瑟婁德都活到很老。高齡的政界要員可以列舉出蘭斯都尼、布萊漢姆、林德哈斯特、帕爾默斯通和格拉斯通。

高齡的律師，特別是法官是極為罕見的。科克活到 84 歲，曼斯費爾德活到 88 歲，愛爾登活到 89 歲，斯道威爾活到 91 歲。萊福瑞法官因高齡而被迫離開愛爾蘭王座法院，雖然當時他的思維十分敏捷，一直活到 93 歲。律師的健康一定程度上，可能要歸功於他們定期的長時間而又澈底的休息。他們可以去獵松雞，盡情享受鄉間的生活。有些人適度，有些則不。布萊漢姆、林德哈斯特、愛爾登都是愛好自由生活的人，愛爾登在他 87 歲的時候，能夠一口氣喝下兩瓶葡萄酒。

亨利·泰勒主張：「一個政界人物要想長壽——這也許是他的職責之一，以便於更好地為政府服務——必須注意節食。醫院黃熱病病房的患

者，就很少被要求在這方面做特別的注意。」（注：亨利・泰勒《政治家》）這種主張毫無疑問是正確的；然而，勇氣和習慣會使人們免於疾病的困擾，而對另外那些體質弱的人來說，卻也有可能引起紊亂和導致疾病。

第七章
鄉村走出的紳士

在鄉村隨處可以感覺到上帝的存在，而惡魔則在城市裡遊蕩徘徊。

—— 哈代《遠離塵囂》

鄉村生活和一些受學校教育較少的階層，常常擁有從實踐中學來的知識，富人們總是百般否定鄉村來的孩子。

—— 薩西克斯郡田園詩

整體來看，大城市趨向於削弱家庭的情感，在極端的情況下，甚至導致家庭的瓦解，並使家庭往往建立在貪欲的基礎之上。這些城市充滿了有組織的犯罪集團。

—— 《雙週刊評論》西元 1886 年 10 月

當我領教這鐵的事實，我想我看見了
倫敦這個怪獸在嘲笑我；
若是可以嘲笑苦難，
我也報之以嘲笑，你這愚蠢的城市，
但是我可憐你的現狀。

—— 亞伯拉罕‧考利

如果問題是，永恆的夥伴，你自己沒有力量逃避或去過獨居的生活，那麼，我要說：「獄吏，鎖上牢房吧！」

—— 華特‧司各特先生日記

　　大城市未必產生偉人，相反，大城市的生活傾向以及娛樂方式更容易產生小人。那彌漫在城市生活中的商業與享樂的眩暈，迷惑著城市的大腦並阻礙著它的成長。新的刺激帶來一連串的成功，但不產生持久的影響，因為它們在互相消解。農村孩子在長大時，城市孩子也在迅速成長。後者

在與其夥伴的不斷摩擦中長大，所以更加敏銳、聰明，而當他在特殊的活動中變得快速而機警時，他便裹足不前了。

城市生活是腦力活動的敵人。它有太多的刺激，卻沒有多少寧靜。人們讀報、經商、看戲劇，一天的時間就這樣打發過去了。年輕的倫敦人很少交際。如果他交朋友，他的朋友看起來也和他沒有什麼兩樣。格斯里爾博士住在倫敦的時候，曾經將城市的年輕人與農村的年輕人混為一談。他在其《自傳》中說：「那時我第一次看到英國學校普通教育的刻板與不足，我並不懷疑，城市少年是他們自己商業活動的主人，但是，他們若走出自己的圈子 —— 像待在海中岩石小洞裡的某種甲殼類動物一樣 —— 他們就表現出對外界事物的驚人無知。」卡萊爾以鄙夷的方式提到那些倫敦人：「所有在倫敦出生的人，對我來說，毫無例外，都心胸狹隘、手段卑劣，至少相當數量的人是如此。」

幾乎英格蘭以及倫敦的所有偉人，都是出生在農村並在那裡成長的。理解這一點並不難。在城市裡，一個年輕人僅僅是滄海一粟，他的鄰居對他一無所知，他對他們也不甚了了。他總是欣賞那些他所看到的東西，那些總是會給他帶來快樂的東西，但他很少得到更進一步發展的動力。而這與出生在鄉村的年輕人是完全不同的，可以說，他們的新鮮感直接來自於大地母親。在這裡他的生活更具個性，對自己的事情更加負責。

同樣他也能做城市生活這一精確機器為城市男孩所做的事情。他不會受各種刺激的影響。他熟悉他的鄰居，他們也對他知根知底。他結下的友誼常常伴隨著他的一生：對一個年輕人來說，交一個忠心的朋友，勝過有一堆彼此冷淡的熟人。他與夥伴的關係更坦率，而且他的想法也影響著他們。這些印象反過來又影響著他的成長，若是遇到合適的條件，它們會成

為富有成果的性格元素。「有鄉村特徵的人，」拉‧羅奇弗考德說，「不僅在表達方面，而且在思想、行為、性格和存在方式等各方面，從來不會背叛別人。」

儘管農村孩子的學識與見識並不如城市孩子多，但是他們更善於觀察，這部分是因為他們更有興趣，部分是由於他們從不草率地將新東西與記憶中的東西相混淆，他們的興趣也從不會減弱。他不光了解人，也了解自然。在一個村鎮，或在一個村莊或小村裡，人與人彼此了解。孩子們對鄰居們的善舉或惡行耳熟能詳。他們對家庭的故事瞭若指掌，這是他們爐邊談論的話題，這種口頭傳記構成了他們的早年興趣。可以說，這類傳記確實有點像閒談，不過閒談至少可以表明人們對他人的一種興趣；並且哪裡有閒談，哪裡就有其相關產物 —— 友誼。相反，在大城市裡，人混跡在茫茫人海中，沒有閒談，沒有親密的友誼，因為他們對別人一無所知，也很少關心別人。這樣，生活在城市裡的人較之在鄉村的人，彼此之間存在著更大的社會距離。

儘管農村孩子比城市孩子要成熟得晚些，但是當農村孩子長大後，他常常更了不起。他得到了更多屬於自己的資源，並且習慣自己去做許多事情，他們學會了必不可少的自助自立。當他們來到城裡，他們的身心始終處於新奇和羨慕的激動中。他覺得自己像在一個新的星球，擁有著新的雄心和抱負，他努力達到自己所希望的狀態，並且憑藉意志與決心常常躋身於城市生活的最高層。這種農村孩子比出生在倫敦的人更能獲得成功。正如後來瓦爾特‧白哲特所說：「知識和政治生活的中心所宣揚的東西並非建設性的，它們可能是狂熱的刺激，這些東西會令父母們精疲力竭，也會使新一代年輕人沉溺其中，在土生土長的倫敦人身上，只剩下少得可憐的

精力與創造力。事實上，那些在政治、科學或藝術方面做出巨大成就的人，很少出自於疲憊不堪的都市。」

農村孩子的確是最好的農產品，他們適當地進行生活中的腦力活動。弗特奈爾說，這對那些從事學術的人有好處，因為他們總是有閒暇去為自己的研究打下扎實的基礎。葛德文‧史密斯說起皮姆，他原來是一個鄉村男孩，離群索居了 6 年，這種鍛鍊必將對他的性格深度與思維持久力產生影響，而這是一個人身上最重要的因素。「一切有價值的事情，」吉恩‧保羅‧利希特說，「都是在孤獨中完成的 —— 也就是在與社會隔絕的情況下完成的。」牛頓曾是一個出生在農村的男孩，並且早年在他母親的小農場做管理工作，這對於科學研究來說，有多麼大的好處啊！

《工程師的生活》一書觀察到：為我們建橋、築碼頭、開鑿運河的人，修築燈塔和鐵路的人，都是出生於農村的孩子。休‧米德爾頓爵士，就是那條供應水給倫敦的新河修建者，他出生於格爾克山，北威爾士迪拜附近一個偏僻的農舍。約翰‧帕瑞，是在達根漢姆嶄露頭角的，此地屬於格魯瑟斯特舒熱的羅伯若；約翰‧梅特卡夫，奈爾斯堡拉夫的道路製造者，是約克郡的克納熱斯伯若夫人。愛德華，橋梁建築者，是南威爾士依州威斯萊姆一個小農場主人的兒子。布林德雷，運河建造者，是德比郡東北角、特恩斯泰德一個勞工的兒子。斯曼頓是在里茲附近，他父親位於奧斯索普的鄉間宅子裡長大的。熱尼是東羅森一個農場主人的兒子。泰爾弗德出生並成長於依斯戴爾荒野地帶一個帆布吊床中。而喬治‧斯蒂文森，一個做帳篷發動機工匠的兒子，最先看到的是在泰涅河岸威爾萊姆一個小屋的燈光。然而，天才並不分地域，也不為家族所決定，春天對於農家都一視同仁，不管是農民簡陋的棚屋，還是牧民的帳篷。

　　人們期望一個生長在鄉村的孩子在自然史上揚名天下，這是很自然的，因為他的生活與戶外的生活是融為一體的。他觀看並且觀察。了解鳥雀、蜜蜂、昆蟲和動物的習性。《塞爾伯尼的自然史》就是一個人在寂靜的自然環境中仔細觀察的結果，這本書特別好。作者一輩子都是在農村度過的。亨斯勞教授，當他僅僅還是羅徹斯特附近的一個孩子時，就把一個差不多像他自己那麼高的菌類植物拖回家，並且常常做一些毛蟲標本，畫昆蟲，還解剖鳥和動物，以滿足他特殊且有意義的興趣愛好。像這樣的人，儘管他們在鄉間的工作盡善盡美，可是他們經常因工作的美譽而被招引到城市，並在那終其一生。不過，布豐最後更喜歡生活在自然中，在蒙特芭的鄉居中，他對園藝的最新研究，始終被認為處於很高的境界。

　　那些影響時代，並且將他們的思想加於一切和傳之後世的人，大部分是孤獨的。(注：拉科代爾評論道：「像人群分開我們一樣，孤獨將我們聯在一起。由於人們習慣於深刻、孤獨的生活，因此在這個世界上，人們之間的真正親密少得可憐。最好的人是這種連續不斷磨擦的受害者，當它的靈魂因不斷地摩擦而變得粗糙時，那麼同樣他強大的附屬力也因此遭到了破壞。我相信孤獨對友誼是必要的，就像它對於聖潔是必要的，就像天資對於美德是必要的一樣。」)威克利夫、拉瑟爾、諾克斯、羅耀拉、萊特莫和威斯利等都是如此。

　　奧利弗·克倫威爾對田園生活的追尋持續了近 40 年；而華盛頓，出生並成長於維吉尼亞，他成年後，長期在阿爾漢尼山脈山谷廣袤無垠的荒野間做測量工作。這種孤獨並沒有阻礙文化的發展，相反，思想集中於自身，甚至會變得異常活躍。這一重要的事實，為愛丁堡大學裡的東方語言學教授亞歷山大·默賴所揭示。約翰·布朗牧師，《聖經解釋學》的作者；

天文學家詹姆斯·弗格森；詹姆斯·霍格，《女王守靈人》的作者；他們早年都曾經在蘇格蘭沉寂的荒野上，過著孤獨的牧羊生活。

　　本傑明·布羅迪爵士，當他還是一個孩童時，常常沿著威爾斯郡孤獨地散步，從中他獲得了思考的習慣，這習慣更能彌補偏僻家居的缺陷。沙漠，他們說，這是帶來發現的地方。在相對僻靜的鄉村，人更善於觀察，更冷靜，更願意跟隨他對新事物的感覺。當詹納（Edward Jenner）在他的故鄉格勞希斯郡，發現了防止天花的種痘威力時，他在歐洲聲譽鵲起，來拜訪他的一個朋友極力勸他移居倫敦。但是他太愛鄉村了，所以拒絕離開村落。當來訪者想要看看俄國皇帝送給他的鑽石戒指時，詹納回答說：「不，讓我們在花園裡散散步，聽聽那甲殼蟲催眠的歌唱吧！」詹納的《雨的徵候》將他對植物、花、鳥、動物受天氣變化影響的精確觀察，予以具體而生動的圖示，而這些是在城市裡無論如何也得不到的。

　　阿諾德博士也是一個非常鍾情於鄉村生活的人，他愛鄉村的樹木、花草、湖泊與山脈。當他從一幢房子搬遷到另外一幢房子時，他總是小心翼翼地將柳樹從他父親的住地移植到拉雷漢姆、拉格比和弗克斯。這些地方活在他的心靈深處，在很長一段時間裡，是他內心世界的中心。穿過田野時與孩子們爭論使他高興，他感覺到清新的風吹在臉上，他採摘野花，找尋鳥窩；當他跨過柵欄、越過壕溝時，他歡樂滿懷。不過他最高興的，還是待在他位於弗克斯的威斯特莫藍德的家。「那個地方深印在我的記憶裡，」他說，「那是一次又一次對美麗的拜訪。」

　　當在國外旅行時，他感到任何地方都不能讓自己放鬆。如果在這個世界某個美麗的地方待的時間超過一天，他就會渴望回到弗克斯。山中的空氣也給他的工作帶來新的力量，總是讓他精力充沛。「我們在這裡，」他

寫信給一個朋友,「3 個多星期了,它依然如故,它生機勃勃使我心曠神怡。儘管我從來不努力工作,但是除了作做 6 次演講以外,我還做大量的諮詢。」他深切地希望當他長眠之時,遺體會被送到格拉斯密爾的教堂墓地,躺在華茲渥斯所種的紫杉之下,還有那洛沙河的潺潺流水聲與之相伴。然而實際情形並非如此,這位偉大教師的遺體,更適合靜臥於他在拉格比那高貴的勞動場所之中。

華茲渥斯也住在瑞戴爾弗克斯附近,在格拉斯密爾湖的彼岸;而騷塞住在德文特湖岸以北的格里塔住宅,他不喜歡倫敦,因為倫敦讓他匆忙、焦急,令他疲憊不堪。在那裡他無法歇息,甚至在大英博物館的閱覽室,他的頭腦也因無數資訊而分散了注意力,並被弄得困惑不堪、不知所措。我們這樣來想像西德尼‧史密斯或許更自然,以他的社交能力和談吐水準來看,他是個城市人而非農村人。他在塞爾波瑞平原一個小村莊做副牧師的那些年裡,他的朋友們都把他看成一個異鄉人,後來他當上約克郡弗克斯頓里克雷的牧師,這種情形也沒有多少改變。但是對於世界的讀者來說,西德尼‧史密斯注定要長年孤獨地生活於鄉村是一件幸事。否則,他的大量精力很可能浪費在城市的交際中,浪費在晚餐後熱烈的交談中,在這種情況下,他的正直與健康將不復存在,而他根本也不可能為世界奉獻出那些美妙的作品。

在弗克斯里克雷,西德尼‧史密斯很快成為教區的牧師、農夫、花匠,小村的醫生、保安人員和愛丁堡的評論家。在給他的朋友傑佛瑞的信中,提到他的隱居生活,他寫道:「我相信非常孤獨的生活(正如我現在這樣),將糾正我的一些缺點;對一個人來說,在一個大的社會中,他可以沒有自己的原則,但是當他獨處時他必須努力反省。如果不這樣,我敢斷

定，孤獨是忍受不了的。」不管怎樣，西德尼·史密斯在弗克斯里克雷做的事，比為《愛丁堡評論》寫的文章還多。

因為敬重他在農場的所作所為，一名拜訪者寫下了這樣的話：「他不浪費時間，他出門耕作時帶著一個特大的演講用喇叭，一個望遠鏡，那是他的獨特夥伴，他替它帶上皮套，用來觀察農民們在做些什麼……同樣的精神也用在他的花園和農場。每個洞穴和角落都有稀奇的裝置和特別的東西。」「這真是一個奇蹟，你的田野中間的機器骨架是做什麼用的？」「噢！那是我的通用搔癢機 —— 一個用來幫動物搔癢的裝置，從一個羔羊到一頭閹牛，都能夠盡情地磨擦和搔癢。」

在弗克斯里克雷居住的 19 年中，西德尼·史密斯一直都這樣忙碌，他寫下了《愛丁堡評論》中的 38 篇最好的文章。應一個羅馬天主教徒的要求，他寫下了最後一些文章，在去世前一年，他在布里斯托爾大教堂，被大法官里德豪斯特爵士授予牧師資格，之後他又被格雷爵士提升為倫敦聖保羅大教堂的牧師。這些提升為他帶來許多欣慰，不過他仍舊時常回憶起，在約克郡聖職供奉時的那種愉快、忙碌而有意義的生活。

可以說，卡萊爾成年時的天才特徵，很大程度上要歸因於他早年的孤獨。他出生於杜弗里瑟熱一個孤零零的農舍，在一所普通的鄉村學校學習，後來他進入愛丁堡大學並且在那短期學習。在此，他為自己的文學生涯打下了基礎，他把大量的精力放在學習上，貪婪地閱讀所有優美的文章，學習幾乎所有的科目與自然科學。從私人教學到嘗試翻譯，然後又開始了最初的寫作。

結婚 7 年後，卡萊爾住在克瑞根帕托克荒野中一間孤獨的農舍中。這就是愛默生西元 1883 年訪問英格蘭時遇到他的地方。愛默生有次途經敦

夫里斯郡，他發現那裡離克瑞根帕托克還有 15 英里遠。「那裡沒有公共馬車經過，」他說，「所以我從小酒館僱了一輛私人馬車。我看到了那所坐落在石楠叢生的荒涼小山間的房子，正是這一個地方滋養了這位孤獨學者的強健心靈……『這裡荒無人煙，除了達斯闊的牧師以外，在 15 英里以內沒有一個人和他說話』，因此書籍不可避免地成為他的生活主題……後來他以學者的眼光將注意力投向了倫敦；『倫敦是世界的心臟，』他說，『只要有一群人，它就會很精彩。』」（注：愛默生《英國點滴》）但直到他的思想在純樸山野長久的沉寂中得到滋養和塑造之後，倫敦才很快引起他的關注。

　　德·萊沃尼在他的名著《英格蘭、蘇格蘭、愛爾蘭的農村經濟》中說，18 世紀的英國小說充滿了對鄉村生活的讚揚。「當法蘭西，」他說，「熱衷於伏爾泰的小說、小克雷比永的羅曼史時，英格蘭正讀著《甦醒大地的牧師》、《湯姆·瓊斯》和《克拉雷斯》。」哥爾斯密描述普雷姆羅斯先生時說：「世界上 3 種偉大的特點，都集中在他這個英雄身上：他是一個教士、一個農夫，還是一個家庭的父親。」這種說法將思想特權賦予了新教和農業國英格蘭。所有羅曼史只是這一主題的注解，它是可憐教士家庭的內部圖。

　　在同一章中，德·萊沃尼力圖說明，熱愛鄉村生活一直是英國人特殊的性格特點，他們從撒克遜和諾曼第祖先那裡繼承這種性格。然而拉丁的民族血統、羅馬帝國的影響，也給了他們相反的影響。在那裡，對城市生活的偏愛很早就顯露出來了。羅馬人將田地委託給奴隸，而所有渴望卓越的人都得借助於城市。農夫的名字，比如，威利克斯（源自惡棍）或者裴格那斯（源自異教徒）是一種蔑視的叫法；而在城市裡，阿阪尼特斯或都勒這樣的名字，就與優雅和禮貌有關。

近代拉丁民族仍把居住在鄉村看作一種流亡 —— 在法蘭西,在義大利,在西班牙 —— 他們為了娛樂,為了社交,為了賺錢,或者很可能為了思想的樂趣,而渴望生活在城鎮或城市,英國人比拉丁血統的人社交活動要少:他們依舊保持著一些純樸的天性。他們寧願住在偏遠鄉村一所孤獨的農舍裡,在那裡高興地生活在妻兒的世界中;他們不喜歡像撒克遜人一樣封閉在城鎮的圍牆中,對他們來說,開放的空氣是最自然的因素。

哥爾斯密在他的作品 ——《甦醒大地的牧師》、《旅行者》和《荒蕪的村莊》中,表達了他對鄉村生活的熱愛,我們的許多小說家和詩人也顯示出了同樣的興趣。除了喬治·艾略特和蓋斯凱爾夫人的作品以外,菲爾丁和斯摩萊特的小說也都充滿了鄉村的新鮮氣息。華特·司各特在習慣、談吐、思維與性格方面,都是一個不折不扣的鄉下人,他對生存的最初意識,是在桑第奴他祖父的農舍裡產生的。在那裡他度過了大部分少年時光,享受著對鄉村和鄉村生活的愛,這種愛從未離開過他。

那是在特溫德的凱爾索,他說:「我敏銳地捕捉那自然的美麗所帶給我的愉悅感覺,這種感覺從來沒有離開過我。」他對鄉村生活的愛 —— 對山丘、山谷和荒野的愛 —— 使他變得富有熱情。「假使我在一年中不曾看到石楠樹叢,」他說,「我想我就會死去。」關於他在艾波茨弗德的家,他說:「我的心與我所開闢的這個地方緊緊相連,在那裡幾乎沒有一棵樹不屬於我。」司各特對鄉村的熱愛,吸引了不少人從世界各地來訪問蘇格蘭,尤其是美國人。他的《湖上夫人》、《威弗萊》(Waverley)、《羅伯·羅伊》和其他蘇格蘭小說,吸引著成群結隊的旅行者,越洋過海來到艾波茨弗德、凱垂尼海灣和坐落在羅門德海灣盡頭附近的羅伯·羅伊的故鄉。司各特的筆就像魔術師手中的魔術棒一般,變幻出了馬車、汽船、公路、鐵

路，以及無數容納荒涼山脈中旅行者的旅店。

　　拜倫不像司各特有那麼多鄉村生活的經歷，然而直到生命的最後，他仍感覺到孩提時代那荒涼的海蘭德景色對自己的影響。（注：他關於〈往日好時光〉的詩，是對年輕時代印象的回憶，在《唐璜》中他寫道：

> 當「往日好時光」帶來了蘇格蘭的一切，
> 格子呢，束髮帶，藍色的山峰，清澈的溪流，
> 底河、頓河、巴爾戈尼橋的黑壁，
> 所有我孩提時的情感悸動，所有我那時夢想中
> 最溫柔的夢想，都如同班柯的子孫一般
> 穿上了他們的柩衣；我那幼稚可笑的
> 孩提時代也彷彿如此從眼前掠過，
> 我可不在意這是「往日好時光」的閃現。）

　　理查在他的《自傳》中提到出生地的重要性，他說：「沒有一個詩人希望出生並成長在首都，相反，如果可能，他會選擇一個村莊，或者，至少是一個小鎮。大城市裡許多有魅力的東西都是精緻的，也容易刺激年輕人的靈魂，比如參加宴會，喝強烈的飲料，在灼熱的葡萄酒中沐浴。生命在少年時代就耗盡了，沒有替以後的生活留下更多的盼望，而不論在什麼情形下都依然可愛的只有鄉村。」詩人的出生地更適於鄉野村莊，而不是城鎮與城市。

　　莎士比亞出生於純粹的鄉野，他在那裡生活直到成年時離開，隨後，他去一個大城市尋找他的出路。我們對莎士比亞的少年時代一無所知，但是從他的作品中，顯然可以看出他在田野間度過了大量的時光，並且一直是一個密切關注自然的人。查理斯·奈特說：「他是一個非常難得擅長描

寫的詩人，他所描繪的景象有草地和叢林，有山谷和高地，有森林深處，有溫柔河岸邊靜靜的漫步。那是他故鄉的風景在他筆下自然地流露，他將自身形象不露痕跡地體現在所寫的一切之中，對田園生活的駕輕就熟，也可見他性格之一斑⋯⋯

「他自發的創作習慣，是將所接觸到的景象予以精彩地描繪；我們看見白嘴鴉在夜晚振翅飛向樹林，聽見小甲殼蟲令人困倦的嗡嗡聲。他將田野中各式各樣的花編織成華美的花環，甚至最美妙、神祕的花匠藝術，也能被他表現得淋漓盡致。所有這一切彷彿都出自於一種直覺。他描述這一切的詩歌，如同其他所有偉大的作品一樣，像是出自大自然本身的鬼斧神工。但是我們透過如此獨特的環境描寫，如此自然地將自然景觀和鄉村生活連繫起來的作品可以確信：早年精細的觀察是奠定這一切的基礎。」（注：C‧奈特《莎士比亞的生活》）

一些傳統文獻甚至提到了莎士比亞偷偷獵鹿（注：關於這件事，瓦爾特‧沙維格‧蘭多寫下了他最好的作品《莎士比亞的引文與審視》），那可能是出於對運動的喜好，也可能是為了獲利，莎士比亞在湯瑪斯‧拉克先生的鹿園偷獵過。無論如何這是可能的，這從他的作品中顯露了出來，他熟習各種森林運動，並很可能他本人曾以合法的或不合法的方式參與其中。在他的第一首詩〈維納斯與阿都尼〉中，「這是我創造的第一個作品」，他這樣稱呼它，並在其中極其生動地描述了捕鹿的場景。的確，這段描寫是無與倫比的。詩人對鄉村的愛伴隨了他的一生，當他領教了倫敦劇院經理的管束後，他毅然回到了埃文河畔的斯特拉特福德，在他年輕時待過的劇場中度過最後的時光。現在他的靈魂安息在故鄉教堂的聖樂中。

申斯通、考利、庫柏、哥爾斯密、彭斯和湯姆遜全都是農村孩子。我們得感謝他們，為了他們所描繪的精美的 —— 充滿了自然和美麗的 ——

田園生活圖畫。不過與他們中的大部分人比起來，華茲渥斯更像一個農村孩子。他出生並成長於湖光山色中，很早，這些環繞他的美麗景象，就給他留下了深刻的印象。在學校裡他性情孤僻，無所事事，常常隨意漫步。可是他在自然中找到了自己的夥伴，它們成了他最好的老師。他的大部分詩歌，生動描繪了他居所附近的風光與人物。他對自然的崇拜簡直成了他的信仰。那奔流而下的大瀑布「如同情人一般令他魂牽夢縈」；而岩石、山脈、樹林也正合他的「胃口」。華茲渥斯的個性 ──「瘦石嶙峋的卡姆博蘭德之王」── 仍然彌漫在他所居處之地。而格拉斯米爾、里奇蒙和凱西克，都成為了英國風景中的名勝。

　　有許多地方因為我們的鄉村詩人而變得神聖，它們值得記憶是因為與詩人的名字有關。如：莎士比亞與艾文河畔的斯特拉特福德；菲力普·錫德尼爵士與彭斯赫斯特；沃勒、伯克和迪斯雷利與比肯斯菲爾德；波普與特威克納姆；庫伯與奧爾尼；申斯通與利索斯；湯姆遜（James Thomson）與里奇蒙，他在里奇蒙寫下了《四季》；（注：埃利·布瑞特，一個美國人，在他的《從倫敦到地極》一書中這樣寫到里奇蒙：「在這裡所有的回憶都獲得了永恆，我們從未如此談及一個人，這些驚人的記憶指向那贏得世界尊敬與欽佩的人，他就出生在此，他產生了被千萬人敘說的永恆思想，他將自己的生活經驗傳達到後代人的心靈之中。「我站在里奇蒙的山崗上，俯瞰著這個被小河環繞的小鎮。」「你是誰？」「我是一個美國人，一個新英國人，一個普通的讀者。」「你怎麼知道像里奇蒙這樣一個地方的？又為什麼到這裡來？」「是湯姆遜的《四季》，先生，這是我讀到的第一本詩；而且我讀了一遍又一遍，那時我是一個皮革製品廠的學徒。我是倚著爐架，借著爐火來讀它的，我在煤灰中打開它，在煤爐向上迸發火星的時候啜飲著它的美麗。湯姆遜在此生活過，在此思想過，在此寫作過，他把里

奇蒙放進了他的《四季》中。」）彭斯與阿洛韋·柯克、司各特與阿伯茲福德、華茲渥斯與瑞戴爾山；拜倫與紐斯丹德大修道院等都是如此。

鄉村也對出生和成長在城市的人產生影響。儘管米爾頓出生於倫敦的布萊德街 —— 成長於倫敦聖伯貝勒斯大教堂的鐘聲之中 —— 並且他的大部分時光生活於這「封閉的城市」，但他仍然深愛著大自然，並用鮮豔的色彩描繪著大自然的聲音和美景。詹森說米爾頓是「透過書上的景象來了解自然的」。只不過他用自己的眼睛所看到的可能要更多。倫敦在他所處的時代並不像現在這樣，是一個被高樓大廈所包圍的地區，而只是一個為綠地環繞的中等城市。在城市的牆垣與樓宇間有大片樹木繁茂的土地，綠色的小徑伸向四面八方。湖濱是綠色的土地和公園。的確，那時的山鷸在現在的總督街邊很容易被射殺。

此外，米爾頓在劍橋度過了一段時光。在這段時間，他 21 歲的時候，寫下了著名的《基督降生頌》。隨後他離開劍橋大學，去他父親在白金漢郡霍頓的家。在那裡他寫下了《阿卡德斯》、《考瑪斯》和《萊西達斯》，除此之外，可能還有他的《快樂的人》與《幽思的人》。這些作品都充滿了鄉村生活與鄉村氣息。在《快樂的人》的某些段落裡，沒有別人，只有一個居住在鄉村從事寫作的詩人。從他由倫敦寄給義大利朋友迪奧達蒂的書信中可以看出，他喜歡在鄉村漫步。在信中，他說：

> 不要禁錮在城市，也不要幽閉在家中，
> 我雖然也常居室內，但當春天呼喚我前去漫步的時候，
> 就讓我們在郊外的林蔭下，
> 那榆樹枝遮天蔽日的地方自豪地敘談吧！

　　然而對此也有人有不同的看法。比如拉斯金先生對他出生地倫敦的自然環境不以為然:「我習慣了,」他說,「兩三年來,在道路那一邊除了磚牆外沒有別的景色。」當亨希到了卡姆博蘭德,他帶著極度的興奮與敬畏凝視著那裡的山川湖泊。他說:「儘管我一直喜歡安靜,可是這美麗的山,仍然具有一種變幻多姿和險峻無比的神祕魅力,而這是鄉村長大的孩子所不能體會的。」

　　一些具有如此魅力的事物,一定影響過濟慈的思想,儘管他是一個生長於城市的孩子,但他是自然的熱情讚美者和精緻描繪者。畫家海頓對濟慈十分了解,他說:「濟慈自得於自己的天地:嗡嗡的蜜蜂、美麗的花朵、燦爛的陽光,似乎都令他激動萬分;他的眼睛閃閃發亮,他的臉頰灼熱發光,他的嘴巴顫抖不停。」(注:米爾頓敘說了「可見的黑暗」;濟慈在他的下列詩句中則使沉默可聽:

> 病人扶著楊柳俯瞰
> 那蜿蜒蕩漾的小溪,
> 沉默的女僕護衛著她的安寧,
> 草葉在低聲絮語,蚊蟲在悲嘆,
> 蜜蜂在風鈴草之間上下翻飛,
> 一束微弱的光芒
> 在乾枯的樹葉與樹枝間沙沙作響,
> 或許全都能聽到)

　　沒有人比華茲渥斯更能理解和展示自然的奇特魅力,它們在他童年時留下的印象是如此之深。柯勒律治也說童年的生活場景,是那樣深深地印在了他的腦海之中。每當陽光明媚的夏日,只要他一閉上眼睛,就會呈現

出這一景象：奧特河繞著他的屋舍潺潺而過，河水泛著粼粼的波光，不遠
處有那橫跨小河的木板橋，還有那河邊的柳樹和河床上多彩的沙石。濟慈
沒有這樣的早年體會，可是他依靠細緻的觀察力和強烈的詩人天性獲得了
這一切。

　　我們不僅期望從鄉村獲得天才的作品，而且期望他們能幫助這個民
族，保持骨骼和體格的健康與強壯。我們希望強壯有力的人在必要的時
候，保護我們的屋舍與家庭，而我們只有在鄉村才能找到這樣的人 ──
在田間、在荒野或在丘陵與山脈之間。在農村我們看到了健全的人，他們
勤奮地工作，也擅長各種手藝。一切利益，一切勞作，一切文明生活中的
冒險活動，都有賴於這樣的人。

　　幾個世紀前，在科雷斯、艾根坎特和波伊特斯打仗的人，都是英國鄉
紳領導的農夫。在伊莉莎白女王時代，當強大的西班牙艦隊侵略英國海岸
的時候，她雄偉的軍隊是由鄉紳、農夫與莊園主人組成的。她的艦隊由法
蘭西斯・德拉克率領的那些海岸船隻組成。法蘭西斯・德拉克是一個海軍
低級文士的兒子，也有的說他是農民的兒子。在隨後的一個歷史時期，查
理一世嘗試一種改革，如果改革失敗，可能會比專制統治更糟，他遭到了
英格蘭鄉村士紳的反對，而追隨他的是農場主人和農民。贏得布倫亨勝利
的主力，差不多都來自一個階層，他們還在滑鐵盧協助打敗了歐洲的征服
者。愛爾蘭和蘇格蘭軍隊在英格蘭戰役中，享有同樣的光榮。除了愛爾蘭
和蘇格蘭的英勇軍團以外，1,600 名來自經常遭受暴風雨襲擊的斯凱小島
的士兵，固守在滑鐵盧戰場。

　　現在他們當中的倖存者所剩無幾。招募來的那些強壯的人都編入了各
個部隊，他們參加了在印度、半島和低地國家的各類戰役，這些人現在幾
乎完全不在那裡了。他們要麼從愛爾蘭移居到美國或各殖民地，要麼在工

業城鎮謀生。在蘇格蘭高地，你會看到他們凋敝的家園 —— 敗屋廢墟、斷垣殘壁，它們的主人已經離去並且永遠不會回來了。當年，高地的地主們想要在他們的小農場放牧羊群，而當他們發現這樣做費用太高，就轉而養起鹿來。現在許多富有的人炫耀他們在蘇格蘭的鹿苑。他們很少了解，為了他們今天的快樂，這個民族付出了怎樣的代價。一個美國運動員擁有從一個海洋到另一個海洋的鹿苑 —— 從德國海岸到大西洋 —— 這是另一種「民主的勝利」。

在蘇格蘭低地，情況是一樣的。在這裡，農業勞動大部分由機器來承擔。現在我們大量的食品從外國進口，從俄羅斯，尤其是從美國遙遠的西北部。而當他們反對我們的製造業以保護他們自身時，我們便讓他們的農產品免稅進入我們國家。英國工業最不可避免的問題是伴隨著對農業的破壞。每年都能看見以前大片肥沃的土地長滿荒草。因此，農場主人帶著農民離開，只有那些能力欠佳的人留了下來。村落的屋舍被拆毀，以致他們無處容身。政府透過這種方式來降低貧窮率！如果什麼時候發生戰爭 —— 整個歐洲現在已經武裝到了牙齒 —— 我們將不得不在海上為我們的食物而戰；但是陸軍和水手從哪裡來，卻沒有人能告訴我們。

我們在蘇格蘭高地找不到他們，因為那些峽谷中已沒有人煙。我們在愛爾蘭找不到他們，因為你不知道他們是否願意去打仗，那裡的鄉村人口在 50 年間已從 800 萬減至 500 萬。我們在英國各地也找不到他們，因為那裡的農民已放棄了他們原本追求的生活。城鎮人口激增，就業更加艱難。我們被驅趕到城鎮和城市，可是在那裡我們又能做什麼呢？人們製造出機器，它能紡出一種平滑的絲線來 —— 人們在精神活動方面比體力活動更加卓越。在極熱的空氣中，人們能忍受 8 個小時或 10 個小時工作著。

但是這些卻不能代替強壯的蘇格蘭高地人或者強健的英國農民去保衛國家，或為出產在外國的食物而戰。城市人可能非常聰明，他們像海綿一樣善於吸取知識，可是他們無法過艱苦而持久的野外生活。

貝多博士是一名成功的自然科學學者，許多年前，他對大不列顛島人的身高和體形做了一個特別的研究。在報告中，他極力主張必須在體力和精力高度緊張的狀態下，保持國民的體格。他說：「強健的體魄在文明社會中，並不像前文明時代一樣，受到普遍的尊重和享有崇高的價值；英國成為一個國家以來，所有的時代在其他民族中的地位，主要是由個人強大的力量與健壯的體魄決定的，而當我們在這方面不敵別的民族時，我們就不單在軍事上，而且在商業上，甚至在科學上遭受極大的損失。」

貝多博士證明英倫三島上的人，體格的退化主要是由從農業社會向商業社會轉變的這一現實所決定的，這一退化是一種遺傳，也是一種進步。所謂的進步即是這樣：商業社會中的人，他們高收入的結果是喝酒很多，抽菸很猛，而他們的後代也常常染上肺結核或者梅毒，這就會引起進一步的退化。「倘若我們做一個實驗，」貝多博士說，「僅僅進行一次賽跑，我們就會發現，賽跑無論在哪裡都能最大限度地增進體格的發展，並且能夠極大地增強精力與道德活力。奧德或彭加泊的居民在膽量和幹勁方面，和弱小的孟加拉人相差無幾，因為他們身體結構相同。說到家庭，我已指出，整體來說，蘇格蘭、北阿姆伯蘭、坎伯蘭、約克郡和康沃爾的部分地區，都是英國優秀而高大人種的出生地。我想他們在能力和幹勁方面給全國人帶來的好處也是公認的。」（注：貝多《論英倫三島人的形體與形象》，另見貝多博士在《社會科學協會》西元 1857 年與西元 1861 年上的同樣主題的論文。摩根博士也發表了〈論城鄉人口中所顯示的人種退化問題〉的論文。）

　　當大城市可能成為冒險精神的中心時，並不意味著它們也會成為健康和活力的中心。的確，工業城鎮和大城市可能已經注意到了我們種族體格上的危機。已故的沙夫茨伯里爵士，在一次基督教青年會的會議上說：「快速的現代城市，正攫取著鄉村的力量和生命線。」已故的卡隆・金斯利，過去常哀嘆他在大城市的街上，看到許多年輕男人和女人都過於矮小，而且通常都發育不良、瘦弱蒼白。波爾頓的弗格森博士，是一個負責任的工廠外科醫生，他認為健康狀況出現問題，在一定程度上是因為不節制。這就是說，過多的體力支出是由於工廠工人過長時間地坐著，同時在很大程度上是因為人們吸菸和咀嚼菸草。

　　關於城市還有一些情況值得一提：人們是友善而富有同情心的；他們不僅要求快樂也需要文化。與他人交流的方式多種多樣，都會給他們帶來益處。科學和文學中心都在大城市。格斯理博士說：「人，在擁擠的城市社會中，竭力想達到最好的狀態。他的智力被磨鈍，就像金銀失去了它們的光芒 —— 城市的空氣因為充滿煙霧和骯髒的水氣而黯然失色。最富天資的花，在最適合它們生長的環境中生長，但又很難成熟。當臉頰失去它紅潤的色彩，四肢不再富有彈性，男子漢的額頭只剩下蒼白的思想。當守夜的人在周遭巡視時，看到學生們的燈光一直持續到深夜。」

　　統計資料證實，透過改善環境衛生，近年來城市長壽的人口數量不斷增加。倫敦的死亡率更是低於很多歐洲大陸的城市；然而，居民呼吸到的純淨空氣比鄉村更少了，只有大量的煙和霧。一般說來，死亡是與人的生活離得最近、也是最大的事。用法爾博士的話來說：「人們住得越來越近，可是人們的生命越來越短。」目前，據說在英國，如果有 100 人住在鄉村，就有 199 人住在城市。

詹森博士儘管是里克費爾德人，但他也喜愛倫敦和城市生活。他以在波爾特法庭工作為榮。心情好的時候，他會說到博斯韋爾。「來，先生，讓我們沿著弗里特街散步。」「為什麼？先生，弗里特街有非常生動的景象，但是我認為洶湧的人潮還在查林克勞斯。」他說：「倫敦，對一些人來說無足輕重，但是對一個需要精神愉悅的人來說，倫敦是個好地方。」有時他說：「城市是我的組成部分。這裡有我的朋友，有我的書和我的快樂……當一個人對倫敦感到厭倦時，他一定是厭倦了生活；因為倫敦能提供生活中的一切。」約書亞·雷諾茲爵士和詹森一樣喜愛倫敦，儘管雷諾茲在里奇蒙有一間別墅，他也很少整晚待在那裡。在他看來，每個人的臉都是一道風景，因而他不會為任何一種郊外的風景而犧牲倫敦的活動。「一直是這樣，」馬隆說，「在英國，倫敦是唯一可能發現令人愉快的社交活動的地方。」

倫敦人查理斯·蘭姆出類拔萃。在性格特點上，他是屬於大城市的。他在倫敦出生並在那裡度過了他的少年和成年時代。他愛倫敦的街道，它的聲音和它的氣味。他常深情地漫步於舊書攤，並凝視商店的櫥窗。他的整個知識和社會生活深植於倫敦。他不僅承認自己是倫敦佬，而且以此自豪。當華爾特·索特爵士說：「要是我一年不曾看見石楠花，我覺得自己就會死去。」時，查理斯·蘭姆則說：「我必須看見弗里特街，否則我將會憂悶悲傷不已。別相信說假話的詩人。」他又說：「他誘惑人離開令人激動的街。我將在那裡建立我的居所。」一次，華茲渥斯說服蘭姆到他在西莫蘭德山上的家去拜訪他，蘭姆去了。他很喜歡那次訪問，但是他並不高興，直到他回到了倫敦和「那又香甜又安全的街道」。

在回來後寫給華茲渥斯的信中，他說：「在我的生命中，那一天將像

一座山一樣突出。弗里特街和斯坦德永遠是很好的生活地方。」「我不能
留在斯凱德生活。」在另一次寫給華茲渥斯的信中，他談到了他的倫敦
情結，他說：「那裡的一切彷彿活在我的腦中，我出生的房子，那無論我
走到哪裡都伴隨著我的忠誠的狗（只有在知識上才超越牠），還有那舊書
櫥、舊椅子、舊桌子，我晒過太陽的廣場，我古老的學校，這些都是我的
女主人。沒有你的山難道我就不充實嗎？」

　　一位高地長官訪問了倫敦，倫敦給他印象卻是如此不同。他是他們當
地的驕傲，並且習慣了別人的奉承：「當人們在倫敦看見他時，該對萊瑞
德有多麼好的印象啊！」天啊！他在倫敦沒有引起一點轟動，在倫敦，這
個重要的官員和計程車司機、馬車夫一樣引不起關注。當他回到蘇格蘭的
幽谷，他是怎麼描述這種感覺的呢？「噢！」他說，「當我在那裡時，倫敦
正處於一種非常混亂的狀態，強大的倫敦既龐大又缺乏熱情，忙碌而又明
顯的混亂，這就是倫敦在我的頭腦留下的最強烈的印象。

　　德國詩人海涅則和那位海蘭德長官的看法不同。「我已看到，」他說，
「我已看到了，並且仍然很吃驚；在我記憶裡那些石屋子的遺跡依然深刻，
還有那在石屋與石屋之間奔流的小溪，以及生活在那裡多情的人們，他們
所有可怕的愛的衝動、仇恨和飢餓。我指的是倫敦。送一個哲學家到倫
敦，但是，為了你的生活，不要當一個詩人！送一個哲學家去那裡，並且
將他放在戚普塞克街的角落，他在此將比他從雷蒲賽克晚期所有有關公正的
書上學得更多。當人類生活的滾滾巨浪向他呼嘯而來包圍他時，新思想的
海洋也便在其中得到昇華，永恆的精神浮出水面就會使他失去光澤。社會
和諧所隱藏的大多數祕密將會突然暴露；他將聽見世界脈搏跳動的聲音，
並且很明顯地看到它……這所有的事物絕對真實，這龐大的一致性，這個

像機器一樣運轉，在快樂中透著憂慮，這言過其實的倫敦，窒息著人的想像力並且撕碎著人的心。」

出生並成長在這種環境中的倫敦人，卻並沒有這樣的感情。他們對這裡非常熟悉，因而沒有印象。如果他們出生在農村，或許變化更快並且更聰明，可是他們的頭腦不會得到永久的推動；雖然他們在自己的軌道上或許會更完美，但除此之外他微不足道。他們對生活中的人所知不多，更何況那些生活在鄉村的人們。因此主要社會政治活動沒有在倫敦形成。他們通常來自於各省。已故的科布登先生過去常說，在反對穀物法協會的討論中，最大的困難是喚醒倫敦。倫敦人太忙於他們特殊的生意而不能看得很遠，也不能幫助熱心的鄉下人。

卡萊爾在第一次訪問倫敦後這樣說：「我寧願不時地訪問倫敦，而不願在那裡生活。事實上，我發現在那裡沒有健全的生活：人們就像長在溫室裡的植物，天國和塵世的寂靜絲毫不能影響到它。看起來，似乎你永遠居住在『一間旅社』，而在通常意義上，對家的感情含義我們所知甚少。」

像別的大城市一樣，倫敦吸引著全國各地富有進取精神和精力充沛的人士。它是才智、法律、商業和投機的中心。在所有的這些部門中，我們發現從農村來的人占據了要津：我們的首相大部分來自農業地區。近代的大法官和一位司法部長來自貝爾法斯特，已故的坎特伯雷大主教來自愛丁堡。這位克雷根帕托克的學生最後也被吸引到倫敦，並且在他查尼·沃克的房子裡創作了一部又一部書。（注：卡萊爾參與建造的大英博物館，後來的倫敦圖書館，是倫敦最吸引他的地方。即便是勞尼斯布蘭克，要不是他在大英博物館研讀《通告》（大英博物館是唯一一家擁有這本書完整版的圖書館），他也寫不出《法國革命》。）

　　從鄉村走出來的人經營著倫敦的報紙，坐著法官席，寫著書，管理著鐵路，並且成為大城市各公司的首領。從溫廷頓時代直到現在，他們一直廣泛享有城市的榮譽和尊嚴。來自鄉村的人（注：見奧瑞治《倫敦公民和他們的統治者》），由於他們資助教育、注重家庭關係並注意各聯合會和城市的影響力，因而，較之倫敦出身的人，他們中有更多的人成為市長。來自鄉村的人 —— 他們接觸泥土，往往具有來自大地的新鮮氣息 —— 他們通常是最熱愛倫敦和城市生活的人。他們愛它，因為它資源豐富，價值多元，社會自由並且生活變化多端。如果不住在鄉村，他們會不時地回到那裡。年輕人在假日休閒時，喜歡做自己喜歡的事，他們或許會騎著自行車和三輪車，走遍大都市周遭大約 60 英里以內的鄉村；如此可以保持身體健康，這種享受甚至勝過生活在鄉村。

第八章
獨身者與已婚者

女人的生命要由愛情來鑄鍊；
無論室內，還是室外，處處皆然。

　　　　　　　　　　　　　——S·弗格森

一條來自天堂的鎖鏈，
它的鏈環光滑而又耀眼；
她像睡神一樣降臨情人之間，
將溫柔甜蜜的心靈牢牢地拴住。

　　　　　　　　　　　　　——W·B·司各特

我的牧者，什麼是愛情？請你坦言相告。
是林中的清泉，抑或是青石砌成的深井？
歡樂與悔恨，在泉邊或井中交織相生。
抑或是那鐘聲，不緊不慢，從容而行。
進天堂，或入地獄，我們都要由它來引領。
這就是愛情，正如我親耳所聽。

　　　　　　　　　　　　　——拉雷爵士

　　在傳記文學中，有一些非常重要的要素是不能被遺漏的；男女之間的愛情作為其中之一，就需要加以詳細描述。戀愛和婚姻影響著多數人的性格和氣質；它給一些人帶來支持和慰藉，也給另一些人帶來不幸。「我們相互愛戀，」維勒說，「是因為我們不能永生；對愛情我們以生命為代價孜孜以求。」培根勛爵認為：「以婚姻為目的的愛情使人類得以繁衍，以情誼為目的的愛情使其昇華，濫情縱欲的愛情則使其腐化墮落。」

　　毫無疑問，基督教文化大大提高了婦女的地位，並且使得她們在精神上保持一種男性化特徵，從而使這種精神不再帶有性別色彩。正是透過以聖母馬利亞為代表的女性影響，男人和女人接受了關於道德和宗教的神聖

信條，這些信條使文化的統治得以延續至今。居室的壁爐邊就是女人的聖堂，如同掌握了政府的支配權一般，她們在這裡統治著世界。

　　然而，這世上很多男人和女人都沒有結婚。為此，關於結婚和獨身的話題，眾說紛紜。到底誰更有利於人類幸福的增益和文化的進步？多數人結婚，這是遵循自然的本能；而另一些人，例如聖保羅，他認為：「結婚是毫無必要的，人應該控制自己的意志。」於是他終生未婚。按照聖經教義，前者是不錯的，但是後者更佳。培根爵士也曾經結婚，卻不是陶醉於愛河的人，他宣稱：「有妻子和孩子拖累的人，就會困於責任的樊籠喪失自我；妻子和孩子是成就偉大事業的羈絆，甚至是實現野心的障礙。最傑出的公共事業都是由獨身的男人完成的；無論是在感情上，還是在錢財上，他們都投向了大眾。」然而，這個觀點過於以偏概全。

　　獨身者無疑可以更專注地投身於文化藝術方面的追求。他在習性方面更為自由，可以較少地顧及他人的想法和需求。然而，那些只能在伴侶之間的溫情和撫慰中才能獲得的，在生活中給人們帶來力量、安慰，並使人們保持活力的美好事物 —— 大腦的鬆弛和靈魂的安寧，他也主動放棄了。阿諾德博士寫道：「無法想像，一個沒有妻子和孩子的男人在中年會怎樣生活。即使是最優秀的男人，由於獨身的緣故，他在人際交往中也會變得孤僻冷漠。這樣的事例大家是有目共睹的。」

　　毫無疑問，不少偉大的天才都是單身漢，因為求知的熱情，他們放棄了其他的愛好。或許牛頓對愛情就一無所知，甚至對社會聲望也不感興趣。據說有一次，他出於謀求資助的目的，向一位女士求婚；一開始他就不停地吸菸，在忘我的思索中，他差點把那位女士的食指當作了菸塞！兩個人的關係就此宣告結束。可能是牛頓的性格過於羞怯，同時隱居和沉思的生活讓羞怯變本加厲，這樣阻礙了他享受有女士相伴的社交生活。不過

他似乎從未體會過沒有女人的缺憾。霍布斯則是主動放棄了婚姻，唯一一次結婚的企圖，也是為了更勤奮地從事研究。亞當・斯密以一個單身漢的身分走完了一生。他曾經宣稱，只有在自己的書中，他才是一個情聖。厭世主義者柴姆佛爾特認為：「要是男人只需要求助於自己的理智，那為何要結婚呢？為了避免有一個類似自己的兒子，我是絕不會結婚的。」（注：培根：《論婚姻與獨身》。）

其他傑出人士中，獨身的還有伽桑狄、伽利略、笛卡兒、洛克、斯賓諾莎、康得、伊薩克・巴羅、布特主教、拜爾、萊布尼茲、波義爾、卡文迪許、布萊克和道爾頓等。卡文迪許不僅對女性本能地缺乏興趣，甚至對她們有一種病態的反感。為了避免見到房間裡的女僕，他還特地修了一個樓梯間；一旦某個女僕無意間經過被他撞見，就會馬上遭到解僱。（注：「一天晚上，在皇家協會，我們注意到對面街道上的一個非常漂亮的女子，她正探出頭看哲學家們就餐。我們的注意力全被她吸引過去了，都站起身到窗邊欣賞這位可愛的小姐。卡文迪許以為我們在看月亮，也向我們跑過來；當他看清楚以後，就厭惡地轉過身去，還大叫一聲『呸』。」──Ｇ・威爾遜《卡文迪許的生平》。）

這種羞澀實際上是一種病態。他從不允許別人替他畫像。別人的目光也會令他覺得尷尬。他極力迴避陌生人，在有陌生人的房間裡，他會變得坐立不安。此外，他的性格極其冷峻，為人消極，對別人和自己毫無感情可言；甚至對生死都無動於衷。他的立傳者寫道：「他沒有愛恨，從不希望，也不畏懼……他是一個毫無情感的科學隱士。」可以確信的是，無論在科學研究上如何傑出，他還是應該透過與同伴的交往，從這種人情冷漠的狀態中解脫出來。就像培根爵士在上面引述的文章中所說的那樣：「妻子和孩子無疑是人性準則中不可或缺的一環。」

　　大多數歷史學家，休謨、吉本、麥考雷、特爾華爾、布克，還有其他人，都是獨身者。開姆登痴迷於自己的事業以至於放棄了婚戀，只是為了更投入地進行研究。一個成功的歷史學家必須心無旁騖，專注於自己的事業，不能去享受天倫之樂。休謨的傳記作家引用一些據說是休謨自己寫的詩篇，試圖證明他是一個易受情愛左右的人；但沒有證據表明他曾經被這種激情打動過。相反，在休謨的文章裡談到這個話題時，他就像對待幾何學問題一樣冷靜。

　　吉本曾經在一段時期內墜入愛河，對方是克庫德小姐，克拉斯一個新教牧師的女兒。後來她下嫁金融家內克，她的女兒就是後來大名鼎鼎的斯達爾夫人。吉本當時還年輕，住在瑞士的洛桑。當地很注重年輕女士的博學和智識。「有人談到有這麼一個奇女子，」吉本說，「於是激發了我的好奇心；我對她一見鍾情……她允許我去她父親那裡拜訪兩三次。我們在孝艮地的山水間過得很快活，並且她的父母對我們這種關係也持鼓勵的態度。青春的虛榮漸漸沉寂消退，不再在她心底激蕩；她聆聽著真理和熱情的諭示，而我則盼望在這個崇高心靈中留下些許回音。」

　　那時只有 20 歲的吉本在回到英國後，向父親提起了這段姻緣，但是遭到父親的極力反對，最後他放棄了這位可愛的小姐。也許由此可以推測，他對這段愛情還遠沒有到達痴迷的程度。「經過一段痛苦的掙扎，」他後來寫道，「我聽從了命運的安排；為了當一個好兒子，我不得不做一個傷心的戀人。」

　　傑瑞米‧邊沁終身未婚，但是在早年他有一段刻骨銘心的相思並且至死不渝。縱使在耄耋之年，當他談到自己在鮑伍德的這段情事時，鮑林醫生還看見他老淚縱橫。60 歲那年，他和這位女士重逢，並向她再次表達愛意；不過這完全是一廂情願，那位女士拒絕了 —— 兩個人還是無緣相聚。

當邊沁年事漸高，他的思念之情變得更加強烈，後來在一封信中他對這位女士說：「我還活著，已經 80 歲零兩個月有餘，活潑有加。當初妳我在典禮上相遇，山花開滿了綠蔭小道。從那天起，我沒有一個白晝（更遑論夜晚）不是在對妳的相思中度過，妳超乎意料地占據了我的心靈。

「我還保留著妳在鮑伍德演奏用的鋼琴；儘管作為樂器它已毫無用處，可是仍然令人浮想聯翩。如果當作一件傢俱，它算不上十分難看。這也是我的一份遺產，不知妳是否願意擁有它。我有一枚戒指，上面黏了一些花白頭髮；除此之外，還有一張我的畫像，每個見過的人都說畫得很像我。我死的時候，妳還可以得到其他東西；只要妳願意接受，這還是一筆不菲的財產。我希望妳別把我當成一個無恥的人⋯⋯哦！我真是一個老糊塗蟲，在信紙沒寫完之前真不忍擱筆。」

也許真像他自己所說，這位女士把他當成了一個「老糊塗蟲」，因為這封信沒有收到任何回音。當讀到這段內心獨白時，人們也許對這位經常躑躅於皇后廣場的慈善老者景仰得無以復加，但是他的一生卻投入了建立一種被華茲渥斯稱為「冷血、斤斤計較和自私」的政治哲學。

皮特和福克斯這對政治對手都沒有結婚。皮特被認為是一位冷若冰霜的人，實際上他心地善良又善解人意。他的私生活無可挑剔：心靈純潔，品德高尚；而且在與人交往中也不乏溫情，人們常常看到他和孩子們嬉鬧玩耍，而這一直是他人生中最大的樂趣。他也曾如痴如醉地戀愛過，愛慕的對象是艾莉諾·艾登女士，一名額頭豐滿光亮、典雅端莊的美人。最後放棄這位小姐幾乎使他傷心欲絕，不過在確信家庭羈絆和獻身公共事業不可兼顧之後，他還是毅然決然地放棄了。這種犧牲完全出於責任感和榮譽感的要求。

　　偉大的單身藝術家還有李奧納多‧達文西、拉斐爾和蜜雪兒‧安格爾這 3 位。蜜雪兒‧安格爾在談到自己的藝術時說：「繪畫就像一位善妒的夫人，容不得任何情敵。我既然已經擁有了藝術，就應該在我私人生活中給予它足夠的照料；我的作品就是我的孩子。」雷諾茲似乎也抱同樣的觀點；他保持獨身，是出於自願。當他聽說費拉克斯曼已經結婚了，就對他說：「費拉克斯曼，我給你一個忠告，身為藝術家你已經被毀了。」然而，費拉克斯曼最終證明婚姻並不是壞事，反而讓他受益無窮。（注：參見《自我拯救》。西元 1820 年 2 月 6 日，H‧克拉伯‧羅賓遜在他的日記寫道：「費拉克斯曼夫人死了。她是一位德行高尚的女人。這對他丈夫而言是一個無法彌補的損失。他是第一流的藝術天才，但在生活中卻像個孩子。她非常有理性，而且十分精明 —— 是藝術家的最佳配偶，如果沒有她，他早年連自己的日常生活都不能料理。」）

　　特納和艾緹也是獨身，但他們都曾經有過追歡逐愛的經歷。情場上的失意給特納一生留下了陰影，以致他的真實感情後來就沒有再流露過。與之相反，艾緹一直是數不盡短暫風流韻事的主角。「我有一個最大的毛病，」他自己坦言，「那就是容易掉進愛情的漩渦。」儘管如此，他還是沒有走入婚姻的殿堂。

　　亨德爾、貝多芬、羅西尼、孟德爾頌還有梅耶貝爾都是音樂界的單身漢。亨德爾將自己的感情全部傾注在藝術上；而貝多芬在熱愛藝術的同時，終生都在如飢似渴地追求異性的愛情，儘管他從來沒有真正擁有過。還是一個年輕人的時候，在他離開波恩以前，他就被一個叫郝若斯的小姐的魅力打動；但她斷然拒絕了他，嫁給一名奧地利的官員。貝多芬的心一次又一次被這種激情左右。第三次他又愛上了一個社會地位比他高的迷人

女子。據說他有一顆過於「柔弱的心」,「難以讓他贏得任何淑女的青睞」。然而這次他卻格外大膽,向她獻上了自己創作於西元 1806 年的 C 大調奏鳴曲;他用音樂的形式描述了自己對愛情的絕望和狂熱。可是這位叫朱莉亞·桂斯亞蒂的女伯爵很快就嫁給了德·蓋倫伯格伯爵,貝多芬也從此陷入了難言的絕望之中。他變得十分消沉、情緒低落。從那以後,他放棄了其他興趣,專心從事樂曲的創作,正是這個時期的作品,後來為他帶來了巨大的聲望。

　　以上是一些著名的單身男人的例子。然而,這世上還有眾多的單身女人,其數量之大並不亞於男人。男人們體格強健、富有力量,因此有能力單獨行動、思想和工作。他放眼未來,並且可以從中獲得安慰。女人就有所不同,無論快樂還是悲傷,她都得待在自己的家中。感受、戀愛、承受痛苦和做出犧牲,難道這些不就是女人生命的所有意義嗎?然而,她們的品性也是多姿多采,不乏動人之處。選擇獨身,或許是她已經有過初戀的經歷,並且對愛情不再抱任何希望;或許,她內心渴望自由,不願受婚姻約束;或許,一旦擁有支配自我的權利,她寧願投身於個人的愛好,或者為了人類精神的提高,去追求知識,從事文學創作。出於非常高尚的動機,不少女人選擇獨身生活;她們組成了社會上最高貴、最榮耀的一群人。僅僅提及佛蘿倫絲·南丁格爾、凱薩琳·斯坦利和朵拉修女這些人的名字就足夠了。

　　在多數情況下,單身女子會給人最體貼的安慰、最善良的同情、最精心的護理、最忠誠的陪伴。她們默默地完成這個世上大量的傑出工作,既不對外聲張,也不尋求讚揚。那些有耐心的女人們每天將屋子打掃得整潔乾淨,卻從來沒有人將這些日常瑣碎的工作記錄下來。在最卑微的階層

裡，那些單身的女人不僅要完成日常事務中的那一份工作，還得面對各種考驗、困難和誘惑。從這些堅強忍受著痛苦、勇敢地承擔著重負的貧苦女子身上，我們所獲得的教益難以估量。她們互相幫助，比那些養尊處優的貴婦人們還慷慨大方。為了幫助比自己更窮的人，她們不惜把自己的最後一塊麵包拿出來分享，即使永遠不可能得到回報。這世上有多少堅強的婦女，為了不喪失自尊，為了不玷汙自己潔白無瑕的人格，勤勤懇懇，終身操勞，哪怕為了獲得一塊乾麵包和一小杯茶，也要自食其力。

讓我們看看「偏癱和癲癇病醫院」是怎樣建立的吧！有一對姊妹，她們父母雙亡，由祖母撫養長大。有一天，她們焦急地等待著祖母回家。時間已經過去很久了，祖母離開時還高高興興的。這時，敲門聲響起，她們打開門一看，一個男人肩上扛著一個人走了進來。原來祖母突然全身癱瘓，幾乎都認不出來了。後來，年邁病重的祖母去世了，姊妹倆想建立一個慈善基金，幫助那些受同樣病痛折磨的人。她們並不富裕，也知道僅有的一點財產和捐款，很快就會被求助的需求消耗殆盡。然而她們同心協力，堅持下來，總是想方設法攢到英鎊作為這個慈善事業的捐款。皇天不負有心人，醫院終於建立起來。年輕的妹妹沒有活到親眼看見事業的成功，她在漸漸微弱的呼吸中，誠心祝福著，然後安詳地睡去。

可以肯定的是，女性存在著一個普遍的願望，那就是希望能夠像男人們一樣，讓自己在智力方面的潛能得到發展，以此將自己從孤苦無助的處境中解脫出來。換言之，也就是希望接受高等教育，參加競爭激烈的考試和爭取在事業上取得進步；一直以來，這一切都只有高高在上的男人們才能得到。毫無疑問，只要女性的身體狀況和健康條件允許，她們也必然能夠發展這些潛能。事業的競爭和腦力的比拼，倘若加諸到無論心智還是體

格都健壯的婦女身上，並不會給她們帶來多大的傷害；但是對一般婦女而言，過度的腦力勞動帶來的損害，是非常巨大且無法彌補的，最終甚至導致整個人類體質的惡化。

H‧克拉伯‧羅賓遜先生提到，有一個年輕的女士，她是一個鄉村辦事員的女兒，在讀了《柯麗娜》和《苔爾芬》之後深受影響。當這些書的作者斯達爾夫人來到倫敦時，這個年輕的女士叫住她，跪伏在她腳下，懇求做她的僕人侍候她。這位男爵夫人，也就是這位作家和藹地規勸她，明確地指出這種舉動的不妥之處。她說：「妳也許認為，能夠周遊歐洲，觀賞這個世界上最美麗、最壯觀的景色，是讓人羨慕的命運；不過，和這種命運比較起來，家庭的快樂更為堅實，而且它所具有的幸福也更加持久。妳有一個父親，而我沒有。妳有一個家庭，而我沒有。我四處漂泊是因為我不容於自己的家庭。妳應該對自己的命運感到滿足，一旦妳了解我的命運，妳就不會羨慕了。」（注：克拉伯‧羅賓遜《論文與通信集》）值得欣慰的是，這個年輕女士回到家中後恢復了正常。她的情緒逐漸穩定，做事也勤快了，過著非常充實、受人尊敬的生活。

一切貴在明智、適宜和幸福 —— 只要能使家庭生活充滿陽光，沒有什麼事是微不足道的 —— 將一切有益的事情做得完滿。若是年輕的女士們對這些道理都銘記在心，並且付諸實踐，幾年前記載於某本書裡的哀嘆「一切都是虛空，我的白馬王子又是一個草包，我要出家當修女」，我們聽到的機會就要少多了。一個非常有智慧的女人，無論是單身或是已婚，都可以既幫助家庭，又對科學事業做出貢獻。正如我們所知道的那樣，薩摩威勒太太就是這樣的例子；當然，有人認為她的心理能力和智力水準都是與眾不同的，不能作為代表。

　　我們已經對單身男女的生活做了描述；然而，更為重要的話題，關係到世上的夫妻們，畢竟婚姻才是這兩種性別的人通常的歸宿。男人和女人基於不同的觀念和感受締結了婚姻關係。舉凡這世上的夫妻，為愛情而結婚者有之，為追求美而結婚者有之，為金錢和地位結婚者有之，為了尋求安慰而結婚者也有之。一些人結婚，完全是出自本能的驅使，另外一些人則是出於自己的想像，只有極少的人具有判斷力，能夠控制自己的感情，理智行事。無論是對男人還是對女人，婚姻都是人生中的頭等大事——它既能給你帶來巨大的快樂，也能讓你遭受慘痛的不幸——然而，要說到欠缺深思熟慮，還沒有什麼比得上結婚這件事的，儘管雙方都發誓「無論如何，至死不分離」。

　　或許，這來自一個流行很久的慣常想法，那就是愛情是一種我們無法控制的熱情；或者，這絕非理智的舉動，而是受本能的驅使；或者，這是一種衝動，只能聽命行事，不能被控制和引導。因此才有諸如什麼「婚姻就是賭博」或者「婚姻是天定」等說法；儘管太多事例的結局表明，如果沒有理智的引導，他們的問題就只能在「另一個地方」解決了。

　　極少有人和自己初戀的情人結婚。最好是等到心智、情感和性格都已經成熟，才去談婚論嫁。斯達爾夫人曾經談道：「一見鍾情式的愛情，缺乏深沉的內涵，而且很難持久；男女互相吸引，如若是建立在彼此性情相投的基礎上，這種情形就更為少見。」然而確實它又時有發生，儘管這樣的愛情並非建立在彼此的德行之上。雖然如此，初戀的影響力還是不容忽視。丁尼生在一首詩裡告訴我們，一個少年「對一個少女純潔的熱情」是一個多麼精明的控制家——儘管通常她年長於這個少年——而且在少年的男性啟蒙歲月裡，它還是力量強大的監護者：

為他抵禦人性的卑劣，世俗的粗鄙；

教授他崇高的思想，以及優雅的言談，

還有謙卑禮讓和對名望的追求，

對真理的熱忱，和所有做人的道理。

蒙田說：「有人宣稱，也許一對眼瞎的妻子和耳聾的丈夫之間，才可能存在幸福的婚姻；說這話的傢伙真是一個深諳個中三昧的人。」或許是照搬了蒙田的理論，柯勒律治也持相同的觀點。他說：「最幸福的婚姻，只能來自一個失聰的男人和一個瞎眼的女人相結合，這是我唯一能夠想像和描繪的。」（注：阿爾斯頓《柯勒律治的信件、談話錄和回憶錄》。《洛威爾公民》中說道：「電報的發明者莫斯和電話的發明者貝爾，他們的妻子都是聾子。所以無須再多做評論只需看看，當一切都安靜下來，一個男人都完成了什麼。」）

由此看來，最好是柯勒律治的妻子又聾又瞎。其實她非常有耐性，從不抱怨；長期供養著她的，是她在克斯韋克的姊夫紹雷，而不是自己的丈夫。她的丈夫經常在高門山的吉爾曼的家裡獨自快活，向他的崇拜者發表長篇大論。柯勒律治還有一個更富有哲理的觀點：「對一個男人來說，若要在婚姻生活中幸福，除了有一個家庭的伴侶外，他還需要一個精神上的伴侶；對一個女人來說，她所需要的，只是一個她熱愛、榮耀和尊敬的丈夫。」

說起蒙田，他可不是一個名副其實的愛人。他在愛情上也許有先天缺陷，他自己承認對婚姻沒有絲毫興致。如果允許自由選擇，他就不會結婚，即使他的結婚對象是智慧，並且它也同意嫁給他。但是為了取悅他的父親，也遵循人生的通常做法，他還是結了婚。事實上，他的婚姻是一種

傳統式的婚姻，無論在當時還是現在，這種婚姻在法國都很普遍：它符合習慣，令人滿意，然而除此之外，它什麼也沒有向我們證明。

有人結婚是為了追求美。假使美的表現為外貌體態的健康，它總具有非凡的吸引力；而當它體現為不凡的品格和素養時，就更是如此。這世上美的威力無比強大，而且女性美比男性美更富有力量。在眾多上天的饋贈中，美無疑是女人們最為渴望的一件；它彷彿就是她們的所有地位、影響和能力的主要源泉。即使是明智如斯達爾夫人這樣的女士也承認，若是能夠擁有美這個唯一的長處，即使是完全放棄在文化方面的傑出成就，她也心甘情願。

同時也應該承認，對婚姻的幸福來說，美並不具有決定性作用。除非內在的靈魂和外在的容貌和諧統一，否則即使是最漂亮的臉蛋，時間一長，也會讓人提不起興趣；就像一道美麗的風景，每天都觀賞，也會變得索然無味。流於表面的美不能持久；它像五月的花朵，終究會凋謝。只有極少的男人會在結婚一年之後，還認為自己的妻子美艷動人，自此之後，善良的心靈和敏捷的頭腦就成了主要的吸引力。結婚 20 年或者更長時間之後，心地善良、德行高貴的女人，對她的丈夫來說具有更大的魅力；即使在她往日最有魅力的時候，也無法與之比擬。如此看來，男人或許最好是從他知心的朋友中，選擇一位做自己的妻子。

悅人的外表對男人，比之於女人，意義要微小得多。「男人的外表，」蒙田說，「無非是一種不太可靠的保障，當然有時也是值得考慮的因素。」他提到自己曾被一夥搶劫犯抓住，就因為他長得英俊，他們的頭領把他釋放了。那些相貌俊美的男子，即使在其他方面沒有任何突出之處，也是人群中的天然領袖；按亞里斯多德的說法，是「專屬他們的指揮權力」。培

根在自己的散文《論美》中也指出：「奧古斯特‧凱撒、泰特斯‧維斯潘辛、愛德加四世、亞西比德、波斯的伊斯邁爾這些人，不僅具有崇高的精神，也是他們時代最俊美的男人。」柏拉圖「眉毛濃密」，還是一位偉大的思想家和角鬥士；演講起來天花亂墜，甜似蜜糖，據說還在搖籃裡時，就曾有一隻蜜蜂待在他的嘴唇上。索福克勒斯、亞西比德，還有伯利克里，無論外表的魅力還是頭腦的智力，都是遠近馳名的。

　　無疑外表的魅力能夠為一個男人帶來便利。這樣的人備受仰慕，更易於在社會上立足。一定時期內，他能夠獲得大眾的注意和尊敬。為了和對手們競爭，他必須永保青春；假如失敗了，就會被認為很愚蠢，令人厭煩，甚至被趕出社交圈子。威爾克斯是公認的長得最醜的男人；他說，如果能和那些漂亮女人談話一個小時，他就能和歐洲最英俊的男子平起平坐了。關於美的話題，大眾的觀念總是基於傳統的。在黑人中，白皮膚就是不祥之物；反之亦然。風俗習慣在每一件事上都左右著我們。哥倫比亞貝拉馬的當地居民普遍患有大脖子病，後來大脖子竟被尊為美的象徵。以致後來當羅伯特‧斯蒂芬森率領一隊英國人經過此地時，整個村子都在叫喊：「快來看啊！那些難看的外地人 —— 他們居然沒有大脖子。」

　　相貌對一個女人的美來說，並非就是一切。外表的魅力甚至可能是一種不利因素，阻礙自己將注意力轉向理智和道德。對那些在上天面前失寵的人們，這種理智和道德正是她們一生中不可缺少的依託。憑藉可愛的外表，女人可以獲得暫時的虛榮；然而，如果不能透過心靈和智慧的幫助，她們就無法保持這種良好的印象，從而被當作外觀漂亮、內心空空的首飾盒。美的意義在於表達。外表的美能夠悅人眼目，卻不能打動人們的心靈。關於美，通常的要求是年輕和健康；最高的要求是表達得優雅、動人。

培根爵士認為：「超凡的美總有那麼一點奇特的地方。」確實如此，在美的力量中，我們經常能夠感到某些偏離常規的因素。比如笛卡兒，他就對斜視的女人特別感興趣。（注：在治療斜視的手術剛被發明不久，巴黎的一個男子就去接受矯正，最後成功地治好了斜視。他原以為自己的情人會更喜歡；但是看見他現在的樣子以後，由於接受不了這麼大的變化，她立刻就拒絕了他。她最初喜歡和願意接受的特點，現在都消失了，婚姻也就此告吹。 —— 羅素《自然體系和女性倫理學》）男人和女人為什麼互相愛慕，我們對此並不十分清楚。不過可以確信，表達遠比單純的美重要。

然而，為了將兩個人結合起來，僅僅美還不足以成事。蜜月是一月之蜜，不會持續太久；若要關係持久而且快樂怡人，夫婦之間還需要更穩固、更合理的條件。當親吻和快樂都已經結束，夫妻勢必墮入日常家居的樊籠。男人每天要做工，女人要忙家務，將家裡整理得乾淨舒適。愛的火焰不應該在爐灶邊熄滅。女人們的家居安排和男人們的做工動腦一樣重要，夫妻要各自盡心竭力。一種說法認為，在英國，舒適就是家庭的神明，換句話說，家庭的舒適在英國備受推崇。這種觀念可能和英國惡劣的氣候有關，人們必須經常待在家中。但是舒適並非僅僅意味著溫暖的房間、漂亮的家具以及優越的居住條件；它還意味著居室的整潔、良好的氣氛、有秩序和克勤克儉。舒適是人健康生活的土壤，而它根植於美德；由於忽視了這些重要的條件，在那些曾經互相愛慕的男女之間，糾紛和悔恨時有發生。

毫無疑問，男人經常犯錯，女人也不例外。他們的功過大致相抵。就是最偉大的男人也有其不光彩的一面，這一點唯有他們的妻子清楚。世人只看到了這些偉人的智慧與成就，但對他們的脾氣、弱點和缺陷就知之

甚少。只有他的妻子時刻關注著這個男人，是男人——不是智者、政治家、藝術家或者作家。他在外的名聲和她有何關係？她的生活、她快樂的中心難道不是家庭嗎？偉人總是被自己的事業所吸引，心無旁騖或者陶醉於對過往歷史的沉思，或者痴迷於當前事業的競爭；他只需花費些許的興致，為妻子做點事情，就能讓她體會到日常的幸福，但這對他來說，都是為難的事情。或許，對他的情感被分散，妻子不能毫無怨言地容忍下去；她嫉妒他花在其他事務上的時間，彷彿都是從她身邊偷走的一樣。在這種情況下，一個過於苛刻的妻子往往會痛苦和遺憾。

在評論埃里‧謝費爾的妻子時，格羅特夫人說，無論對她還是對埃里‧謝費爾，所有的不幸在於，她不能容忍丈夫的情感被分散；無論是男人還是女人，朋友或者親戚，甚至是謝費爾在藝術上的追求，都被她視為敵人。「很多情況下，」格羅特夫人說，「這都招致了痛苦。可憐的謝費爾夫人犯了令人遺憾的錯誤，她不僅要求自己的丈夫愛她勝過一切，而且要求除了她，丈夫誰也不能愛。同樣的遺憾也發生在為數不少的其他婦女身上。」（注：針對以上的評論，格羅特夫人補充說：「其實謝費爾夫人只需多一點理解，就可以有一個歡樂的家庭，同時自己也會快樂。她缺乏自律的精神，也缺乏判斷力，不知道該從這樣一個擁有眾多朋友、崇拜者和門徒的丈夫身上，取得多少注意力。正因為缺乏這些，我不得不遺憾地說，很多人因為她的存在而感到痛苦；而且她過於貪婪，希望能夠獨占她那傑出丈夫的所有時間和思想。——格羅特夫人《埃里‧謝費爾的一生》）

在挑選人生伴侶時，想像是一個不太可靠的指導者，它僅憑本能行事。詩人「在埃及的眉毛下欣賞海倫」，為了自己的愛人，他賦予她天使般迷人和女神般崇高的特徵。只是，很快地他就發現，她也不過是一個普

通的女人，甚至在很多方面都比不上別人。詩人們總是過早地結婚。邱吉爾在 17 歲結婚，莎士比亞是 18 歲，雪萊 19 歲。或許濟慈的一席話表明了年輕詩人們的心聲。20 歲時，在給朋友的一封信中，他說：「我能肯定，對女人我沒有一種正常的心態。我渴望能夠從容地對待她們，但是做不到。難道是因為她們和我少年般天真的想像相差太遠的緣故？還在學生時代，我就把一個漂亮的女人當作聖潔的女神；在我心中有一個溫暖穴巢，女人在上面棲息，儘管她自己並不知曉。除了她們的真實面目，我現在無權期望知道過多。我曾經認為她們比男人富有靈氣，現在我發現我們彼此沒有差別。比較之後，偉大也就變得渺小。」（注：洪頓勛爵《約翰·濟慈的生活與信件》（西元 1867 年版））

詩人總是生活在想像的世界裡，這和他實際生活的真實世界相去甚遠。一個已經被理想化，生動美麗；另一個非常現實，充滿艱辛。對前者他心中無比渴望，卻從不認真地考慮；後者則更加真實，充滿了煩人的顧慮、困難和生活中的瑣碎細節。由於思慕理想中的女人，他甚至難於和一個真實的女人戀愛。他認為，凡是不符合理想標準的，都不值得考慮。但丁對碧亞翠絲，彼特拉克對蘿拉，塔索對雷歐娜亞，他們的愛情大多是理想式的。但丁忽視了自己的妻子和孩子，沉醉在對碧亞翠絲的夢幻之中。彼特拉克甚至不能容忍和自己的女兒住在一起；塔索則長期被關在瘋人院裡，就因為他那永遠消逝的愛情。

但丁對碧亞翠絲的愛，雖然發生在大約 600 年前，但至今仍然被推崇和同情。這是一個少年對一個少女不求回報的愛情。少年最終成了天才，而他的愛情故事，仍為現在學習義大利詩歌的學生所迷戀。《新生》（*La Vita Nuova*）被一些人認為開了現代浪漫主義的先河。然而，蘊含其中的證

據表明，它細緻地刻畫了一個靈魂的真切體會，同時忠實地反映了人的內心世界。即使但丁不是天生的情種，至少愛情是他生活的開端。「在我記憶的篇章中，」他說道，「關於此前的生活，很少能夠讀到；只有醒目的紅字標題聳然而立 —— 新的生活從此開始。」

9 歲時，但丁和碧亞翠絲相遇，她那時正好 8 歲。但丁對她一見鍾情並且至死不渝。這種熱情開始得如此之早，以至於有人認為，這只不過是一個虛構的故事 —— 詩人的夢想。然而，歷史上確實有碧亞翠絲這麼一個人，凡是讀過那些柔情而又熱烈詩句的人，誰也不會懷疑這一點：詩人花了大量的筆墨，描寫瑣碎的細節和個人的特徵，這是他在描寫虛構人物時從沒有過的情形。對碧亞翠絲，但丁從來沒有表白愛意，最後她嫁給了別人。碧亞翠絲死時只有 24 歲。她的去世對但丁的打擊非常大，其後他最好的朋友都幾乎認不出他。生命之火已經熄滅，唯將他留在絕望之中。從此以後，對逝去的碧亞翠絲的思念，就貫穿了他所有的生活。死神將碧亞翠絲從他身邊奪走，他追隨她的靈魂進入天堂，並透過她的雙眼注視這個世界。愛情的記憶激發他寫出了自己最偉大的作品《神曲》（*Divine Comedy*）。這部作品也被稱作「碧亞翠絲的神話」。

這就是但丁理想中的生活，而他的日常生活再普通不過。他天上的維納斯是聖人，地上的維納斯就是普通女人而已。假如他和碧亞翠絲結婚，我們就讀不到《新生》，也讀不到《神曲》了。死神將她羽化成仙，他的愛就成為一種精神、一種理想。當然他既是詩人，也是一個普通男人。碧亞翠絲去世一年之後，他和多納提家族的一位貴族婦女結了婚。他們一起生活，生了 7 個孩子。但丁從來沒有寫過一首十四行詩給自己的妻子。可以確信的是，在妻子的社交圈裡，他過得也不快樂；他被驅逐出境時，她也沒陪著他，而是和朋友們待在佛羅倫斯。

　　愛情是每個時代詩歌的激發者，也是浪漫熱情的寄託，然而和自己初戀結婚的人，卻為數不多。我們拜但丁、彼特拉克和塔索所賜，聆聽到了詩意的詠嘆，但多是傾訴愛情怎樣被拒絕、怎樣消逝以及怎樣被鄙視，而不是愛情的歡樂。正如春天裡的鳥兒，欲望使牠們歌唱；一旦獲得滿足，牠們就沉默不語。拜倫這樣評價彼特拉克：

　　自己想想吧！假如蘿拉成了彼特拉克的妻子，
　　他還會終其一生寫出那麼多十四行詩？

　　彼特拉克是遭到愛情拋棄的又一例，不過他的詩歌卻永世長存。第一次和蘿拉‧德‧塞德在阿維尼翁的聖克雷爾教堂相遇時，一種不可遏止的熱情就使他呼吸不寧。為了讚美蘿拉，他寫了無數的十四行詩和曲子；這些詩歌在整個歐洲傳誦一時，也使這段毫無希望的愛情成為歷史上最出名的事件之一。彼特拉克輾轉各地，從一個宮廷到另一個宮廷；有時隱居在瓦魯西，但通常是返回阿維尼翁，只為了看蘿拉一眼。蘿拉喜歡在一個巨石下的花園中散步，巨石上面建有一座古老的天主教堂，彼特拉克就經常站在那裡觀望。

　　至於蘿拉的丈夫如何看待彼特拉克對妻子的痴情，我們不甚清楚。但據坎貝爾推測，這件事情肯定使他非常不快，因為他總是指責蘿拉，蘿拉為此常常淚流滿面。妻子剛去世 7 個月，他就再婚，看來對她的逝世並不感到難過。還有人認為，蘿拉只是一個虛構的人物，只是要否認她的存在，我們還找不到充分的證據。40 歲時，她死於瘟疫；正如彼特拉克描述的，她就像一個缺少滋養的羔羊一樣死去。當詩人得知她的死訊，他感到維繫自己生命的唯一一根繩索被剪斷了。在其後的 20 年間，彼特拉克對她的死一直不能釋懷；像年輕時一樣，他對她念念不忘，並將她寫入自己

的詩中 —— 任由自己的悲痛肆意氾濫。

　　彼特拉克的詩歌令年輕的義大利人為之瘋狂，塔索也深受其影響。塔索的第一腔熱情獻給了曼脫阿的一位年輕女士；仿照彼特拉克的做法，他寫了很多十四行詩，並將她當成自己的蘿拉。在這位女士嫁給別人之後，多情的詩人又愛上了艾莉諾拉公主，也就是費拉拉公爵的妹妹；這樣，愛情的火花被一股新的熱情點燃，儘管更加沒有希望。公主似乎對他的自命不凡並不喜歡；但他給自己的想像賦予無比的熱情，並用熱情得有點淫蕩的筆觸，描寫從公主那裡得到的恩寵。

　　這些詩句被他的仇人從文章中摘錄下來，傳到公爵那裡。公爵將他逮捕，並關在費拉拉的聖弗蘭西斯的一個修道院裡。從修道院裡逃出後，他在義大利到處流浪。但他放不下自己魂牽夢縈的地方，事隔一年之後，他返回費拉拉，要求會見公爵和公主，但遭到拒絕。自此以後他神智不清，賣掉了在艾斯提的房子並遣散所有傭人。他再次被捕並被當作瘋子囚禁在聖安娜醫院裡。他在那裡待了七年，依然沉醉在這段毫無希望卻又不可遏止的愛情之中。

　　詩人蒙塔斯太斯歐則滿足於一種對絲格諾日娜·布林蓋日尼的柏拉圖式愛情。她是當時最偉大的歌唱家，有一個更為人知的名字：諾瑪尼娜。詩人和她的丈夫同居一室，並跟隨這對夫婦遊遍義大利；詩人的時間和精力都獻給了沉思和友誼。臨死之前，諾瑪尼娜寫下遺囑：在她丈夫死後，自己的所有財產都留給蒙塔斯太斯歐。不過詩人婉言謝絕了絲格諾日娜的好意，並在不久之後，將這筆財產轉交給她的丈夫。另一個詩人阿爾費日 —— 在義大利歷史上更晚時期，他的出現象徵著一個新紀元的到來 —— 像但丁一樣，也是一個熱情的男人。儘管他的許多愛情都有不道

德的嫌疑，但是他眾多的悲劇作品，都歸結於愛情的產物。正如他自己坦言：「當被戀愛的熱情占據時，我就渴望學習並且思如泉湧。」

與義大利詩人狂熱的愛情相比，其他凡人的愛情就顯得枯燥乏味得多。然而同樣的熱情，也激發著其他國家詩人的才華；儘管在所受愛情的折磨方面，沒有如此不朽。凱門斯的命運與塔索相似。18 歲時，他在里斯本的宮廷墜入愛河，愛上了一個社會地位比他高的女子。後來他被驅逐到撒姆塔熱姆，開始文學創作。此後又出國，成了一名傑出的戰士，可是他對那段無望的愛情仍然念念不忘 —— 這段愛情成了他無數十四行詩的主題。經過多年的漂泊，他回到葡萄牙。得知自己的情人已經去世，他也為此陷入痛苦之中。與此相似，賽凡提斯為了贏得一位女士的芳心，還特意將自己寫的一本書獻給她。女士最終同意了，他卻娶了另一個女人。

匈牙利最偉大的抒情詩人基斯法魯地，在愛情的激勵下，才華才得以發揮。而對索菲亞的依戀，使威蘭德陷入一種近乎神祕的虔誠之中；對她熱戀 4 年之後，他才向她求愛。這個女人應允了，二人訂下海誓山盟。又過了 8 年，威蘭德還是一貧如洗，索菲亞移情別戀，愛上了亥爾·拉·若切。儘管如此，威蘭德還是對她念念不忘。「這是一種理想，」他這樣說道，「又是一種真實的魔力；我狂熱地愛戀著索菲亞，她身上體現著一種完美的理念。可以肯定，如果不是命運將我們分開，我絕不會成為一名詩人。」他後來娶了一個活潑、堅強、謹慎而又溫柔的妻子，儘管缺少點浪漫的味道，生活卻更加充實幸福。

由於情場失意，丹麥詩人愛瓦爾德才跨入詩歌的領域。他愛的那位小姐嫁給了別人。這件事給他的一生投下憂鬱的陰影，也激發了他在詩歌方面的才華；他的詩歌在揭示痛苦和哀愁方面，具有一種罕見的深度。諾威

里斯的一生，都被他對索緹·馮·K的愛情影響著，或者說這份愛情實際上構成了他的一生。她在自己 15 歲生日那天去世；在餘下的歲月裡，諾威里斯沉浸在對她過早離世的哀傷之中。提克說道：「對他而言，生活已經被神聖化；有一種更高的存在，充滿了光明，可以察覺，而他的整個生命也融入了其中。」「是什麼使你成為一位詩人？」里保爾的杜馬斯問道，他是尼斯莫斯的麵包師，喜歡作詩；其中一首還被認為是詩歌中的精品。他最後給出的答案是：「是悲傷，是親愛的妻子和孩子的離去。」

歌德是一個嗜好追歡逐愛的人，但愛情對他而言，只是為了表現自己的才智，並非為了真心付出。自我的文化修養才是他生命的熱情。儘管其他熱情同時並存，他的這種熱情卻居於統治地位。其實他對生命的體會並不完整；除非真實地、用心地去體會與感受，否則愛情絕不能被正確地理解，或被如實地描繪。不可否認，在他的自傳和不同題材的詩歌中，有大量關於愛情的生動敘述。歌德一生中曾經愛過格蕾岑、克萊芹、弗雷德瑞卡、洛特、麗莉、貝緹拉等女子，可是他不願和她們中的任何一位結婚 —— 據推測，他是擔心婚姻會讓自己失去自由。列維斯先生評價歌德時說：「如果描寫女人對男人獻身的熱情，他會顯得格外嫻熟，這方面其他人無出其右。因為身為最好的證人，他與那些純潔的女人們都有過一段短暫的戀情；反之則不然，那種男人對女人的溫柔、慷慨、呵護甚至自我犧牲，他卻從來沒有體會過，因此也無從表達。」

在贏得未婚女子弗雷德瑞卡的愛情之後，歌德卻拋棄了她，就像扔掉一顆被吮過的橘子。他所需要的，只是利用她的愛情和自己的薄情，創造一種田園牧歌似的迷人故事，以圖取悅世人。被拋棄之後，弗雷德瑞卡再次遭受沉重打擊，因為這位過於自大、精於盤算、冷酷自私的詩人，很快

又和克里絲提安妮·瓦爾皮尤絲結婚。歌德曾和她有多年的同居關係，最終還是娶了她，而此時她已經變得又胖又醜，而且十分放蕩。這位偉大的《詩與真》的作者，在愛情生活中，有了一個如此奇特的結局。「當歌德頭腦中缺少女人時，」哈沃德先生說，「他就像手頭沒有研究對象的解剖師。他自己曾經調侃，說巴爾札克每一部最好的作品，都是從一個受傷女人的心中挖出來的。看來巴爾札克可以將這個恭維原樣奉還。」

或許，對偉大詩人的生平，我們最好不要了解太多。與世上其他人相比，他們也有同樣軟弱的一面。從莎士比亞的十四行詩中，我們似乎可以得知，在倫敦生活期間，他甚至也曾有過不檢點的行為。「我們知道，」亨利·泰勒爵士說，「對於自己的不道德行為，他都歸咎於是不得已選擇的生活道路。」

詩人與文學家的性格和作品受到女人的影響，這樣的事例在法國也有很多；然而與義大利和德國的詩人相比，同樣刻骨銘心的愛情似乎並不多見。對法國人而言，愛情是一種普通的情感，並非不可遏止的熱情——一種智力的產物，而不是心靈的產物——它顯得非常微妙、優雅，對人生並不產生決定性的影響。阿貝拉德對赫羅伊絲的愛情，自始至終都顯得非常平淡、有節制；他們結合，然後分開；他進了聖鄧尼斯修道院當修道士，而她進了阿根土伊爾修道院當修女。

直到相當晚近的時期，法國宮廷對兩性關係仍然產生著惡劣的影響；他們樹立的壞榜樣，被社會各階層效仿、實踐。男人們結婚，是為通姦找一塊遮羞布；女人們結婚，是為了更加「自由」。他們的愛情，似乎只關係到其他男人的妻子，或者其他女人的丈夫。在路易十四統治期間，情婦代替了愛人，姦情受到推崇。文學作品被不道德的故事充斥；邪惡和墮落

到處氾濫。不貞潔的婦女被理想化，而且受到崇拜。《曼儂‧雷斯格》的作者是一個神父；在這種關係中，誰也不覺得羞恥。女人僅僅為了男人的享樂而存在，如同玩物一般，成為男人滿足淫慾的工具。

18 世紀，法國文學最大的罪惡在於，它嚴重褻瀆了婦女的形象。社會能夠從變革中恢復正常，甚至因為她們得到淨化，然而，一旦婦女的形象受到侮辱和褻瀆，那麼這個社會的基礎就已經被破壞了。有一種說法認為，婦女是鈔票，在公眾評價中的價值會產生上浮和下跌；而文學家就是銀行家。若是這種說法合理，那麼在上個世紀的末期，法國道德貶值的幅度就是令人震驚的。狄德羅、盧梭和伏爾泰就可以身為他們時代的代表。狄德羅曾經寫過《論道德與情操》，但是他拋棄了一個多情的青年女子，還寫過一本非常淫穢的書，將其收益獻給一名情婦。盧梭曾在很長時間內，和別人保持著曖昧關係；最後和一個名叫特若瑟‧德‧瓦素的下層女子交往，並最終迎娶了她。這位《愛彌爾》的作者所作所為，和他自己書中所寫相差太遠，孩子剛剛出生，就被他送到育幼院餵養。

伏爾泰終身未婚，然而和歌德一樣，他也是一個花心薄情的大眾情人。一個接一個地，他陷入無窮無盡的追歡逐愛中 —— 婓耶小姐、維拉夫人、熱佩爾蒙德夫人以及查特萊特夫人。卡萊爾曾經說道：「這位倒楣的哲學家，為了他的女人們，惹上了無窮的麻煩；能夠把這些全部記下來的，不知會是一位多麼偉大的作家。這群水性楊花的女人，閒蕩無聊者有之，頭腦膚淺者有之，反覆無常者有之，賣弄風騷者有之，互相怨恨者也有之。從第一個到最後一個，性格多樣，不一而足。」假使沒有弄錯，最後一個是查特萊特夫人，伏爾泰就和她丈夫同處一室。伏爾泰和這位夫人裝作一起研究萊布尼茲和牛頓，伏爾泰還教她英語和義大利語。他們單獨

相處並一同學習 6 年有餘，之後不久，查特萊特夫人突然死去，伏爾泰也被拋入無窮的悲痛之中。

在英國，單身詩人的數量相當可觀。考雷、奧特威、普賴爾、康格雷費、蓋伊、斯韋夫特、波普、科林斯、申史東、格雷、哥爾斯密等，他們至死都沒結婚。考雷只有過一次戀愛的經歷，但是沒有足夠的信心，不敢向愛人表白。斯韋夫特和法瑞納、斯特拉、法內莎有過戀情，只是充滿了神祕的味道，讓人疑惑不解。他能夠和別人熱烈地相愛，儘管也充滿痛苦，然而，激發起那些善良女人們的熱情之後，他就抽身而退，彷彿受了驚一般；最後，他在「狂怒」之中死去，如他自己所說，他「就像洞裡一隻中毒的老鼠」。（注：據推測斯特拉（艾瑟·詹森）是威廉姆·鄧波的女兒，而斯韋夫特（就是他發現了這個祕密）是他兒子，因此他們是同父異母的兄妹。「假如事實如此，」W·R·威爾德說，「那麼，他對待斯特拉和法內莎的一些古怪言行，就可以從中得到答案。」──《迪恩·斯韋夫特的晚年生活》。然而，關於他的古怪行為，很有可能是因為他大半生的精神失常；他自己也知道這一點。）

與之相反，波普的愛情，由於其荒唐的舉動，顯得有點滑稽可笑。（注：在一個文學討論中，有人問了一個問題，是關於《賀拉斯》中一段的意義。旁邊一個人認為：「可不可以看作是問號標誌。」這時波普就問另一個紳士：「先生，如果當作問號的標誌，你認為怎樣？」這位紳士不屑地看著這位諷刺作家，然後答道：「哦，這是可憐的彎狀（卑鄙的）東西，還能問問題呢！」）他的第一份熱情獻給了 M 女士，他寄去許多冒失而又矯揉造作的信件，後來被印發出來，成為大家的笑柄。他的第二份愛情，獻給了當時無人能及的著名的瑪莉·沃特雷·蒙太古夫人；她是當時歐洲最漂

亮、最有才華的女人之一。這次愛情或許是真實的，但是同樣遭到了極大的嘲笑。自此以後，波普由愛生恨，對她非常不滿，並且經常含沙射影地誹謗瑪莉·沃特雷·蒙太古夫人；這方面他真不愧是行家。

　　更為有趣、也更富有人情味的，是詩人柯珀的愛情。早年時期，他就屬意於自己的堂妹特歐朵拉，也就是他叔叔艾士禮·考柏的女兒。他的愛情得到了堂妹的應允。但是不久之後，這位年輕的詩人還是司法界的一名辦事員時，就患上了一種病；這種病在其後的歲月中一直損壞他的健康。為此他們的婚姻也被禁止了，後來兩人都終身未婚。為了排遣失落和憂愁，柯珀寄情於詩歌。正如德萊頓所說：「愛情將每一個男人都變成詩人——或者至少也是個蹩腳詩人。」為了緩解病情，他居住在亨廷頓，在此結識了俞溫夫人和她的丈夫，以及他們的兒子和女兒。這段時間，柯珀成了這個幸福家庭的一員。在相識之初，他這樣描述俞溫夫人：「這個女人於我而言，是一種莫大的恩賜……」之後不久，俞溫先生在一次事故中喪生，於是柯珀正式融入這個家庭。

　　他們後來搬到奧爾尼。在這裡俞溫夫人鼓勵他寫作，他藉此從抑鬱的心態中擺脫出來。他主要的作品，都可歸因於俞溫夫人和奧斯頓女士的影響。20 年間，俞溫夫人以極大的耐性，幫助甚至侍候著他；但他們誰也沒有結婚的想法。按照他自己的說法，這種關係是兩顆白璧無瑕的心靈的交往。俞溫夫人的健康首先惡化。她癱瘓了，而柯珀「全身的神經都緊張起來」。他成了俞溫夫人的護士，和其他人輪流照看她。在一個照料的間隙，他寫下了滿含柔情的動人詩篇「給瑪莉亞」。隨著病情惡化，俞溫夫人最終被抬進了墳墓。柯珀再也沒有從這次打擊中恢復過來，溫柔可親的俞溫夫人去世 3 年後，他也離開了人世。

　　我們無法確認哥爾斯密是否有過愛情。然而，考慮到他奢侈而又天真的本性，我們可以推知，在他衣來伸手、飯來張口的生活中，讓另一個人闖進來分享快樂，似乎不是他所願意的。但是，有記載表明，或許出自善良的目的，他要和一個縫紉女工結婚，人們為了阻止他曾經花費了不少口舌。查理士·蘭姆的生活，和他的姊姊瑪莉有關，其中的故事非常感人。由於神智狂亂，他姊姊刺傷了自己的母親，並且自此以後一直處於精神崩潰的邊緣。查理士·蘭姆留下來的文字紀錄表明，他似乎曾經有過一次戀愛的經歷，可是由於姊姊的悲劇，他主動放棄了對其他異性的情感，專心照料姊姊。這替整個故事抹上了殉道士般悲壯的色彩。一種觀點認為，無論怎樣平凡的生活，總帶有一點浪漫的意味；或許，在可憐的查理士·蘭姆一生中，這也是一種溫情和忠誠的浪漫吧！此外，英年早逝的詩人濟慈，在生活中被一種無法遏止的熱情左右，這份熱情也成了某種動人的主題，他將它們記在自己的一部分信件中。

　　在下文中，我們將揭示一個最為奇特的事實，它證明了愛情對脆弱心靈的重要影響。這一切在法國詩人貝讓格身上表露無遺。他一生中儘管經常寫詩讚美他的李塞特、羅塞特、瑪戈和讓娜頓這些情人，但是，他對愛情是不屑一顧的。然而，當他年事已高，卻被一名英國少女的魅力完全征服。為了這位小姐，他茶不思、飯不想、日夜瘋狂地思念；儘管他無意和這位小姐結婚，卻依然為此苦惱不堪，只得向朋友傾訴憂愁。那位朋友帶他去了一個很遠的地方，在那裡隱居起來，不和外人接觸，直到他心靈的創傷開始癒合。這個故事來自聖伯夫。在介紹這個故事時，他引用了布斯·拉布頓的觀點，即愛情就像一種小的痘瘡，染病時年歲越大，也就越嚴重、越危險。

　　在戀愛之初，很多人還互相傾慕；到了結婚的時候，就已經溫情不在了。只要男人和女人還在單獨生活，他們各自的品性就得不到發展；只有當他們永久地結合在一起，愛情才能被充分地檢驗。求愛就像是野餐一般輕鬆，婚姻才是愛情真正的煉爐。在這個漫長的旅途中，有歡樂與焦慮、成功與失落、愉悅和煩擾，其中充斥著日常的瑣碎，財產、花費、租金、牛肉或羊肉以及每週的帳單等，都必須予以考慮；而求愛只不過是旅途的起點。有些人，由於無法忍受這些困難，被它們打敗；另一些人，更富有耐性，努力地忍受著 —— 我們相信他們是人群中的多數。

　　互相體諒是關鍵，相互扶持和幫助對完美的結合是必不可少的。此外，還有情緒的克制、責任感、對對方缺點的包容（缺點是無法避免的）、對新環境的適應能力，以及團結的意念等，不一而足；它們都是使一切盡善盡美的重要條件。只要遵守這些規則，生活就會充滿快樂、舒適和祝福；富有人生經驗的人都是這麼教導我們的。丈夫會將家庭當作避風港；在爐火的周圍，妻子也擁有了家庭的快樂和幸福。男人和女人，只要共同關注彼此的存在，共同謀求彼此的幸福，他們就擁有了上天賜予的最強大的保障，並以此對抗邪惡的侵襲；而這些邪惡的來源，或者是由於獨享快樂，或者是由於將憂傷暗藏於心，任其氾濫成疾。真誠的愛情，是非常強健勇敢的戰士，只有它才能澈底打敗和擺脫人性中最為狡猾的敵人。

　　一些天才人物結婚時還很年輕 —— 甚至過於年輕。莎士比亞和安妮・海瑟威成婚時才 18 歲；本・詹森結婚時也才 21 歲。佛蘭克林在 24 歲時結婚；當時他的岳母對這門婚事一直猶豫不決，她不相信，當一名印刷工，他能夠養家。再說當時美國已經設了兩家印刷公司，政府還能養活第三家嗎？對此她表示懷疑。但丁、克卜勒、富勒、詹森、博克和司各特等

人結婚時都是 26 歲。如果列出一長串詩人、律師、政治家和神職人員，我們發現很少不是在 30 歲以前結婚的。華盛頓和波娜派特結婚時是 27 歲，尼爾森是 29 歲。兩位桂冠詩人——紹雷和克雷·思伯，結婚時的確是非常年輕。還有傑勒米·泰勒，結婚很早，不過在婚前已經才氣過人。詹姆斯·瓦特結婚很早，正因為如此，他才得以將全部的精力和勇氣投入到心靈與物欲的最後較量中。

在天才的傳記中，我們了解到，賢慧妻子並不多見，放縱潑辣的倒是時有耳聞。然而，最幸福的男人無須向他人炫耀這種家庭的財富；已經在生活中獲得幸福的男人，從不對外展示；只有那些在家庭中缺少關愛的男人，才另覓他徑，藉此排遣憂愁。快樂的丈夫總是沉默不語，不幸的丈夫才大喊大叫，甚至自我折磨。所謂婚姻就像流水：「淺溪喧鬧不止，深淵寂靜無聲。」由此看來，倘若傳記作家將那些偉人的妻子一一列出，不難發現賢淑的妻子還是大有人在的。

婚姻，運用情感的力量，可以撫慰伴侶的心靈。從事商業和公共事務的人求助於家庭的安慰，以便排解外界的困擾，在這裡他們獲得慰藉、支持。愛還是一種威信，家庭主婦透過它守護嬰兒的搖籃，規範和鼓勵孩子的成長，關照他的成人歲月；對與她同處一室的每個成員的生活，她都悉心照料。「妻子，」亨利·泰勒爵士說道，「她讚揚，她規勸，她忠告，她激勵，時時如此，事事如此；她的愛總伴隨著強烈的感情，而絕非平淡的喜好——她就是你最好的伴侶和助手。」最偉大的政治家之一伯雷勛爵，事業上非常成功，脾氣又非常好，這一切都拜他的妻子所賜。她的去世曾使他遭受了一生中最大的打擊，悲痛得不能自持。「值得欣慰的是，」他說，「透過回憶她高尚的德行，她的整個生命還得以延續下來。」在一本著作

中，斯蒂爾伯格伯爵引用笛卡兒的一句話放在最前面：「我思故我在。」但是他又補充：「我愛，故我在。」——我們相愛，因此我們應該相依為命。

那些婚姻幸福的人們，我們可以列出一串長長的名單；而那些婚姻以不幸告終的，也不勝枚舉。一些人因為門當戶對、志趣相近而結合；或者相反，有的伴侶無論在年齡、地位、財產、智力還是情感上都相去甚遠。男人選擇妻子時，什麼才是他們看重和滿意的品格，人們總是感到大惑不解。據說詩人邁森向未來的妻子求婚，原因就在於「邁森和她參加了一個聚會。整個晚上，她和夥伴們在一起，卻始終一言不發」。然而和詩人結婚後，她就顯出了自己聰明健談的一面。她的去世曾使詩人悲痛欲絕。後人讀到詩人為自己的妻子所寫的碑文時，往往都禁不住潸然淚下。

加爾文完全省去了戀愛的煩瑣過程。自己沒有時間，他就向朋友們求助。法瑞爾曾為他的婚事費盡心思，最終也沒能替他找到一個妻子。馬丁·布舍給幫介紹一位出自大家族的再洗禮教徒的遺孀，他欣然接受了，而且兩個人生活得非常快樂。與加爾文不同，路德是一個為人和藹、心地善良、生性樂觀的人。他把妻子比作「貓」，而且是「他的肋骨，他的主人，他的皇后」。他說：「身邊沒有妻子的日子，你簡直無法生活，就像不讓人吃飯和飲水一樣。女人孕育、滋養著我們，並帶我們來到這個世界，我們的生命在很大程度上就和她們的生命同一；將我們彼此完全割裂開來，是絕對不可能的事情。」

天文學家克卜勒在挑選自己的第二任妻子時，採取了類似加爾文的策略，風格平淡，就像做一筆生意。在一張單子上，他列出了 12 名女子各自的條件，然後和她們分別進行一次面談。他向其中的幾位表示求愛的意圖，但遭到了拒絕；有一位甚至在他還考慮時就和別人結了婚。第八位開

始接受了他，不過很快就後悔了，請求解除婚約。最終他找到一個願意接受他的小姐，並和她一起度過幸福而又勤奮的一生。

　　一些姻緣的開端在很大程度上帶有偶然性。一天，著名的內科醫生維克・狄阿自爾在大街上行走，一名年輕女子突然暈倒在地，於是他跑上前去救了她。這次偶然相遇成就了一段戀情和姻緣。後來才知道，這位年輕女士就是著名博物學家道本頓的外甥女。艾伯餒斯也是愛上了自己的一位女病人，但他工作繁忙，沒有時間像別人那樣花前月下地談戀愛。他直接向這位女士的母親講明自己的意圖，並透過她向她的女兒求婚。他的求婚成功了，後來的生活證明他選中了一位能幹的妻子。

　　由於在事業上並不是十分成功，約翰・亨特的戀愛過程也較為坎坷。他對霍莫小姐，也就是後來著名的艾伏納德・霍莫爵士的姊姊一往情深。當時，身為一名比較解剖學家，他在圈子裡已經小有名氣，但身為一個外科醫生，還不為人知。他的收入微薄，存不夠結婚的費用。可是，在愛情的激勵之下，他信心十足地勤奮工作，在事業上成就斐然。最後，經過多年的耐心等待，兩人終於喜結良緣。

　　而另一位落魄詩人克若博，為了愛情經受了更為漫長的等待。在為了當上鄉村藥劑師而努力奮鬥時，他愛上了蘇珊・艾米小姐，但是那時他連自己的生活都難以為繼，更別說娶她為妻。於是他改換職業，棄醫從文 —— 這也是他的最後一根救命稻草。值得慶幸的是，他得到了愛德蒙・柏克的幫助，在教堂裡謀得一個禮拜堂牧師的職位。《村莊》的出版確立了他身為詩人的地位。後來，特婁勛爵為他在多塞特郡提供兩個規模較小的住所。經過 8 年的漫長等候，有情人終成眷屬，他和自己的初戀在一起了。值得欣慰的是，她確實成為他忠誠的人生伴侶。

　　這世上的男人，為老婆而戰者有之，為老婆而工作、學習者有之，為老婆而寫作和畫畫者也大有人在。例如，昆廷·邁特西斯曾是一名鐵匠，鍛鐵技藝非常高超。他對一個畫家的女兒心存愛慕，但她的父親要求她只能嫁給藝術家。在愛情的激勵下，邁特西斯放棄了老本行，拾起畫筆。最後他終於成功了，舞弄起調色板和畫筆來，甚至比擺弄熔爐與鐵錘還嫻熟。之後不久，他就正式向畫家的女兒求婚。

　　類似的愛情故事，也發生在著名的西班牙肖像畫家雷巴爾塔身上。他愛上了自己主人的女兒；由於工作表現平平，他的求愛遭到拒絕。為此他遠赴羅馬，在那裡忘我工作、勤奮學習。皇天不負有心人，功成名就後，他回到了瓦倫西亞，再次向心上人求婚，並贏得了她的芳心。

　　我們還聽說過一個開始於文學批評的愛情故事。一位小有名氣的女士出版了一本書，介紹她在國外旅遊的經歷。書出版後，總體上評價很高，但受到英國某權威雜誌的尖銳批評。於是作者寫信給該雜誌的編輯，索要評論者的地址，希望和他交流一下看法，以便澄清幾處明顯被誤解的事實。接下來兩人開始通信、面談，然後墜入愛河 —— 最後評論家和女作家喜結良緣。

　　即便是最聰明、最有學問的人，在婚姻和愛情中也會鑄成大錯、抱憾終生。虎克是一個見識不凡的人，可是在挑選妻子的眼光上，他卻顯得判斷力不足。虎克讓自己的女房東代為操勞，結果她將自己的女兒介紹給他。這是一個被寵壞的女人，而且還是一個潑婦。虎克在伯金翰郡的德雷頓 - 博坎姆普有一處小住所，當愛德溫·聖荻斯和喬治·格蘭莫去那裡拜訪時，發現他正在曠野裡放羊。忙完這些雜活，他和朋友們回到家裡，原本想輕鬆一下，他那刁蠻的妻子又叫他去搖嬰兒車！

　　伊薩克‧瓦爾頓在他的《虎克的一生》中，非常惋惜地談到了這位可憐的傳教士不幸的生活。他說：「讓我們仔細品味先知的名言，『在一個輪子的裡面還有另一個輪子』—— 一個隱祕的、受上帝驅動的輪子，在它的支配下，最敏捷的人不能奔跑，最聰明的人食不果腹，最好的男人沒有賢淑的妻子相伴；只有能夠把善良的人從邪惡中解救出來的上帝才能理解，為什麼祝福拋棄了富有耐性的約伯、溫順的摩西和具有同樣品格的虎克先生。」

　　多恩博士和喬治爵士女兒的婚禮是祕密舉行的。她的父親既是嘉德勛章大臣，又是城堡陸軍中尉。多恩那時風華正茂，是國璽監護人艾勒斯米爾勛爵的私人祕書。由於工作的因素，讓他有機會與這位女士頻繁接觸，並瘋狂地愛上她。後來喬治爵士對他們的戀情有所耳聞，於是立刻讓女兒搬到他在色雷的住處。但是為時已晚，這對戀人已經私訂終身，發誓即使是死亡也不能將他們分離。他們找了一個機會祕密成親。聽到這個消息，喬治爵士暴跳如雷，他敦促艾勒斯米爾勛爵將他的祕書解僱。艾勒斯米爾勛爵解僱了多恩，但找了一個漂亮的藉口說：「這事使他和一個朋友產生不和；況且這樣優秀的一位祕書，更適合去為國王而不是一個大臣服務。」多恩憂心忡忡地寫了一封信給新婚妻子，告訴她自己被解僱的消息，落款是「約翰‧多恩，安妮‧多恩，破滅」。

　　後來喬治爵士還不甘休，進一步採取行動。他將主持女兒婚禮的 3 名牧師逮捕並關押在監獄裡，理由是他的女兒還不到法定的結婚年齡。不過這位苛刻的父親最終還是動了慈悲之心，再加上讚揚他女婿的言論也不時傳到他耳中。後來，他為他們主持了婚禮，讓這對經過漫長等待的痴情戀人，在父母的祝福聲中再次結合。為這個才華橫溢的男子，安妮‧多恩甘

心當一名賢淑的妻子，奉獻自己的一生。（注：在安特威普的天主教堂前面，有他造的抽水井的遮篷，被認為是現存最精美的鐵器之一。）

魯本斯的妻子非常幸運，能夠將自己的畫像傳給後人，這樣的事例在歷史上並不多見。魯本斯結了兩次婚，並替兩名妻子畫了無數的畫像。32歲時，他和伊莉莎白·布朗茨結婚。她和魯本斯共同生活了 17 年之後去世。5 年後，魯本斯又和一位名叫海尼娜·弗爾蒙的 16 歲漂亮小姐結婚。在他後來的作品中，海尼娜的畫像也頻頻出現。在安特衛普的基督教畫展上，他展示了自己為父親和兩任妻子作的畫像。

數學家辛普森結婚的目的非常簡單，只是為了能夠擁有一個家庭。他結婚的時候還很年輕，在努尼頓做織布工。他的妻子是一個裁縫的遺孀。比他整整大了 30 歲；她還有兩個兒子，最小的兒子也比他大兩歲。儘管這種結合非常奇特，但是並沒有給家庭的和諧造成任何影響，他們一家過得很幸福。另一個有趣的例子是塞謬爾·詹森。在 27 歲那年，他和一個很胖、很粗俗，大家都叫她「蒂蒂」的看門寡婦結婚。這個寡婦對令人興奮的飲料特別感興趣，而且她的孩子都和塞謬爾一般大了。對塞謬爾來說，除了他一向景仰有加的特拉爾小姐，「蒂蒂」似乎是他一生中唯一真心愛過的女人，對她的那些缺點他都視而不見。他們在一起幸福地生活了 16 年；後來每當詹森談起她，總是滿含深情和歉疚。

韋特菲爾德和衛斯理的婚姻都不幸福。韋特菲爾德說他自己和「那種人們稱作愛的熱情無緣」。他對結婚絲毫沒有興趣，後來勉強結婚了，卻發現自己並不幸福。按照康納里烏斯·溫特的記述，妻子的死讓韋特菲爾德的頭腦「獲得了極大的安寧」。約翰·衛斯理就更加不幸。他的妻子是一名寡婦，帶了 4 個孩子；她雖然有一筆可以自由支配的財產，但脾氣乖

329

戾，難以駕馭。她從不體諒他的感情，而且，她性格孤僻，對周圍的人心存厭惡。更令人不可容忍的是，她懷疑自己丈夫的忠誠，經常檢查他的口袋，看是否和別的女人有勾搭，並且經常抓扯丈夫的頭髮。

衛斯理容忍了她 20 年，最終她還是棄他而去，帶走了部分日記和許多文稿，再沒有歸還。衛斯理在自己的日記中這樣寫道：「我沒有拋棄她，我也不會再讓她回來。」（注：關於衛斯理的妻子，有多種評論，無論怎樣，他自己家庭那一方，也不能說完全沒有責任。據說他父親是一個頑固的輝格黨人，而他的妻子是保皇黨人。有一次，他父親發現在為威廉三世的病癒祈禱時，自己的兒媳居然沒有說「阿門」。因為這個，他父親就對自己的兒媳心存厭惡，拒絕和他們住在一起，還不時以此為藉口離開。）

奧古斯特·孔德的生活經歷和他們完全不同，但他也在婚姻中遭到了不幸。他和妻子經常發生激烈的爭執，最後不得不分居。後來每當孔德談起分居，就彷彿是從家庭壓迫中解放出來一樣。他後來對沃克絲夫人產生了一種柏拉圖式的愛情，當時她的丈夫為了生計被派到船上去工作。孔德幫自己理想中的情人取了一個美麗的名字：「聖克勞蒂爾德」，經常把自己的一些關於人類種族進化和發展的文章寄給她。可是沒過多久她就去世了，為此孔德陷入了極度的悲傷，不能自拔。後來他形成一個習慣，每週都要到她的墓前憑弔，並且日夜向她祈禱，尋求幫助。按照列維斯先生的觀點，她可以被看作是在孔德的《新人類的宗教》中的碧亞翠絲。（注：《半月評論》）

一些偉大的音樂家終身未婚；還有一些音樂家，例如海頓，雖然結婚了，但是並不幸福，最後，由於妻子舉止過於放縱，不得不和她離婚。不過，莫札特和韋伯都和妻子生活得非常幸福，而韋伯的婚姻尤其美滿。音

樂家的生活總是富於熱情、變動不定，因而一般來說不適合享受家庭的樂趣。可是韋伯的求愛和婚姻生活，按照他給凱洛琳，也就是他「親愛的勒娜」的信中的說法，卻是充滿著浪漫的情調。她和韋伯彼此相知，並對他良言勸誡，悉心安慰和愛戀。韋伯給凱洛琳的信完全是德國式風格，而德國式愛情比英國式愛情更多情感的交流：前者充滿活力，熱情迸發；後者則克制忍耐，略顯拘謹。

科雷勒兄弟同時娶了拉美佩瑞若姊妹，他們的愛充斥著這種家庭的結合。他們比鄰而居，相互往來，品格和情感都有共通之處。兩兄弟一同工作，榮辱與共；而兩姊妹彼此關照，互相愛憐，對自己的丈夫尊敬有加。與科雷勒兄弟相比，拉辛的婚後生活遜色不少。他的妻子是一位虔誠、善良、性格溫和的女子。她對詩歌沒有興趣，缺乏鑒賞力；對自己丈夫的悲劇作品，除了名字以外幾乎一無所知。一天，拉辛從凡爾賽宮回來，手裡拿著錢包，裡面裝著 1,000 金路易。他跑到妻子面前，激動地擁抱她。「祝賀我吧！」他說，「國王賞了我 1,000 金路易。」然而就像對詩歌沒有多大興趣一樣，拉辛夫人對金錢也不太在乎；她並沒有表現得特別激動，只是和丈夫說，他們的孩子今天做了什麼。「我們改天再談這個問題，」詩人說，「現在先讓我們縱情享樂吧！」

讓·保羅·里克特自他的孩童時代開始，就是一個偉大的情人。還在學校讀書時，他就愛上了凱薩琳·柏琳。在他的《生活》一書中，他用了整整一章來記述自己和初戀的第一次親吻 ——「珍珠般美妙的瞬間 ——一個難以忘懷的時刻。」但是緊隨著這段戀情的，是一段痛苦、憂鬱的時光：「在幸福之花和豐收的王冠上面，就如同在新娘的桂冠之上，懸掛著一顆露珠，看上去就像一滴眼淚。」他一次又一次地墜入愛情的漩渦。他

的作品對那些內心柔弱又有學識的女士而言，無論她們是單身還是已婚，都具有一種獨特的魅力，備受她們青睞。他在魏瑪期間，那些女士激動地向他索要他的頭髮作為留念，他也非常慷慨——滿足她們的要求。但最後，由於頭髮剪得太多，他不得不買了一隻獅子狗，以備需要時拿牠的毛髮充數。

在他眾多的愛人中，有馮・卡爾博夫人——已和丈夫分居；馮・克茹德娜夫人——俄國駐丹麥大使的妻子；艾米麗・馮・伯勒普什——她經常抱怨他那種柏拉圖式的冷漠；凱洛琳・馮・F——「一個天使般的公爵夫人，孩子一樣天真的眼睛，臉龐充滿了愛和青春的魅力，還有夜鶯一般的聲音」；約瑟芬・馮・思頓——一位迷人的法國女人——「堅毅，溫柔，活潑，單純而又天真」；最後是凱洛琳・梅耶，也就是最後和他結婚的女子。但是這並非他風流一生的結局。當他50歲的時候，也就是經過多年的幸福婚姻生活之後，他收到一封熱烈的求愛信。信是一個名叫瑪莉亞・福斯特的小姐寫的，她那時只有17歲。從10歲開始，她就深深地迷戀上讓・保羅・里克特的作品。讓・保羅收到這封信，只是給了她一些無關痛癢的建議，並沒有鼓勵她進一步發展這種關係，後來也再沒有回過信。最後這位熱情而又魯莽的小姐在失望之中自溺身亡。

謝里登結過兩次婚。儘管在很多事情上他不夠明智，卻很幸運地選擇了兩位不錯的妻子。22歲時，他和琳蕾小姐私奔並祕密結婚。她比他小6歲，是個多才多藝的歌唱家。由於生活窘迫，他不得不開始文學創作；兩年之後，他寫出了《對手》，緊接著就是《造謠學校》，還有其他一些作品。他的一生顛沛流離，而且債務纏身，成敗交疊。可是年輕的妻子毫無怨言，為他承受著一切。因為他的缺點，她必須比其他人的妻子更愛自己

的丈夫。後來謝里登進入議會，成為一名職業演說家，取得了巨大的成功。之後不久，他那出色的妻子 —— 被諾威奇主教形容為「女人和天使的結合」—— 死於肺結核。謝里登的精神一度被這個不幸完全摧毀。「我看見他像個孩子一樣，整晚坐著哭泣，」凱莉說，「我按照他的要求，為他唱了一首哀傷的短歌 ——『他們為她挖一個綠草如茵的墓地』。我從來沒見過一個男人像謝里登那樣，為了深愛的妻子逝世如此傷痛欲絕。」

　　然而，時間是治癒創傷的最好藥方。3 年之後，他又和溫徹斯特主持牧師的女兒奧格爾小姊結婚。她也是一個有才華的女子，而且非常愛他。非常有趣的是，謝里登對自己的債務和困境毫不在意，卻十分關心兒子湯姆的前途。他希望兒子能夠娶一個有錢人家的女兒。但是，這時一位名叫凱蘭德的小姐已經俘獲了少年的心。為了湯姆的婚事，謝里登和兒子做了一次長談，威脅他說，如果他執意要和凱蘭德小姐結婚，他就會「扔給他一個先令，然後斷絕父子關係」。湯姆忍不住反駁了一句：「那麼，先生，就這點錢你也只能去借。」謝里登的第二個妻子和他前妻一樣，都患有肺結核，為此他得到處借錢。債主不停地騷擾他，朋友們也拋棄了他，最後他死在終生都愛慕和崇拜他的妻子身邊。

　　無論在為人缺乏遠見上，還是在對愛情的專一和執著上，斯蒂爾和謝里登都有相似之處。他也結過兩次婚，先娶的是一位巴博多斯的女士，後來又娶了卡馬森郡一位紳士的女兒。他給後者的信很多都非常有趣，優美動人，充滿欽佩之情；他稱讚她的「審慎」是不朽的。和謝里登一樣，他也經常因為生活窘迫而煩惱。儘管在妻子面前他顯得非常灑脫，裝出一副樂觀的樣子，暗地裡卻經常悶悶不樂。他借酒澆愁，和朋友們躲在「玫瑰酒店」裡快活享受，卻把妻子留在家裡對付那些找上門的債主。不過，只

要想到妻子，他性格中溫情的一面就會表現出來。他將自己的一本書獻給了妻子，並在上面題詞：「曾經多少次，妳的柔情從我昏聵的頭腦中驅走了病痛，從我受傷的心靈上消除了煩惱。假如這世上真有引人前行的天使，那麼她們所做的也不過如此。我不相信她們中的任何一位，在心地的善良上和姿容的美麗上，比得上我的妻子。」

「詩人，」詹森說道，「儘管看上去受人尊敬，但通常當不了好父母。」我們在這個論斷上引申一條，那就是詩人通常也做不了優秀的丈夫。這樣的例子很多，例如莎士比亞和安‧漢森威；米爾頓和他的第一任妻子；戲劇家格林和妻子只一起生活了一年；切爾奇爾 17 歲結婚，和妻子終日爭吵，最後服毒自盡；斯特恩只為一個死去的笨蛋動情，拋棄了自己的妻子，對自己的母親也不聞不問；湯姆遜從未真正贏得自己妻子的愛情；（注：古老的瑪莉亞勒伯恩教堂的登記目錄上還寫著：「瑪莉亞‧湯姆遜，已死，陌生人。」《錢伯斯自傳詞典》）拜倫的婚姻，一方卑鄙自私，另一方冷酷吝嗇。雪萊的第一任妻子在他移情別戀之後，自溺身亡。再沒有比婚姻不幸更令人遺憾和痛苦的事情了。值得欣慰的是，也有不少詩人遇到了理想的愛人。

詩人紹雷、柯勒律治和洛弗爾，他們三人同時和布雷斯托爾的福雷克三姊妹結婚。結婚的時候他們都一貧如洗，年齡上也大致相仿：紹雷 21 歲，柯勒律治 23 歲。然而他們在性情和氣質上迥然相異。紹雷崇尚實幹，柯勒律治卻誇誇其談。前者的家庭生活非常幸福，後者勉強度日。柯勒律治從博司勒姆的威紀伍德公司那裡，得到一份年薪 120 英鎊的工作，為了工作，他將妻兒託付給紹雷。而這時，洛弗爾不幸去世，心地善良的紹雷又將他的遺孀和孩子帶到自己在克斯維克的家中，在世時他一直撫養他們。紹雷和自己的第二任妻子也過得非常幸福，她就是受人尊敬的女詩

人凱洛琳‧鮑爾斯；紹雷去世的時候，她就在他身邊，為他闔上了眼睛。

　　詩人莫爾在婚姻生活中享受的幸福，不比任何人遜色。「親愛的貝茜」是一個在他日記中經常出現的稱呼，這是一名受人尊敬的女人，也是一位慈愛的賢妻良母。她習慣於待在斯洛普敦，而他經常要在倫敦的那些公爵和公爵夫人之間跑來跑去，為他們唱自己的愛爾蘭戰爭歌曲。克若科曾在《季刊》雜誌上對約翰‧羅素的《莫爾的生平》大加嘲笑，但是不可否認：「親愛的貝茜」確實是詩人幸福生活中不可或缺的一環。她悉心地照料著長期患病的詩人，直至他去世。湯瑪斯‧胡德一生充滿坎坷、歷經磨難，但他的婚姻卻非常幸福。生病時，妻子悉心照顧他；憂愁時，妻子耐心安慰他。雖然條件非常艱苦，她仍然讓家庭充滿了快樂。胡德曾經坦言，自己為婚姻和家庭做得很少。在給妻子的一封熱情洋溢的信中，他寫道：「我最親愛的，在認識妳之前，我幾乎一無是處；而認識妳以後，我更幸福，也更有前途了。這是一個千真萬確的真理；我最親愛的，請妳將它放在薰香裡；如果我忘記了，一定要提醒我不可忘恩負義。」

　　某些天才人物的婚姻充滿了神奇的色彩。例如，巴爾札克和拉馬丁的經歷就非比尋常。巴爾札克名聲如日中天時，他去瑞士旅遊。一天他到達一家旅館，而漢斯卡王子和王妃剛從這裡離開。巴爾札克被帶到他們騰出的房間裡。這時，王妃突然出現在屋裡，原來她將一本書落在臨窗的椅子上了，也就是巴爾札克坐的那個地方。那本書正是《巴爾札克文集》的袖珍本，每次旅行她都不忘帶在身邊。在這以後的 15 年間，他們始終保持著書信聯繫。

　　丈夫去世後，王妃寫了一封信給巴爾札克，告訴他這個噩耗，並且直接向他表達自己的意願——為了報答他的慷慨，她希望巴爾札克接替自

己丈夫的位置。興奮異常的作家不等第二聲召喚，就立即起程奔赴她在萊因的鄉間別墅，在那裡他們舉行了婚禮，而且為了慶祝這段難得的姻緣，他們還舉辦一連串的盛大宴會。拉馬丁和一位閨名叫伯琪的英國女子結婚，她有一筆相當可觀的財產。在讀他的《沉思》時，她就狂熱地愛上了他。當她了解到詩人的窘迫處境以後，她寫了封信給詩人，表示願意將自己的財產悉數相贈。詩人被這份非同尋常的慷慨感動了，他立刻向她表示愛意，並且很快被接受了。

我們要花費很多筆墨，才能將那些受惠於自己妻子的天才們一一列出。在另一章裡，我們已經對一些人的生活做了敘述，不過還有必要在這裡提及另外兩位。布豐直到晚年，也就是 55 歲的時候才結婚。和聖伯林小姐的結合，讓他過上了非常幸福的生活。在布豐通向名譽的道路上，他的妻子關注著他每一步成功的足跡。在家庭或在外面，丈夫透過智慧的頭腦贏得眾多的榮譽，她自己也從中品嘗到了無窮的歡樂。

歷史學家尼布林也從妻子那裡獲得了巨大的幫助。她用女性的溫柔撫慰著丈夫暴躁的脾氣。無論是在家庭事務上，還是在他的文化事業上，她都能為他分憂解難。她與他討論每一個歷史發現、政治事件和文學新鮮話題。也正是為了得到妻子的讚賞，他兢兢業業，勤奮工作，準備完成闡釋世界文明之路的著作。在她臨死前幾天，尼布林將她摟在懷裡，問有沒有他可以為她做的事情。她滿含深情地看著丈夫，回答道：「無論我活著還是死去，你都應該完成你的《歷史》。」這就是她最後的願望。

或許，關於湯瑪斯·卡萊爾的婚姻生活，人們還談論得太少。它被大家有意忽略，並塗上了暗淡的色彩，而且昏暗的程度比得上倫勃朗畫中的陰影；其實它本不該受到這種待遇。他的妻子簡尼·威爾什想嫁給一個天

才，而不僅僅是一個偏僻鄉村小鎮的醫生。最後她的希望實現了，但是婚姻無法完全令她滿意。有時這對夫婦連會面都很困難。他們生活艱苦，微薄的收入主要來源於給《評論》翻譯文章和投稿所得的稿費。儘管有這麼多困難，但是當這些都被一一克服後，他們也從中獲得了極大的快樂。卡萊爾養活了自己和妻子，並進入上層社會。那麼這就足夠了嗎？這就是這對夫婦生活的全部嗎？不，他們都是說話尖酸刻薄的人。他們性格暴躁，容易動怒，也不善體諒對方的感受。然而，無論其他人如何議論他，從卡萊爾的信中還是可以看出來，他非常愛自己的妻子。她對他的幫助也很大，並且像其他有知識的婦女一樣，她對自己丈夫的卓絕努力和傲人成就也感到自豪，丈夫給她留下的最後回憶也充滿了甜蜜的柔情。

　　一次，帕雷博士的一個朋友告訴他，自己的婚姻多麼甜蜜，並且40年間從沒有和妻子紅過臉、吵過嘴。這時，他淡淡地回了一句：「難道你不覺得，如果是這樣，會很無趣嗎？」一個在沉寂的海面上航行的人，會發現自己的目標很無聊，他可能寧願選擇一個道路崎嶇不平的旅遊路線。同樣的道理也適用於婚姻。身為湯瑪斯‧卡萊爾的妻子，簡尼‧威爾什覺得非常幸福，勝過做其他任何人的妻子。甚至尤格尼‧德‧蘇林也承認，在每個人的內心深處，都有一種「少量的檸檬」——也就是隱伏的惡的一面，儘管在女性身上比例要小得多。

　　有人比較過卡萊爾和霍桑的婚姻生活，結果後者更受推崇。但人與人是不同的，作家與作家也各有特點。卡萊爾寫不出類似霍桑的作品，同樣，霍桑也無法具備卡萊爾的風格。男人既有不同，他們的想法就各異；他們的妻子各有特點，他們的生活也就千姿百態。只有霍桑才能寫出《紅字》，只有卡萊爾才能寫出《法國大革命》。這些作品只能源於他們，也是

他們的代表作。最後，讓我們記住，無論是作家或是作家的妻子，都不是完美的。可以確信的是，很多男人結婚了，但沒有娶到一個忠實的妻子；很多女人結婚了，但不是嫁給一個真誠的丈夫。

現代社會中的女人，借用聖保羅的話就是：「只學會了懶惰，喜歡彼此串門，東遊西蕩；不僅懶惰，而且好管閒事，口沒遮攔，談論一些不該談論的事。」她們是一種虛偽文化的柔弱產物。她們既無能力去愛別人，也缺乏友誼。從臉上的脂粉到嘴上的談論，她們無一不顯得荒唐可笑。追逐新潮的女人，只能建立一個形式上的家庭而不是實質上的家庭。有孩子，但是沒有家人；有丈夫，但他既不是她的伴侶、朋友，也不是她的愛人。一個男人對婚姻充滿了恐懼，寧願在夜總會裡尋歡作樂，這是不足為奇的事情。

「我負擔不起婚姻」是一個大家耳熟能詳的說法，即便是那些條件非常優越，甚至堪稱飛黃騰達的男人也有人這樣認為。他所不能「負擔」的，正是那些年輕女人們要求的生活必備條件。為了免除婚姻之苦，或者為了獨善其身，他寧願克制自己的欲望，儘管這樣可能會使他陷入罪惡的境地，並且以不幸與毀滅告終。「男人可以用金錢購買女人的美貌，」海格說，「只要她足夠漂亮；女人也可以用金錢購買，只要錢財足夠多。」為了享受生活的奢華，年輕的女人嫁給富翁，因為他能夠提供她所需要的一切。可是在這個酒杯裡，既有享樂，也有毒藥，最後就只能以道德的淪喪結束。

即使一個青年已經訂婚，但是為了日後家庭過上富足的生活，他也得賺夠錢以後才結婚。或許，那個時刻永遠不會到來，而且時間一天一天地流逝，快樂和安寧也隨之消磨殆盡。戈爾夫人堅決捍衛法國式的傳統婚姻，因為它免除了這種漫長的婚前等待，而且以相互的情感為基礎。她說

道：「儘管有很多理由用來反對傳統婚姻，不過若是仔細考察這兩個國家上層社會的家庭史，特別是考察單身男女的生活條件，以及已婚夫婦的道德狀況，我們會發現，這個問題所包含的因素就要複雜得多，需要更全面的考慮；它並不像我們想像的那麼簡單。」

如果自身條件已經成熟，如果對象既健康又賢淑溫柔，那麼就讓這個男人結婚吧！讓他將所愛的人娶過來做自己的妻子；倘若她審慎而且通情達理，她就能很有分寸地操持家務，讓自己的丈夫享受到家庭的舒適。青春的愛情，只要真誠而且熾熱，為之付出的努力就是值得欣慰的。夫妻要攜手走過人生 —— 分享彼此的歡樂與痛苦，同心協力，榮辱與共。財富是令人豔羨的，但買不到更高層次的幸福。真正對家庭的幸福起決定性作用的，是心靈、品格和智力，也就是善思、慎行而且有遠見。

有一句很好的格言：「不多言饒舌，祈求最佳，還要篤信上帝。」最幸福的婚姻，就像陳年佳釀，只有經過日積月累才能芳香怡人。兩顆心靈應該永遠彼此相依、彼此相知，而不僅僅是在熱戀和訂婚的時候。他們能夠了解彼此的美德以及各自的缺點。為了後者，他們要學會互相忍耐和謙讓；有時，在日常小事中，甚至還得做出犧牲。只有這樣，和氣與安寧的婚姻才會如約而至。

正如傑勒米・泰勒所說：「許多美妙的回憶，以及當前的諸多事物，這些為愛情奠定了一個堅實的基礎。」追溯往昔的幸福時光，愛情化日常生活的平淡為神奇；展望未來漫長的歲月，愛情消除了對未來撲朔迷離的恐懼。生活的艱辛甚至能夠令伴侶更為親密。在痛苦中，我們才能夠學會真正的同情。正如古老東方的哲理所言：「搖晃痛苦之樹的人，通常也播種歡樂的種子。」

第九章
生命的黃昏

生命！我們相伴已久，

歷經多少酸甜苦辣；

彌足珍貴的朋友使我們難以捨棄它，

也許它要付出悲傷，付出眼淚；

然後，它偷偷地溜掉了，沒有留下什麼告誡，

好好珍惜你的時間吧！

別和我道晚安，而是在某個明亮的地方，

向我道聲「早安」。

　　　　　　　　　　　　　　── 巴勃德夫人

不要過分地熱愛生命，也不要厭憎生命；

它該怎樣就讓它怎樣吧！

好好地生活，無論是長是短，

你將被允許進入天堂。

　　　　　　　　　　　　　　── 米爾頓

地球上所有一切已經死去的種族，

在他們逝去的地方積聚了無數的精神財寶；

匆忙的一天消失後黑夜來臨了；

它的忙碌者、痛苦者、學校、國王、軍隊都休息了。

　　　　　　　　　　　　　　── 維卡

　　生命到了黃昏會給我們許多補償。青年擁有歡樂，老年則擁有回憶。生命到了黃昏時節，甚至可以說是最絢爛的，好比最美的花朵總是在最後綻放一樣：花和葉子都枯萎了，果實生長了出來；同樣，老年時肉體退化了，精神卻日益成熟。科納羅說過：「精神隨著肉體的老化而日臻完善。」有一位美國人強尼博士，臨終前有人問他，一生中最幸福的時光是哪一

段？他馬上回答：「60 歲。」這恰好是他當時的年齡。

按照醫學的說法，在更年期，人的心智會逐漸退化，而這一階段就在 63 歲左右。可是，豐塔內爾卻說，他一生中最快樂的時光，是 55 ～ 75 歲的這段日子。詹森認為，詩人沃勒到 72 歲的時候，詩才也絲毫沒有枯竭的跡象。布豐 70 歲仍然覺得自己還在盡情享受生活，與以往沒有任何不同。他說：「只有笨蛋才會用遺憾的心情看待過去的一切，對於我，恰恰相反，我會沉醉在記憶裡，沉醉在那些美麗的圖畫、珍貴的影像中。它比單純的快感更有價值，它帶給我們的不只是快樂，還有純潔，因為它只激起溫馨的回憶。」

一位法國的倫理學家曾經說過，青年人的樂土在老年，而老年人的樂土在青年。年輕的時候，我們只感覺到時間在緩慢流逝，生日與生日之間會有很長的間隔，我們在慢慢接近老年的樂土。隨著年齡的增長，生日一次比一次來得快，然後我們回顧青年那片樂土，將記憶珍藏起來。一個人回顧從前，看到自己過去的言行也曾發生有益的影響，必定會感到快樂，這樣的人是幸福的。西塞羅在《論老年》一文中說，老年是不受歡迎的。但經他之手描述的老年生活是如此美好，充滿古典、優雅精緻的情趣，可以說他提供了一個讓人羨慕的典範。

人生到了暮年，會讓我們重新拾起許多從前的樂趣，這之中，尤其是細細品味自己喜愛的書，這種樂趣無可比擬。也有些人，他們或者喜歡做些運動，或者回到安寧的牧場，或者是釣魚、養花種草、採些草藥，等等。賈斯特菲爾德勛爵耳朵幾近失聰的時候，離開喧囂的城市，在布萊克西斯的別墅度過了他的晚年 —— 別墅旁的小道現在還被叫做「賈斯特菲爾德小道」。他整天以讀書為樂，把這看作一個聾子與人唯一可能的交談

方式，以及他連繫社會的僅有紐帶。60歲那年，他寫信給一位法國的朋友說道：「這一年的生活非常單調，沒有娛樂，也沒有痛苦。前者是因為我的年齡，而且耳朵也不方便；後者則是因為我的人生哲學，它對我的性情發生了作用。現在我的樂趣大部分來自於種種花草，散散步，看看書，這些都帶給我一種靜謐的喜悅。我等待著死神的到來，心裡既不畏懼，也不渴求。」而他給兒子的書信也在死後出版。

理查·巴克斯特是《聖者的休息》一書的作者，他曾經談到自己寫作這本書的動因，非常感人：「我身體健康的時候，從來沒有動過念頭要寫書，也沒有想過除了禱告以外，還要用其他更公開的方式侍奉主。後來因為大出血，身體變得虛弱，一個人孤零零地待在德比郡的住宅裡，周圍除了伺候我的僕人，沒有一個我熟悉的人，而醫生又斷言我的日子已經不多了。這時候，我開始更嚴肅地考慮這『永恆的休息』，我發現自己正好在它的邊緣。因為在單純沉思中，思想無法走得太遠，我便開始記錄對這個題目的想法。」

騷塞曾說：「我祝願人們到了老年都不必有衣食之憂，但同時我也想對大家說，到了老年要當心孤獨。我們需要找到依靠。」所以，如果人們想尋求一些娛樂，就勢必要做一些與他們日常職業關係不大的事情。塔列朗曾告誡一個不會玩牌的人說：「你想過你老年的時候會多麼淒慘嗎？」說到玩牌，卡瓦爾是一位頂尖牌手，技藝出眾，在巴黎議會開會期間，他每天都去賽馬俱樂部玩牌；梅特涅也是非常出色的牌手。也有許多人對打牌持反對態度，不過，他們到了生命的暮年，也會有自己消遣的方式來打發時光。

貝多芬晚年的時候，最感到安慰的事情，就是閱讀司各特的小說和荷馬史詩《奧德賽》；而蓋斯福德博士，這位已故的基督教會學院院長就與

他不同，有次抱病時，他說他想看些輕鬆的作品，於是有人遞過來一本司各特的小說。「不，不！」他說，「這太嚴肅了。幫我拿本希臘文字典吧！」西德尼‧史密斯說，自己每次生病想看些輕鬆讀物的時候，他就找本亞當‧斯密的《國富論》之類的書。

即便是盲人到了生命的暮年也可以有許多享受。對於天才的成長來說，失明也許是最大的妨礙。米爾頓哀悼自己失明的話是多麼讓人感動啊！這位失明的老人看不到光，四周都是懷著敵意的人，置身奴隸之間，心裡的歡樂與希望卻一點都沒減少，依然充滿了勇氣前行。他的歌聲仍像以往一樣莊嚴美妙，雖然他的雙眼已經「看不到黎明」。事實上，如果不是失明，他很可能永遠都不會寫出《失樂園》，因為就在他快喪失視力之際，他心裡所想的是完成一部英國史。

大自然的補償真是太讓人驚奇了。人體器官的功能一定程度上是可以被替代的，某些功能喪失了，另一些功能就會得到補償，變得更加敏銳。眼睛失明了，耳朵卻能捕捉到更多的聲音。觸覺也變得纖細了，手指上似乎長滿了眼睛，連那張臉也似乎有了特別的功能，什麼都能看見，什麼都能感覺到。歡樂、勇氣，一定程度上補償了我們功能的喪失，因而，盲人其實並沒有與世界隔絕，反而有時顯得比我們更加貼近這個世界。失明常常使人性情變得安定、溫柔，而失聰好像恰恰相反。俄國人科孜勒的例子似乎是最嚴重的一個，他不僅失明，而且中風，兩腿都不能動彈；然而，身體的痛苦卻在他心裡激起對詩歌深摯的愛，在他的餘生，一直細心呵護這種愛，作為他的安慰與寄託。

尤勒是在經歷一個漫長的過程之後才完全失明的。這以後，他仍然堅持工作，性情比從前還要歡樂。由於經常地練習，他的記憶力保持得非常

好，竟可以把整部《伊利亞特》背誦下來，記得其中每一頁開頭與結尾的詞。伽利略去世前幾年也已經接近失明，但他仍然堅持自己的智力勞動一直到最後一刻。塔克博士 65 歲時雙目失明，不過他的學習研究並沒有因此而中斷。他有一個女兒，每天唸書給他聽，而且，為了能夠讓父親繼續與他最鍾愛的作家保持交流，她甚至開始學習希臘語。這位博士還借助自己發明的一種機器繼續寫作，他的手跡還算清晰，剛好可以由女兒謄寫清楚。

希爾利和普雷斯克特到了晚年也都雙目失明，對於歷史研究來說，視力似乎是絕對必要的，因為有許多書籍都需要經常閱讀、檢索；可是這兩位歷史學家借助於他們早年很好的學術累積，借助周圍的人熱心幫助，最終得以醞釀，出版了極富價值的史學著作。其中，希爾利是由他向謄寫員口述，而普雷斯克特則借助專門為盲人設計的文具盒和鐵筆，親手完成了自己的作品。

其他在晚年失明的人士還有德里耶、拉莫特、孟德斯鳩、喬蘇亞·雷諾茲、亨德爾、讓·保羅·里克特、伊薩克·迪斯雷利、朱西奧、拉姆普夫（植物學家）、凱西尼（天文學家）、比拉爾德（數學家）、克蘭波恩子爵和弗塞特教授。亨利希·海涅在生命的最後 8 年也接近失明。讓·保羅長時間一直半盲，最終視力全部喪失，但他內心依然充滿光明，將自己最後的歲月都用來寫作他的《塞利那》，主題是證明靈魂的不朽。這部未完成的手稿，最後放在他的靈柩上一直抬到了墓地。

最特別的一個盲人，也許要算大旅行家霍爾曼中尉（注：霍爾曼的《遊記》由他自己出版的有 6 卷之多，此外，他在身後還留下了無數原本打算出版的手稿，不過死亡打斷了他的工作），他 25 歲就失明了，必須離開他

的職位。他是個非常願意做事情的人，視力的喪失一定讓他感到痛苦。然而，一旦失明的命運完全降臨到他頭上，他即下定決心，要在內心保持歡樂來面對黑暗，並且儘快地適應新環境。可是，他還能做什麼呢？他熱愛旅遊，卻已經失明了啊！現在，只能是嘗試一下。於是，他開始去旅行，第一站他選擇法國，雖然他對這個國家的語言一竅不通。在倫敦期間他有一個僕人伺候，可是在他遍及歐洲、亞洲、非洲、美洲和澳洲的全部旅行途中，他完全是一個人，完全憑藉自己的努力。在這麼一個盲人身上所體現的道德勇氣、充沛的精力、自立自強的精神、百折不撓的意志，足以使他成為人類傳記史上最卓越的人物之一。

弗塞特是一位政治經濟學教授、布萊頓協會成員、郵政總監，在所有這些職位上，他都表現了非凡的才華和能力。關於他，已經有一部出色的傳記作品，這裡就不再贅述。與失明相比，失聰好像不容易得到那麼多同情，雖然從效果上看，它也許更加難以承受。盲人常常以性格溫柔著稱，聾子卻往往顯得脾氣暴躁、性格乖僻。之所以有這種差別，原因可能在於，社會交往中最吸引人的莫過於與人交談的樂趣，聾子是完全享受不到的。他們坐在宴席上，卻只能看著別人吃，自己不能動筷子。他們看到周圍人們快樂的表情和笑容，自己卻無法分享。威廉·魏爾德說：「我們可以看到一種顯著的對比：喪失部分聽覺的人整天眉頭深鎖，那些完全失明的人卻笑容可掬。但也有一些相反的例子發生，就是那些有極高智慧的人，或者是那些已經完全喪失聽覺的人。」（注：魏爾德爵士《斯威天特教長的晚年》）

亨德爾晚年受著失明的折磨，而貝多芬則飽受耳聾之苦。貝多芬習慣於在鍵盤上，根據自己耳朵裡跳動的一串串音符演奏，但在旁觀者聽來，他的

許多次敲打其實並沒有發出聲音。他最早發覺自己聽力喪失是在 30 歲的時候，卻極力掩飾自己的缺陷，不想讓別人知道。於是，他避開了人群：「因為我不可能對人們自己聾了。」貝多芬說，「即使我沒有選擇音樂，耳聾就已經是很嚴重的疾病了；而對於音樂家，那更是一場災難。」隨著耳聾日益加劇，貝多芬變得越來越封閉、急躁、病態和絕望，甚至有了自殺的念頭。

「藝術，」他說，「是藝術阻止了我。我不可能帶著未表達完的思想，就離開這個世界。我必須時刻讓自己鎮定；我希望自己的決心能夠持續下去，一直持續到無情的命運女神切斷她的絲線為止。」經過了一段消沉的日子，貝多芬創作出他全部的、最偉大的作品，歌劇《費德里奧》、芭蕾舞劇《普羅米修士》，還有那些協奏曲和交響曲。甚至可以這麼說，正是由於耳聾促使他心靈往自己身上著力，由於柔弱帶給他孤獨感，才把這位大師身上音樂的才華和能量激發出來，並讓它發展壯大。這場疾病可以說功不可沒。

中年與老年最大的不同在於，中年時心靈還保持生長的力量，還能夠被新的觀念打動。但對於詹森博士和詹姆士‧瓦特來說，即使在老年，他們仍然在學習新的語言、汲取新的思想；伯澤留斯在耄耋之年也還在實驗室堅持工作。許多老人都保持了中年人才有的那種活力。到了中老年，人會變得圓通，會更友善、更謙恭、更願意理解別人。

然而，年齡的長短並不是衡量生命長度的尺規，有些人 20 年的生命抵得上別人活 100 歲。度量一個人生命長短的真正尺規，是他在一生中所做出的成就，他所獲得的閱歷；一個人做得越多，閱歷越豐富，他的生命就越長。有人體會到了婚姻的種種煩惱，也有人為自己獨身的境遇而抱不平。人們沒有意識到，婚姻生活的歡樂與煩惱總是結伴而行，體會到一種

必定會同時體會到另一種。我們需要記住，歡樂必然拖曳著它的陰影。波普曾從特威肯海姆寫信給馬撒·布朗特，告訴他說：「你從家庭得到的安慰，讓我突然理解了有一次薩爾通的老弗萊徹和我說話時的心情。他說：『天哪！我現在除了等死以外什麼事也做不了。我太微不足道了，無論生或死，都不會讓任何生命有一絲的快意或者恐懼。現在這是唯一一個讓我後悔自己不該成為單身漢的理由。我年齡越來越大，像一棵沒有依靠的樹，周圍沒有更幼小的樹苗生長，可以陪伴、保護我。』」

不過，他雖然不能享受天倫之樂，卻也不必承受子女英年早逝帶來的悲傷。沃伯頓的兒子因肺病先他去世，他形容自己「像掉了魂一樣」；也就從那天起，他的才華開始退化。柏克也是這樣。他的兒子是一個大有前途的年輕人，可惜也早早去世；臨終前，兒子對著父親背起米爾頓《晨頌》中的詩句，詩莊嚴崇高，這位垂死者深深沉浸在裡面。他吐出最後一個字時，渾身力量就消失了。屋子裡，一直明亮的燈火這時突然熄滅，他就此倒在父親的懷裡，死去了。這帶給柏克無窮的悲痛，兒子死後不久，他也去世了。他的臨終遺言與詹森、華茲渥斯一樣，就是一句「上帝保佑」。

我們遭遇不幸，或者處在痛苦中的時候，多多少少就遠離了生活。有一種心靈，它就有一種痛苦的需要；如果現實生活中沒有這些，它自己會創造出這些來。所以我們才會看到歌德《少年維特的煩惱》（*The Sorrows of Young Werther*）中「對痛苦的崇拜」，看到盧梭《我生平苦難的慰藉》中流露的悲傷，柯勒律治「對永恆的渴慕」，夏多布里昂《勒奈》裡的憂鬱，還有濟慈「擺脫這種不可言喻的感覺」的渴望。

甚至是天性歡樂的路德，在生命的終點上，按照他自己的說法，變得「又老、又麻木，眼睛也幾乎看不見東西」，時常受到陰鬱情緒的壓迫，需

要不斷地和它鬥爭才能不為它所累。「我現在成天無所事事,讓人討厭,對萬事都不關心。」他說,「換言之,是又老又不中用。我已經結束了自己的旅程,沒有必要再留在這個世上,只等著主召喚我,讓我重新與我的父輩團聚……我已經厭倦了生活,如果這也可以叫做生活的話。」

英年早逝固然是一種不幸,但若是眼睜睜看著周圍的人一個個離去,自己還沒有死,而墳墓已經占據了生活的全部注意力,那更是一種不幸。對於這樣的人,死與生比起來倒是一種痛快的解脫。甚至在一位異教徒作者那裡,死亡也被描繪成了生命的門;對於基督徒,死亡是通往天堂的門。湯瑪斯·坎普斯說:「真實說來,一個基督徒的生活就是十字架,不過,同時它也是天堂的指引。」

許多人在很好地享受了生活之後,寧靜喜悅地離開這個世界。在不知不覺中,暮年逼近了我們,雖然,也有一些幸福的人,他們的心靈永遠不會變老,直到生命最後的階段還是老頑童。季節有春、夏、秋、冬,每個季節都有它的美麗可愛:春天陽光明媚,夏天光芒照人,秋天帶來收穫,冬天意味成熟。大自然每時每刻都在吐故納新,有一種缺陷就會有一種收穫做補償。在老年,無論幸與不幸,都不過是往日的沉積,西德尼·史密斯非常喜歡引用沃勒的詩句:

暗淡無光的心房,破碎的、凋敝的心房,
時間鑿出的縫隙上,透進了新鮮的光。

西德尼·史密斯也是天性歡樂的人,他75歲的時候還寫道:「至於我,整體來說是幸福的。這個世界讓我感到愉快滿足,我感激造物主將我置身於其中。」然而,即使是這樣的一個人,也會有許多煩惱。他曾在一封信裡抱怨身體經受著3種疾病的折磨。(注:他71歲時給卡里斯爾女伯爵的

一封信寫道:「我一切都好,就是全身每根骨頭、每塊肌肉都受著痛風、哮喘和疼痛的折磨。單單痛風就讓人受不了,胃好像要掉到腳底下去一樣。飲食稍微不注意便會受到懲罰,腳只能一瘸一拐地走路。這更高級的器官造了孽,卻要由無辜的腳踝、腳背來受罪。我的胃大概看出來這是一個讓自己少受折磨的好辦法,它現在變得非常暴虐,稍微冒犯了它,無論是吃個梅子,喝杯香檳,無論是高興或者悲痛,稍微過了頭,不論是多麼微不足道,它馬上就濫施淫威,腳立刻就發紅、發脹、痙攣。」——《生活與書信》)

到最後,他忍不住拿身體的疾病自我解嘲起來,在和卡里斯爾女伯爵的最後一封通信裡,他談到自己的身體逐漸垮下來:「要是妳聽說哪裡有16磅人肉整天在挪來挪去的,那肯定是我身上掉下來的。我現在看上去好像分了一半出去似的。」

歷史學家伍德豪斯里的威廉·泰勒,晚年也過得安寧幸福。他曾把保持這種狀態的祕訣告訴朋友,那就是「吃東西不要太多,但要可口,要與人為善」。也有人問奈斯爾羅德,為什麼他年紀那麼大,精力還那麼旺盛,他把這歸功於音樂和花草。不過查理·蘭姆對音樂卻是一竅不通,他說他只能分辨出兩種旋律:或者是「上帝保佑吾王」的旋律,或者不是。一次在雷·漢特家舉行的音樂晚會上,蘭姆實在受不了,那些聲音在他聽來簡直和噪音沒有區別,他忍不住說:「只要有一罐黑啤酒,我想自己就可以熬過去了。」人們拿酒給他,他總算渡過難關。

尤勒晚年失明後,主要的樂趣就是周圍有一群快樂的孫子陪伴,他在緊張的研究工作之餘,主要的放鬆方式就是幫這些孩子進行啟蒙教育。羅賓遜博士和他一樣,小孫子的陪伴給了他最大的快樂。他在給詹姆斯·瓦特的信裡寫道:「每天觀察這個小傢伙的成長,看著他身上許多以前我們

都沒有注意到的能力在慢慢發展，我真是有說不出的高興。他笨拙的動作，稀奇古怪的念頭，都讓我發現神的痕跡，我要感謝那些法國思想家，是他們讓我把注意力集中到這一切上面，現在他們就是孩子的監護人，指導著他的生活，他的成長和他的力量。我很後悔現在沒有時間把兒童以及兒童能力的發展作為我研究的課題。」過了兩年，羅賓遜博士就與他的小朋友永遠分手了。

布萊克博士是愛丁堡一位非常受人尊敬的化學教授，性情溫柔美好，他非常平靜地等待著死神的降臨。最後一刻來臨時，他的態度非常安詳從容，像是要在膝蓋上放好一杯牛奶，以免濺出來那樣。他去世時 71 歲，然而，他並沒有死，只是進入了另一種永生之中。

歷史學家亨利博士是 72 歲去世的，死時也同樣安詳。他當時住在斯特林附近，一天他突然寫信給一位年輕的朋友 —— 愛丁堡的哈里‧蒙克雷夫爵士，邀請他馬上過來。「這週我這裡會發生一些事情，」他說，「我要死了。」哈里爵士馬上趕了過來，看到他已經癱倒，要支持不住了。不過，雖然這樣，亨利博士仍然堅持坐在椅子上，聊天、打盹。一天，亨利博士正在瞌睡中，忽然被樓下庭院裡一陣馬蹄聲吵醒，他問：「誰來了？」亨利太太回答：「是那個討厭的傢伙。」所謂討厭的傢伙，就是指住在附近的一位牧師，他的名聲主要在於他一旦知道誰已經奄奄一息，就怎麼也不肯離開這戶人家。

博士一聽是他，立刻喊道：「叫他出去，不要讓這傢伙進來。」然而，他說這話的時候，「這傢伙」已經進了門，走到房間裡。亨利博士搶在他進屋前，向太太使了個眼神，就裝作睡著了。哈里爵士和亨利太太於是用手指指他，又把手指放在嘴唇上，示意來人不要說話。「這傢伙」就坐了

下來，一直等，等了很長時間。中間他幾次想說話，都被亨利太太用手勢制止。他只好告別離開，「噠噠」的馬蹄聲又從樓下庭院傳來，漸漸遠去。亨利博士開心地笑了。當晚他就去世了。

也有些人，在生命臨近終點的時候，還在追求進步。畫家尼古拉斯·波欽曾說過：「年紀越大，我的內心越有一種超越自身，達到更完美境界的渴望。」同樣，甘斯保羅在 50 年的繪畫經歷之後說：「我所做的事情才剛剛開始，生命還在往前。」萊恩晚年最高興的事情，就是由別人攙扶著去看他自己的傑作 —— 聖保羅大教堂。

賽凡提斯晚年被投進馬德里的監獄，他在那裡創作他的《唐吉訶德》。到了最後，因為太窮，他連稿紙都沒有，只能將構思寫在碎布上。後來，有一個西班牙騎士聽了別人的建議，向他伸出援手，他的答覆是：「上帝禁止接受這樣的援助，正是他安排的貧窮，才造就了世界的財富。」按照他的說法，似乎飢餓倒可以成為天才的溫床！賽凡提斯最後死於水腫，在病情惡化之際，他仍然在籌劃他最後一部作品的出版。

也許，沒有誰的死，能夠像彼得·拜爾與文學那樣有著密切的關聯。一天早上，他醒來開始審閱校樣，他的管家在一旁生火，準備煮咖啡。等管家回過頭來，發現她的主人已經死了，而且死的時候還睜著兩眼。杜伽爾德·斯圖爾特在臨終前幾天，也在審閱他新出的作品全集的校樣。據記載，愛丁堡的威廉·湯普森爵士，他所做的最後一件知識方面的事情，是審閱一篇關於詩人海涅文章的校樣。不一會，他就去世了。

理查·斯蒂爾則度過了一個非常愉快的晚年。他從倫敦的公眾生活退出後，來到卡爾馬森附近的朗古諾定居，在這裡度過他生命中最後的幾年。終日與他相伴隨的是流水的歡笑、輕風的呢喃、小鳥的歌唱，他從中

感受到各種樂趣。他的一位傳記作者曾這麼描繪他的生活：「我聽說，他一直到最後關頭仍然保持著天性的歡樂、溫和。在一個夏日的夜晚，當鄉間的青年男女聚集在一起進行遊戲娛樂的時候，他也常常會出去觀看，並且還會向代理他服裝生意的綢緞商宣布，要送一件新衣服給跳舞跳得最好的那個人。」

　　亞當·斯密晚年時，歐里庇得斯和拉辛的悲劇作品為他帶來了巨大的歡樂。他有一間非常好的藏書室，他認為自己真正的愛人只有書籍。最後，當他躺在病榻上時，提出的一個主要要求，就是把他遺留的 18 卷思考筆記銷毀。英奇博多小姐也有同樣的美德。出版商兩次向她提出，願意以 1,000 英鎊的價格出版她 4 卷本的《回憶錄》，但都遭到拒絕。她雖然生活窘迫，卻不願意拿她的才智做交易換取金錢。由於擔心回憶錄的出版可能給一些人造成痛苦、難堪，她在離開人世前將自己的作品付之一炬。另外有一些人，他們離開了這個世界，卻把一堆毒藥留了下來，比如將各種見不得人的交往、私房話都公之於眾。與這些人相比，英奇博多小姐的做法更加顯得高貴。詹森博士曾經以一種極度輕蔑的語氣提起一位作者，這位作者總是把靶子對準宗教道德，卻沒有勇氣向它們開火，而是死後留給了出版社，讓出版社去扣扳機。

　　蒂勒森主教自己的藏書室裡有一個書架，上面滿是書，裝訂得整整齊齊，並且全部鍍了金。一個朋友問他：「這些書中你喜愛的作者是誰？」「這些，」主教回答，「是我的一些私人朋友，他們的書所以要放成這樣，還有一個原因，他們都是我的對頭。從他們那裡我得到的東西，要比我從朋友那裡得到的多，哪怕是最忠實可靠的朋友都不如他們。」主教死後，人們在他的遺物中找到一疊紙，上面寫著：「這些都是誹謗。願主也像我一樣，寬恕他們。」

有許多飽受疾病折磨的人，會有結束自己生命的想法，這毫不奇怪。身體的病痛，工作的力不從心，希望日益渺茫，歡樂越來越少，年齡越來越大，再有，大家又都意識到結局不可避免，這一切，都會讓一些人更願意主動去迎接生命的終點，將這當作最好的解脫。威廉·哈頓在自傳裡曾說：「我們越接近墳墓，心裡越不會感到恐懼。健康的時候固然遠離了死亡，但驅不走疾病。一旦生起病，世界對我們就完全失去了吸引力，未來充滿了恐懼。」

一個人風華正茂、正要大有作為的時候，死亡離他是很遠的。他會不斷地追求更好，會得到朋友的鼓勵，會盡可能生活得好。大衛·司各特是蘇格蘭皇家協會會員，他正在藝術生涯上不懈追求的時候，忽然染上一種不治之症。他弟弟不斷幫他打氣，讓他相信一定可以復原。「不，這是不可能的。」司各特說，「一個人生著這樣的病，置身一片黑暗中，要他能夠克服這些，重新開始享受生活，享受健康的快樂，這種獎賞、這種美妙的事情，我不敢奢望它會發生在我身上。我現在需要花很長的時間來熟悉如何生活、工作。」可惜為時過晚，他並沒有康復，於 43 歲那年去世。格里帕澤在悲劇《薩福》裡有一段話：

> 生活依然是人生最高貴的目標，
> 藝術，可憐的藝術，永遠必須受到約束，
> 讓它成為生活的一個乞丐。

不過對於老人，情形卻不一樣：他們的事業都已經完成，他們的家族也得以延續，對於他們，生活不再意味著歡樂，而是包袱。聖皮爾神父說起死亡，似乎不過是鄉間的一次旅行。巴克斯特則說，死亡就好像擺脫一個不稱意的友伴，好像是脫下一雙擠得腳疼的鞋。加斯霍恩博士的看法要

務實得多，他退休以後，整天沒有什麼事情可做，人非常沮喪，生了場病，不久，醫生就告訴他餘下的日子已經不多了。「聽到這個消息真讓人高興。」他說，「每天把鞋穿了又脫，脫了又穿，我都煩了。」尼古拉斯·佐格爾，俄國最出色的一位作家，在咽氣之前說：「啊！要是人們知道死其實會給人們帶來怎樣的快樂，他們就不會恐懼了。」

　　可憐的查理·蘭姆和湯瑪斯·胡德，一定多次有過自殺的念頭。這兩位都是很風趣幽默的人，蘭姆的幽默來自於他對複雜生活中，那些無關緊要的細枝末節的一種敏銳洞察 —— 這種洞察力既折磨人，又讓人著迷。他的玩笑，就類似於給哈姆雷特裝上一個約里克的腦袋。他已承受著許多病痛的折磨，西元 1833 年他寫道：「咳嗽、痙攣，整天陪在我身邊，我們形影不離。」他還說：「有些人並不討厭病人，不過老實說，我對病人是很反感的。」他於西元 1839 年 12 月 27 日去世。

　　與他類似，湯瑪斯·胡德的幽默也是來自一顆飽經折磨的心靈。他所做的，就是為了使他的心靈能夠遠離病痛和不幸，使他的世界多一些歡樂，恢復兩者之間的平衡。他短暫的一生幾乎都用在逃避死神的追逐上，就像他自己說的那樣：

　　稀飯吃了難受，飲食的學問也讓我難受；

　　藥丸讓我難受，催吐的藥也讓我難受；

　　脈搏慢了難受，快了也讓我難受；

　　血管厚了難受，薄了也讓我難受；

　　唉！一句話，難受本身都讓我難受。

　　終於，他剛過了 45 歲，他這些與生俱來的病就有了結果。他的一生受著這樣的折磨，離開人世時一定不會感到悲痛。威廉·坦普爾爵士對於

355

人生的論述，對他倒是合適：「生命在快要結束的時候，就像一個不聽話的孩子，要逗逗它，陪它玩，它才會睡著。然後我們就不用擔心了。」

　　不過，人們對死亡的恐懼還不算十分嚴重。我們看到有在戰場上捐軀的男兒，還有古羅馬那些為了取悅人們的角鬥士，也是一樣不顧惜自己；我們看到有不顧危險的獵手，還有船員，他們與死神只有一牆之隔。培根勳爵說：「一個虛弱的人內心不可能有真正的熱情，它有的，只是對死神的畏懼……死生其實都很平常，一個心裡懷著熱烈追求的人，他對死是無所畏懼的，正如一個人在熱血沸騰時受傷不覺得疼一樣。所以，一個把全部心思都集中在崇高事業上的人，死確實不會讓他有任何畏懼。最主要的是，一個人在臨死前已經得到他想要的一切，最合適的頌歌是〈南克‧迪米第斯〉；死亡也是這樣：它為我們打開的是通往不朽聲名的大門，而把妒忌擋在了門外。」

　　已故的本傑明‧布羅蒂耶爵士，對生與死有極其豐富的了解。他曾指出，根據自己的經歷，除了兩次例外，幾乎沒看過任何東西能證明存在著對死亡的恐懼。而那兩次例外的情形，都是因為病人止不住大量失血，這種失血會給病人帶來極度的痛苦，甚至一旁的人看了心裡都會受到煎熬。本傑明爵士目睹了這一幕，忍不住想起塞涅卡，想到他選擇讓自己失血而死，那真是最痛苦的一種方式啊！

　　大自然為我們開啟的生命之門只有一扇，而奪走生命的方式卻有成百上千種。她賜給我們每個人生命，又把看護生命的鑰匙交到我們手裡；然而卻常常會有意外發生，將生命從我們手裡奪走。據說，希臘大詩人埃斯庫羅斯的死，是因為一隻老鷹誤將他的腦袋當作了大石頭，將抓住的烏龜狠命地往他頭上摔去，想把烏龜殼摔碎，詩人因此而喪命。還有一個拉克

德蒙的青年，他長相酷似偉大的赫克托爾，結果眾人知道這個消息都一擁而上，希望先睹為快，結果將他活活擠死。

　　歌唱家阿克納里翁死於一粒葡萄籽；征服者威廉死於熔渣；威廉三世是因為坐騎在跨過一個田鼠丘時突然絆倒而殞命；羅伯特‧皮爾爵士的死是由於路面不平；拉瓦特是死於瑞士，當時他替傷患送救濟物資，被流彈打中；莫里哀是在演出完自己的劇作之後奄奄一息，被抬下舞臺的；安德魯‧馬維爾則是在哈爾參加選民的集會時突然去世；著名的阿比西尼亞旅行家布魯斯，經歷了那麼多的危險毫髮無損，結果卻在斯特林郡金奈爾德縣自己家裡，目送一位來訪的太太告別登上馬車時，被倒塌的樓板砸死。

　　歷經艱險、發現尼祿河源頭的旅行家斯比克上尉，在德文郡被自己的槍走火打中，因失血過多當場死亡；一位勇敢的海軍中校，他曾三度環遊世界，卻在格林威治和多格斯島之間擺渡時溺水而亡；曾經是「大東方」號船第一任船長的哈里森，多年來一直在大西洋劈波斬浪，一次在南安普頓水域離開自己的輪船，登上一艘小艇上岸的時候忽然落水身亡；還有馮‧恩茲，他是一名士兵，也是一位作家，在瓦格拉姆大戰中因為戰功被擢升為少尉，還曾經在大陸戰爭中在拿破崙手下作戰，一生經歷了許多生死考驗，最後卻是在和姪女下棋時突然倒在座椅上，溘然死去。

　　克萊馬里尤斯‧科迪尤斯死於飢餓；奧特維據說也是因為飢餓，在狼吞虎嚥時被麵包噎死；薩維治死在監獄中；著名的德維特兩兄弟被政治對頭謀殺；考茨布也死於暗殺；孔多塞因為被吉倫特派驅逐，擔心被捕而服毒自殺；拉瓦錫被判送上斷頭臺，雖然他在科學上有卓越成就，也沒有幫他逃脫砍頭的命運 —— 革命者的說法是：「共和國不需要科學家。」彼特拉克的屍體是在他自己的藏書室被人發現，他的頭正枕在一本打開的書

上；塔索死於感冒，那天正好是在羅馬主神殿為他舉行加冕儀式，當晚他就在聖奧諾費雷奧教堂安葬。

在古代，也包括近代，還有些人安葬的時候其實還沒有斷氣，卻被誤當作死了。丹麥醫生溫斯羅，他一直活到 91 歲，中間有兩度都因為看上去像是死了而被活葬；以後他根據自己的經歷，寫下了著名的《論確定和不確定死亡的徵兆》一書。幾年前，曾經有人向法國參議院發起一場請願運動，要求更改法律中有關死者安葬的規定。按照原有的法律，死後 24 小時就可以落葬，多內主教對請願表示支持，他舉了一位青年牧師的例子（實際上就是他本人），這位牧師在一次布道中突然暈厥，後來幾乎馬上就要下葬，多虧他的一個朋友非常有耐心，最後他竟然甦醒了過來。這場討論深深影響了著名的梅爾貝爾，他一直都心懷恐懼，擔心自己會在還沒有咽氣的時候就被埋到墳墓裡，於是小心做了布置，以免發生這樣的不幸。

詩人愛德蒙‧斯密是因為亂用自己開的藥物而致命；馬基雅維里也是死於用藥不慎；伏爾泰是因為用鴉片做藥劑過量而喪命；愛德加‧艾倫‧坡喝了酒，醉倒在大街上，被人抬到醫院，最後死在那裡，年僅 38 歲；斯特恩的死也讓人扼腕。他一直誇口說他的朋友如何如何多，最後卻落到貧困、無人救濟的境地，在一處簡陋的公寓裡去世。他的靈柩最後被抬到泰布恩的教堂墓地。然而，他的墓穴卻被盜墓者盯上，做上標記，隨後就把屍體偷盜出來，賣給了劍橋大學考利格隆教授，給他的學生做解剖。傑瑞米‧邊沁則是主動捐獻出自己的身體，用作科學研究；在他摯友索斯伍德‧斯密的家中，我們可以看到他的肖像，臉上微笑著，穿著他平日的衣服，樣子很讓人高興。

卡拉瓦吉奧和提香，死前都受到了刺客、強盜的凌辱。波利多洛‧卡

拉瓦吉奧早年在麥西納積聚了相當的財富，準備帶回羅馬，但在動身前，他的僕人出賣了他，招來刺客闖進屋子，趁他在睡夢中將他刺死。提香則是在 99 歲高齡時，遭遇了威尼斯的瘟疫；他年老體衰，保護不了自己。他的隨從將財產劫掠一空，最後聽任他死去。李奧納多‧達文西死時的情形略有不同。他來到法國為法蘭西斯一世效勞，在楓丹白露有自己的宅第。一天，法蘭西斯忽然動了念頭，便去楓丹白露看他，達文西這時心臟病突然發作，最後死在國王的懷抱裡。

西班牙的奧地利王族成員，似乎都有一個奇怪的特徵，安排自己死後安葬之地的心情都非常急切。他們預先選好地方，似乎早早就在等死了。查理五世退位後，還親自到場出席自己的陵墓落成典禮；他的兒子菲力浦二世在他死前不久即位。這個菲力浦，是迫害荷蘭人的罪魁禍首，無敵艦隊的發起人，天性凶殘，自己也不快樂。沒有人看他笑過，唯一的一次例外，是當巴托羅繆大屠殺的消息傳來，有 5,000 名各階層的巴黎人在巴黎街頭遭到屠戮，這時，有人看到他露出唯一的一次笑容。據說他最後死於蟲病。

西班牙的菲力浦四世，是自己躺到萬神殿裡專門為他留下的位置裡去世的；查理四世有一次曾進入西班牙已故國王的陵墓，打開裝著屍體的棺材，要看一看他們的臉，看看他們裹在壽衣裡的屍體，結果，屍體經手一碰立刻解體，散成了灰土。《愛丁堡評論》上有一位作者就此評論說：「無疑，這位奧地利王族的最後傳人這次參觀祖先陵墓，可以說是歷史上最為奇特的一件趣事了：一個活著的國王，居然去盜自己家族的墓。」

也有許多人，在贏得勝利的瞬間光榮地死去。穆雷‧莫魯克是從病床上爬起來走向戰場的，就在贏得勝利的時刻，他忽然倒下了；德雷克是在他攻占的波特貝羅不遠處，因為船隻沉沒而遇難，「波浪遮蓋著他的

屍體，海水成了他的墓地」。勇敢的哈姆弗雷·吉伯特爵士在艦船沉沒之際，說了他的遺言：「通往天堂的海路與陸路其實一樣的近。」布萊克元帥是在戰勝歸來，即將踏上英格蘭的土地時突然去世的；納爾遜則是在他指揮的最著名的一次海戰 —— 特拉法爾加灣海戰進行中離開這個世界的。

沃爾夫將軍死於魁北克的高地，當時他正指揮一場大戰。臨死之際，他手下的一名軍官，瞭望了一下戰場，忽然喊道：「看，他們逃跑了！」

「誰跑了？」沃爾夫用手臂支撐著欠起身子，急切地問道。

「敵人！」軍官回答說。

「讚美主吧！我可以高興地死去了。」他重重地倒下，很快就斷氣了。

而法國將軍蒙特卡姆則是另一種情形。有人告訴他，他的傷勢足以致命，他一聽，回答說：「這更好。這就不用活著看到魁北克交給敵人了。」約翰·摩爾爵士也是以自己所希望的方式死去的 —— 他剛贏得了一場戰役的勝利，敵人在他面前潰逃。他最後的遺言是：「我希望英格蘭人民會感到高興，希望我的祖國會給我公正的評價。」

斯貝克是一名荷蘭海軍中校，他在一次安特衛普的戰鬥中，為了不讓自己的船落到比利時人手裡，下令將船鑿沉。至今荷蘭人仍然以各種方式，包括繪畫和雕像，來紀念他。魏羅比中尉在印度德里面對印度兵的譁變，下令把彈藥庫炸毀，這樣就可以不讓那些槍枝彈藥落到叛軍手裡。而中尉自己也在炸毀彈藥庫的時候以身殉職。

勝利之後到來的死亡還有另一種情形。比如慈善家霍爾德，他在切爾森發動了一場反對監獄生活的殘忍、墮落和不道德的戰役之後辭世。拉蒂莫在上火刑柱受刑前，獄卒問他願不願意放棄他的主張，他回答說：「我衷心感謝主，是他把我的生命一直延續到今天；我願意用這樣的死為主增

添榮光。」威廉·魏爾斯福斯臨終前，知道了下議院透過立法廢除奴隸制的消息，長長舒了口氣：「感謝主，讓我活著看到這一天的到來，英格蘭總算肯犧牲 2000 萬英鎊的收入，願意放棄奴隸制。」

有些人雖然身經百戰，但安然無恙。威靈頓公爵一生只有一次負傷的經歷，而德塞格爾侯爵受傷卻是家常便飯，屢屢走近死亡的邊緣。在洛考克斯戰役中，他被一顆步槍子彈擊中胸膛，醫生是在脊椎附近將子彈頭取出來的；在蘭菲爾德，他的手臂又被子彈擊中，最後做了切除手術；在克勞斯特拉普，敵人士兵的刺刀刺進了他的脖子，此外頭部還受了 3 處刀傷。他身患痛風，但仍然堅持工作；西元 1790 年，他被國民大會逮捕入獄，不過並沒有立刻處死，活到了西元 1801 年 —— 78 歲高齡。

有些人到生命的最後一刻，仍然保持著對科學的熱愛。阿基米德是在他所居住的敘拉古失陷時，被敵軍士兵殺死的；當時他正在沙堆上演算他的幾何題，他完全沉浸在自己的題目中，對身邊的危險毫無覺察。海勒在病床上，一直按著自己的脈搏，最後告訴朋友羅斯萊特博士說：「動脈現在已經不跳了。」說完就斷了氣。格林先生是《塞謬爾·泰勒·柯勒律治的精神哲學》一書的作者，他的情形也類似。當時醫生走進房間，格林先生指著自己的心臟，語氣嚴肅地說：「堵住了。」他又把手指搭在脈搏上，數著脈搏的跳動，最後說了一句：「停了。」話音未落，就去世了。

居維葉晚年身體已經癱瘓，他告訴身邊的人，他的嘴有一邊在不停抽搐，還說這恰好可以作為查理·貝爾爵士神經系統理論的證明。萊修斯也是，鑽研科學的精神一直保持到生命的最後一刻。他密切注意著自己身體逐漸地解體：「現在腿沒有感覺了……現在腸肌也停止工作了……最後的鬥爭會很殘酷，不過，確實也非常有趣。」這就是他最後的話。

　　地質學也有自己的殉道者。大普里尼就是因為心情太過迫切，要去檢測維蘇威火山的爆發，結果遇難。在近現代，牛津的斯特里克蘭是在觀察地質構造時殉職；詹姆斯·布賴斯博士對科學研究也是異常投入，他在蘇格蘭福爾斯瀑布附近，研究岩石的地質構造時遇難。除了他們以外，還有許多人是在地質探險的時候遇難的，比如庫克上尉是死在桑德威治島；芒格·派克死於中非；柏克死在澳洲；伽德納死在哥倫比亞；約翰·佛蘭克林爵士死在北極。

　　培根是他所熱愛的實驗哲學的殉道者。當時，他急於知道，如果用冰雪來處理動物的屍體，是否可以有防腐的效果。於是，西元 1626 年初春的一天，天氣還很冷，他駕著馬車來到海吉特附近，開始做他的實驗。他從別人手裡買了一隻已經斷氣的鴨子，將牠的肚子裡塞滿雪。在他進行這些步驟的時候，突然渾身打了個寒顫，這是他死亡的前兆。他馬上被送到阿倫德伯爵在海吉特的家中，沒過一週就死了。他到最後也沒有忘記他那隻塞滿雪的鴨子，在給友人的最後一封書信裡，他說這個實驗結果「非常讓人滿意」。

　　狄德羅的女兒出版過一本回憶父親的書，書裡說到父親臨死的前一天晚上，還在和朋友交流哲學觀點，以及哲學研究的各種途徑。「要研究哲學，」狄德羅說，「首要的一點就是要懷疑。」這句極富特色的評論，是他生平最後的一句評論。這之前，狄德羅對數學家桑德爾森的臨終遺言非常讚賞，這位數學家說：「時間、物質、空間，也許只是一個點。」

　　莫札特死前正在創作他的《安魂曲》，漸漸的，他的視線變得模糊，顫抖的手指停留在樂譜的一個小節線上，嘴唇蠕動著，似乎想演示定音鼓的特殊效果，就在這時候，他忽然昏迷不醒。羅西尼是在創作完《莊嚴小

彌撒》後辭世的，他的葬禮上演奏的就是這個作品；蕭邦去世時，隔壁的房間正放著馬塞拉著名的曲子《聖母頌》——說起這支曲子，還有一件趣事，它曾經一度延長了斯特拉德拉的生命，讓他多活了一段時間——這是遵照他的要求播放的，這也是他最後的要求。樂曲沒有結束，死神已經奪走了他的生命。葬禮上選擇的音樂是他自己寫的《葬禮進行曲》。

博物學家拉塞皮德身患天花之後，知道自己時間不多了，他微笑著告訴他的醫生說：「我可以和布豐一起工作了。」虎克臨終前，認為自己就要去往一個「秩序的世界」，掩飾不住他的喜悅；杜普特倫去世前一天晚上，要人把他最新的一篇醫學論文拿過來讀給他聽，他說這樣就可以把有關疾病的最新消息帶走；蒙田死的時候，床邊正有人在作彌撒；斯卡倫雖然是個教士，平時卻過著放縱不羈的生活，臨死時他說：「想不到拿死神開個玩笑這麼容易。」愛德華‧庫克 82 歲去世，他的遺言是：「你的王國降臨了，一切都已妥當。」

赫爾德臨死前，向兒子提出一個驚人的想法，希望在死亡的無邊黑暗包圍他的時候，能夠讓他感覺到一種更偉大的生命和光芒的存在。不過，對於多數人來說，在穿越生命邊界的時候，他們都沒有做什麼思考。死亡近似於睡眠，唯一不同的是，死者會感覺到明顯地不適，就是呼吸的中斷，但即使是這一點，其實感覺也不是很強烈，呼吸漸漸地慢了下來，最終完全停止，其間並不會感到痛苦。約翰‧海勒爵士曾說，由於他的職業，他曾在許多人臨終的時候照看過他們，而讓他感到驚奇的是，幾乎沒有誰對於去那個「未被開發、從來都是有去無回的國度」有絲毫的牴觸。拜倫最後一刻說：「我要睡了。」而林德赫斯特最後吐出的話是「困了」，隨後他就睡著，再也沒有醒過來。

其實，當疾病已經把人折磨得奄奄一息時，死亡和睡眠比起來，並不
會增加什麼痛苦。雖然，死者有時臉上會有痛苦的表情，不過，家屬不必
過於擔心，等這一切變化結束，死亡降臨，所有的痛苦就都宣告終結了。
這時候的肌肉痙攣、抽搐完全是無意識的行為，與感覺沒有關係。死亡可
以說是一種最柔和的、讓肉體和靈魂分離的方式。斯賓塞有一首詩，其中
有幾句非常優美，它所描述的感覺與許多實際的情形非常相似 —— 雖然
不是所有情形都這樣：

> 勞累之後的小憩，風浪過後的港灣，
> 戰爭之後的閒適，生命終點的死亡，都讓人喜悅。

就在死亡降臨的時刻，人在瞬間會出現一種異常興奮的狀態，在電光
石火間將自己的過去瀏覽一遍，就在精神與肉體分離的一刹那，顯示出一
種前者壓倒後者的姿態。那一刻，心靈如同燭火的最後光芒，從瀕死者最
後的喘息中，往往會發出對過去生活的最深刻評論。心理學家告訴我們，
在這種時刻，心理所表現出的超自然亢奮，在我們所知的一切精神狀態
中，與人的夢境最接近。不同的只是，這些閃過的念頭，似乎一定程度上
是受到周圍環境的暗示。我們可以舉出一個著名法官的例子，他臨死時，
看到床邊聚滿了哀悼的親戚，就從床上掙扎著抬起身子，用他習慣的莊嚴
語氣說道：「各位陪審團的先生們，你們會發現……」話沒有說完，忽然仰
面倒下，死了。

有許多偉人的遺言都值得後人永遠記憶，歌德就是這樣的一位。當
時，他起身想到戶外，享受早晨的陽光，這時死神的手已經抓住了他，他
還沒有站起來，就又跌回沙發裡，嘴裡喃喃囈語，便進入了另一個世界。
席勒晚年長時間患病，在這一切快結束的時候，一個朋友問他有什麼感

受,「越來越平靜。」他回答,過了一會,他抬起眼睛看了看,又說道:「我眼裡許多事情正變得越來越清晰。」隨後,那顆純潔高貴的靈魂就離開了我們。濟慈死前也有人問他的感受,他回答說:「好多了,我的朋友,我身上好像正開滿了雛菊。」

洪堡去世時,陽光明媚,照在他躺著的房間裡,據說他和侄女說的最後遺言是這樣的:「陽光多壯觀啊!像是天堂向人世發出的召喚。」費希特臨終前,兒子拿藥片給他,他卻說:「拿開吧!我不需要再吃藥了。我感覺很好。」里赫特最後的話是:「該休息了。」同樣值得記憶的臨終遺言,還有詹森的話:「好好生活!」華特‧司各特對他的女婿說:「要高尚、虔誠,做個正直的人;等有一天,你也要這樣躺下的時候,就會發現只有這些能夠給你安慰。」沃爾特‧拉雷爵士受刑時,劊子手讓他在位置上躺好,要頭朝東方,他回答道:「頭朝向哪裡並不重要,更重要的是心地正直。」

按照西塞羅的說法,柏拉圖 82 歲的時候,也就是在他死前的日子,他全身心都放在著書立說上。瑪律庫斯‧奧列留死前背誦著他自己的詩;羅斯考蒙在臨死之際,唸的也是兩段他自己的詩句;赫爾德生命結束前的瞬間,剛好完成一首獻給神的頌詩,筆還停在最後一行的位置上,但願自己沒有虛度此生。阿貝拉爾最後的遺言很少有人知道,他說的是:「我沒白過。」似乎是在回答一個在他之前很久就有人提出來的問題 —— 我是誰?丹麥國王弗雷德里克二世臨終時,醫生過來按他的脈搏,他輕輕說道:「讓它跳吧!主的仁慈比什麼都重要。」伊薩克‧瓦特向旁邊詢問的人形容自己的感受時,說:「等待主的死亡許可。」心境十分平和,就是在這種平和中,他離開了人世,終年 74 歲。安德魯‧庫柏最後對別人說的是:「快樂,快樂!」丹麥詩人奧亨斯垃吉臨終時,讓兒子為他讀一段他自

己的作品，悲劇《蘇格拉底》中，這位古希臘聖哲關於靈魂不朽的一段議論，他告訴周圍的人，他此刻比以往任何時候對這段話都更深信不疑，就在談話間，他咽氣了。

　　歷史上的軍事家和政治家，也有許多值得記憶的臨終名言。伯利克里，辯才出眾確實是他的一個偉大品格，但他還有更值得驕傲的地方——臨終時，他告訴人們，最讓他感到光榮的是，在他主政時，沒有一個雅典人感到不幸。丹麥的弗雷德里克二世的話也很感人，他說：「我手上沒有沾一滴血。」拿破崙，這個曾經將無數士兵送上戰場的人物，最後一刻對戰爭仍然念念不忘，生命的最後他還說了句：「軍隊的生命。」相反，納爾遜說的是：「感謝上帝，我已經盡了我的職責。」克蘇斯科被俄國士兵的長矛刺中時，忍不住高聲喊道：「波蘭完了。」瑞典國王古斯塔夫‧阿多爾弗斯的遺言最為莊嚴神聖：「我是瑞典的國王，我用我的鮮血來捍衛日爾曼民族的自由和信仰。」皇帝魯道爾夫臨終時說：「我現在就去見我的祖先。」菲力普‧西德尼爵士一生都表現得極其高貴，連死也不例外。他在蘇特芬的戰場受了傷，躺在救護室裡，這時，他注意到不遠處有一個垂死的士兵，正盯著他拿起來準備喝的水，馬上就說：「拿去給他，他比我更需要。」語氣英勇、高貴。約翰‧摩爾爵士的臨終遺言也有類似的特點，當醫生跑過來看護他的時候，他說道：「不必過來看我，去看看那些士兵，你還能管用；我，你已經沒有辦法了。」

　　奧特拉姆和哈威洛克都是印度勇士，他們互相敬佩，友誼十分牢固。當詹姆斯爵士來看望他這位奄奄一息的戰友時，哈威洛克最後高聲說道：「奧特拉姆，這40年來我一直牢牢掌控著自己的生活，現在在死神面前，我也敢毫不畏懼地面對它。」然後，他轉向了自己的兒子，對他說：「兒

子，看看一個基督徒是怎麼死的。」哈丁勛爵對哈威洛克有很高的評價。一次戰鬥獲勝後，勛爵手下有一名參謀官過來對他說：「上帝，這個哈威洛克簡直每一個毛孔都是戰士。」「每個毛孔！」這位已經退役的將軍說道，「是的，哈威洛克每個毛孔都是戰士；不過還不止這些，他每個毛孔都是基督徒。」亨利‧勞倫斯爵士的遺言，人們永遠不應該忘懷，他說：「我的喪事不要太費心，把我和我的戰士葬在一起。」

　　政治家的遺言中，也不乏值得人們記憶的例子。沃爾西紅衣主教正在趕往倫敦的途中，忽然身患重病，於是暫時在蘭開斯特的修道院躲避。京斯敦中尉知道他在這裡，就過來拜訪 —— 實際的意思可能是要逮捕他。主教知道自己熬不過了，對他說：「若是我侍奉主像侍奉國王那麼盡心，他就不會在我白髮蒼蒼的時候遺棄我了。」大政治家羅伯特‧塞席爾積勞成疾，臨終時對威廉‧庫柏爵士說：「一個人在安逸舒適中是害怕聽到死訊的；而我，一生充滿了憂慮、痛苦，很希望儘早結束。」「難道我的萬貫家財都幫不了我？」博弗紅衣主教臨終喊道，「天，難道不可以買通死神嗎？」伊莉莎白女王的遺言是：「我全部的財產都是過眼雲煙啊！」和他們對比，華盛頓的遺言多麼不同，他說：「很好！」皮特的遺言是：「哦，我的祖國，我多麼愛我的祖國啊！」之後過了約莫半個小時，他就斷氣了。

　　畫家特納在世時一直受大眾冷落，他心裡氣憤不平，最後要人拿他最好的一幅作品來做他的裹屍布。法蘭西斯‧錢特雷爵士寬慰他說：「我的孩子，要是你這樣葬下去，肯定明天早晨我們又會看到你被挖出來了。」從而打消了他的念頭。這幅畫是以伽太基為題材的最著名的一幅畫，現在保存在國家美術館。雕塑家培根葬在托特漢姆‧科特路的魏特菲爾德教堂，他墓碑上的銘文是按他自己的意思寫的：「活著的時候，藝術家的身

分對我或許還有意義；而現在，唯一重要的是，我是耶穌基督的信徒。」

　　弗萊徹博士認為，在瀕死的那一刻，人的心智會突然啟動，會在瞬間對過去的一生作全景式的瀏覽。果真如此的話，也就不奇怪病床上的法王查理十四會感到恐懼了，他覺得自己耳邊好像滿是臣民的哀號，這些人都是按照他的命令，在聖巴托羅繆節那天被殺害的。不過，在隨後一個世紀嚴酷迫害胡格諾教徒的路易十四，罪孽比他還要深重：那些教徒遭到各種形式的迫害，有的被絞死，有的被送到軍艦做苦役，有的被驅逐出國，流散到世界各地，德國、瑞士、荷蘭、英格蘭、佛羅里達、新英格蘭、好望角，骨肉離散，至死也不能在一起，只有到另一個世界才可能相見。這位路易十四儘管被冠以「偉大」之名，在生命的最後時刻，也因為回想起自己的罪行而飽受折磨。

　　美國總統的結局要平和得多。亞當斯和傑弗遜死在同一天，西元 1826 年 7 月 4 日。這一天恰好是美國 50 週年國慶日，天一亮，人們就敲響了鐘聲，鳴禮炮表示慶賀。喧鬧的聲音驚醒了瀕死的約翰‧亞當斯，周圍的人們問他是否知道今天是什麼日子，頓了一會，他突然想起來了：「哦，對了，今天是偉大的 7 月 4 日啊！上帝保佑祖國，上帝保佑你們！」他停了停又說：「一個偉大、光榮的日子啊！」又停了一會，他問：「傑弗遜還在嗎？」中午，他的病情突然加劇，下午 6 點他閉上了眼睛。傑弗遜是同一天 1 點鐘的時候離開人世的，他最後的話是：「我把我的靈魂託付給上帝，把女兒託付給這個國家了。」這兩個死對頭最後一起去見他們的造物主了。詹姆斯‧門羅和他們一樣，也是 7 月 4 日去世的。韋伯斯特去世前，處在半沉睡狀態，可是他突然發出了聲音，而且十分響亮、清晰、激動，猶如號角吹響一般：「生命，生命！死亡，死亡！多麼奇怪的事情

啊！」隨後就斷了氣。

　　最後，我願意用詩人兼傳教士查理‧費茲吉奧弗萊的話來結束這一章。下面這段話，是他於西元 1620 年在政治家皮姆母親的葬禮上說的，十分有趣，同時也令人難忘：

　　「人生就像一本書。出生猶如書的扉頁，洗禮就好像開頭的獻詞，嬰兒的啼哭就是向讀者的致辭；嬰幼兒時期，就是整部作品的論點和內容提要；整個人生，他的全部行為，就是書的主題，各種罪過、錯誤，是一些沒有發現的紕漏，而懺悔就是書的勘誤表。還有，有的書是大部頭，對開本的，有的小一些，是 16 開本；有些是用牛皮紙，有些用的卻是薄一些的紙；有些是宣揚信仰、敬神的，有些（而且有很多）卻是遊戲人生。不過，不管怎樣，每本書的最後一頁都寫著一個『完』字。而人生也是如此，有的長壽一些，有的年幼一些，有的堅強，有的柔弱，有的一帆風順，有的崎嶇不平，有的追求至善，有的卻在放縱。但死亡在最後總會到來，將這一切都結束。這就是所有人的結局。」

若錢還不夠你活，就別再繼續怠惰：

無所事事，人就會做壞事！成功學鼻祖塞謬爾‧斯邁爾斯談工作的價值

作　　者：[英] 塞謬爾‧斯邁爾斯 (Samuel Smiles)

翻　　譯：郭繼麟

發 行 人：黃振庭

出 版 者：財經錢線文化事業有限公司

發 行 者：財經錢線文化事業有限公司

E-mail：sonbookservice@gmail.com

粉 絲 頁：https://www.facebook.com/sonbookss/

網　　址：https://sonbook.net/

地　　址：台北市中正區重慶南路一段六十一號八樓 815 室

Rm. 815, 8F., No.61, Sec. 1, Chongqing S. Rd., Zhongzheng Dist., Taipei City 100, Taiwan

電　　話：(02)2370-3310

傳　　真：(02)2388-1990

印　　刷：京峯彩色印刷有限公司（京峰數位）

律師顧問：廣華律師事務所 張珮琦律師

版權聲明

定　　價：480 元

發行日期：2023 年 06 月第一版

◎本書以 POD 印製

國家圖書館出版品預行編目資料

若錢還不夠你活，就別再繼續怠惰：無所事事，人就會做壞事！成功學鼻祖塞謬爾‧斯邁爾斯談工作的價值 / [英] 塞謬爾‧斯邁爾斯 (Samuel Smiles) 著，郭繼麟 譯 . -- 第一版 . -- 臺北市：財經錢線文化事業有限公司 , 2023.06

面；　公分

POD 版

ISBN 978-957-680-651-3(平裝)

1.CST: 成功法 2.CST: 生活指導

177.2　　112007039

電子書購買

臉書